中國古代史學叢書

建炎以来繫年要錄

【宋】李心傳　撰　辛更儒　點校

貳

建炎以來繫年要録卷二十

1 建炎三年二月庚戌朔，上駕御舟泊河岸，都人惶怖莫知所爲。知天長軍楊晟惇奏：「已拆浮橋。」始詔士民從便避敵，官司毋得禁。上即欲渡江，黄潛善等力請少留竢報，且搬左藏庫金帛三分之一，上許之。此據行在録修入。熊克小曆云：「葉夢得請以赴行在所藏金帛五十萬，分其半併歸姑蘇、金陵，從之。」蓋據夢得行述所云，當考。

户部尚書葉夢得即具舟檝，從大將假二千人津發，一日而畢，然公私舟交河中，跬步不容進矣。夢得復請以户部所餘物前期支六軍春衣及官吏俸一月，亦從之。遂命御營統制官劉正彦以所部從六宫、皇子往杭州，幹辦御藥院陳永錫護皇子。又遣吏部尚書吕頤浩、禮部侍郎張浚往沿淮措置。

金以數百騎掩至天長軍，統制官俱重、成喜將萬人俱遁，亟遣江淮制置使劉光世將所部迎敵。行都人謂光世必能禦敵，而士無鬭志，未至淮即潰。金人以支軍犯楚州①，守臣直秘閣朱琳具欵狀，遣人迎降，開西北門納金人，開東門縱居人自便。軍民皆趨寶應縣，欲自揚州渡江。金人覺之，悉邀回城中。

閤瑾引兵至洪澤鎮，其將姚端殺之。

是日，揚州城内居民争門以出，踐死者無數。從官有詣都堂問二相者，黄潛善、汪伯彦皆曰：「已有措置，不必慮。」百官聞此，復自相慰，以爲知事實者莫知宰相，今既云爾，未宜輕動，居民亦以爲然。夜，江都縣火，皆戍卒自焚其居。

2 壬子，金人陷天長軍。上遣左右内侍鄺詢往天長軍覘事，知爲金人至，遽奔還。上得詢報，即介胄走馬出門，惟御營都統制王淵、内侍省押班康履五六騎隨之過市。市人指之曰：「大家去也。」俄有宫人自大内星散而出，城中大亂。上與行人並轡而馳，黄潛善、汪伯彦方會都堂，或有問邊耗者，猶以不足畏告之。堂吏呼曰：「駕行矣。」二人乃戎服鞭馬南騖，軍民争門而出，死者不可勝數。上次揚子橋，一衛士出語不遜，上掣手劍刺殺之。時軍民怨黄潛善刻骨，司農卿黄鍔至江上，軍士呼曰：「黄相公在此。」數之曰：「誤國害民，皆汝之罪。」鍔方辨其非是，而首已斷矣。少卿史徽、丞范浩繼至，亦死。給事中兼侍講黄哲方徒步，一騎士挽弓射之，中四矢而卒。

是日，鴻臚少卿黄唐俊渡江溺死，左諫議大夫李處遯爲亂兵所殺，太府少卿朱端友、監察御史張灝，皆不知存亡。鍔，南城人。唐俊，唐傅兄也。熊克小曆作大理卿黄鍔。按本寺題名，今年正月商守拙除大理卿，恐不應有兩員，今從日曆。又日曆稱史徽、范浩渡江至常州宜興縣境，爲盜所害。與此不同，今從維揚巡幸記。胡元質成都丁記云：「黄聖微爲給事中，金人絶淮，車駕倉卒渡江，文武百執事莫有扈從者。聖微先謂其子端靖曰：『今日之事，知有君爾，吾從吾君。』此見危授命時也。』遂朝服乘馬而行。或謂敵騎邂逅相及，無乃不利乎？聖微厲聲曰：『君在，行必朝服以見。死生命也，不可苟免。』頃之，敵騎相及，果爲所執，聖微竟死。朝廷後知之，恤其家甚恩。聖微，哲子也。」此與當時人所記不同，今附著於此。

先是，布衣譙定被旨赴行在，上將用之，及是，失定所在。呂頤浩、張浚聯馬追及上於瓜洲鎮，得小舟，即乘以濟。次西津口，上坐水帝廟，取劍就靴擦血。百官皆不至，諸衛禁軍無一人從行者。鎮江聞車駕進發，居民奔走山谷，城中一空。守臣錢伯言發府兵來迓。始，右諫議大夫鄭瑴請幸建康，潛善等沮之。及是瑴從行，上顧曰：「不用卿言及此。」是晚，金遊騎至揚州，守臣右文殿修撰黃願先已遁去，簽書淮南節度判官吳某權州事。州民喧呼，皆備香花迎拜。金人入城，問上所在，衆曰：「渡江矣。」金人馳往瓜洲，望江而回，引兵屯摘星樓下，縱火城內，煙焰燭天。臣民子女及金帛所儲，爲金人殺掠殆盡。南陽尉晏孝廣女年十五，有美色，爲金兵所得，欲妻之，晏氏即刎縊求死，居彼中二十年，卒不能犯，金人皆義之。孝廣，殊曾孫也。殊，臨川人，慶曆中平章事。

金人之未至也，公私所載，舳艫相銜，運河自揚州至瓜洲五十里，僅通一舟。初，城中聞報，出城者皆以得舟爲利，及金兵至，潮不應閘，盡膠泥淖中。金取之如拾芥，乘輿服御、官府案牘，無一留者。

上至鎮江，宿於府治，從行無寢具，上以一貂皮自隨，卧覆各半。此以今年閏八月丙申宣諭聖語修入。上問：「有近上宗室否？」時士㣎爲曹官，或以名對，遂召士㣎同寢，上解所御綿背心賜之。士㣎，仲維子也。商恭肅王生韓榮思王宗謂②，韓王生鎮海軍節度使仲維。

初，賊靳賽來就招，朝廷因以賽統制本部軍馬。會邊報日急，乃命賽與統制官王德屯真州。及上渡江，德以所部兵焚真州而去，真州官吏皆散走，發運使梁揚祖亦遁，賽與其衆往來於江中。中興聖政：張匯進論曰：「黏罕至揚州，時御營之師必有十萬，而黏罕止有五六千騎。自建炎二年秋九月離雲中，下太行，渡黎陽，攻澶濮山東諸州郡，可見疲勞之甚矣。此強弩飄風之末，無足畏也。兼是時兩河州郡尚有未陷者，山東州郡十陷二三，人心未安，糧道未集，盜賊蠭起，而不顧後患，投身深入我境，又可見其無知之甚也。時若我師乘其遠來新至，行列未定，而擊之可也。或則深池堅城，拒而勿戰，以挫其鋭，以沮其意，且多方出兵邀其出掠者，彼萬里孤軍，後無委積，忌於相持，利於速戰。求戰不能，糧道不繼，又且野不能掠，以此制之，其遁必矣。俟其既遁，襲而擊之可也。而乃望風自潰，爲敵席卷而去，此失於退一也。」③

3 癸丑，金游騎至瓜洲，民未渡者，尚十餘萬，奔迸墮江而死者半之。舟人乘時射利，停橈水中，每一人必一金乃濟。比敵至，皆相抱沉江，或不及者，金兵驅而去，金帛珠玉，積江岸如山。時事出倉卒，朝廷儀物，悉委棄之。太常少卿季陵獨奉九廟神主，使親事官負之以行。至瓜洲，敵騎已逼，陵捨舟而陸，親事官李寶爲敵所驅，遂失太祖神主。四月己酉，降詔尋訪。於是太學諸生從上南狩者，凡三十六人。

是日退朝，上召宰執、從官、諸將對宅堂計事，上曰：「姑留此，或徑趨浙中耶？」奉國軍節度使、都巡檢使劉光世遽前，拊膺大慟。上問何故，光世曰：「都統制王淵專管江上海船，每言緩急濟渡，決不誤事。今諸軍阻隔，臣所部數萬人、二千餘騎，皆不能濟，何以自效？」宰相黄潛善曰：「已集數百舟渡諸軍。」上曰：「濟諸軍固已處置④，今當議去留。」吏部尚書吕頤浩降階，拜伏不起，繼而户部尚書葉夢得等三人相從拜伏庭下。上顧潛善問之，頤浩以首叩地曰：「願且留此，爲江北聲援。不然，金人乘勢渡江，愈狼狽矣。」二府皆曰：「善。」上曰：「如此，則宰相同往江上經畫，號令江北諸軍，令結陣防江，仍先渡官吏百姓。」衆遂退，馳詣江干。

浙西提刑趙哲來謁，云：「王淵欲誅江北都巡檢皇甫佐。」遣問，則已斬矣。召淵問之，淵曰：「佐主海舟，濟渡留滯。」蓋淵怒光世之語，故殺佐以解，遂諭淵分立旗幟，命將官管押渡人。有統領官安義自江北遣使臣林善來言：「今早金數百騎出掠，皆無器甲，已率所部千人，集諸潰軍射退矣。」遂以義爲江北統制，俾收兵保瓜洲渡。既而淵入對言：「暫駐鎮江，止捍得一處。若金自通州渡，先據姑蘇，將若之何？不如錢塘，有重江之阻。」諸内侍以爲是。此以三月十六日鄭瑴劄子修入。瑴疏稱内侍陳悚動之言，即時南來。瑴時爲諫官，當得其實。

日方午，上遣中使趣召宰執，以淵語告之。潛善曰：「淵言如此，臣復何辭以留陛下？」執政未對，有内侍於堂下抗聲曰：「城中火起。」俄又一人至曰：「禁衛涕泣，語言不遜。」上甚駭，顧中書侍郎朱勝非曰：「卿出問之。」是時管軍左言立階下，勝非請與俱，遂出郡廳事，並立階簷。衛士或坐或立，有涕泣者。勝非傳旨問之，皆以未見家屬對。勝非即諭之曰：「已有旨，分遣舟專載衛士妻孥矣。」衆帖然，因問駕去留利害，則曰：「一聽聖旨。」無敢譁者，乃許以俟駐蹕定，當録扈從之勞，優加賞給。三軍欣諾。勝非還，上與宰執亦至屏後，勝非前欲奏事，上曰：「已聞矣。適議定，不若徑往杭州。此中諸事，暫留卿處置，事定即來，更無文字。」即上馬行。以龍圖閣直學士、知鎮江府錢伯言爲樞密直學士，充巡幸提點錢糧頓遞，此除日曆不書，今以紹興二年二月伯言乞宫祠狀修入。頤浩爲資政殿大學士，充江浙制置使，光世爲行在五軍制置使，屯鎮江府，控扼江口，兩司軍馬並同節制。又以建武軍節度使、主管侍衛馬軍司公事楊惟忠節制江南東路軍馬，屯江寧府。初命惟忠節制兩浙、江南軍馬，尋又改之。此據惟忠附傳。時潛善擬除頤浩資政殿學士，上以資政非前執政者恩數，止與從官等，特除大學士。

是夕，上宿呂城鎮。淵留部將楊沂中與兵三百在鎮江，約曰：「如金人計置渡江，則焚甘露寺爲號。」淵及上於吕城。探者夜聞瓜洲聲喧，謂金將渡江，乃焚寺。淵視之曰：「甘露寺火也。」質明請上乘馬而行。是時儀仗皆闕，惟一兵執黄扇而已。上離鎮江，日曆在癸丑，熊克小曆在甲寅。按朱勝非閒居録云：「上初四日離鎮江。」癸丑，初四也。臧梓勤王記亦云：「甲寅幸常州。」諸書皆合，今從之。

4 甲寅，上次常州。時鎮江官吏皆散，朱勝非求得通判府事梁求祖於竹林寺中，付以郡事。於是百姓稍有入城者。

金人入真州。

金人揭榜於揚州市，西北人願還者聽之。西北人去者萬餘人，自邵伯鎮往泰興，後爲薛慶軍者是也。趙甡之遺史云：「金人榜上繫銜云：『東南道都統孛堇、東南道副都統孛堇、東南道都監。』凡三員。」

御營統制官王亦將京軍駐江寧，謀爲變，以夜縱火爲信。江東轉運副使、直徽猷閣李謨覘知之，馳告守臣秘閣修撰趙明誠。時明誠已被命移湖州，弗聽。謨飭兵將，率所部團民兵伏塗巷中，柵其隘。夜半，天慶觀火，諸軍譟而出，亦至不得入，遂斧南門而去。遲明，訪明誠，則與通判府事朝散郎毋丘絳、觀察推官湯允恭縋城宵遁矣。其後絳、允恭皆抵罪。謨，無錫人。允恭，貴池人也。此據孫覿撰李謨墓誌及江東運司所奏參修。明誠改除，日曆不載，建康題名在今年二月，絳、允恭二月丁丑各降二官資。

是日，御營平寇前將軍范瓊自東平引兵至壽春，其部兵執守臣右文殿修撰鄧紹密殺之。初，瓊次壽春，循城而南，守陴者見其認旗，笑曰：「是將軍者，豈解殺番人⑤？惟有走耳。」瓊聞而怒，乃檄府，索其造語之人。紹密索得一人送之，瓊命斬於麾下。已而瓊之軍士入城負糧，紹密所將兵怨斬其同類，乃持仗逐之。瓊所部與格鬬，因入城焚掠，紹密死於亂兵，知下蔡縣趙許之亦死，城中悉爲灰燼。久之，贈紹密大中大夫。此據趙甡之遺史修入。熊克小曆載瓊去年十二月引兵至江西，恐誤。龔頤正中興忠義録云：「紹密以守城，爲金人所殺。」蓋會要之誤，而頤正又因之。日曆紹興二年四月癸未，鄧紹密妻趙氏狀：「亡夫在任，有紅頭巾賊，不得姓名，在六安軍界故步鎮作過，亡夫親至賊寨招安，賊徒不從，反留亡夫，不肯放出。亡夫嫚罵，誓不負國，遭賊殺害身亡。」與此不同，今附此，更求他書參考。

龍圖閣學士王賓自揚州輿疾從上南渡，遂卒於鎮江。六月丁亥降旨賻恤。

5 乙卯，上至無錫縣。熊克小曆：「丙辰，次無錫縣。」今從日曆及巡幸記。縣令任讜供辦整肅，有同宿戒，上再三稱獎。

朝奉大夫、知秀州葉焕復直秘閣，知越州。先是，降充顯謨閣直學士、知越州翟汝文告老不得請，乃使其家奴以疾困告於朝，黄潛善許之，故更用焕。汝文告老事，以紹興三年章疏修入，不得其月日，因除焕附見。

是日，金人去真州。靳賽引兵復入城，頗肆殺掠。後數日，守臣向子忞至，以義責之，賽語塞。時賽之軍士有爲州民所殺者二人，賽必欲得民之爲首者，子忞不得已，刷二人與賽，賽使其徒釘於望江橋下，燔甲葉以貼其體，然後臠而食之。子忞，子諲弟，江淮制置使吕頤浩所辟也。

6 丙辰，上次平江府，始脱介胄，御黄袍。侍衛者皆有生意。命承信郎甄援往江北招集衛兵。援，成都人，本太學諸生。靖康中，十上疏論利害，淵聖皇帝遣詣河東見折可求計事，命以官。上至平江，兵衛寡弱，援上書請持詔過江招集，以實行在，及還，遷保義郎。

7丁巳，下詔慰撫維揚遷徙官吏、軍民。集英殿修撰、提舉杭州洞霄宫衛膚敏入對。膚敏在維揚，數爲上言：「揚州非駐蹕地，請早幸建康。」上思其言，復召入。膚敏言：「餘杭地狹人稠，區區一隅，終非可都之地，自古帝王未有作都者，惟錢氏節度二浙而竊居之，蓋不得已也。今陛下巡幸，乃欲居之，其地深遠狹隘，欲以號令四方，恢復中原難矣。前年冬，大駕將巡於東也，臣固嘗三次以建康爲請，蓋倚山帶江，實王者之都也。可以控扼險阻，以建不拔之基。陛下不狩於建康而狩維揚，所以致今日之警也。爲今之計，莫若暫圖少安於錢塘，徐詣建康。然長江數千里，皆當守備，如陸口直濡須，夏口直赤壁，姑孰對歷陽，牛渚對横江，以至西陵、柴桑、石頭、北固，皆三國、南朝以來戰争之地。至於上流，壽陽、武昌、九江、合肥諸郡，自吴而後，必遣信臣提重兵以守之，而江陵、襄陽尤爲要害，此尤不可不扼險以爲屯戍也。今敵騎近在淮壖，則屯戍之設，固未能遽爲，宜分降詔書於沿江守土之臣，使之扼險屯兵，廣爲守備。許行鬻爵之法，使豪民得輸粟以贍軍；許下募兵之令，使土人得出力以自效。又重爵賞以誘之，則人人效命，守備無失，而敵騎必退矣。敵騎既退，則可以廣設屯戍，如前所陳，遲以歲月，國體少安，可以漸致中興之盛矣。」上頗納其言。

金人犯泰州，守臣朝請大夫曾班以城降。時金人自揚州分兵而來，班聞之，聚軍民議曰：「金重兵臨城，且至矣，班義不當去，相與死守之，若何？」衆皆哭，曰：「願以生靈爲念，屈節投拜，保全一城。」班遂遣兵馬鈐轄張亢賚降書詣軍前，植降旗於城上，率軍民迎拜。金人入城，置酒高會，居數日，盡掠其金帛而去。班，楙弟也。

武經大夫、閤門宣贊舍人丁進既受招，以其軍從上行，遮截行人，恣爲劫掠，且請將所部還江北，與金人血戰，其意欲爲亂。會御營都統制王淵自鎮江踵至，進懼，欲亡入山東。朱勝非過丹陽，進與其衆匿遠林中，以狀遮勝非自訴。淵聞進叛，遣小校張青以五十騎衛勝非，因紿進曰：「軍士剽攘，非汝之過，其招集叛亡來會。」青誘進詣勝非，至則斬之。此以朱勝非閒居録、趙甡之遺史、維揚巡幸記參修。遺史稱進及淵於吕城鎮，淵數其罪，收斬之。日曆亦稱淵斬進於馬前，皆與閒居録不合。然閒居録載此事甚悉，今參取之。進之死，日曆在甲寅，熊克小曆在乙卯，閒居録在初九日戊午，二書不同。按勝非以初八日離鎮江，則進之死當在其後。閒居録載進自訴事亦在初八日丁巳，今且併書之。俟考。

統制濱州軍馬葛進攻青州不能下，京東東路安撫使劉洪道求援於知萊州張成，引兵赴之，進乃去。洪道遣其將崔邦弼追之，敗歸。進後與金人戰，爲所執。

8 戊午，上將發平江，中書侍郎朱勝非自鎮江來，以晡入見。初，上以吴江之險可恃，議留大臣鎮守，勝非既對，上諭曰：「黄潛善自渡江失措，朕所過，見居民皆被焚劫，蓋軍民數日乏食至此。」勝非曰：「誠如聖諭。陛下離此，亦復擾矣。」上欲除勝非兼知秀州，輔臣言秀非大臣鎮守之地，乃以御札命勝非充平江府秀州控扼使。使名據閒居録。日曆稱權差朱勝非節制平江府秀州軍民控扼等事，蓋後來所降省札也。勝非再對，留身言：「臣雖備員執政，與諸軍無素，更乞從官一員同治事。」上曰：「從官何嘗預軍事？」勝非曰：「如吕頤浩、張浚，皆兼御營司參贊軍事，可用也。」於是上問近臣誰能佐勝非者，浚慷慨願留，遂命浚同節制控扼等事，仍詔勝非行移如尚書省體式，事有奏陳不及者，聽便宜施行訖奏。浚受命即出城，決水溉田，以限戎馬，列烽燧，募土豪，措置捍禦。長兵至平江者三千餘人。朱勝非閒居録云：「十日，至蘇臺，車駕未行，即作奏，有旨晚對。差平江府秀州控扼使。」而日曆及張浚平江録皆繫之初八日，與勝非所記不同。然初十日上已在秀州，以事考之，勝非之除當在初九日。蓋閒居録所記事日辰亦多差，但當取其大綱耳。

忠訓郎劉俊民爲秉義郎、閤門祗候。初，上聞金人尚在揚州，募能使軍前者，俊民願行。俊民嘗在敵中，頗知其情僞。上已乘舟，召俊民就御舟賜對，與語甚歎，遂使持書以往，賜賚極厚。俊民請張邦昌一子弟同行，庶可藉口。上與黄潛善、汪伯彦、朱勝非共議，因下詔尊禮邦昌。邦昌之在南都也，嘗奉詔貽書金人，言約和事，其藁在李綱家，遂下常州取之。邦昌之死也，其子直秘閣元亨與其兄中奉大夫邦榮皆坐累拘管。至是，悉令録用。太學博士廉布者，山陽人，娶邦昌女，太學正吴若者，安陽人，娶邦昌兄女，先亦坐廢，詔並乘驛赴行在。上臨發，又以勝非兼御營副使，留御營都統制王淵總兵守平江府。

是夕，上舟泊吴江。趙甡之遺史云：「募使軍前者，進武校尉劉伸願行。」與日曆不同，恐甡之所記小誤，今從日曆。但日曆載此事於初十日上次秀州之後，則恐不然。蓋上已次秀州，則勝非自不與此議。胡安國劾疏何爲以邦昌事責之？下詔尊禮邦昌，亦以安國劾章增入。

是日，金人陷滄州。先是，明州觀察使劉錫知滄州，聞金兵且至，將數百騎棄城走，道遇葛進退兵，乃知青州尚爲朝廷守，即趨青州，駐麻家臺，留不進。劉洪道遣人邀入城，錫曰：「青州屢遭寇擾，人心未寧，不可。」洪道出見錫，且犒其師，錫竟不入城。青州人高其義，錫遂將其餘衆赴行在。錫已見元年六月己酉。金兵至城下，通判州事孔德基以城降。

9 己未，上次秀州。

龍圖閣待制、知江州陳彦文爲沿江措置使，總領江陵府至池州沿江防守等事及措置戰船。承議郎、新通判襄陽府程千秋充副使。

詔通判鎮江府梁求祖進二官，直秘閣、知鎮江府。

右文殿修撰、知揚州黄願落職，令所在根逐管押，赴本州治事。時揚州已爲金所據，願不能行，乃除名，南雄州羈管。願羈管本末，日曆不書，但今年三月鄭瑴論錢伯言章疏中略及之，今以紹興元年十月甲申刑部檢舉狀修入。

10 庚申，御舟次崇德縣。資政殿大學士、江淮制置使吕頤浩從上行，即拜同簽書樞密院事、江淮兩浙制置使，所除職去大字。頤浩夜見上於内殿，上諭以：「金人尚留江北，卿可還屯京口。令劉光世、楊惟忠並受節制。」頤浩遂以王淵所部精兵二千人還鎮江府，命恩州觀察使張思正統之。熊克小曆頤浩除命在丁巳。與朱勝非同日。今從臧梓勤王記。梓所記又云：「聖訓丁寧，已遣朱勝非、張浚守平江府，卿可總兵屯於鎮江。」蓋二人非同日受命。梓記頤浩事必得其真，但以頤浩受命在壬戌，而頤浩奏狀亦云：「二月十三日奉聖旨，差充江淮兩浙制置使。」皆與日曆不同。按諸書，十三日壬戌，上已至杭州，而勤王記繫之乙丑，是以差誤。今姑從日曆。遣御營中軍統制張俊以所部八千人往吳江縣防托。時朝廷方以金人渡江爲慮，故命大將楊惟忠守金陵，劉光世守京口，王淵守姑蘇，分受二大臣節度。於是韓世忠在海道未還，而范瓊自壽春渡淮，引兵之淮西境上，扈駕者惟苗傅一軍而已。汪伯彦時政記云：「黄潛善等言：『陛下已留朱勝非、張浚、王淵在平江，居吳之北，若更差張俊去，臣等慮行在只有苗傅一軍，不惟緩急有警，傅不可倚仗，兼恐無以相制，可虞非常。乞留俊，庶幾行在不致悮事。』」按伯彦所記如此，則二人可謂有先見之明。然不知俊何以竟行，此事更須詳考。

尚書吏部員外郎鄭資之爲沿淮防托⑥，自池州上至荆南府，監察御史林之平爲沿海防托，自太平州下至杭州。資之，望之兄也。資之請募客舟二百艘，分番運綱把隘。之平請募海舟六百艘防扼。從之。

11 辛酉，御舟泊臨平鎮。户部尚書葉夢得自宜興間道之杭州，至是來迓。夢得言：「平江、江寧兩府所留上供，約可支半載，欲刷杭州諸司所有借支，俟取兩處錢帛至而償之。」又請更給百官諸軍券曆，及命官權領户部司農、太府寺職事，皆從之。

12 壬戌，上至杭州，以州治爲行宮，顯寧寺爲尚書省。先是，以轉運司爲升暘宮，葉夢得爲上言，小人遂傳復開應奉之端，不可不慮。乃亟命罷之。

上以百官家屬未至，獨寢於堂外。上御白木牀，上施蒲薦黄羅褥。舊制，御膳日百品，靖康初，損其七十，渡江後，日一羊煎肉炊餅而已。

是日，金人陷晉寧軍，守臣武功大夫、忠州刺史徐徽言死之。初，徽言在晉寧，聞河東遺民日望王師之至，乃陰結汾晉土豪，約以復故地，則奏官爲守長，聽其世襲。會朝論與金結好，恐出兵則敗和議，抑其所請不報。金人忌徽言，欲速拔晉寧以除其患，圍之三月，屢破却之。久之，城中矢石皆盡，士困餓不能興。會監門官閤門宣贊舍人石贇夜啓關納金人，城遂陷。徽言聞兵入，即縱火自焚其家人，而率親兵力戰。比曉，左右略盡，徽言爲金所執。金人知其忠，欲生降之，徽言植立不動，與之酒，徽言以杯擲其面曰：「我尚飲汝酒乎？」嫚罵不已。金人怒，持刃刺徽言，徽言罵不絶聲而死。後贈晉州觀察使，謚忠壯。初，晉寧之圍也，武德大夫、太原府路兵馬都監、嵐石路統領軍馬孫昂率殘兵與徽言共守，及城破，昂引所部三百人巷戰，自夜達旦，格殺數百人，士卒死亡殆盡。昂自度不免，引刃欲自刺，金兵擁至軍前，以甘言誘之，昂終不屈而死。昂父翊，宣和末以右武大夫、相州觀察使知朔寧府，救太原死於陣。後贈昂左武功大夫、成州團練使。徽言事以附傳及王明清揮麈第三録增修，孫昂事以楊存中乞賜官狀附見。昂贈官在紹興三十一年。

13 癸亥，朝羣臣於行宮。降詔罪己，求直言，令杭州守臣具舟往常、潤，迎濟衣冠、軍民家屬，省儀物，膳羞，出宮人之無職掌者。凡三詔。宰相黄潛善、汪伯彦、門下侍郎顔岐、同知樞密院事盧益、資政殿學士簽書樞密院事路允迪，各上疏請罪。伯彦之奏略曰：「雖世忠控要路於淮、徐，而范瓊頓勁兵於宿、泗，對壘兩軍之相拒，輕兵間道以潛來。臣偶以沈痾所纏，不能密志而慮，致鑾輿之遑遽，挐舟楫以播遷。」詔不許。

兩浙路提點刑獄公事趙哲知鎮江府，以朱勝非等言梁求祖能不離府城，甚可嘉賞，然鎮江重地，恐求祖難以專責故也。時哲在平江，張浚令哲檢視控扼等事，亦不果行。

14 甲子，集英殿修撰衛膚敏試尚書刑部侍郎。

集英殿修撰、知宣州侍其傳罷，尚書吏部侍郎劉珏充龍圖閣直學士，知宣州。

15 乙丑，德音：「釋諸路囚雜犯死罪以下，士大夫流徙者悉還之，惟責授單州團練副使李綱不以赦徙。」蓋黄潛善建陳，猶欲罪綱以謝金也。十一月丁未放還。吕中大事記：「汪、黄之所主者，和議而已，故竄馬伸，殺陳東、歐陽澈，罷衛膚敏、許景衡，以遂其私。方且奏復科舉，策進士，行郊祀，定配享，置講讀官，以文其欺。幸而渡江，猶罪李綱以謝金，冀和議之可成耳。彼其説曰，非和則所以速二聖之禍。然金與我有不共戴天之讎，則其不可和也明矣。祈請使還，而兩河被兵；通問使遣，而維揚失守。金豈虛言之所能動哉？」

命侍從及寺監長貳、郎官，限二日舉有才術之士二人。故事，薦士止侍從已上，不及郎官。上以兵火之後，闕員甚多，特有是命。中興聖政：「一日進呈奏狀，上曰：『今所薦士，不比常時，便當擢用之，命赴都堂審察。』明日復曰：『不若便令登對，朕當親自延見之。』臣留正等曰：『舜之舉賢，惟屬之四岳、十二牧。漢制大略自三公九卿、丞相、御史大夫止耳。本朝故事，宰執、侍從纔得薦舉，未嘗及郎曹，郎官薦士，自太上皇帝始也。蓋當大有爲之時，欲廣旁求之路，故凡爲尚書郎者，咸得明揚，等於從官，雖然衆賢駢集，旌車畢至，固誠一時之盛矣。使甄別之不明，黑白之相混，吹竽畫餅，孔跖雜售，則亦奚取於多乎？惟其睿鑑英接之榮，是其所以爲全盡也。唐陸贄有言：取之貴詳，擇之貴精。蓋不詳其取，則賢路多塞；不精其擇，則真贗莫分。夫惟詳之於其始，精之於其終，斯兩盡之。故臣愚以謂，陸贄之言，真盡用人之法，而太上皇帝之用人，真可爲萬世之訓也。』」

出宮人百八十人，用癸亥詔書也。

宰相黃潛善、汪伯彥再上疏言：「臣等分義，非他人比。今謀國於艱難之時，不能弭患；而脱身於顛沛之際，反獲便私。則不惟公議不容，臣等固不忍道也。今不敢止用常禮，再有奏陳，俟禍患稍寧，即再伸前請，必冀明正典刑，以厭公議。」自上即位以來，二人專持國柄，至是寇盜充斥，宗社播遷，議者皆欲正其誤國之罪，而潛善等居位偃然，猶無去意。中外爲之切齒焉。

置江寧府榷貨務都茶場。

詔應緣金人曾到州軍逃避守貳兵官，並令本路監司尋訪，發遣歸任。

拱衛大夫、忠州防禦使、御營使司左軍統制李安爲親衛大夫、兩浙西路馬步軍副總管，鎮江府駐劄。

朝奉郎劉誨添差兩浙轉運副使。時轉運副使范沖疾病，中書侍郎朱勝非等奏罷之。上以司馬光家屬在沖所，不許，乃權增副使一員，以命誨。

武顯大夫、文州刺史、幹辦御輦院潘永嘉罷。

金人屯揚州城下，遣擐甲執旗者一人入城諭士民，期以三日盡出西城，過期者殺，并數揚州人之罪，謂留上也。民無出城者。

初，冀州雲騎卒孫琪聚兵爲盜，號一海蝦，江淮制置使劉光世招降之。維揚之役，行在諸軍皆潰，琪擁光世之妻向夫人在軍中，由真、滁奔淮西，事之如光世。琪至廬州，帥臣胡舜陟乘城拒守，琪邀索資糧，舜陟不予⑦。自部使者以下，皆請以粟遺之，舜陟曰：「吾非有所愛，顧賊心無厭，與之則示弱，彼無能爲也。」乃時出兵，擊其抄掠者。凡六日，琪遁去。舜陟伏兵狙擊之，得其輜重而歸。是日，琪引兵之安豐縣。琪所至不殺人，但掠取金帛而去。後以向氏歸光世，光世德之。向氏，漢東郡王宗回女也。

16丁卯，百官入見。杭州寄居迪功郎以上，並許造朝。

中書侍郎、御營副使朱勝非乞令常、湖二州並聽節制，許之。

直龍圖閣、知杭州康允之言：「維揚無斥堠，故金人奄至而不知。」於是初置擺鋪，凡十里一鋪，置遞卒五人，限三刻承傳，五鋪以使臣一員涖之，一季無違滯，遷一官。令、尉減半推賞。

是日，呂頤浩師師次鎮江府。

17 戊辰，詔國步艱難，謀慮之士，咸願獻陳，無路自達。可令左右司輪官設次，看詳所陳，納尚書省。

户部尚書葉夢得言：「行在官吏軍兵等，除食料外，應公使、花果、房臥、生日、身亡、孝贈錢物，並權住支。」從之。

詔出米十萬斛，就杭、秀、常、湖州、平江府，減價出糶東北流寓之人。

樞密直學士、東京留守杜充陞端明殿學士。

呂頤浩、劉光世移兵屯瓜洲渡，與金人對壘。

金人焚揚州。初，金遣甲士數十人⑧，入揚州，諭士民出西城，人皆疑之，猶未有出城者。是日，又遣人大呼，告以不出城者皆殺。於是西北人自西門出，出則悉留木柵中，惟揚州人不出。夜，金縱火焚城，士民皆死，存者才數千人而已。

18 己巳，尚書左僕射兼門下侍郎兼御營使黃潛善、尚書右僕射兼中書侍郎兼御營使汪伯彥罷。時御史中丞張澂上疏劾潛善、伯彥大罪二十，大略謂：

潛善等初無措置，但固留陛下，致萬乘蒙塵。其罪一。禁止士大夫搬家，立法過嚴，議者咸云天子六宮過江静處，我輩豈不是人？使一旦委敵，歸怨人主。其罪二。自真、楚、通、泰以南州郡，皆碎於潰兵，重失人心。其罪三。祖宗神主神御，不先渡江，一旦車駕起，則僅一兩卒舁致，傾摇暴露，行路之人酸鼻下淚。宗廟顛沛。其罪四。建炎初年，河南止破三郡，自潛善等柄任以來，直至淮上，所存無幾。其罪五。士大夫既不預知渡江之期，一旦流離，多被屠殺。其罪六。行在軍兵，津渡不時，倉卒潰散，流毒東南。其罪七。左帑金帛甚多，不令裝載，盡爲敵有，府庫耗散。其罪八。自澶、濮至揚州，咸被殺掠，生靈塗炭。其罪九。謝克家、李擢俱受僞命，而反進用。其罪十。潛善於王黼爲相時，致位侍從，故今日侍從卿監，多王黼之客。伯彦則引用梁子美親黨，牢不可破。罪十一。職事官言時病者，皆付御史臺抄節申尚書省，壅塞言路。罪十二。用朝廷名爵，以脅士大夫。罪十三。行在京師，各置百司，設官重複，耗蠹國用。如以巡幸而置御營使司，則樞密院爲虚設。置提舉財用，則户部爲備員。罪十四。許景衡建渡江之議，擠之至死。罪十五。身爲御營使，多占兵衛，不避嫌疑。罪十六。敵人相距，斥堠全無，止據道塗之言爲真，致此狼狽。罪十七。敵騎已近，尚敢挽留車駕。罪十八。盧益自散官中引爲八座，遂進樞副。伯彦之客爲起居郎，有罪補外，遂除集英殿修撰。二人朋比，專務欺君。罪十九。國家殆辱，不知引罪。罪二十。

疏入未報，遂以狀申尚書省，潛善、伯彦乃復求去。簽書樞密院事路允迪奏曰：「時方艱棘，不宜遽易輔相，乞責以後效。」詔押赴都堂治事。已而皆罷爲觀文殿大學士，潛善知江寧府，伯彦知洪州。呂中大事記：「方上之在相州也，金兵未退，此申包胥哭於秦庭之時也。時則當以宗澤進兵京城之請爲義，而黄潛善、汪伯彦沮之。迨上之次濟州也，金兵已退，此晉大夫反首茇舍之時也。時則當以宗澤邀敵歸路之請爲義，而汪、黄又沮之。迨上之即位南京，此肅宗即位靈武二年而復兩京之時也。時則當以李綱獨留中原之請爲義，而汪、黄又沮之。中興之初，綱在内，澤在外，此天擬二人以開建紹之業者也。而綱爲汪、黄所沮，纔七十五日而去位，豈非天耶？澤爲汪、黄所沮，未及一年而憤死，又豈非天耶？綱罷而汪、黄相於内，澤死而杜充繼於外，天下事一變矣。綱在位，則措置兩河，兵民稍集。綱去，則經制招撫罷，而兩河無兵矣。綱在位，則僞臣叛黨，稍正典刑。綱去，則叛臣在朝，而政事乖矣。綱在則澤志行，綱去則澤志沮。澤在則盜可爲兵，充守則兵皆爲盜。澤在則黏罕退舍，充用則金至維揚矣。内無綱，外無澤，此建炎之失其機，則汪、黄二人爲之也。」

户部尚書葉夢得守尚書左丞，御史中丞張澂守尚書右丞。

19 庚午，右諫議大夫鄭瑴言：「陛下南渡，出於倉卒。朝士大夫、省臺寺監百司職事之臣，獲濟者鮮，當擢吴中之秀以爲用。況平江、常、潤、湖、杭、明、越號爲士大夫淵藪，天下賢俊多避地於此，望下此數州，令守臣體訪境内寄居待闕及見任宫觀等京朝官以上，各具官資姓名申尚書省選擇，簡拔任使，庶幾速得英才，以濟艱厄。」詔三省行下，限一月具名奏聞。

御營使司都統制王淵言：「戎器全闕，軍匠數少，請下諸州刬刷民匠赴官，併手製造，優支廩食。」自是以爲例。

尚書省言：「浙西路當控扼處，自吴江外惟千秋、襄陽、垂脚三嶺爲險要。先已命兩浙提點刑獄公事王翿措置千秋嶺外，乃以宣義郎、知建德縣林師説充統轄官，控扼宣州來路；命起復尚書水部員外郎詹大和措置襄陽嶺⑨，承議郎、知桐廬縣孫佑充統轄官，控扼廣德軍來路；命通判杭州趙子嶙權兩浙路提點刑獄公事，措置垂脚嶺，宣義郎王堣充統轄官，控扼常州來路。並量起鄰州諸縣射士三分之一，以充長兵。仍募土豪，借官資，兵糧器械自備，各賜銀帛五百匹兩爲軍費。」佑，北海人，與師説、堣，皆常守把有勞，爲葉夢得所薦也。大和已見元年正月。既而以子嶙直秘閣、知秀州，大和直秘閣，爲淮南轉運副使。大和乞致仕，許之。大和除淮漕及致仕，日曆並不書，此以紹興六年五月大和辭職名狀修入。狀稱建炎三年春除淮漕，未見本月日。

金人去揚州。

20 辛未，湖州民王永從獻錢五萬緡⑩，以佐國用。上不納，輔臣言，版計無闕。或曰：「曩已納其五萬緡矣，今却之，則前後異同。」乃命併先獻者還之。仍詔自今富民毋得輒有陳獻。

詔御營使司止管行在五軍，其邊防措置等事，並依祖宗法釐正，歸三省樞密院。四年四月乙未可參考。

門下侍郎顔岐等言：「方在兵間，禮宜簡便。所有執政官張蓋設狨座，欲權暫撤去，竢回鑾日如舊。」從之。

江淮兩浙制置使吕頤浩聞敵退，渡江至真州，收榷貨務錢物。金人自揚州還至高郵軍城下，守臣趙士瑗棄城走，判官齊志行率軍、縣官出城投拜，金人劫掠而去。

有潰兵宋進者，初爲韓世忠團人，至是更名世雄，聚兵二百餘犯泰州，守臣朝請大夫曾班遁去。世雄入城縱掠，推錢糧官裴淵爲首。班自劾待罪，坐貶二秩。趙甡之遺史云：「班自劾待罪，其兄楙、開請納官以贖班之罪，上不許。班坐遷謫。」按日曆不見班行遣，紹興元年九月癸卯，自降授朝奉大夫、主管臨安府洞霄宮，得旨候任滿日再任。十二月乙丑，用諫官言，雷州編管。則楙、開有請，當在此時。甡之少誤也⑪。

21 壬申，吕頤浩遣閤門祗候陳彥入揚州。

詔監司、州縣擅立軍期司掊斂民財者，並罷。用尚書左丞葉夢得奏也。

觀文殿大學士黃潛善提舉南京鴻慶宮，汪伯彦提舉西京嵩山崇福宮，所除職去「大」字，用言者奏劾也。

尚書工部侍郎康執權爲吏部侍郎。

詔百官除拜，非侍從並給敕，量行開説補授因依，竢事定日依舊。

22 癸酉，靳賽犯通州，城垂破，中書侍郎朱勝非、禮部侍郎張浚在平江作蠟書招之，賽即聽命，訴以無食，乃漕米給之。

韓世忠提轄使臣李在自沭陽潰散，聚徒百餘人，居寶應縣。會金人棄高郵去，在乃詐稱五臺山信王下忠義軍，率衆至高郵。有監比較酒務、保義郎唐思問先往迎之[12]，在既入城，遂以其徒時正臣知高郵軍，思問通判軍事。執投拜官齊志行等皆殺之。乃遣人截金後軍，得金寶船數艘[13]，故其軍極富。時端明殿學士董耘、朝議大夫李釜皆寓居高郵，在因以爲參議，又聚集潰卒數千，遂據高郵。釜，大名人也。

23 甲戌，黃潛善、汪伯彦落職奉祠。

24 乙亥，召朱勝非赴行在，留張浚平江府節制。

詔：「陳東、歐陽澈並贈承事郎，官有服親一人，令所居州縣存恤其家。降授奉議郎、監濮州酒務馬伸除衛尉少卿，赴行在。」先是，尚書左丞葉夢得初謝，上諭宰執曰：「始罪東等，出於倉卒，終是以言責人，朕甚悔之。今方降詔求言，當令中外皆知此意。」上復曰：「伸前責去，亦非罪，可召還。」或奏曰：「聞伸已死。」上曰：「不問其死，但朝廷召之，以示不以前責爲罪之意。」既又贈伸直龍圖閣。伸贈職，日曆及他書皆無之，此據紹興五年正月伸加贈右諫議大夫告内前銜修入。

命尚書駕部員外郎方聞往淮東撫諭，御營左軍統制、浙西馬步軍副總管李安知揚州。

25 丙子，詔曰：「朕以菲躬，遭時多故，舉事失當，知人不明。昨以宰臣非才，任用既久，專執己見，壅塞下情。事出倉皇，匹馬南渡。深思厥咎，在予一人。既以悔過責躬，洗心改事，放斥宮嬪，貶損服御，罷黜宰輔，收召隽良。尚慮多方未知朕志，自今政事闕遺，民俗利病，或有關於國體，或有益於邊防，並許中外士民直言陳奏。朕當躬覽，採擇施行，旌擢其人，庸示勸奬。言之或失，朕不汝尤。咨爾萬邦，欽予至意。」

詔郎官以上所薦士不候審察，並令入對，日於進膳後，即後殿引三班。

直秘閣、知婺州蘇遲言：「本州上供羅，自皇祐中歲輸萬匹，崇寧中增至五萬八千匹有奇，民力凋弊。乞減其半。」上覽奏驚惻，欲盡蠲之。門下侍郎顔岐等言：「今用度與祖宗時不同。」乃詔減二萬八千匹，著爲定制，仍令給以本錢。

御營前軍統制張俊自戍所赴行在，詔復還吴江。行在録云：「俊領兵把隘吴江，軍士怨俊渡江日脱身獨走，致失家屬，欲殺俊。俊遜謝得脱，奔走至行在。上釋之，却令再往招集軍衆。」繫此事於二十七日丙子，今附見此。朱勝非閒居録云：「臣離平江，有兵四千餘人，後來王淵歸，却令張俊去。」與此不同。按日曆及諸書，俊乃上未至杭時遣戍吴江縣，非淵歸所遣，當是俊赴行在而復還吴江也。今併附此。

26 戊寅，江淮兩浙制置使吕頤浩奏已復揚州，詔尚書省榜諭士民。

是月，以龍圖閣待制、知延安府、節制六路軍馬王庶爲陝西節制使、知京兆府，涇州防禦使、陝西節制司都統制曲端爲鄜延路經略安撫使、知延安府。時延安新殘破，未可居，端不欲離涇原，乃以知涇州郭浩權鄜延經略司公事。浩，成子也。成，德順人，故客省使。

温州觀察使、新知鳳翔府王𤪟自興元以輕兵赴行在，以𤪟爲御營前軍統制。𤪟表請幸西川，不從。

宫儀自即墨引兵攻密州，圍安丘縣，築外城守之。

初，慶元府陷，將兵百餘人奪門得出，及渡河，惟有輔逵、韓京數人而已。逵後隸韓世忠軍爲押火，沭陽之潰，逵聚卒得數百人，擾於淮河之南北。及是至楚州城下，漸有衆數千，當時淮南號爲悍賊。

張用自淮寧引衆趨蔡州，至黄離，距城二十里，守臣程昌寓度其未食，遣汝陽縣尉杜湛以輕兵誘之，賊果以萬人追至城東，遇伏大敗。於是用駐於確山，連亘數州，上自確山，下徹光、壽，據千里之地，接迹不絶。以其衆多，故號張莽蕩，抄掠糧食，所至一空。相接麥熟，刈麥而食矣。趙甡之遺史云：「用至確山，下令不得攻城，違者斬。」與昌寓家傳不同，今從家傳。

校勘記

① 金人以支軍犯楚州　「犯」，原作「侵」，據叢書本改。

② 商恭肅王生韓榮思王宗謂　「謂」，原作「鍔」，據宋史卷二四五宗室傳改。又「商恭肅王」疑有脱誤。

③此失於退一也　此句下原有四庫館臣按語：「按：滙全論見是年十二月己丑，此係節文。」今删。

④濟諸軍固已處置　「諸」，原作「渡」，據叢書本改。

⑤豈解殺番人　「番」，原作「敵」，據叢書本改。

⑥尚書吏部員外郎鄭資之爲沿淮防托　「托」，叢書本作「挖」，即「扼」字。宋史卷二五高宗紀二亦作「托」。

⑦舜陟不予　「陟」，原作「涉」，據叢書本改。

⑧金遣甲士數十人　此後有四庫館臣按語：「按北盟會編，此乃丁卯日復入城者。」今删。

⑨命起復尚書水部員外郎詹大和措置襄陽嶺　「大」，叢書本作「太」。下同。景定嚴州續志卷五亦作「大」，詹大和與詹大方皆政和進士。

⑩湖州民王永從獻錢五萬緡　「從」，皇朝中興紀事本末卷八上作「錫」。按：王永從獻錢事，宋史全文卷一七上載湖州民王永從獻錢五萬緡，以佐國用。上不納，或曰：「曩已納其五萬緡矣。」揮麈餘話卷一謂湖州民王永從進錢五十萬緡佐國用。三朝北盟會編卷二二五亦載王永從願自辦本家粮食斛百萬貫石措置赴闕，體國助軍。皆可參據。

⑪牲之少誤也　此下原有四庫館臣按語：「按北盟會編，班，兄楙，弟開。」今删。

⑫有監比較酒務保義郎唐思問先往迎之　「比」，原作「北」，叢書本同。據三朝北盟會編卷一二三改。

⑬得金寶船數艘　「船」字原脱，據三朝北盟會編卷一二三補。

建炎以來繫年要録卷二十一

1 建炎三年三月己卯朔，詔金人已退，當進幸江寧府，經理中原。

2 庚辰，中書侍郎兼御營副使朱勝非守尚書右僕射，兼中書侍郎兼御營使。勝非自平江還朝，以晡入見。是夕鎖院。故事，命相進官三等，至是，勝非特遷五官，爲宣奉大夫。熊克小曆勝非拜相在庚辰，日曆在己卯。按勝非閒居録亦云：「三月一日至臨安，以晡入見。」則降制必在初二日也。勝非自記當得其真，今從之。

初，金人犯泰興縣①，有嚴起者，率軍民拒之，賴以免者甚衆。詔授保義郎、閤門祗候。

金人分兵犯江陰，至夏港，距城八里而近。守臣胡紡遣統制官王換等拒敵，且謂承事郎、簽書判官廳公事李易曰：「吾曹有死城郭之義，公母宜勉之少避。」易歸告其母蔣氏，蔣氏曰：「我去，則汝決不肯堅守，願與汝同死生。」聞者感泣。既而金人以潮生有備，亦引去。此以鄭純所作序及胡紡祭文、易紹興十一年八月癸未陳乞加封狀參修。序以爲建炎庚戌三月二日事，故附於此日。

降授右武大夫、和州防禦使馬擴應詔上書言：

前日之事，其誤有四，其失有六。始者任用非才，不能乘機拓境，取侮敵人；敵既退師，略不爲備；陛下乘時御極，不知西據蜀險，就六路形勢，力治兵戰，以圖恢復，反使翠華淹處淮甸；甘蹈覆轍，泥於請和，使勢力日益窮蹙。此四誤也。金既深入②，童貫遁歸；京闕被圍，遽割三鎮；復隳信誓，其實無能；其後金人既自界大河，而我不能倚以爲固；信王脱於拘囚，結集忠義，所得壯勇，不啻數十萬，顒望王師，相爲策應，奈何羣言譖沮，禁止渡河，反使金人簽軍南渡；既連陷大名、東平，略不爲備，遂使金人乘勢蹂躪。此六失也③。

竊料金人遠來，人馬疲乏，且自争玉帛子女，飽其負載，兼淮西仍多民兵，彼顧前無利，計後有害，又有江北不及渡者西兵，與諸軍潰卒，往往奪路會合於范瓊。敵又睥睨金陵、鎮江守把舟船，而天雨連降，平地水發，道塗泥濘，馬步俱不能進。是以敵心頓沮，不思渡江以迫大駕，此皆上天眷祐有宋，許陛下得以圖維④。臣今輒以機速利害，畫爲三策。願陛下幸巴蜀之地，用陝右之兵，留重臣使鎮江南，委健吏以撫淮甸，破敵人之計，回天下之心。是爲上策。都守武昌，襟帶荆湖，控引川廣，招集義兵，屯布上流，扼據形勢，密約河南諸路豪傑，許以得地世守，用爲屏翰。是爲中策。駐蹕金陵，備禦江口，通達漕運，亟製戰艦，精習水軍，厚激將士，以幸一勝，觀敵事勢，預備遷徙。是爲下策。若貪顧江湖陂澤之險，納探報之虚言，緩經營之實績，倚長江爲可恃，幸敵人之不來，猶豫遷延，候至秋冬，使敵人再舉，驅集舟楫，江淮千里，數道並進。方當此時，然後又悔。是爲無策。

累數千言，皆切事機。

是日，日中有黑子⑤。

3 辛巳，尚書左丞葉夢得罷⑥。夢得初執政，上諭之曰：「今日兵食二事最大，當擇大臣分掌。」門下侍郎顔岐等頗疾之，乃語知杭州康允之曰：「上欲以次對授公，而爲左丞沮止。」允之怒，與其將曹英謀，以爲陳通餘黨在者三千餘人，聞夢得秉政不自安，皆謀爲亂。上不信，岐等證之。夢得與朱勝非舊不相能，勝非入相，首言夢得議論不協。會杭州士民上書訟夢得過失，有及其閨門者。是日，上批：「夢得深曉財賦，可除資政殿學士、提舉中太一宫兼侍讀、提領户部財用，充車駕巡幸頓遞使。」夢得執政凡十四日而罷。辭不拜，遂徑歸卞山。朱勝非秀水閑居録云：「初四日留身奏：『葉夢得方除執政，纔旬日，何爲遽罷？』上曰：『提領財用亦有例。』余曰：『頃在揚州，張慤以中書侍郎兼此事。至於自作酒肆，人以爲非體，遂罷。』上曰：『數日來，尚書論夢得知杭州過失三四十封，其間進士姓周人及其閨門，其言可駭，恐臺諫聞之不便。姑罷政事，且留他在此，待降出書本，令卿看。』余曰：『果如此，夢得豈敢復留？』上曰：『待他有請，却與一郡。』夢得果請除帥江西，尋降出士民所陳三十七書歸堂。」按此所云，與其行述全不同。然勝非初相，執政罷免，無容不知。趙甡之遺史稱勝非言夢得議論不協，今從之。夢得除帥江西，諸書皆無，此事恐是明受中指揮，姑附此，當求他書參考。

同知樞密院事盧益守尚書左丞，未拜，復罷爲資政殿學士，提舉西京嵩山崇福宫。益之罷，日曆不書，似因張澂論二相疏中及之故也，當求他書參考。

鄜德軍節度使、御營使司都統制王淵同簽書樞密院事，仍兼都統制。淵自平江赴行在，既對，遂有是命。諸將多不悦者。淵輕財好義，家無宿儲。每曰：「朝廷官人以爵，使禄足代其耕也。若切切事錐刀，愛爵禄，我何不爲大賈富商耶⑦？」

尚書吏部侍郎兼直學士院孫覿試户部尚書。

資政殿學士、同簽書樞密院事、江淮兩浙制置使呂頤浩爲江南東路安撫制置使，兼知江寧府。自乾德以來，輔臣以本職典藩者，惟呂餘慶、郭逵及頤浩。

樞密院編修官秦梓改宣教郎，以其弟檜久在金，特優之也。

禮部侍郎、充御營使司參贊軍事張浚言：「江北之地，其勢須變爲藩鎮然後可守，乞詔宰執詳之，俟金人畢退，即便施行。江南一帶，非依重鎮，擇近上文武臣寮守之，許以便宜行事，恐不能堅守，乞早賜措置。」時朝士張虞卿等十九人上疏，亦以藩鎮爲言。朱勝非奏：「宜倣藝祖初議，權時制宜，行在爲京師，淮北爲藩方，淮南爲郡縣。」會多事，不果行。虞卿，齊賢遠孫也。齊賢，冤句人，淳化中宰相。熊克小曆以虞卿爲建安人，而洪邁夷堅甲志云：「虞卿，齊賢裔孫，居伊陽。」今從之。小曆又云：「倉部郎中張虞卿等乞建藩鎮。」按日曆，虞卿以今年四月戊午除虞部員外郎，此時勝非已去矣。當建言時，未爲倉部，克誤也。勝非閒居録亦不云虞卿爲何官，今闕之，俟考。浚又請沿江要害州軍置强弩營，選州禁兵、縣弓手爲之；仍專置軍器提舉官，募公私匠人，以除戎器。乃命諸路憲臣措置製造赴行在。

命學士、給舍輪日於禁中，看詳臣民章奏條上，仍不用內侍輪送，止實封往反。以言者建陳，欲免交結之弊故也。

尚書金部郎中李迨、員外郎高士佃爲主管車駕巡幸隨行左藏庫錢物官。兩浙轉運副使劉誨爲主管車駕巡幸錢糧官。

徽猷閣直學士、江淮等路發運使梁揚祖落職，提舉亳州明道宮。揚祖既不渡江，又不赴行在，故貶。

尚書左司員外郎葉份充秘閣修撰，江淮等路制置發運副使，兼提領措置行在茶鹽。

7 壬午，詔：「新除簽書樞密院事王淵免進呈書押本院公事。」初，扈從統制、武功大夫、鼎州團練使苗傅自負世將有勞，以淵驟得君，頗觖望。起復武功大夫、威州刺史劉正彦常招降劇盜丁進等，以賞薄怨。事見二年十月。又淵既薦正彦，後檄取其所予兵，事見二年二月己卯。正彦執不遣，以此怨淵。上在維揚，宣政使、金州觀察使、入內內侍省押班康履頗用事，妄作威福，諸將多疾之。及幸浙西，道吴江，左右宦者以射鴨爲樂。比至杭州，江下觀潮，中官供帳，赫然遮道，傅等切齒曰：「汝輩使天子顛沛至此，猶敢爾耶？」有中大夫王世修者，能甫兄子也，靖康末知滎澤縣，以守禦功改京秩，遂爲傅幕賓。世修常疾閹宦恣横，爲尚書右丞張澂言之，澂不納。世修退爲劉正彦言之，正彦曰：「君言甚忠，當與君同去此輩。」俄聞淵入宥府，傅、正彦以爲由宦者所薦，愈不平，遂與世修及其徒王鈞甫、馬柔吉、張逵等謀，先斬淵，然後殺內侍。鈞甫、柔吉，皆燕人，所將號赤心軍。議已定。此以王庭秀閲世録修入。朱勝非閒居録云：「正月間，王淵自揚州發大船十隻，皆是囊橐。杭人指言淵去年平陳通等，先令供郡中富民所寄贓物，既盡誅之，悉取其家貲。又以所供文字一一追來，違拒者亦殺之，所取不可勝計。今船中皆其物也。內侍官搬家，舟亦數十隻，相繼到此，頗不循理，彊占民居，彊市民物，衆皆怨憤不能平。及聞車駕渡江，諸軍潰亂，張逵建議誘説諸軍曰：『王淵爲都統制，不能捍賊，致此狼狽。前日先發金玉百船來，便有不守揚州之意。今車駕幸杭州，王淵必來，行見杭州又似揚州矣。若能殺淵而取其物，及取內臣家計，可人人致富。衆人共爲之，朝廷必不能偏罪。』奸謀蓋自此始。」

是日，宰相朱勝非留身奏事，言王淵除命，諸將有語。乃令淵依執政恩例，不與院事。行在録云：「壬午，傅、正彦請對。是日，王淵罷。」朱勝非復辟記云：「勝非言：『王淵除命，諸將有語。臣記武臣作樞，有免進呈書押故事。今淵既兼都統制，於武臣尤有利害。臣欲依故事免之，仍罷其兼管，庶弭衆論。』上然之。」按是時，諸老將皆不在杭州，必傅、正彦云云，而勝非有此請也。今掇取附見。

傅等即部分兵馬，且使人告淵以臨安縣境有劇盜，欲出兵捕之。康履之從者有得小黄卷文書，卷末字兩行曰：「統制官田押，統制官金押。」履問此何謂也，曰：「軍中有謀爲變者，以此爲信號，從之者書其名於前。」履密以奏，上命履至都堂諭勝非，使召淵爲備。勝非問知其謀否，履曰：「略知，期以來早集於天竺寺。」方諭其意，田即苗也，金即劉也，詐言謀於城外，以誤淵，使遣部曲出外耳。履去，勝非即召淵告之。日暮，淵遣一將將精兵五百人伏於寺側。此以朱勝非閒居録修入。是夜，城中驚惶，居民杜門不敢出，俗號爲沙魘，人皆通夕不寐。

8 癸未，神宗皇帝忌，百官行香罷，制以檢校少傅、奉國軍節度使、制置使劉光世爲檢校太保、殿前都指揮使。百官入聽宣制。傅、正彦令世修伏兵城北橋下，俟淵退朝，即捽下馬，誣以結宦官謀反，正彦手斬之。遂遣人圍康履家，分兵捕内官，凡無鬚者皆殺。傅揭榜於市曰：「統制官苗傅謹伸大義，播告天下民庶、官吏、軍兵等：邇者大金侵擾淮甸，皆緣奸臣誤國，内侍弄權，致數路生靈無罪而就死地，數百萬之金帛悉皆委棄，社稷存亡，懸於金人之手。今此大臣、内侍等不務修省，尚循故態，爲惡罔悛，使民命皇皇，未知死所。進退大臣，盡出閹宦；賞罰士卒，多自私門。金人去住罔測，朝廷安然坐視，又無措置，即日兩浙之民，遂有維揚之禍。嗟爾士庶，興言及此，寧不傷感？朝廷微弱，未能明正典刑。天其以予爲民除害，應大臣罪惡顯著，及内侍官等，並行誅戮。期爾士庶，一德一心，共圖中興之業。慎無生疑，以致後患。本爲生靈，別無所希。爾等若獲安居，傅等赴死未晚。昭示此心，誠貫白日。宜相訓告，以信萬方。」正彦既斬淵，即與傅擁兵至行宫北門外。衛士出刃，以指其軍。傅、正彦遂陳兵於門下。中軍統制官吴湛與傅等通，爲囊橐，被甲持刃守宫門，宫門亟閉。時尚書右丞張澂方留身曲謝，康履遽前，奏有軍士於通衢要截行人，履馳馬獲免。上召朱勝非等告之，勝非曰：「吴湛在北門下營，專委伺察非常，今有報否？」上曰：「無報。」俄而湛遣人口奏：「傅、正彦手殺王淵，以兵來内前欲奏事。」上大駭愕，不覺起立。行在録云：「是日，夜漏未盡四刻而聞變。」按朱勝非復辟記：「輔臣奏事已退，又王淵退朝而被殺。」則必非夜漏未盡時，今不取。勝非曰：「既殺王淵，反狀已著，臣請往問之。」及門，吴湛迎語曰：「人已逼，門不可開。」勝非、澂遂與門下侍郎顔岐、簽書樞密院事路允迪急趨樓上，傅、正彦與鈞甫、柔吉、世修、逵等介胄立樓下，以竿梟淵首。勝非厲聲詰問專殺之由，吴湛引傅所遣使臣入内，附奏曰：「苗傅不負國家，止爲天下除害耳。」於是從官皆在學士直舍，有一閹走入學士院，自刭不死，卧前廁。知杭州康允之見事急，率從官扣内東門求見，請上御樓，慰諭軍民，不然無以止變。俄獨召允之入。日將午，上步自内殿，登闕門，蓋杭州雙門也。百官皆從，權主管殿前司公事王元大呼曰：「聖駕來。」傅等見黄蓋，猶山呼而拜。上憑欄，呼傅、正彦問故，傅厲聲曰：「陛下信任中官，賞罰不公，軍士有功者不賞，内侍所主者乃得美官。黄潛善、汪伯彦誤國至此，猶未遠竄。王淵遇敵不戰，因交康履，乃除樞密。臣自陛下即位以來，立功不少，顧止作遥郡團練使。臣已將王淵斬首，中官在外者皆誅訖，更乞康履、藍珪、曾擇斬之，以謝三軍。」上諭以：「内侍有過，當流海島。卿可與軍士歸營。」傅曰：「今日之事，盡出臣意，三軍無預焉。且天下生靈無辜肝腦塗地，止緣中官擅權。若不斬履、擇，歸寨未得。」上曰：「知卿等忠義，已除苗傅承宣使、御營都統制，劉正彦觀察使、御營副都統制，軍士皆放罪。」傅不退，其下揚言：「我等欲遷官，第須控兩匹馬與内侍，何必來此？」上問百官策安出，有朝散郎、主管浙西安撫司機宜文字時希孟者曰：「中官之患，至此爲極。若不悉除之，天下之患未已。」上曰：「朕左右豈可無給使？」希孟曰：「年長者悉除之，擇十五歲以下者，供灑掃之役可也。」軍器監葉宗諤曰：「陛下何惜一康履？姑以慰三軍。」上不得已，命吴湛執履，捕得於清漏閣仰塵上。衛士擒至閣門，履望上呼曰：「大家，臣死矣！何獨殺臣？」遂以付傅等，即樓下腰斬之，梟其首，與淵首相對。希孟，君卿子也。君卿，鉅鹿人，終環州刺史。履既死，上諭傅等歸寨。傅等因前出不遜語，大略謂上不當即大位，將來淵聖皇帝來歸，不知何以處。上命朱勝非縋出樓下，委曲諭之。傅請隆祐太后同聽政，及遣使金人議和。上許諾，即下詔書，恭請隆祐太后垂簾，權同聽政。百官皆出門外，傅、正彦聞詔不拜，曰：「自有皇太子可立，況道君皇帝已有故事。」張逵曰：「民爲貴，社稷次之，君爲輕。今日之事，當爲百姓社稷。」又曰：「天無二日。」衆皆驚愕失色。百官復入，言傅、正彦不拜。上問故，衆莫敢對。時希孟獨曰：「有二説，一則率百官死社稷，一則從三軍之言。」通判杭州事浦城章誼叱之曰：「此何等語也！三軍之言豈可從耶？」上徐謂勝非等曰：「朕當退避，但須稟於太后。」勝非言：「無此理。」顏岐曰：「若得太后自諭之，則無辭矣。」上乃令岐入奏。又命吴湛諭傅等曰：「已令請太后御樓商議。」是日，北風勁甚，門無簾帷，上坐一竹椅，無藉褥。

王庭秀閲世録云上御金漆椅子，今從趙甡之遺史。

既請太后御樓，上即立檻側，不復坐。百官固請，上曰：「不當坐此矣。」太后將出殿門，宮中人牽衣號慟，后曰：「一足出門，事不可測，今與汝等别。」少頃，太后御黑竹輿，從四老宮監出宮。太后不登樓，内侍報上密語，上曰：「太后欲出門諭諸軍，如何？」執政皆以爲不可，曰：「方有此請，若爲邀去，奈何？」勝非曰：「必不敢。臣請從太后出，傳道語言，可觀羣兇之意。」遂肩輿出，立樓前見傅等，執政皆從之。王庭秀閲世録云：「太后乘竹輿至樓上，命儀鸞司設帷，垂簾置坐，不能具，止坐輿中。傅旨又肩輿至門下。」按朱勝非復辟記云：「太后乘小輿至，不肯上樓⑧。」勝非時爲宰相，必得其真，今從復辟記。傅、正彦拜於輿前曰：「今百姓無辜肝腦塗地，望太后爲天下主張。」后曰：「自道君皇帝任蔡京、王黼，更祖宗法度，童貫起邊事，所以招致金人，養成今日之禍，豈關今上皇帝事？況皇帝聖孝，初無失德，止爲黄潛善、汪伯彦所誤，今已竄逐，統制豈不知？」傅曰：「臣等已議定，豈可猶豫？」后曰：「待依所請，且權同聽政。」傅等抗言，必欲立皇子。后曰：「以承平時，此事猶不易，況今强敵在外，皇子幼小，決不可行。不得已，當與皇帝同聽政。」正彦曰：「今日大計已定，有死無二。望太后早賜許可。」后曰：「皇子方三歲，以婦人之身，簾前抱三歲小兒，何以令天下？敵國聞之，豈不轉加輕侮？」傅、正彦號哭固請，后不聽。傅、正彦呼其衆曰：「太后不允所請，吾當解衣就戮。」遂作解衣袒背之狀，后復呼之曰：「統制名家子孫，豈不明曉？今日之事，實難聽從。」傅曰：「三軍之士，自早至今未飯，事久不決，恐生他變。」顧朱勝非曰：「相公何無一言？今日大事，正要大臣果決。」勝非不能對，顏岐自上前來奏曰：「皇帝令臣奏知，已決意從苗傅所請，乞太后宣諭。」后猶不允，傅等語言益迫，太后還入門，上遣白以事無可奈何，須禪位。王庭秀閲世録云：「太后復上樓，上白事於竹輿前，言無可奈何，須禪位。」朱勝非復辟記云：「太后回，亦不登門，只於廊廡置竹輿。」今兼採二書修潤附入。蔡惇直筆云：「太后一行至臨安府，車駕繼至。會禁衛素怨殿帥王淵、內侍康履，又宰臣黄潛善、汪伯彦勸上永駐揚州，衛士懷土，日思還京。逮金人暴至，急幸浙西，乃留御營半軍駐鎮江府，以防敵渡，故從駕衛兵差少。時苗傅、劉正彦先統兵屯臨安，衆軍聞車駕臨幸，營地饋餉，必有相妨。乘禁衛有怨忿心，軍情疑貳時，歸朝官王鈞甫、馬柔吉有異謀，勸傅、正彦率兵挾上誅王淵、康履、內侍輩，陰圖不軌。先報御龍直謀叛，詐王淵彈壓，淵出，就馬上中槍而死。禁衛求見康履，履出被殺，遂聚譟於行宮門。宰相朱勝非出見，傅、正彦乃出檄文示勝非，且言軍叛，傅等欲平之。勝非乃言：『皇太后在洞霄宮，諸公當奏禀，一聽太后處分。』時昭慈聞軍變，乃乘小轎至宮門前，有一卒擊帙約衆⑨曰：『太后孃孃。』軍衆乃投戈山呼。昭慈召傅、正彦問之，對大軍有言至此。昭慈面諭，是他官家有太子，待老婆與他管事。乃抱登門，捲簾示衆，且言官家已內禪，用黄背心衣太子背，軍中咸呼萬歲，人心帖然。昭慈遂垂簾聽斷。」按此所記事迹多差，不與諸書合，蓋惇得於傳聞，今不取。

勝非泣曰：「逆謀一至於此，臣位宰臣，義當死國，乞下樓面詰二兇。」上曰：「兇焰如此，卿往必不全，既殺王淵，又害卿，將置朕何地？」乃揮左右稍却，附耳曰：「朕今與卿利害正同，當爲後圖，圖之不成，死亦未晚。」遂命勝非以四事約束傅：一曰尊事皇帝如道君皇帝故事，供奉之禮，務極豐厚；二曰禪位之後，諸事並聽太后及嗣君處分；三曰降詔畢，將佐軍士即時解甲歸寨；四曰禁止軍士，無肆劫掠殺人縱火。如遵依約束，即降詔遜位。傅等皆曰諾。上顧兵部侍郎兼權直學士院李邴，令草詔。邴請上御札，上即所御椅子上作詔曰：「朕自即位以來，强敵侵凌，遠至淮甸。其意專以朕躬爲言，朕恐其興兵不已，枉害生靈，畏天順人，退避大位。朕有元子，毓德東宮，可即皇帝位；恭請隆祐太后垂簾，同聽政事。庶幾消弭天變，慰安人情，敵國聞之，息兵講好。」上書詔已，遣人持下，宣示二兇。勝非至樓下，呼傅幕屬將佐問之，王鈞甫進曰：「二將忠有餘而學不足耳。」宣詔畢，傅、正彥麾其軍退，移屯祥符寺。時已未刻，上亦徒步歸禁中，軍士退去，尚喧呼於市曰：「天下太平也。」是時諸門皆傅等以甲士守視，不聽人出入。方事之未決也，康允之奏恐軍士乘勢攘殺，乞出門慰撫，乃見傅、正彥告以故。正彥以一甲馬二十甲士授之，允之周行井衢，杭人賴以安堵。上既還内，宰執從至殿門。勝非呼典班高琳附奏：「今夕宰執内宿。」上獨召勝非至後殿，垂簾，太后見勝非號泣。上曰：「康履、曾擇凌忽諸將，至於馬前聲喏，或倨坐洗足，使諸將立於前，此皆招禍之事也。」勝非曰：「履、擇必有所求，求而不得則怨矣。」上曰：「此事終如何？」勝非曰：「王鈞甫輩皆其腹心，適嘗語臣云：『二將忠有餘而學不足。』此語可爲後圖之緒。」上曰：「朕來早不出，太后御殿。」勝非曰：「來日當降赦，蓋羣兇既殺王淵，又劫掠，意必望赦。然他日勢可行遣，豈復論此？今當召李邴就都堂草赦，庶可共議。」上曰：「卿自爲之如何？」勝非曰：「當宣召學士内宿，令御史臺集百官宣讀，一如平日，庶羣兇不疑。」勝非又奏：「母后垂簾，須二人同對。臣有獨奏事，不可形於紙筆者，豈可與他人同之？欲降旨，以時事艱難，許臣僚獨奏。」太后曰：「彼不疑否？」勝非曰：「乞自苗傅始，仍與其徒日引一人上殿，以弭其疑。」勝非退，太后語上曰：「賴相此人，若汪、黄未退，事已不可收拾矣。」他日，傅等入對，太后勞勉之，傅等皆喜，由是臣僚獨見論機事，賊亦不疑矣。

是日，上移御顯忠寺⑩，宰執百官侍衛如儀，内人六十四人肩輿以從。傅等遣人伺察，恐匿内侍故也。上移御之日，趙甡之遺史在十二日庚寅，王庭秀閲世録在十六日甲午，惟朱勝非閒居録云：「是日，上幸別宮，繼有旨，以睿聖爲宮名。」與日曆合，蓋自上移御之後，百官未嘗朝，至庚寅，始往朝謁，而外人乃知，因誤記耳。日曆云：「以杭州顯靈寺爲睿聖宮。」按顯靈寺已爲尚書省。王庭秀云：

「上出居顯忠寺，寺即劉正夫第。」故閒居録云：「正夫賜第也。」伺察中官事，亦據庭秀所録附見。

9 甲申，太后與魏國公垂簾。朱勝非稱疾不出，太后命執政詣其府，勝非乃出。

是日，上徽號曰睿聖仁孝皇帝，以顯忠寺爲睿聖宫，留内侍十五人，餘諸州編置。制曰：「朕以幼沖之資，承傳序之休。比者大國侵凌，奄至淮甸。太上睿聖仁孝皇帝以權宜之計，駐蹕吴江，深慮敵人指爲釁隙，興師内犯⑪，結禍彌深，濫使無辜肝腦塗地。上畏天戒，下失生靈，發於至誠，匪由勤請，退避大位，傳於眇躬。隆祐太后德厚母儀，道侔坤載，練達國家之務，深得臣庶之情，恭請垂簾，同聽政事。衆志既定，實祚維新，宜霈湛恩，以宥多辟。可大赦天下。」詔曰：「王淵身爲都統制，車駕駐蹕維揚，金人輕兵前來，並無措置，斥堠不明，致倉猝南渡，士民肝腦塗地，宗廟傾危；及交結内侍康履等，並已正典刑。令尚書省出榜曉諭。」

以言官多闕，命侍從共舉可爲臺諫者二員。

尚書右丞張澂兼權中書侍郎，尚書兵部侍郎兼權直學士院李邴爲翰林學士，起居郎張守試中書舍人仍兼權直學士院，太常少卿季陵爲起居郎，朝請大夫黎確守太常少卿，監察御史王庭秀爲殿中侍御史，直龍圖閣、知杭州康允之升徽猷閣待制，朝奉郎、兩浙轉運副使劉蒙加直秘閣，朝請郎、兩浙路提舉市舶吴説爲尚書金部員外郎兼提舉市舶。説，錢塘人也。蒙、説之除，日曆不載，此據王庭秀閒世録增入。以無月日，因允之遷職附見。

朝請郎、兩浙轉運副使范沖守宗正少卿，承奉郎、添差兩浙轉運判官劉寧止試左司諫，二人皆不受。寧止，歸安人，嘗爲吏部員外郎。

直龍圖閣王琮爲兩浙轉運副使。琮初自鄧州罷，寓居杭州，至是，張澂薦其才，而有此命。

詔有司月以錢米廩給司馬光之後。

端明殿學士提舉醴泉觀黄潛厚、樞密直學士巡幸提點一行錢糧頓遞官錢伯言並罷，仍奪職。

起復定國軍承宣使、帶御器械、鄜延路馬步總管、御營平寇左將軍韓世忠爲捧日天武四廂都指揮使、御營使司專一提舉一行事務都巡檢使。世忠此除，日曆及碑志皆不載。季陵外制集有制詞。按世忠實代劉光世，當在此時。今因張俊除軍職，遂書之，更須參考。

武寧軍承宣使、帶御器械、秦鳳路馬步軍副總管、御營前軍統制張俊爲捧日天武四廂都指揮使，仍命俊以三百人赴秦鳳，二千人付統制官陳思恭，一千人付將官楊沂中留吴江把隘，餘令以次統領官管押赴行在。

瀛海軍承宣使、駙馬都尉韓嘉彦卒，謚端節。

丙戌，常德軍承宣使、幹辦皇城司主管禁衛孟忠厚乞裁節本家恩澤，如有夤緣干請，並令三省執奏，御史臺彈劾以聞。太后詔曰：「宣仁聖烈皇后同聽政時，外家不任要職，亦不干預政事，天下至今歌詠盛德。況以涼薄，當兹艱難，尤宜戒慎。仰學士院降詔，戒敕忠厚以下，不得輒與朝政，交通貴近，務循退静，以保家族。仍不得於私第謁見宰執，如有職事，即赴都堂稟白。可令三省以詔書榜示。」

是日，赦書至平江府。禮部侍郎節制軍馬張浚聞有赦，慮時方艱危，事變莫測，諭守臣秘閣修撰湯東野，遣親信官至前路發封以告[12]。少頃，東野馳來曰：「事變矣。」袖以視浚。時府中軍民已知有赦，浚謂東野[13]，第登譙門，宣有旨犒設諸軍一次，内外乃定。浚遂走人入杭，伺其實。時右司員外郎黄槩、兩浙轉運司幹辦公事吕摭亦遣進武副尉魏傳賫蠟書遺浚及吕頤浩，言傳等叛逆之詳。東野，金壇人；槩，依政人；摭，頤浩子也。

京東東路安撫使劉洪道失青州，乃率官吏奔仰天陂寄治，士民多從之者。

11 丁亥，端明殿學士、東京留守杜充爲資政殿大學士，節制京東西路，恩數視執政。殿前副都指揮使、武康軍承宣使、東京副留守郭仲荀爲昭化軍節度使，以登極恩也。趙甡之遺史二人之除在此月庚寅。今從會要，附九日丁亥。榮州防禦使、京西北路安撫使、知河南府、專一保護陵寢兼控扼河陽楊進爲汝州觀察使。進之除，日曆不載。季陵外制集有制詞，首句云：「朕以眇躬，嗣承大統。」蓋明受覃恩，故且附見郭仲荀之後，當求他書考其本日。

中書舍人沈晦試給事中，承議郎季質復爲起居舍人。

徽猷閣待制、知濠州連南夫陞顯謨閣直學士，知江寧府。

御營都統制司參議官王鈞甫爲右文殿修撰，馬柔吉、王世修、張逵並直龍圖閣。鈞甫見朱勝非，勝非問：「前日樓下言二將學不足，如何？」鈞甫曰：「如劉將，手殺王淵是也。」勝非曰：「上皇待燕士如骨肉，一旦兵難，卒無一人能效力者。古人言，燕趙多奇士。但虚語耳。」鈞甫曰：「不可謂燕無人。」勝非曰：「君與馬參議，皆燕中知名人，嘗獻策欲滅契丹。今金人所信任多契丹舊人，若能渡江，則先爲所取必矣。當早爲朝廷協力。」鈞甫唯唯而去。據勝非閒居録，乃初九日事，故附於此。

江東制置使呂頤浩至江寧，舍館未定，忽奉内禪詔赦，遂會監司議，皆莫敢對。孫覿撰李謨墓誌曰：「明受詔赦至建康，官吏聞赦皆失色，獨呂頤浩怡然自若。謨時爲江東漕，白之曰：『樞省大臣，盍召天下兵以除君側之惡？』頤浩左右視，接以他語。謨曰：『王室在難，如救焚之急，公不應躊躇在衆人後。』方議行，而張浚檄書至。後二叛伏誅，頤浩第功進右丞相。」按勤王之舉，張浚唱之，頤浩和之，二人不謀而同。浚平江實録亦云「收頤浩九日書」云云，足知非躊躇也。蓋頤浩是時未敢誦言誅之，故接謨以他語爾。覿嘗爲頤浩所斥，又志文出於呂氏家破之後，是以妄詆訾之，要非事實，故不取。退謂其屬官李承邁曰：「是必有兵變。」承邁曰：「詔詞有『畏天順人』之語，此恐其出於不得已也。」其子抗侍側，曰：「主上春秋鼎盛，二帝蒙塵沙漠，日望拯救，豈肯遽遜位於沖幼乎？灼知兵變無疑矣。」頤浩即走人入杭伺賊，并寓書於張浚、劉光世，痛述國家艱難之狀，別以片紙遺浚曰：「時事如此，吾儕可但已乎？」承邁，清臣孫，嘗通判雄州，避亂南渡，頤浩引用之。

時有自杭州賚傅等檄文至平江者，浚讀之慟哭，乃決策舉兵。夜召兩浙路提點刑獄公事趙哲，告以故，令哲盡調浙西射士，以急切防江爲名，使湯東野密治財計。

12 戊子，召端明殿學士王孝迪爲中書侍郎，資政殿學士盧益爲尚書左丞。後二日，詔孝迪、益並充奉使大金國信使，武功大夫忠州防禦使辛道宗、武功大夫永州團練使兩浙西路兵馬都監鄭大年副之。孝迪，下蔡人，靖康初嘗爲中書侍郎，及時再用。有進士黄大本者，江湖浪人也，舊爲蔡絛客。二兇將遣使，朱勝非以金在江北，恐挾此而來，乃建言未知敵帥所在，宜先遣小使。會大本上書求試用，乃以爲承奉郎，假朝奉大夫、直秘閣，賜金紫；進武校尉吴時敏爲秉義郎、閤門祇候，假武義大夫、閤門宣贊舍人，並爲先期告請使以行。朱勝非閒居録云：「三月十五日，二兇堂白曰：『某等日前有二劄子，乞改年號，移蹕建康，未蒙施行。昨晚再入奏，今納副本。』余曰：『聞平江勤王所乎？』皆云：『聞之。馮康國來，頗知其詳。』『今若往建康，諸軍相遇，如何？』二兇不語。余問執政，皆曰：『必不靜。』余曰：『如此，則又是一重變。』二兇曰：『若不動，江上防秋如何？』余曰：『此則已有愚見，正要與諸將議定。某欲以見任官職，乞充都節制使，乞於行在諸軍中取二萬人至平江，更揀一萬人將至江上，於建康上下分布屯守，以爲藩籬，相度事宜，徐議行止。』正彦曰：『建康用武之地，願得從行。留苗統制防護行在。』余曰：『公豈可行？適來説平江相遇必不靜，正慮諸將不相下。某獨往，必無事。』二兇唯唯。復曰：『遣使議和不可緩。』余曰：『已議定，朝夕行。雖聞敵砦有在揚、楚之間者，未知其將何在，須先遣小使尋訪報信。』二兇又曰：『年號莫須早改？人言建炎多盜，炎字是兩火，況亦只是虚名，無甚利害。』余曰：『既無利害，何必改正？恐後却有利害。』遂退。食後與執政聚議，因問：『早來二將白事，某應答無錯否？』皆曰：『無錯，惟年號事，彼似不曉。』余曰：『遣使議和，雖是樓前假託之言，若無以塞之，亦慮藉口惑衆。今後外召二使，先遣一小使報信，如何？』皆曰：『善。』遂擬定。召王孝迪、盧益，密院準備差使中差小使。次日早朝，奏陳批旨，班退留身，奏言：『昨日二兇到堂，催幸建康、改年號、遣和議使事，適已得旨，尚有曲折，更合條陳。移蹕事已如此答之，彼恐奪其軍，必不敢復言。年號亦不曾許。』太后曰：『再有奏狀，方待降出。』三事中惟年號稍輕，若全然不從，却恐别致生事。』余曰：『賊已無能爲，反正事今則人人能言之。朝夕王世修等來，必見底裏。惟遣使事極有可慮。』太后曰：『豈能便和？』余曰：『今敵騎留於江北，秋冬必謀渡江。近日事，彼必探知。若遣使，金必僞許，挾二兇之變，皆害反正，其將奈何？』太后泣曰：『老身豈能處置如此難事？天若未絶吾宋，相公必有謀畫。』余曰：『事誠可憂，然不必煩涕泣。臣曾深慮，昨與執政共議，託以不知金帥所在。先遣小使，即臣之謀也。』太后曰：『吾未曉，卿但説。』余曰：『所召二使，皆在近處，見行在親遭事變，未必敢來，必有辭免，遣人來朝廷體問。臣當語使力辭。先遣小使，擇一可委人到江，訴吕頤浩等曰：朝廷硬差來，實不願往，乞留軍中。頤浩等必欣然留之。如此，則名爲遣使，其實不行，可以杜塞二兇之謀，免墮金人之計。』太后喜曰：『天生相公，救此患難。』已而盧益果遣人來問召意，余諭使力辭。孝迪不辭而來，依舊除中書侍郎。遣迪功郎胡樞充小使，密誡之。至平江，果不行。』按此時杭州尚未知張浚舉兵，兼浚亦未以勤王所爲名，而日曆所載孝迪等除命乃在初十日戊子，其出使乃在十二日庚寅。又小使乃是黄大本、吴時敏，亦非胡樞。不知勝非何以差互如此。

太常寺奏準禮例當避御名，太后詔曰：「皇帝御名，語稱易犯，令太常寺禮官別討論以聞。」

詔宗室有才能者，令三省擢用。趣召張邦昌親屬赴行在。

朝請郎李會試給事中，通直郎范宗尹、集英殿修撰提舉杭州洞霄宮滕康並試中書舍人。會初除御史中丞，至是改命。李會除中丞，日曆不載。季陵外制集有制詞云：「念此渡江之擾，居多戀闕之誠。」又云：「思得其人，起自廢籍。」按張澂二月己巳自中丞除執政，三月壬辰鄭瑴方除中丞。會除命必在此時，但未得其月日，當考。

秘閣修撰、知西外宗正事令慮爲御營使司參贊軍事。

直龍圖閣王世修對簾前。

是日，御營前軍統制、秦鳳路馬步軍副總管張俊以兵至平江府。俊初屯吳江縣，傅等以其兵屬趙哲，使俊之鳳翔。此月甲申降旨。會統制官辛永宗自杭乘小舟至俊軍，具言城中事，將士洶洶，俊諭之曰：「若等無譁，當詣張侍郎求決。侍郎忠孝，必有籌畫。」至是，俊引所部八千人至平江，平江人大恐。會浚被省札召赴行在[14]，令將所部人馬盡付趙哲。浚披衣起坐，不能支持。頃之，湯東野倉皇直入，浚問知其故，浚知上遇俊厚，而俊純實可與謀事，諭東野亟開門納之，一軍遂定。浚語俊曰：「太尉知皇帝遜位之由否？此蓋苗傅等欲危社稷。」言未訖，泣數行下。俊亦大哭。浚諭決策起兵問罪，俊泣拜，且曰：「此事須侍郎濟以機術，勿令驚動官家。」浚哽噎首肯。移時，辛永宗、趙哲至，爲浚言：「傅每事取決王鈞甫、馬柔吉，傅素乏心機，而劉正彥輕踈。聞公舊識鈞甫，乞先以書離間二人，然後徐爲之計。」永宗，道宗弟也。浚用其說，即同趙哲馳入張俊軍，撫諭且厚犒之，人情大悦。浚以蠟書諭吕頤浩、劉光世起兵狀，又命俊先遣精兵二千扼吴江。

13 己丑，制曰：「朕以眇末之資，膺付託之重。隆祐太后仁施四海，德盛三朝，恭請垂簾，同聽政事。稽日月有臨之義，式符久照之明，合天人並受之功，更保無疆之曆。其以建炎三年三月十一日爲明受元年。」先是，王世修見朱勝非，勝非諭曰：「國家艱難，可謂功名之秋。古人見幾而作，能易亂爲治，轉禍爲福，在反掌間耳，亦有意於此乎？」世修喜曰：「世修無意從軍，因循至此。朝廷若有除授，固所願也。」勝非曰：「尋常等級序進，所以待常士，若能奮身立事，雖從官可即得。」世修益喜，於是爲之往來傳道。會傅乞改年號，劉正彦乞移蹕建康，勝非留身，太后諭以二事。勝非曰：「移蹕豈可遽議？金近在江北，沿江皆未有備。」秀水閑居録：「十三日，余留身奏曰：『六人者，已引偏奏對，何如？』太后曰：『問勞勸勉，皆如卿言。苗傅劄子乞改年號，劉正彦劄子乞移蹕建康，待降出文字。』余曰：『移蹕豈可遽議？金人皆在對岸，沿江並無準備。臣前離平江，有兵四千餘人，不敢擁兵赴召，並留與張浚。後來王淵歸，却令張俊去，將得千餘人去。余聞吕頤浩、張浚糾集勤王兵馬，即是此數。更有續添人，如劉光世部曲，共不過萬人。此時正賴他外援聲勢。苗傅等一軍，恰有二萬五千人，在杭州歇泊日久，舟檝器械甚備，若移蹕相遇，必致交戰。萬一勤王以人少不利，則賊勢益張。既在道路，奸謀叵測。』」按此時馮轓未至行在，吕頤浩、張浚奏疏亦未到，兼浚雖密有此意，猶未敢誦言誅之，杭州何以遽知？恐勝非所記不審。太后曰：「何以却之？」勝非曰：「俟降出文字，朝廷且與判收，徐議區處可也。」后曰：「且審慎處置，此是第一次理會事。」勝非曰：「臣近款二兇，皆兇愚無英氣。鈞甫、世修皆有悔意，未敢深詰，但以利動之，約其再來。」后遽曰：「如何？」勝非乞屏左右，后曰：「惟張夫人在此。」勝非問何人，后曰：「張夫人年高習事，官品亦尊，嘗教哲宗、道君讀書，朝廷文字皆經其手，禁中事莫不預知，即今往來睿聖宮。卿但奏事。」勝非曰：「主上反正，已有端緒。二兇之力，至此竭矣。向張逵建議誘説諸軍，掠取王淵及諸内臣家，人人可以致富。及犯悖之後，所得不副所聞，人有悔意，數日來，小校有遁去者。此皆傅所親統領官張昕言之。乞因張夫人密奏主上。」昕，秦州人，本王淵部曲，後在傅軍中，以正彦手殺淵，極銜之。秀水閑居録云：「臣期以旬日復辟，必有次第，乞因張夫人密奏主上。」按此時兇焰方張，外兵未集，恐未可期以旬日，或不是此日所奏。今且附此，更須詳之也。又二日，傅、正彦至都堂，申言二事。勝非以移蹕爲不可。秀水閑居録載勝非語二兇恐與平江勤王所兵相遇事，已見此月初十日戊子注。按此時馮轓方持書至行在，張浚等亦未以勤王所爲名，疑勝非諭二兇不在此日，今且削去，俟考。傅趣遣使，勝非曰：「已議定，朝夕行。」傅曰：「人言炎字是兩火，故多盜，乞早改元。」勝非以奏，太后曰：「三事中惟年號稍輕，若全然不從，恐别生事。」會世修再至，勝非與語，因論二將所陳，如改元等事未得請，頗以爲言。語未畢，内批傅第三奏云：「可改元明德或明受。」勝非以示世修曰：「已從請矣。」世修曰：「乞姑留此奏，明日降下。俟還軍中爲言，已論改元事，庶於世修無疑。」勝非以爲然，至是降制。勝非閒居録載内批於十六日，又云：「後兩日改元。」而日曆繫之十一日己丑，不知勝非何以差互。按史，今年三月小盡，而勝非閒居録、張浚復辟記皆作三十日書之，是以多參差不齊。今以諸書互考，繫其的日。但日曆於己丑既全載詔書，而十八日丙申又書改元明受，却是據閒居録所云，其重疊差誤如此。

保静軍承宣使、樞密都承旨邢焕告老，章六上，詔焕提舉萬壽觀。焕罷，日曆不載，附傳云：「明受改元，六上章求致政。」不得其本日，故因改元附見，未必在此日也。朱勝非閒居録：「三月二十一日，馬擴除都承旨。」焕之罷，必在此前，當求他書，附其本日。既而焕復求去，改提舉江州太平觀。焕遂居忠州。

遣奉議郎、通判湖州張燾賚詔書撫諭江、浙，燾不受。

中書舍人黄唐傳罷爲徽猷閣待制，奉祠。

入内東頭供奉官馮益幹辦皇城司。日曆紹興三年二月一日皇城司奏：「契勘幹辦皇城司馮益於建炎三年三月十一日供職⑮。」十一日己丑也，故附此。但未知苗、劉擅命時，益何以得之，當考。

尚書禮部侍郎、節制平江府常秀湖州江陰軍軍馬張浚言：「臣伏覩睿聖皇帝親筆，伏讀再三，不覺涕泣。臣竊以國家禍難至此，皆臣等文武之臣不能悉心圖事，補報朝廷，致使土地侵削，人民困苦，上負睿聖之恩，下失天下之望。今睿聖皇帝以不忍生靈之故，避位求和，固爲得策，然臣自有説，不敢不具陳其詳。臣竊以當今外難未寧，内寇並起，正人主憂勞自任、馬上求治之時。恐太母以柔静之身，皇帝以幼沖之質，端居深處，責任臣僚，萬一强敵侵陵，不肯悔禍，則二百年宗廟社稷之基⑯，拱手而遂亡矣。臣愚，不避萬死，伏乞太母陛下、皇帝陛下特軫宸慮，祈請睿聖念祖宗委託之重，思二帝屬望之勤，不憚勤勞，親總要務，據形勝之地，求自安之計，抑去徽名，用柔敵國。然後太母陛下、皇帝陛下監國於中，撫静江左。如此，則於國家大計似爲得之。如以臣言爲然，乞下有司，率文武百僚祈請施行。臣契勘睿聖皇帝方春秋鼎盛，而遽爾退避，恐天下四方聞之，不無疑惑，萬一别生他事。併乞睿斷，詳酌施行。」先是，苗傅等以省札趣浚行，浚戒湯東野、趙哲各密具奏，稱金未退盡，及靳賽之衆窺伺平江，若張浚朝就道，夕敗事。浚亦奏：「今張俊人馬乍回平江，人情震讋，若臣不少留彈壓，恐致敗事。」浚欲奏請上復辟，張俊、辛永宗、趙哲共議，恐傅等自疑罪大不容，别生奸謀，請以計欵之。浚用其策，自遞發奏狀，并以其副申尚書省，乞率文武百官力賜祈請。又以手書遺傅、正彦，言：「太母垂簾，皇帝嗣位，固天下所願。向所慮者，宦官無知，時撓庶政，今悉戮其無狀者，最快人望。惟睿聖退避一事，若不力請，俾聖意必回，與太母分憂同患，中興之業，未易可圖。二公忠義之著，有如白日，若不身任此事，人其謂何？浚愚拙，死生出處，當與二公同之。」

前密州州學教授邵彪見浚於軍中⑰，浚問：「策安出？」彪曰：「以至順誅大逆，易於反掌，顧公處之何如耳？」浚曰：「張俊指天誓地，願以死援君父之辱；韓世忠有仗節死難之志。二人可倚以辦事。惟浚士卒單弱，恐不足以任兹事。然吕樞密屯兵江寧，其威望爲人所信，向且通亮剛決，能斷大事，當爲天下倡。劉光世屯軍鎮江，兵力彊悍，謀議沉鷙，可以倚仗。浚皆馳書往矣。」彪曰：「兵貴神速。吕樞密在數百里外，奈何？」浚曰：「吕樞密睹事明而剛決，聞國家之難，必先衆倡義而起，何患不速？」

是日，吕摭書至江寧，頤浩執書以泣曰：「果如所料，事不可緩矣。」再發書與張浚及諸大將，約會兵。臧梓勤王記云：「發書張浚、張俊、劉光世、韓世忠，約起兵。」按俊以初十日至平江府，此時頤浩在建康，未必知其來。兼世忠在山東潰散未還，不應與之相約。今但云約諸大將，庶不失實。

時議論不一，人情洶懼。江寧士民知頤浩起兵，議留頤浩。頤浩乃檄主管侍衛馬軍司公事楊惟忠留屯江寧府，以安人心。且諭惟忠以傅等計窮，恐挾至尊以遁，由廣德渡江，當日夜爲控扼之備。惟忠以爲然。

14 庚寅，百官朝謁於睿聖宮。

慶遠軍承宣使、御營使司都統制苗傅爲武當軍節度使，起復渭州觀察使、御營使司副都統制劉正彦爲武成軍節度使。傅之制曰：「憤嫉奸慝，大刑既正於國章；扶獎阽危，嘉績遂書於廟社。」正彦之制曰：「屬邊隅之震擾，慨國步之阽危。首陳大義之公，亟斷巨奸之戮。刑章昭著，國祚妥安。」時學士李邴與中書舍人張守並直禁林，然大詔令多邴所草也。

檢校太保、殿前都指揮使、奉國軍節度使劉光世爲太尉、淮南制置使，捧日天武四廂都指揮使、定武軍承宣使、權同主管侍衛步軍司公事、御營平寇前將軍范瓊爲慶遠軍節度、湖北制置使。傅、正彦素憚劉光世，又知其與韓世忠、張俊舊不平，欲間之，使爲己用。而瓊素跋扈，至是乃引兵屯淮西，故首擢之。

龍神衛四廂都指揮使、建武軍節度使、節制江南東路軍馬楊惟忠加檢校少保。

召吕頤浩赴院供職，命頤浩以其兵屬惟忠。

尚書禮部侍郎、充御營使司參贊軍事、節制平江府常秀湖州江陰軍軍馬張浚試禮部尚書，以所部赴行在。

御營中軍統制官吴湛權主管侍衛步軍司公事。湛與二兇合領中寨於宫門前，建請除執政、侍從外，餘人悉於中軍寨門下馬，使悍卒持挺呵問，人皆畏之。殿中侍御史王庭秀再上疏言於朝，由是少戢。

光禄大夫提舉南京鴻慶宫黄潛善、正議大夫提舉西京嵩山崇福宫汪伯彦並責秘書少監，潛善衡州、伯彦永州，並居住。

置行在都茶場出賣茶引。紹興二年閏四月，又置務場於建康。

資政殿學士、同簽書樞密院事、江淮兩浙制置使兼知建康府吕頤浩言：「臣契勘自崇寧以來，内侍童貫、譚稹互掌兵柄二十餘年，基禍流毒，遂令徒黨爲害。近聞將相大臣剿戮内侍，誠可以快天下之心，紓臣民忿怒之氣。但方今彊敵乘戰勝之威，諸盜有蜂起之勢，興衰撥亂，事屬艱難，豈容睿聖皇帝退避大位而享安逸？伏望太后陛下、皇帝陛下，不憚再三，祈請睿聖皇帝亟復皇帝位，親總萬幾。從此以往，屏絶内侍近習之人，褒賞立功將帥之士，然後駕幸江寧，以圖恢復。如此，則宗廟社稷有無疆之休，將相大臣有無窮之福。不然，必恐天下禍亂不可勝言。臣年六十，疾病衰殘，目覩今日之事，實社稷存亡安危之所繫，不敢愛身，謹泣血雨淚而拜封章，伏望聖慈，俯賜聽納。」仍傳檄諸軍將，又遣其屬敕令所删定官李承造至鎮江，趣劉光世起兵。承造，承邁弟也。先是，張浚欲遣辯士持書説二賊，使無他圖，以待諸將之集，念無可遣者，夜分不寐。浚客遂寧馮轓素負氣節，聞之慷慨請行，且曰：「事成預竊名，不成不過死。」是日，頤浩所遣書至，浚發書，知頤浩已有定謀，復大喜，再發書，報以所部軍馬數及舉事次叙。浚知傅等所恃獨赤心軍，會燕人張斛與其弟彀自傅軍中間行至平江，爲浚言：「此軍無負朝廷意，特王鈞甫等以術驅役之。然斛觀將士之情，往往惴恐，非堅附苗、劉者。二賊聞風聲鶴唳，皆以爲大兵至，安能成事？」

初，上既渡江，同知西外宗正事士從自高郵軍招潰卒，屯興化縣。時淮南東路提點刑獄公事裴廩、薛彦國在一洲上，士從招二人爲參謀官，言於朝，乞假江淮制置使。上從之。士從聞高郵賊李在往楚州，遣統領官不側乘虛掩襲，至嶽廟下，遇紅巾百十，皆殺之，取其衣，僞稱在黨，行至草市，行伍不整，讙噪殺人。在覺之，出兵迎敵。不側僅以身免。

晉寧既陷，金人返軍趨鄜州，權鄜延經略使郭浩駐兵境上，金人遂陷鄜州。

15 辛卯，張浚遣馮轓赴行在。浚爲咨目，具以請主上親總要務事稟朱勝非，及與傅、正彥書，勉以事當改圖，不宜固執。兼致書馬柔吉、王鈞甫，大略云：「浚與二公最厚，聞苗廣道、劉子直頗前席二公，事每計議而行，今日責在二公。浚初聞道路傳餘杭事，不覺驚疑，繼聞廣道、子直實有意於宗社大計，然此事不反正，終恐無以解天下後世之惑。」浚遂備奏，兼檄報諸路，且約吕頤浩、劉光世會平江。時傅以堂帖趣張俊赴秦州，任命趙哲領後軍，哲不敢受。又以付統領官陳思恭。浚召思恭審問，思恭言：「惟張俊總此軍日久，思恭豈能從人爲亂？」浚皆令具以報。是日，張浚檄至江寧。

16 壬辰，右諫議大夫鄭瑴試御史中丞。瑴嘗面折二兇，朱勝非言於太后，故有是命。朱勝非閒居録：「十五日，晚朝留身，奏言：『自事變以來，今十餘日，能爲朝廷之助者，從官中惟兵部侍郎直學士院李邴、諫議大夫鄭瑴。邴舊爲内翰，今乞再除。瑴乞遷御史中丞。』太后俱以爲可，復奏曰：『遭此異變，士大夫在朝廷者固是不幸，然須蒙耻奮忠義，共濟艱危。如中書舍人林遹、刑部侍郎衛膚敏，皆杜門不出，坐觀成敗，是何用心？臣所以欲稍遷二人，以爲激勸。』」按日曆，邴初六日已先除學士，與勝非所記不同，未知孰是。

徽猷閣直學士、提舉西京嵩山崇福宫曾楙爲翰林學士。楙不受。尚書刑部侍郎衛膚敏移禮部侍郎。膚敏至杭州，已屬疾，聞變慟哭舟中，即請老，不許。請就醫秀州，許之。

大理卿商守拙試尚書刑部侍郎，起居郎季陵試中書舍人，尚書右司員外郎葉三省爲起居郎，朝奉郎袁植、宣教郎張延壽並爲監察御史。植，正功兄，宣和中嘗掛冠去，至是復用。日曆不書植自何官除御史。馮檝諫議集有代植與李成書云⑱：「植無狀之迹，前此奸邪用事時，固嘗休致矣。昨自休致中，蒙恩再除監察御史」云云。正功已見二年七月。延壽，舒城人也。是日，又除劉範殿中侍御史，陸震、施坰左右正言，未見前銜，俟考。按日曆及後省題名，三省以今年三月除左史，明年六月罷。而季陵集繳梁揚祖發運使除命奏狀乃云：「起居郎綦密禮兼權給事中。」不知左史何以併除三員。密禮今年七月除中書舍人，後省題名乃略不載，全不可曉。中書舍人林遹充徽猷閣待制，在外宮觀。遹，閩縣人。二兇之亂，遹首請納禄，故有是命。遹除中舍及罷，日曆皆不載。後省題名書罷不書除，以未見本日，故因季陵除命遂書之。按朱勝非閒居録論遹杜門不出，即是此日，不知何時得祠也。

武功大夫、忠州防禦使王彦致仕。彦疾愈，自真州渡江。苗傅等以彦爲御營司統制。彦曰：「鴟梟逆子，行即誅鋤，乃欲汙我！」即稱疾力辭，不聽，彦乃佯狂，乞致仕。許之。

兩浙轉運副使王琮言：「本路上供和買紬絹，歲爲一百七十萬匹有奇，請每匹折納錢兩千，計三百五萬緡，省以助國用。」許之。東南折帛錢，蓋自此始。紹興二年五月甲申所書可參考。

御營都統制司參謀兼提點選鋒軍馬王鈞甫請令江浙四路分造弓弩共二萬枝赴行在，先成者推恩。從之。

初，命尚書右司員外郎黄槩爲直龍圖閣、四川水陸制置發運使，專一總轄上供錢物，置司遂寧府，以四川名使始此。至是，槩發行在。槩此除，日曆不書。王剛中續成都記云：「建炎三年三月，黄槩除四川都轉運使。」而無其日。馮檝臨安録云：「十五日，黄槩起發赴四川都轉運使。」故且附此，當求他書參考。

制置使劉光世遣丹陽知縣如江寧⑲，報李承造之約。添差兩浙轉運判官劉寧止自常州至鎮江，自鎮江至江寧，議勤王事。

是日，張浚被旨以所部赴行在，浚奏辭新命，且遺傅等書云：「朝廷屢差官交割張俊人馬，所遣官皆畏避生事，不敢任責。浚度將士久從張俊，且人率强悍，捨俊無以彈壓。」欲給賊使不致疑。

17 癸巳，馮轓至杭州，館馬柔吉所，遂詣都堂見朱勝非，且以請主上親總要務事白之。勝非唯唯，且云：「公復見他官否？」轓告以張浚致書二將，令轓親至轅門，與論逆順。遂謁二人於軍中。劉正彦語傅曰：「張侍郎所論，正與初議同。」既而引轓與柔吉及王鈞甫同坐，謂轓曰：「公必張侍郎腹心人，此事幸勿廣傳。」

御營司遣統制官俱重持詔書至平江撫諭軍民，且代張俊。重至平江，謂俊曰：「胡不速之官？此正騎鶴上揚州也，安問人主？」俊以告張浚，浚與辛道宗謀作飛書⑳，置其座側，若將士將殺之者，重倉皇失措。浚陽使入寓節制司以避之。

初，御營平寇左將軍韓世忠既走鹽城縣，收散卒，得數千人，聞上渡江，以海舟還赴難。至是，次常熟。張俊聞之，馳見禮部侍郎張浚，喜躍不自持曰：「世忠之來此，事必辦。」浚與俊更相慶慰，即遣使召之。辛道宗見浚，扣以發兵之期，且曰：「陸路措置固善，萬一賊邀車駕，由錢塘轉海道，將何以爲計？」浚驚愕未定，道宗言：「家有青龍海船甚衆，若載兵由海道趨錢塘，出賊不意，破之必矣，且無後虞。」浚異其言，遂以道宗爲節制司參議官，專一措置海船，仍具奏言：「近收間報，有海舟數十自通、泰來，切慮賊情狡獪，徑犯錢塘。臣已委辛道宗措置海船捍禦。」庶二賊不疑。

初，江淮制置司前軍統領官王德自真州渡江，入江寧府，有衆數百，復渡江至和州。會閤門祗候張昱自陝府棄城，引兵南走。知和州張縝聞昱至，大懼。德曰：「此易與耳。」是旦，昱率其親兵犯西門以入，德與其弟青挺槍刺昱墜馬，殺之，盡降其衆。

18 甲午，太后詔曰：「吾以菲德，託於東朝，同聽大政，蓋順權宜，義非獲已。今大臣乃以吾逮事泰陵，於屬爲尊，欲加吾以太皇太后之號。蓋名有循而失實，禮有變而從宜。今外侮憑凌，國勢削甚，顧茲不德，損之又損，尚懼無以答天心，定民志，豈可用承平故事，以自尊大？三省、樞密院其明諭吾意，勿復有請。」

詔文書應奏者，並避隆祐太后父名。

貶內侍官曾擇等於嶺南。傅使人捕得擇等，詔貶擇昭州、藍珪賀州、高邈象州、張去爲廉州、張旦梧州。先是，御史中丞鄭瑴言：「臣竊惟黄門宦官之設，本以給事內庭，供掃除而已。俾與政事，則貪暴無厭；付以兵權，則慘毒不已，皆前世已行之驗也。故宦官用事於上，則生民受禍於下。匹夫抗憤，處士横議，力不能勝，然後羣起而攻之。衆怨所集，故其被害亦莫之救，皆其自召之也。本朝懲歷代之失，祖宗以來，不任以事。崇、觀之間，始侵事權，揺毒肆虐，天下不勝其忿。靖康之初，羣起而攻之者，庶民也。建炎以來，此徒復熾。睿聖皇帝倉皇南渡，江北生靈莫知所歸。扈從之臣涕泣，扣頭流血，乞權駐蹕鎮江，會兵聚糧以援淮甸，以渡兵民。睿聖俞允，羣臣鼓舞。方分事以治之際，内侍陳恐動之言，即時南來，官吏兵民，顛仆道途。江北民庶，號天無告，怨怒所鍾，駐蹕未安。羣起而攻之者，衆兵也。今陛下即位之初，太后垂簾共政，當原宦侍所以招禍之由，痛革前弊，蠲汰而清除之，然後内外協安。伏望聖慈，特賜睿旨，凡内侍之處大内及睿聖宫者，並令選擇純實謹愿椎朴之人，勿任以事，惟令掌門闌，備掃除而已。官高職隆、曾經事任、招權納寵者，屏之遠方，輕者補以外任，俾無浸淫以激衆怒，則賞罰之柄自朝廷出，而國勢尊矣。仍告諭都統制官苗傅等，自後軍法便宜止行於所轄軍伍，其他有犯，當具申朝廷，付之有司，明正典刑，所以昭其尊君親上之禮，而全其臣子忠義之節也。」疏留中不出。擇行一程，傅復追還斬之。曾擇等行遣，日曆不載。今以王庭秀閑世録修入。庭秀時爲臺官，必得其實也。録以爲三月十六日事，故附於此。日曆鄭瑴奏疏亦在十六日，當是瑴知擇等被執而上此疏也。趙甡之遺史載此事於初九日丁亥，恐誤。是時瑴未爲中丞，若擇等行遣果在此前，則瑴疏中不應又有「屏之遠方」之語。今並繫此，庶不牴牾㉑。

御營都副統制苗傅、劉正彦詣都堂，欲分所部代禁衛守睿聖宫。尚書右丞張澂以爲不可，固止之。傅等又欲挾上幸徽、越，朱勝非曲折諭以禍福，且以忠義歸之，傅乃已。時傅、正彦日以殺人爲事，每至都堂，傳呼滿道，從以悍卒，行者皆避之。

馮轓再見傅、正彦於軍中，從容白之曰：「轓爲國事而來，今已再日，未聞將軍之命，願一言而決。今日之事，言之觸怒，立死於將軍之前。不言，則他日事故愈大，亦死於亂兵之手。等死耳，孰若言而死，使將軍知轓非苟生者？自古宦官亂政，根株相連，不可誅鋤，誅必受禍。東漢末年事可考而知也。二公一旦爲國家去數十年之患，天下蒙福甚大。然主上春秋鼎盛，天下不聞其過，豈可遽傳位於襁褓之子？且前日之事，名爲傳位，其實廢立。自古廢立在朝廷，不在軍中。二公本有爲國之心，豈可以此負謗天下？」少頃，傅按劍瞪視，曰：「金人之意在建炎皇帝，今主上當極㉒，太母垂簾，將復見太平，天下咸以爲是。如張侍郎處侍從，嘗建立何事，而敢梗議？」轓曰：「太母深居九重，安能勒兵與金從事？天下自有清議，太尉幸熟思。」傅益發怒，正彦見轓辭色不屈，即與王鈞甫、馬柔吉引傅耳語，遂諭轓曰：「侍郎欲復辟，此事固善，然須面議。」詞語甚遜，翊日即遣歸朝官宣議郎趙休與轓偕還，遺張浚書，約浚至杭面議。

同簽書樞密院事吕頤浩以勤王兵發江寧。初，傅等以詔召頤浩赴行在，命以所部付楊惟忠。頤浩知其意，才以羸弱千餘人授惟忠，自將精兵萬人討賊。至是發江寧，而府中揭榜，尚空年號。按頤浩以帥守赴行在，故例當是漕臣攝府事，未知即李謨否。建康知府題名中不見，俟考。其屬請以族行，頤浩不許，但與其從子擢俱，使掌文字之職。頤浩躬擐甲胄，據鞍執鞭誓衆，士皆感勵。師次句容驛，頤浩援筆記起師之日，且大書建炎之號，諭縣令採石刻之，以堅將士之心。

先是，張浚三遣劉光世書，諭以勤王，且遣參議軍事楊可輔至鎮江趣之。光世不報。是日，張浚被朝旨，領張俊人馬，從浚所請也。節制司幹辦官楊晟惇請多出文榜，開諭杭州軍民，使之自新。浚從之。

初，保義郎甄援在城中，竊録明受詔赦及二兇檄書以出，至餘杭門，爲邏者所得。苗傅命斬之。援笑曰：「將軍方爲宗社立功，奈何斬壯士？」傅嫚駡，且詰其故。援曰：「今誤國奸臣多散處於外，願賫將軍之文，糾忠義之士，誅漏網以報將軍耳。」傅意解，正彥曰：「此未可信。」即使人拘之，居數日，防禁少緩，援更衣踰牆而出。至是，見張浚於平江。援詭言：「嘗更服見睿聖皇帝於別宮，上謂曰：『今日張浚、呂頤浩必起兵，劉光世、韓世忠、張俊等必竭力相輔，語令早來。』詞旨甚切。」浚微察其意，不復窮問，即遣詣張俊軍。俊與其將士聞之，皆感慟。浚遂令援徧往韓世忠、劉光世諸軍宣諭。援明辯，善爲説詞，諸將人人自以爲上所倚望，感泣爭奮，繇是士氣甚振。援事迹云：「劉、苗之變，經三日，援遇馮轓於市，謂之曰：『今兇焰方熾，公以布衣掉三寸舌，忠則忠矣，恐力不能回，徒死無益。援將連衡外援，速趨近境，使知有所畏，然後公以大義責之，庶其悔禍，自請反正。』轓深然之，遂握援手至舟中，酌酒而別。」按，二兇以三月癸未作亂，後十日轓乃至杭中，此時援已被拘矣。況轓實館馬柔吉所，亦不在舟中。援所記本末，如戰國説士之辭，恐不能無飾説，今不盡取。平江實録援至平江在十七日乙未，而援事迹在甲午，今從之。

19 乙未，責授秘書少監、衡州居住黄潛善再責鎮東軍節度副使，英州安置。降授中奉大夫錢伯言責軍器少監分司，澧州居住。秘閣修撰、江淮發運副使呂源除名，邵武軍羈管。時御史中丞鄭瑴論潛善與汪伯彥均於誤國，而潛善之罪居多，今同以散官竄謫湖南，伯言與黄願皆棄城，源與梁揚祖皆擁兵而遁，今願羈管，揚祖落職，而源、伯言未正典刑，故有是命。言者論伯言未已，遂責海州團練副使，永州安置。伯言永州之貶，日曆不書。此以紹興二年九月二十七日刑部檢舉狀修入。按伯言乞宫祠狀稱明受年，而刑部檢舉以爲兩浙轉運副使劉寧止所奏。據日曆，寧止此月甲申已除左司諫，或是未遭變時所奏，後來檢舉行遣，亦未可知。以不見本日，故附此。當考。通議大夫黄潛厚責授秘書少監分司，道州居住，以殿中侍御史王庭秀論其賣官售寵也。

詔申嚴諸路民兵火甲之令。以迪功郎吴樞、薛倞言其可以備盗也。仍令提刑司點檢。

是日，吕頤浩引兵至丹陽，劉光世引部曲來會。金部郎中李迨自鎮江馳至，偕行。

20 丙申，韓世忠以所部至平江。初，世忠在常熟舟中，聞張浚遣人來，被甲持刃，不肯就岸，取浚及統制官張俊所遺書，遣人讀之，世忠乃大哭，舉酒酹神曰：「誓不與此賊共戴天。」舟中士卒皆奮。世忠見浚曰：「今日大事已成，世忠與張俊以身任之，願公毋憂。」世忠欲即進兵，浚諭之曰：「事不可急，投鼠忌器，急則恐有不測。浚已遣馮轓甘言誘賊矣。」熊克小曆云：「始王淵識韓世忠於微時，待之絶等。至是，世忠奮發討賊尤力。」按世忠雖王淵舊將，然其人忠誠最著，故首有「便去救官家」之語。及臨平之戰，身在前行，皆緣國事，非但感王淵疇昔之恩而爲之復讎也。今不取。

賊張彥寇和州，統領官王德聲言往廬州，即日進發。行三十里，彥衆稍息，飲酒大醉，德伺知之，率數百人徑入，彥之衆不能執戈，彥與數十騎遁去，至宣化，爲人所殺。德又并其軍。先是，朱勝非在平江[23]，嘗以蠟書招德，劉光世又以告身數通及所被服戰袍細甲等遺之，德遂將所部自采石渡江，光世得之，其軍復振。朱勝非閒居録云：「劉光世下統制官王德、張和尚二軍，合攻和州，城垂破，蠟丸先至德軍。是夜，德併殺張和尚而歸。」林泉野記云：「金人陷揚州，光世兵潰，至建康，止百餘人。德引衆四百至和州，時張育據城，以檄招德，德不肯應，育率衆來攻德，德盡以兵伏草中，育至無所見，往來提點。德與弟青、王世忠躍出，斬其首，餘衆請降。德入城，撫育家室及諸賊將，皆如親舊，莫不歸心。俄而賊張和尚來寇，致書曰：『昔張育殺我骨肉，我來復讎。』德以書譬釋，不聽，乃斬育家人，遣送其首。又曰：『此是育一家耳，必盡以育一軍首來，乃退。』德集諸軍告之故，咸願死戰。賊敗，和尚爲鄉兵所殺，盡降其衆。德乃引所獲兵十萬濟江見光世，分爲六軍，軍聲復振。」此所云與閒居録全不同。野記所稱張育，即前知慈州張昱也。張和尚即張彥也。按劉光世部曲雖散，恐不止百人，而德所降亦安得有十萬？今並削去，庶不失實。遂趨平江，以德爲前軍統制。光世因言苗、劉逆狀，德曰：「救亂之軍，當百舍一息，請先率輕兵，由桐川趨餘杭，出其不意，則擒二賊易於反掌。」光世以諸帥之議已定，遂不從。

21 丁酉，馮轓與趙休偕至平江。張浚得二賊書，率皆不情之語，其中云：「苟可安社稷，利國家，救生靈，息兵戈，傅等當聽命。」馬柔吉、王鈞甫亦同致書，浚得之，即欲携親兵至杭，與賊面決。張俊、韓世忠皆告以賊知主盟在公，勢必加害，願勿聽。呂頤浩、劉光世書至，皆報以軍行。

是日，呂頤浩帥師次常州，與守臣周杞約，治兵扼其險要。先是，文林郎、監常州倉趙雋之聞變，請於杞，率宗室數十人詣秀州，見權兩浙提點刑獄公事趙子璘，請團結兵民勤王，子璘不從，事遂止。杞因命雋之措置大軍錢糧，以俟頤浩。趙雋之事，以紹興四年六月丙戌嗣濮王仲湜所奏修入。

22 戊戌，御營平寇前將軍韓世忠以所部發平江。初，苗傅聞世忠自海道還，以都統司檄命世忠屯江陰。世忠至平江，即詭爲好詞報傅，以所部殘零人馬不多，欲赴行在。傅大喜，許之。是日，張浚大犒世忠及張俊兩軍，酒五行罷，浚引諸將至府園，屏左右問曰：「今日之事，孰逆孰順？」衆皆曰：「我順彼逆。」浚曰：「若迷天悖人，可直取浚頭顱歸賊，聞以觀察使求，即日富貴矣。不然，一有退縮，當以軍法從事。」衆皆諾。初，沭陽之潰，世忠部曲皆散，幾不能軍。浚以其兵少，命前軍統制張俊以統領官劉寶二千人借之。平江實録云：「世忠軍先發，更益以張俊甲軍千人。」而世忠碑云：「張俊遣兵三千人勤王。」二書不同，今從勤王記。朱勝非閒居録：「二兇言韓世忠自江北敗歸，部曲無百人，却於張俊處借得雜兵五七百人。」恐非其實。世忠發平江，舟行不絶者三十里，甲士盡載其上，軍勢甚振。浚慮傅等以僞命易置，乃令世忠偏將張世慶搜絶郵傳，凡自杭來者，悉投之水中。

23 己亥，募民入錢五萬緡補通直、修武郎，用兩浙轉運副使劉誨請也。降授右武大夫、和州防禦使馬擴復拱衛大夫、利州觀察使，充樞密都承旨兼知鎮江府，俟條畫防秋事畢之任。先是，朱勝非令擴至傅、正彥軍中察人情向背，故復用之。

是日，張浚復遣馮轓入杭，移書傅等[24]，告以禍福，使之改圖。先是，傅又遺浚書云：「朝廷以右丞待侍郎，伊尹、周公之事，非侍郎其孰當之？請速赴行在。」浚報書曰：「自古言涉不順則謂之指斥乘輿，事涉不順則謂之震驚宮闕。至於遜位之説，則必其子若孫年長以賢，因託以政事，使之利天下而福蒼生，不然謂之廢立。廢立之事，惟宰相大臣得專之。伊尹、霍光之任是也。若不然，則謂之大逆，族矣。凡爲人臣者，握兵在手，遂可以責其君之細故而議廢立，自古豈有是理也哉？今建炎皇帝春秋鼎盛，不聞失德於天下。一旦遜位，似非所宜。浚豈不知廢置生殺，二公得專之？蓋其心自處已定，言之雖死無悔。嗚呼！天祐我宋，所以保佑皇帝者，歷歷可數。出質則金人欽畏而不敢拘，奉使則百姓謳歌而有所屬。天之所興，孰能廢之？願二公畏天順人，無顧一身利害。借使事正，而或有不測，猶愈於暴不忠不義之名而得罪於天下後世也。」初，浚發書，及所措置事，皆託他詞，未敢誦言誅之。傅等雖聞大集兵，猶未深信，得此書，始悟見討。奏請誅浚，以令天下。

始，張俊所部統領官安義陰與傅合，欲代俊而奪其兵，乃斷吳江橋以應賊。浚即令韓世忠屯秀以伐其謀。世忠至秀，稱病不行，造雲梯，治器械，傅等始懼。先是，秘書省正字馮檝嘗與直龍圖閣黄槩、軍器監葉宗諤密議，欲説二賊，令自請復辟。宗諤以爲然，因市小舟，欲見浚於平江而不得出。有承議郎、直秘閣范仲熊者，沖之子也，嘗爲河内丞，陷金得歸。舊厚王鈞甫、馬柔吉二人，諷顔岐薦上殿，除吏部員外郎。機問仲熊以鈞甫、柔吉之爲人，仲熊曰：「鈞甫疎，柔吉直。」機曰：「因此説二將可乎？」仲熊曰：「軍中氣盛，未可。」庚子，機再扣之，仲熊曰：「可矣。近日遣人出問卜，是必有所疑也。」

24 辛丑，内降詔書，略曰：「永惟内禪之初，恭奉太上之旨，責躬避位，事理甚明。訪聞有侍從掌兵之官，不能曉授受本末，弗計宗社安危，輕易以惑人心，遷延而違詔命。惟爾將帥士民，各宜體悉，期救無虞。」傅等聞張浚將起兵，乃下是詔。

新除捧日天武四廂都指揮使、定國軍承宣使韓世忠爲定國軍節度使，依前御營使司提舉一行事務都巡檢使，新除捧日天武四廂都指揮使、武寧軍承宣使張俊爲武寧軍節度使、知鳳翔府，二人皆以深曉内禪大義，不受張浚詿誤，故有是命。此以日曆及張浚復辟記、林泉野記參修。

詔：「新除禮部尚書張浚，陰有邪謀，欲危社稷。責黄州團練副使，郴州安置。令平江府差兵級防送，經由行在赴貶所。」中書舍人季陵當制，有「輕脱寡謀」之語。時兩宫音問幾不相通，太母忽遣小黄門至睿聖宫白曰：「張浚早來不得已郴州安置。」上方啜羹，不覺覆羹於手。初，傅得浚手書，即請黜浚。右僕射朱勝非沮止之，至於五六。及是，傅等至都堂見勝非，具言：「浚見詆爲逆賊，所不能堪。如吕樞密則曉事。」意欲殺浚。勝非見其悖甚，恐生他變，謂之曰：「罷張兵權，而以付吕樞密，必無事矣。」傅意稍解，遂有郴州之命。朱勝非閒居録云：「三月二十日，上下人情翕然和同，軍民皆言當反正。二十一日，王世修至，云軍中已定，便可下詔。余曰：『事固定，亦當速爲之。然迎請車駕，須有禮儀及奏章書詔之類，先與執政定議，又須擇一吉日，大抵事垂成，當内急而外示閑暇。公自此每日來相見。』余思之，二兇雖已聽順，未曾於都堂顯白指揮，迎請合有章表，二兇亦須自作一狀。語執政，皆曰善，方議擇日。忽平江傳檄，指名二兇之惡。來人以數十本傳城中，二兇得之忿怒。蓋自遭變故，五日而得鈞甫，八日而得世修，半月事定。二兇雖不敢違，中心不無疑懼。洎得此檄，便作事端，欲遲留迎請大事。六人相從出檄文曰㉕：『某等前日之請，欲和金人以息兵革。本期人使回，見得敵情如何，别作商議。無何，大使不來，小使不通，方聽朝廷指畫。今勤王所傳檄，直以某等爲逆賊，實不能堪。欲率本軍徑至平江，與諸人理會了，却來迎請，庶顯本心。及欲先作一檄以答之。傅聞勤王所於民間率斂錢物，不可勝計，以犒設爲名，恣行分受，朝夕飲會，無憂國之心。既言大軍已集，何不來？韓世忠向自江北敗歸㉖，部曲無百人，却於張俊處借得雜兵五六百人，作前軍來秀州，意欲反正後自以爲功，掩其前過，今已多日，恐人議論，故作此檄，且做行遣。又聞此檄出張浚之意，辭氣忿戾，與常日不同。』余大駭，且難爲答辭。沉思而諭之曰：『公等方以此檄爲非，却作檄文報答。朝廷在此，而軍中以檄相罵，國亂可知矣。二統制可謂名將世家，與起行伍不知事體者不同。先太尉所爲各如何？能遵家法，即是報國。』二兇稍有悦色。傅曰：『乞朝廷回此檄。』余曰：『何必回？既知是張侍郎之意，渠便可罷，以兵樞付呂樞密，必無事矣。』世修進曰：『檄文詆罵，實不堪。朝廷若行遣張浚，爲軍中雪耻，勝如答檄文也。且呂樞密極曉事，又是執政官。』余曰：『今晚奏太后，取旨行遣。』於是衆退，晚朝具奏太后，亦大駭曰：『事已成觸動，後怎奈何？』批旨罷浚禮部侍郎。」按：此時平江未有檄書，當是傅等得浚二十一日所遣書，有大逆之語，而爲此説也。世修所謂呂樞密曉事者，蓋頤浩奏牘中深斥宦官之罪，故有此言。若檄書則頤浩爲首，無由罪張而稱呂，勝非所記必誤。張浚復辟記云：「傅等得臣責問手書，立乞誅臣以令天下。宰相朱勝非力沮其事，至於五六，遲留凡七日，始有郴州之命。」此得其實，但以日計之，亦復參差。今且删潤修入。鄭瑴章疏，亦稱浚坐私書被責，與復辟記同，今附在後。

初，傅、正彦日至都堂議事，御史中丞鄭瑴奏疏言：「臣訪聞朝廷近日差除行遣，多出御營都副統制苗傅、劉正彦之意，二人出入都堂，殆無虚日。昔王淵、康履之交結，黄潛善、汪伯彦之自謀，皆以謂舉天下不能動揺，殊不知人怨神怒，禍變之起，易於反掌。今廟堂之上，請託干與行而不疑者，必以謂兵之强足恃，是未之思也。嬴秦、王莽非不强也，陳勝一呼，秦不及支；昆陽一敗，莽卒授首，其足恃乎？祖宗之德澤垂二百年，今雖潰兵散卒爲盜，未有一民奮臂其間者，戴宋之德不可忘也。惟順民心，共尊王室，乃可長久。望戒諭將帥之臣，無以私請干與朝政。」先是，傅使其黨建言，凡臺諫章疏，乞露名行下。蓋欲言者懼二兇，不敢斥言其罪。瑴疏入不出。瑴見太后，請降付三省，后乃出其章示傅、正彦，傅、正彦銜之。按瑴此疏以甲午上，未知何日降出。今因論張浚事附見。及是，又請留吕頤浩守金陵，張浚不當貶。太后令瑴至都堂，與宰執議。朱勝非等唯唯。瑴再上疏，言浚特以私書與傅、正彦，往來切磋而爲忠義，今峻責之，是堅天下之疑心，以動四方之兵也。日曆載此疏於十六日甲午，尤誤。不報。瑴遂遣所親奉議郎謝嚮，嚮初見二年七月丙戌。變姓名爲賈人，至平江，具言城中事。今遲重緩進，使賊自遁，無致城中之變。浚然之。或曰乞露名行下臺章，時人以爲范仲熊請也。王庭秀閑世録云：「仲熊與王世修、張逵、王鈞甫、馬柔吉皆締暱，五日之事，仲熊實與聞。」按仲熊嘗爲朱熹所取，恐必不然。以馮檝臨安録考之，仲熊固與軍中迹熟，然必不至與其逆謀，今不取。

御營都統司統領官苗瑀、參議官馬柔吉以赤心隊及王淵舊部精鋭駐臨平，以拒勤王之兵。朱勝非閑居録云：「十六日，王世修見余於私第。詰旦早朝，留身且奏世修語。是日午間，二兇到堂曰：『聞韓世忠領千餘人來秀州，出言不善。』余曰：『出何言？』二兇曰：『欲屠戮杭州一城人。今欲遣統領官苗瑀將三千人拒之於崇德縣。』余曰：『瑀是何人？』傅曰：『舍弟，見充軍前將官，極驍勇。平日不伏世忠，願去對敵。設使交兵，必擒世忠來。』余大笑曰：『公等何言之誤也！世忠誰家將？所部誰家兵？豈可苟聽少年輕鋭之言，而不顧國家大利害乎？平江勤王兵馬甚盛，聞此中寧静，朝廷經畫，軍中聽順，故遲遲其來。借使瑀能勝世忠，大軍必繼進，彼此疑阻，玉石俱焚矣。』少頃，瑀至，問何故欲出兵，爲國生事？瑀曰：『世忠向日揚州統兵四萬餘人，運糧十餘萬石，三軍戰馬，往往奪去。行至淮陽軍，聞金兵南來，不戰而潰。近日將四千餘人，自蘇州界渡江來，敗事如此，自當誅戮，尚敢妄言，毀辱諸將，瑀實不平，欲往擒之。』余曰：『國事既平，方可正罪。彼方稱勤王，遽遣兵擊回，即賢先有罪矣。』瑀曰：『若突至城下，豈不驚擾？』余曰：『朝廷當任責，賢無慮。』左右報已迫晚朝，遂揖退。」按張浚復辟記，世忠以十八日丙申至平江，二十一日己亥起發，而已於十七日聞世忠至秀州，必誤記。疑勝非與二兇詰難不在此日。又勝非既不許其出，則瑀與馬柔吉何以復在臨平？此事當考。然韓世忠扼秀州，張俊前軍在吴江，賊氣沮矣。時節制司參議官辛道宗總舟師，與統領官陳思恭亦自華亭進發。張浚又親作蠟丸書云：「不得驚動三宫聖駕。」浚書名，張俊亦書名，募人賫赴管軍左言等八人，慮傅等因大軍之入，或有他變，書皆未達。

是晚，馮轓至臨平，馬柔吉見之曰：「君尚敢來邪？昨旦張侍郎有書來，詞不委曲，二公大怒，且發兵出杭矣。」轓曰：「張公無他意，大率欲規正，故不得不激切。」柔吉意少解。夜二鼓，柔吉與轓俱縋入城，翌日，與傅等議於軍中，王世修不可，欲拘轓不遣。浚繆爲書遺轓云：「浚近發苗都統書，論列睿聖皇帝事，反復數百言。適有客自杭來，知二公於朝廷社稷初無不利之心，甚悔輕易，未識體察否。然浚無他也，欲此忠義大節終歸二公，無使他人爲之。會見望致意。」傅初謂有他謀，發書無異詞，遂大喜，轓由是得免。

25 壬寅，尚書左丞盧益罷爲資政殿學士，提舉西京嵩山崇福宫。初，議遣益出使，朱勝非諭使力辭，遂有是命。益行述云：「時政府欲損禮求和於金，益奏：『如封册正朔之文，割地稱臣之禮，犒軍歲幣之數，建都屯兵之所，事大難悉從。願據形勝，嚴守備，爲自治計，庶中興之業日隆，而將士之體不解。』執議不回，因責授梅州安置㉗。翌日，上省察，復其官。」熊克小曆附此事於益初罷政時，而日曆無之。季陵外制集又有路允迪責授散官英州安置制詞，略云：「習知敵情，嘗講和戎之利；往將使指，庶收存魯之功。豈謂股肱，翻成項領。」未知此時否，今並附見，當求他書考證之。

詔募人尋訪登聞檢院御封函，以渡江遺棄故也。

迪功郎吳若言：「今渡江而東，敵勢方張，天未悔禍。借有韓、白之勇決，蕭、張之沉鷙，亦未可遽爲進據中原之語。惟當行阻江固守一策耳。阻江之術，莫如木栅，可以速就。侵水際一二丈，以大木爲柱而鋭其上，小木支撑交格乎其間。鋭上則敵不能踰，支撑交結則我於其内可以施弩，而敵不可入，侵水際一二丈植之，則渡水登舟者無所措其手足。且木雖大小相格，而勢不相並，順風縱火者所不能焚，羣木植立相扶，砲車所不能壞。更使厚踰於丈，則敵之長槍俱廢矣。但須沿江可渡處一一爲之，只此一事，當用浙西民力十分之一。乞毋暴其説，先遣使泛諭民出財助國，財既入，則官自募工庀材而急成焉。」詔沿江諸州相度。尋以若爲承奉郎。若初爲諸生，嘗勸張邦昌使諫上皇以花石之擾，邦昌不聽，乃言於邦昌之夫人鄧氏。鄧氏愕然曰：「吳郎風邪？何忽如此！」靖康初，除太學正，上疏論宰相吳敏、徐處仁之罪，坐斥去㉘。及是，以與邦昌連姻，故召。若初見二月戊午。其改官未見本日，今附書之。熊克以若爲晉陵人，趙甡之遺史云㉙。

是日，呂頤浩軍行至平江之北。先是，頤浩以所部萬人發江寧府，道募得三千人與俱。熊克小曆云：「頤浩至平江府，兵凡三萬人。」誤也。今從臧梓勤王記。至平江之北四十五里，張浚乘輕舟迓之。道遇小舟，得郵筒，屏人發封，乃浚郴州謫命。蓋賊以浚限截往來文字，故更遣使臣，自湖州轉遞以來。浚得之，恐將士觀望不盡力，呼書吏曰：「朝廷趣赴行在，爲我申即日起發。」浚見頤浩，相與對泣，以大計咨之。頤浩曰：「事不諧，不過赤族。頤浩曩諫開邊之失，幾死宦官之手。承乏漕輓，幾陷窮邊之域。近者倉卒南渡，舉室幾喪。今日爲社稷死，豈不甚快耶？」浚壯其言。頤浩即召其屬官李承造於舟中草檄，而浚爲潤色之。臧梓勤王記：「頤浩以己亥至平江之北，庚子至平江。」張浚復辟記：「頤浩以二十四日宿平江之北，二十五日至平江。」二書不同，凡差三日。梓所記恐誤。按梓序云：「以頤浩私記事跡并張浚、李承造、邵彪勤王記參照編類，内有日月差異處，親稟頤浩，得其次序。」然今以諸書互相參考，則浚責郴州之命在二十三日辛丑，若頤浩果以庚子至平江，則浚責命尚未下，安得舟中已見郵筒也？今從勤王記。

初，苗傅聞韓世忠在秀州，取其妻梁氏及其子保義郎亮於軍中以爲質。朱勝非聞之，乃好謂傅曰：「今當啓太后，招二人慰撫，使報知平江，諸人益安矣。」傅許諾，勝非喜曰：「二兇真無能爲矣。」此以勝非閒居録修入。但閒居録繫之十七日，恐誤。今依日曆附二十四日壬寅。日曆稱世忠妻在杭，世忠使人召之，傅不與。張浚復辟記云：「傅質世忠家屬，以太母命，遣其妻往世忠所，囑之還朝。」二書復不同，以事考之，勝非所記當得其實，今從之。

太后召梁氏入見，封爲安國夫人，錫予甚渥。后執其手曰：「國家艱難至此，太尉首來救駕，可令速清巖陛。」梁氏馳出都城，遇苗翊於塗，告之故。翊色動，手自捽其耳。梁氏覺翊意非善，愈疾驅，一日夜會世忠於秀州。俄而傅等遣使以麻制授世忠，世忠曰：「吾但知有建炎，豈知有明受？」斬其使，焚其詔。又遣使持麻制授張俊，俊械以送獄。馮轓又説王鈞甫曰：「此事若了在他人，公何以贖過？」鈞甫頗以爲然。

五丈河舟師邵青素爲盜，甚得其徒之心。亂後聚舟，往來淮上。至是，入泗州城，掠其金帛而去。青，濟南人也。

26 癸卯，太后詔：「睿聖皇帝宜稱皇太弟，領天下兵馬大元帥，復封康王。皇帝稱皇太侄，監國。御營都統制苗傅、副都統制劉正彥，並賜鐵券。」時傅、正彥聞勤王兵大集，意甚懼，呼馮轓議復辟。轓知其可動，即見朱勝非白云：「今國步艱難，當以馬上治之。今日之事，當以淵聖皇帝爲主，睿聖皇帝嘗受淵聖詔爲大元帥，宜仍舊。少主爲皇太侄。」太后垂簾時，有持服奉議郎宋邴等數人上書，亦如轓意。勝非令轓與傅、正彥計之，傅、正彥許諾，即日遣張逵與轓詣都堂，勝非猶疑之，未敢應。劉正彥、王鈞甫聞之，趣傅詣都堂見勝非，鈞甫與馬柔吉佐其言。勝非大喜，答以：「二太尉有意如此，宗廟社稷之幸。」勝非晚朝遂以太后命召傅、正彥、鈞甫、轓同對，傅、正彥言：「今日之事，安國家，恤生靈，禦强敵。若便此三者，臣萬死不辭。」鈞甫言：「傅、正彥忠有餘而學不足。」轓奏言如對勝非語，又請襃傅、正彥如趙普故事。太后勞傅等，且許之。少頃，趣召百官，宣太后詔，略曰：「敵人以睿聖皇帝不當即位，兵禍連年。今宜稱皇太弟，領大元帥。皇帝稱皇太侄，監國。太后臨朝聽政，退避大位，務在息兵。」此詔語據王庭秀閲世録。制出，在庭愕然。御史中丞鄭瑴、殿中侍御史王庭秀欲留百官班論之，而臺諫惟瑴等二人，遂不果。時大雨，百官冒雨朝上於睿聖宮。勝非等奏事議論幾數刻，上曰：「必若此，傅之後世，豈不貽笑哉？」張逵退謂苗傅曰：「趙氏安矣，苗氏危矣。」王世修亦以爲然，傅遂易初議。張浚復辟記云：「二十六日，集百官議，在列無不鼓舞。是日遂降詔，四月一日復辟。」臣謹按，王庭秀閲世録：二十五日集百官宣詔，翌日乃用庭秀等言，改爲處分兵馬重事。二書不同。是時庭秀爲臺官，其所記必審，今從之。閲世録又云：「宣制畢，乃朝睿聖宮。」而趙甡之遺史云：「百官朝睿聖宮，謂復辟矣。既至宮，乃請上爲大元帥。及宣詔，百官失色。」臣謹按，鄭瑴奏疏云「昨日宣示詔書，班退，詣睿聖宮」云云，與庭秀所記合，今從閲世録。

進士馮轓特補奉議郎，守尚書兵部員外郎，賜緋，更名康國。康國補官，日曆不載。季陵外制集有制詞，朱勝非閒居録云：「三月十四日，張浚在平江，遣進士馮康國持奏并申都省，乞主上貶損位號，柔服金朝。康國參曰：『本蜀人，張侍郎相從多年，今蒙勤王所差賚奏狀。』余曰：『想見平江傳報不一，今得賢來，見城中次第，可以歸報。』翌早，簾前留身奏言：『張浚遣進士馮康國持奏狀來。』太后曰：『已見狀申，無事，昨夜降出。』余曰：『奏狀固無事，意欲令康國偵伺城中。浚僚屬甚多，不遣，遣布衣來，且康國自言與浚皆蜀人，相從日久，或欲成就官爵耳。』太后曰：『有何功勞，便要官爵？』余曰：『昨夕思之，賊氣已讋，大事有緒，所乏者英威，正當張大外援。今召康國引對，太后面加慰勞，優與恩數，二兇知外援之盛。康國回，賜浚優詔，使平江知時事之順。中外合勢，事乃易圖。』太后曰：『與何官？』余曰：『乞授通直郎，仍除郎官，賜緋章服。』太后曰：『甚好。』明日引對，悉與之，除兵部員外郎遣回。」按此所云，則康國除命當在十六日也。是時大事未定，安得便除官？馮檝臨安録云：「康國奏知太后大元帥事訖，有旨除郎官。」此得其實。蓋康國兩至杭州，其引對除郎，在再來之日，而勝非誤記於初來之時耳。熊克小曆繫於十四日壬辰，蓋承秀水録之誤。臧梓勤王記云：「四月壬子，進士馮轓授京秩。」此尤差誤。今並不取。

秘書省正字馮檝至都堂見朱勝非，言聞大計已定，士大夫皆能言，惟恐軍衆尚有疑阻。勝非曰：「何自知之？」檝曰：「過計耳。欲入其軍，傳道朝廷之意，以諭衆。」勝非曰：「大計已定，諸軍初無疑阻。若擅入營寨生事，當收君下獄。」檝懼而退。復因康國求至平江，與張浚計事，勝非不許。自「當收君下獄」已上，並據勝非閒居録修入。檝所著臨安録云：「檝説與康國：『昨日請爲大元帥㉚，已移得兵權，固善矣，然名尚未正，并猶在睿聖宮，何似我與你同往説賊復辟？我有策可以回之。』康國曰：『極力止此，何可進矣。當回報張侍郎，令圖之。』檝曰：『只恐張侍郎未必有策，我却有箇策，須見侍郎方可言。你如白朝堂，令許我出見張侍郎。朝廷今已信你，未必信我。蓋前來檝嘗以此意撼張右丞，渠不領解。又曰朱丞相，欲詣府第稟事。丞相云：累日頭昏，不在府第見客，有事只就此説。檝見衆宰執同坐，此語如何漏泄？語出即殺身，遂已。今你言已有驗，説我同往，丞相必從，則來早便報來。』

次日早等不至，食後方來，云：『朝堂不肯。』」

是日，呂頤浩、張浚議進兵，韓世忠爲前軍，張俊以精兵翼之，劉光世親以選卒爲遊擊，頤浩、浚總中軍，光世分軍殿後。遂以勤王所爲名，頤浩、浚傳檄中外曰：「恭惟宋有天下，垂二百年。太祖、太宗開基創業，真宗、仁宗德澤在民，列聖相傳，人心未厭。昨因内侍童貫首開邊禍，遂致敵騎歷歲侵陵。逆臣苗傅，躬犬豕不食之資，取鯨鯢必戮之罪，乃因艱難之際，敢爲廢立之謀；劉正彦以孺子狂生，同惡相濟，自除節鉞，專擅殺生。仰惟建炎皇帝憂勤恭儉，志在愛民，聞亂登門，再三慰勞，而傅等陳兵列刃，兇焰彌天，逼脅至尊，倉皇避位，語言狂悖，所不忍聞。大臣和解而不從，兵衛皆至於掩泣。詔書所至，遠邇痛心。駭戾人情，孰不憤怒？顧惟率土，何以戴天？況傅等揭榜闤市，自稱曰予，祖宗諱名，曾不回避。迹其本意，實有包藏。今者呂頤浩因金陵之師，劉光世引部曲之衆，張浚治兵於平江，韓世忠、張俊、馬彦溥各率精鋭，辛道宗、永宗、陳思恭總率舟師，湯東野、周杞據扼險要，趙哲調集民兵，劉誨、李迨餽餉芻糧，楊可輔等參議軍事，并一行將佐官屬等，同時進兵，以討元惡。師次秀州，四方響應。用祈請建炎皇帝亟復大位，以順人心。今檄諸路州軍官吏軍民等，當念祖宗涵養之恩，思君父憂廢之辱，各奮忠義，共濟多艱。所有朝廷見行文字，並係傅等僞命，及專擅改元，即不得施行。敢有違戾，天下共誅之。建炎三年三月二十四日，朝奉大夫權發遣常州兼兩浙西路兵馬都監周杞、新除左武大夫觀察使兩浙路提點刑獄公事趙哲、秘閣修撰知平江府兩浙西路兵馬鈐轄湯東野、寧武軍承宣使帶御器械秦鳳路馬步軍副總管御營前軍統制張俊、起復定國軍承宣使帶御器械鄜延路馬步軍總管御營平寇左將軍韓世忠、試尚書禮部侍郎充御營使司參贊軍事張浚、新除檢校太保奉國軍節度使殿前都指揮使制置使劉光世、新除資政殿學士同簽書樞密院事江淮兩浙制置使呂頤浩。」臣謹按，印本檄書係三月二十四日，呂頤浩勤王記云己亥草檄書，壬寅傳檄内外。壬寅二十四日也。張浚復辟記云二十四日草檄書，二十六日傳檄内外。二記復不同，蓋浚誤以此月爲大盡，故差一日。其實二十四日壬寅草檄書，二十五日癸卯乃傳發爾。

遣迪功郎王彦覺持檄諭江寧府，迪功郎洪光祖諭越州，修武郎張復諭湖州，遠方入遞傳發。又遣統制官張道率兵三千人屯湖州安吉縣，以分賊勢。光祖，丹陽人也。

初，頤浩至平江，張浚見之涕泣，曰：「主上待我輩厚，今日惟以一死報國，日夜望樞密之至，以爲盟主。」頤浩慰勉之。是日，劉光世亦以所部至平江。光世見張俊，相與釋憾，傳計不行。張浚復辟記云：「初，苗傅爲光世與韓世忠、張俊嘗有語言之隙，屢行間諜，意令光世爲己用，而俊、世忠三人盡釋憾交懽，傳計不行。」按：光世至平江時，世忠已在秀，且二人終身未嘗釋憾交懽。浚不應誤，但其上此計時，三人者並爲大將，不容不如是言之耳。今略删潤，令不失實。

先期告請使黄大本等過平江，呂頤浩問上起居狀，大本反稱美傅等，且告言廢立之謀，乃械以送獄。事平，釋大本，以爲貴池丞。朱勝非閒居録云：「二兇趣遣使，勝非白太后，以先遣小使，仍密留於勤王所。太后喜，已而遣迪功郎胡樞充小使，密戒之。至平江，樞遣人賫狀來云：『爲勤王所拘留，文字亦取去。』余令徧呈二兇，自此使議遂息。」勝非所云胡樞，又與日曆不同，而臧梓所記乃云進士二人借官，則似指大本及吴時敏也。更須詳考。

宫儀圍安丘縣，權知密州杜彦引兵救之，其徒李逵、吴順皆不從，曰：「儀衆甚盛，未可與戰。」彦曰：「見敵不擊，何以威衆？」遂行至潑石橋，與戰大敗，彦盡喪其步軍。儀忿之，遂屠安丘縣。彦還密州，逵、順責其喪軍，拒不納。彥欲引去，而馬軍皆有家屬在城中，出言紛紛，逵開門納之，乃殺彥，梟其首，逵遂領州事。

27 甲辰，御史中丞鄭瑴、殿中侍御史王庭秀抗疏論睿聖皇帝不當改號。瑴言：「探聞得詔書之意，乃遣閤門宣贊撫諭將臣韓世忠，歸道世忠之語，稱須得太后陛下詔，睿聖皇帝爲兵馬大元帥，方不進兵。朝廷大臣進議，以謂若爲大元帥，則當稱臣，不欲以子臣父，遂併降今上皇帝爲皇太侄。睿聖皇帝乘正統嗣天位，已二年矣，一旦尊而爲太上皇，以太子嗣位，太后陛下垂簾同聽政，雖出倉卒之間，於禮猶順。今遽降而爲大元帥，則内外百官，曰將曰相，昔日所臣事者，今則與之比肩事主矣。稽之於古，無所取法；行之於今，實逆天道。今欲如唐之睿宗，以太上皇聽大事，如舜既禪位，命禹徂征有苗爲法，天下孰以爲非？伏望收還昨日手詔，命將相百官請睿聖皇帝以太上皇聽國之大事，陛下仍舊與今上皇帝同聽政，以安人心。若詔書頒行，則天下聞之無君矣。貢賦不入，倡義而起兵者，皆是也。雖有智者，不能爲謀。」庭秀言：「女真洊食我國[31]，將帥之臣不能北向發一矢，乃假其彊暴[32]，脅制朝廷。願還前詔，宣召百官，儼列儀衛，詣睿聖宮，恭請皇帝還御治朝，總攬權綱。有異議者，即戮以徇，如迅雷之發，不及掩耳。俄頃之間，大事定矣。」是日早，瑴獨對，爲太后言：「今既降位號，則乘輿服御亦皆降殺，豈將易赭服紫耶？」退與庭秀復上疏力争。午刻疏入，太后召瑴與宰執同對簾前，瑴乞次召庭秀，太后諭曰：「今日之事，且因百僚論列，大臣商量，欲令睿聖皇帝總領兵馬耳。」瑴等奏曰：「臣不知其他，但人君位號，豈容降改？聞之天下，孰不懷疑？雖前世衰亂分裂之時，固未有旬日之間易兩君，一朝降兩朝位號者也。」太后曰：「必中丞未嘗見諸人文字，相公可同至都堂視之。」既至，朱勝非自於青囊出宋邴等所上書以示轂、庭秀。轂等力言：「昨日詔書不可宣於外，必召變。」勝非與執政顔岐、王孝迪、路允迪皆在坐，尚書右丞張澂獨曰：「若以五日時事勢，豈爭此名位耶？」澂欲行出，轂等共止之。夜，王世修亦詣朱勝非府爭之，事遂止。

28 乙巳，制曰：「朕以幼沖，仰膺付託。今承太母慈訓，及覽宰執侍從内外將帥奏陳，謂睿聖仁孝皇帝，頃自靖康之初，實總元帥之重，早緣推戴，繼遂纂承。比以强敵侵陵，生民荼毒，深自損抑，發於至誠，既退處於別宫，以釋言於大國。惟淵聖之命孰敢廢㉝？而臣庶之願不可違。若止仍太上之稱，何以慰天下之望？今恭依太后聖旨，請加上太上睿聖仁孝皇帝，處分兵馬重事。」馮康國以問朱勝非，曰：「勿與較，其實一也。」日曆此詔在二十八日丙午，恐不應遲留如此。按馮檝臨安録，馮康國以二十七日回平江，則下詔當在先，今從王庭秀閲世録，附二十七日。

太后詔勿避父名。罷孟忠厚提舉巡幸一行事務。

朝請郎陳戩爲監察御史。

御營前軍統制張俊以勤王兵發平江，殿前都指揮使制置使劉光世繼之。吕頤浩與張浚餞於門外，登樓閲兵，器甲鮮明，士氣鋭甚。聞行在已有復辟之議。復辟記二將出師在二十八日，今從勤王記㉞。

是日，勤王所檄至湖州，新除資政殿學士、提舉中太一宫葉夢得行舟碧瀾堂下，召守臣梁端、通判州事張燾及寓客龍圖閣直學士許份、徽猷閣直學士曾楙、徽猷閣待制致仕賈安宅等謀之，夢得欲與端等共爲一檄，調諸縣射士勤王，而留平江檄書不發。安宅曰：「時已後矣，此事豈可欺人？」直秘閣主管南京鴻慶宫曾紆聞之，亦勸端張榜，趣用建炎年號。於是夢得引兵次平望，以俟呂頤浩、張浚之至，欲與俱。燾亦從之。會舟師壅隔不得前，夢得乃止。時已召楙爲翰林學士，安宅爲吏部侍郎，二人皆不赴。楙除學士在此月十六日，安宅之除日曆不載。四月十一日得旨，別與差遣。足明除命在三月也。大率史於僞楚及明受兩次差除多不盡載，今有可考者具書之，其辭受是非，則稽之以事而可見，不必沒其實也。

傅遣兵三千，屯湖州之徑路曰小林，以扼援兵來路。又調兵於輔郡。端用紆計，械繫其使者，不與兵。紆，布子也。曾紆、賈安宅、葉夢得事，用紆墓誌及紆所撰辨猶豫記，并紹興三年正月賈安宅分析狀參修。苗傅屯兵小林，亦以紹興三年十月甲申御史臺與鄭大年改正復官狀修入。

29 丙午，尚書禮部侍郎御營使司參贊軍事張浚、同知樞密院事翰林學士李邴、御史中丞鄭瑴並爲端明殿學士，同簽書樞密院事。邴嘗見管軍王元，密令出禁旅擊賊。元懦怯不能從，於是朱勝非留身，奏：「邴、瑴近遷，人皆知其助朝廷之故。今諸軍已定，乞並除執政，顯示中外。」太后曰：「可。」勝非曰：「自來執政除命，出自禁中，臣不敢擬進。」太后曰：「待批出。」勝非曰：「仍須處分，日下供職。」午間，內降如所請，浚不受。張浚除同知，朱勝非閒居録無一字及之，蓋二人不相能也。日曆浚之除在四月庚戌。按浚自撰復辟記云：「三十日，奉聖旨除臣同知樞密院事。」其實二十八日除，二十九日受命，但浚以爲大盡，故差一日也。日曆瑴之除在甲辰，邴之除在丙午，秀水録在二十六日甲辰，二書不同。今從趙甡之遺史，並附丙午。

是日，呂頤浩、張浚以大軍發平江。

30 丁未，宰相朱勝非召苗傅、劉正彥至都堂議復辟事。熊克小曆載此事於二十七日乙巳，蓋因朱勝非閒居録所記也。按日曆，四月一日辛執奏狀稱：「臣等三月二十九日請召苗傅、劉正彦等到都堂，諭以睿聖皇帝當還尊位。苗傅等一皆聽從。」則在二十九日丁未矣。以馮檝臨安録考之，亦是此日。或者勝非移此事於張浚未發平江之前，以城中先有定議，不待外兵之逼也。但奏牘所載，差互不同爾。若勝非調護曲折，蓋已悉書之，靡有遺佚。惟此一事，勝非分作四日：甲辰，辛執聚議；乙巳，召二兇赴堂；丙午，王世修持奏狀赴漏舍；丁未，下詔朝別宮。今依奏狀，併於二十九日丁未書之，庶不失實。傅、正彦之反也，王世修實爲之謀畫。及外兵至，憂懼，乃急請復辟以自解。此據日曆。前一日，執政聚議，召二兇，顏岐、李邴猶慮其不至。及是，勝非令行首司發帖子召傅、正彦、世修及王鈞甫、馬柔吉、張逵詣都堂。會秘書省正字馮檝見傅於軍中，且貽傅、正彦書，大略謂：「今張樞密握兵在平江，遣馮郎中來，請上爲大元帥，意在於復辟而後已也。元帥姑爲皇帝主兵之漸耳。兵權既歸睿聖皇帝，然後下反正之令，太尉能違之乎？如不可違，是使他人有復辟之功，而自處以廢君之罪。如或違之，近則張樞密，遠則杜充、王庶、張深、張嚴、楊進、李彦仙、杜彦、蓋進之徒，咸起問罪之師，可亦一一爲建節旄，便能已其事乎？太尉結睿聖一人之怨，是與天下爲讎也。與天下爲讎，則召天下之兵也宜矣。昨馮郎中乞太后賜太尉誓書鐵券，太尉勿謂受太后誓書鐵券，便可保無虞也。太尉結怨於睿聖皇帝，儻未復辟，上猶在睿聖宮，何解皇帝之怨？惟太尉自請反正，而得皇帝親賜誓書鐵券，則無後患矣。太尉儻從不肖之請，當爲宰相言之。若出外，則許提兵而行，若欲在朝，亦不解今日軍政。皇帝賜誓書鐵券之外，更請御筆赦太尉擅誅内侍之詔，盡置内禅之事而不言，使天下無得而疑太尉，宰相必能爲太尉辨之也。如此，身亦可全，名亦可保。不然，則浹日之間，必制於他人之手矣。」傅、正彦唯唯。此據馮檝臨安録。遂詣都堂。勝非語之曰：「反正事已定日迎請，朝廷百官皆有章奏，公自可別作一章。」傅面頸發赤，慚恧無語。回顧正彥，正彥起曰：「前日所請，本爲和金。今使命雖不通，未嘗更遣。遽請反正，前後事體相違。」勝非責之曰：「和金之使，既無路可通，況事已彰露，州縣誰不知之？且勤王之師未來者，使是間自反正耳。前日王淵不當作樞密，人情猶能如此。今日之事，孰爲輕重？不然，下詔率百官與六軍請上還宮，公等六人置身何地？平時爲將帥者，皆賴國家官爵號令，故能使人。一旦是非曲直既分，雖三尺童子皆知去就，將校軍士必不能誑惑。」正彥却立不對，傅長吁曰：「獨有死耳。」勝非以二將反覆責世修，世修以言逼傅，傅不能答。勝非乃令堂厨具飯，命世修即廡間草奏，持歸軍中，自準備將已上皆書名。已上據勝非閒居録修入。閒居録又云：「余語執政曰：『已備下，昨夕先與老母別矣。』諸公曰：『何謂也？』余曰：『他日當知之。』親兵將官徐建者，引首屢探堂中。余曰：『此即下策所用之人也。』是日，宮中堂門皆密爲備，二兇若敢不從，闔兩重門，盡行剿戮，然後單騎至諸寨招附。儻或見害，其爲死所，不亦大乎？不敢遽如此者，慮既誅之後，招附既定，固無事。萬一更有變亂，不可知耳。諸公皆曰：『非所及也。』」

執政晚朝至漏舍，世修持軍中請復辟奏狀納勝非，勝非進，皇太后極喜曰：「吾責塞矣。」勝非即召詞臣張守至都堂，與李邴分作百官章，三奏三答，及太后手詔與復辟赦文皆具。馮檝臨安録云：「檝説二賊，頗有見從之意。遂往都堂，要以此事稟宰執。到客位，有榜云：『侍從而下皆不見。』爲二賊先已在堂内議復辟事，所以不見客。移刻，二賊出，朱丞相亦出，檝近前白丞相，有緊急事拜稟。丞相云：『只今晚朝可來幕次説。』檝隨後到宰執幕次，有七人同坐。檝稟宰執云：『早來公面説苗、劉，自請皇帝復辟，二賊已聽從。惟是許其四事，乞相公爲辦之。』丞相云：『四事謂何？』檝云：『一許其皇帝賜以誓書鐵券，二許其在朝則不解軍務，三許其出外則提兵而行，四許以皇帝親書赦其擅誅内侍之詔。其餘縷縷説之辭，逼朝未能盡言。』丞相云：『只今便取決於太后。』檝遂退。」按此所云，與閒居録全不同。今附此，更須參考。

直龍圖閣王世修爲尚書工部侍郎。朱勝非閒居録云：「三月十六日，王世修見余於私第，余謂曰：『賢能辦此，便取旨，除六部侍郎。』詰旦早自留身，具奏世修語，太后曰：『若能成功，何止侍郎？雖執政亦可除也。』二十八日，世修持奏狀來㉟，余奏曰：『事已成。世修先許除從官，欲令次日除工部侍郎。晚朝引見，面賜金帶，使來早立本班，以示迎請之人。』太后欣然從之。」據所書，世修除侍郎當在二十九日，今附此。日曆在四月一日。

同簽書樞密院事呂頤浩、制置使劉光世、禮部侍郎張浚、平寇左將軍韓世忠、御營前軍統制張俊等言：「契勘都統制王淵，不能備禦金人，致乘輿南渡，結連内侍，躐除樞筦。近有統制官苗傅、劉正彦被奉聖旨，將本官及内侍誅戮，委屬允當外，有建炎皇帝以避敵遜位一事。臣等竊詳，建炎皇帝即位以來，恭儉憂勤，過失不聞。今天下多事之際，乃人主馬上圖治之時。深恐太母垂簾，嗣君皇帝尚幼，未能戡定禍亂。臣等今統諸路兵，遠詣行在，恭請建炎皇帝還即尊位。欲望聖慈特降睿旨，令百官有司早行祈請建炎皇帝復位，或與太后陛下同共聽政，庶幾人心厭服，可致中興。」時頤浩、浚大軍已次吴江。張浚復辟記：三十日次吴江縣。按是年三月小盡，當是二十九日丁未，浚誤記也。臧梓勤王記：丙午離平江府，丁未次秀州。而復辟記次秀州在四月一日。二書亦不同。按復辟記常誤進一日，四月以後即不差。今參酌二記，附此。

王世修聞之，遣人至軍中云：「上已處分兵馬重事，止王師屯秀，俾頤浩、浚以單騎入朝。」頤浩奏曰：「臣等所統將士，忠義所激，可合不可離，願提軍入覲。」傅等計窮，益懼。日曆：「三月二十九日，聖旨召李綱總領六路弓兵入援王室。」按此時綱尚責海南，行狀中亦無之，當考。

是晚，苗傅、劉正彦復至都堂，見朱勝非，請詣睿聖宫，見上謝過。勝非難之，不得已白於上。傅、正彦自知罪大，疑不得見，憂懼失色。抵宫門，日已晡矣。睿聖皇帝開門納之，且令衛士掖以陞殿。傅、正彦請降御札，以緩外師。上曰：「人主親札，非所以取信。其取信於天下者，以有御寶。今朕退處别宫，不與國事，用何符璽以爲信？自古廢君，杜門省愆，豈敢更預軍事？」傅等巽請，上乃賜韓世忠手詔曰：「知卿已到秀州，遠來不易。朕居此極安寧，苗傅、劉正彦本爲宗社，始終可嘉。卿宜知此意，徧諭諸將，務爲協和，以安國家。」傅等退，以手加額曰：「乃知聖天子度量如此。」遂遣杭州兵馬鈐轄張永載持詔世忠。世忠得之，謂永載曰：「主上即復位，事乃可緩。不然，吾以死決之。」傅等大恐。

是月，迪功郎張邵應詔上書言：「今中原未復，非保東南，無以爲陛下之資；非據建康，無以鎮東南之勢。錢塘僻在海隅，其地狹，恐金人聞之，謂我棄江淮而退，有如遣間諜，誘盜賊，啗以高爵，連衡抗我，則江淮之間，又生一敵也。就令能保錢塘，彼將出豫章、九江，涉當塗、京口，數道並進，南扼饒、信，北攻蘇、秀，弛我援兵，梗我糧道，無處自處，誠非持久之便。願陛下遣能臣相視江北諸州要害，築堅城而守之。若彭門、青社、京師、曹、濮，與夫關中、川口之地，亦宜有以大鎮撫之，俾捍蔽益多，而東南全矣。」邵，歷陽人也。

朝奉郎、知婺源縣孫杞應詔上書言五事，一曰金人背盟，雖戴天履地，共有枕戈之怒，然人主之行異布衣。匹夫見辱，拔劍而起，不忍忿忿，試之一擲，則大事去矣。二曰宣、政大臣爲天下害，以誤社稷，其徒諱弗言，專斥太上皇，傷天子之孝。三曰建炎初政，開廣言路，憸人射利，賣直釣名，作爲謗書，詆誣盛德，傳信四方，以爲口實。此犯上作亂之由，不可長。四曰兵將驕蹇，伺寇至奔散爲盜，不可使。宜益募民爲兵，兵無常刑，其權在將，孰云吴兒不可用耶？五曰國蹙民窮，徵發如雨，人不堪命。宜罷省諸不急以濟軍興。杞，晉陵人。書奏，會近臣有言其才者，乃召赴行在。孫覿撰杞墓誌云：「詔公馳驛入對，未至而乘輿幸建康，新將相用事，所施置皆不與公言合，於是辭疾不果行。」按杞所上書前三事如此，則不果行宜矣。

金人陷京東諸郡。時山東大饑，人相食。嘯聚蜂起，巨寇宫儀、王江每車載乾尸以爲糧。時當兵火之餘，又有河決之患，州郡互不相救。金再犯青州[36]，守臣京東東路安撫使劉洪道力不能守，率餘兵二千棄城去。金人以前知濱州向大猷知青州。時右副元帥宗輔、左監軍蟾目乘勢盡取山東地[37]，惟濟、單、興仁、廣濟以水阻尚存焉。洪道在仰天陂，遣其將崔邦弼往安丘縣求援於宫儀，儀發兵迓洪道，别爲一寨以處之，日過聽議事。

徐州武衛都虞候趙立聞金兵北歸，知城中弛備，鼓率殘兵邀擊於外，斷其歸路，奪舟船金帛以千計，軍聲復振。立盡團鄉民爲兵，誓以平敵，退者必斬。叔父扆後期至，立謂曰：「叔以立故亂法，何以臨衆？」促命斬之。士皆感厲，遂復徐州。衆推立爲長。東京留守杜充承制以立爲武德大夫、閤門宣贊舍人，言於朝，詔授立忠翊郎、權知徐州事。立乘瘡痍之後，撫循其民，恩意周至，召使復業，井邑一新。

金左副元帥宗維聞上渡江，徙濟南叛臣劉豫知東平府，充京東西、淮南等路安撫使，節制大名、開德府、濮、濱、博、棣、德、滄等州，而以其子承務郎麟知濟南府。自舊河以南，皆豫所統也。

賊馬進號花衲襖，爲楊進餘黨所敗，將殘兵數百，自宿遷之虹縣歸李成。

校勘記

① 金人犯泰興縣　「犯」，原作「攻」，據叢書本改。本卷下同。

② 金既深入　「深入」，原作「入敵」，據三朝北盟會編卷一二三改。

③ 此六失也　此後有四庫館臣按語：「北盟會編載擴疏二千餘言，此係節文。」今删。

④ 許陛下得以圖維　「維」，叢書本作「回」。

⑤ 日中有黑子　此後原有四庫館臣按語：「宋史繫己卯朔。」今删。

⑥ 尚書左丞葉夢得罷　「左」，原作「右」，據下文「而爲左丞沮止」，及宋史卷四四五葉夢得傳改。

⑦ 愛爵禄我何不爲大賈富商耶　「愛」，叢書本作「受」。名臣碑傳琬琰之集上卷一三韓忠武王世忠中興佐命定國元勳之碑作「若切切事錐刀，我何愛爵禄，不爲大賈富商耶」。

⑧ 不肯上樓　「樓」原闕，據叢書本補。

⑨ 有一卒擊帙約衆　「帙」，原作「怏」，據叢書本改。

⑩ 上移御顯忠寺　此後有四庫館臣按語：「史作顯寧寺。」今删，按：叢書本四庫館臣按語爲「史作顯靈寺」。

⑪ 興師内犯　「犯」，原作「侵」，據叢書本改。

⑫ 遣親信官至前路發封以告　「信」原闕，據叢書本補。

⑬浚謂東野　「謂」，叢書本作「詣」。按：朱文公文集卷九五上少師保信軍節度使魏國公致仕贈太保張公行狀上載：「公謂東野，令登譙門，宣有旨犒設諸軍一次。」

⑭會浚被省札召赴行在　「浚」，宋史全文卷一七上作「俊」。按：朱文公文集卷九五張浚行狀上：「十日，得省札，召公赴行在。時承宣使張俊領萬人自中途還。」

⑮契勘幹辦皇城司馮益於建炎三年三月十一日供職　「幹」原闕，據之前正文補。

⑯則二百年宗廟社稷之基　「宗廟」，原作「宋朝」。當誤。本書卷九宗澤上疏，乃謂二百年宗廟社稷。「宗廟」二字當是。此據三朝北盟會編卷一二八及朱文公文集卷九五上張浚行狀改。

⑰前密州州學教授邵彪見浚於軍中　「邵」，叢書本作「邱」。宋史全文卷一七上同底本。

⑱馮檝諫議集有代植與李成書云　「檝」，原作「擑」，據本書本卷己亥日記事改。

⑲制置使劉光世遣丹陽知縣如江寧　「知縣」後原有四庫館臣按語：「知縣下原本脱其姓名。」今删。

⑳浚與辛道宗謀　「道宗」，原作「宗道」，據叢書本改。

㉑庶不牴牾　此後有四庫館臣按語：「史亦繫丁亥日。」查宋史卷二五高宗紀二即丁亥日事，知按語爲館臣所爲，故删。

㉒今主上當極　「今」，原作「令」，據叢書本改。

㉓朱勝非在平江　「在」後原有「於」字，據叢書本删。

㉔移書傅等　「書」字原脱，據宋史全文卷一七上補。

㉕六人相從出檄文曰　「出」，叢書本作「作」。

㉖韓世忠向自江北敗歸　「敗」，原作「改」，據叢書本改。

㉗因責授梅州安置　「梅」，叢書本作「海」。皇朝中興紀事本末卷八下亦作「梅」。

㉘坐斥去　「斥」，原作「斤」，據叢書本改。

㉙趙甡之遺史云　此句至此而止，當有脱文。四庫館臣作按語：「此注末有脱句。」今删。

㉚昨日請爲大元帥　「請」，叢書本作「謂」。

㉛女真洊食我國　「洊食」，原作「侵陵」，據叢書本改。

㉜乃假其彊暴　「彊暴」，原作「聲勢」，據叢書本改。

㉝惟淵聖之命孰敢廢　「聖」，原作「深」，據叢書本改。

㉞今從勤王記　此後有四庫館臣按語：「聞行在句語意未完，當有脱句。」今删。

㉟世修持奏狀來　「持」，原作「特」，據叢書本改。

㊱金再犯青州　「犯」，原作「攻」，據叢書本改。

㊲左監軍蟾目乘勢盡取山東地　「蟾目」，原作「棟摩」，據金人地名考證改。金史、金史語解謂即闍母也。

建炎以來繫年要録卷二十二

1 建炎三年夏四月戊申朔，宰相朱勝非等言：「臣等三月二十九日請召苗傅、劉正彦等到都堂，諭以今國家多事，干戈未弭，當急防秋之計。睿聖皇帝宜還尊位，總攬萬機。苗傅等一皆聽從。」太后詔曰：「吾近以睿聖皇帝授位元子，請同聽政。國家艱難，義不得辭。朝夕不遑，亟欲還政。今覽所奏，甚契吾心。可依所請。」勝非乃率百官上第一表，請上還宮。詔不允。辰刻，百官詣睿聖宮，新除尚書工部侍郎王世修以戎服見，時將賜世修金帶，而内帑無有。宰相乃遣吏假於户部尚書孫覿，而以錢七百千償之。太后内出劄子與上曰：「今日朔日，宜入見禁中。」上奏曰：「臣疾作，卑體不安，已奉表起居，容臣望日趨詣。」太后又詔曰：「嗣君沖幼，强敵未寧，事尤急於防秋，理難安於垂箔。臣僚懇請，不可重違。宜復御朝，以安中外。」百官再上奏，上答以太后垂簾，當共圖國事。不然，不敢獨當。太后詔許之。百官三表畢，時已巳刻，上始御殿。百官起居，上猶未肯入内。勝非再請，遂就西廊搢笏，掖上乘馬還行宮。都人夾道焚香，衆情大悦。熊克小曆載上還内在三月丁未，蓋誤。朱勝非閒居録云：「三十日上還宮。」按是月無三十日，其實四月一日也。

上及太后同御前殿垂簾，下詔曰：「朕顧德弗類，遭時多艱。永惟責躬避位之因，專爲講好息民之計。今露章狎至，復辟爲期。朕惟東朝有垂簾保佑之勞，元子有踐阼纂承之託。太后宜上尊號曰隆祐皇太后，嗣君宜立爲皇太子。所有三月六日赦書應干恩賞等事，令有司疾速施行。敢有稽違，重寘典憲。」朱勝非閒居録云：「初二日捲簾，上獨斷如故。余留身奏曰：『復辟之功，盡出太后，宜有尊崇。』上曰：『如何？』余曰：『宜尊爲皇太后，皇子亦合有恩禮，宜立爲皇太子。』次日，俱有詔如所請。」按日曆及諸書皆云，初一日加皇太后尊號，初四捲簾，與朱勝非所記全不同。或是勝非在睿聖宮先奏，閒居録誤記也。中興聖政：龜鑑曰：「方苗、劉之猖獗也，杜鵑之詩，聞者傷心；投鼠之舉，勢不可亟，其事至難處也。在内則有朱勝非、李邴、鄭瑴以正大之理折其鋒，在外則有張俊、韓世忠、劉光世勤王之師挫其鋭。取日虞淵，洗光咸池。二兇以三月癸未至四月戊申反正，凡二十六日而平。蓋張忠獻倡義之功居多焉。」

中書侍郎王孝迪罷爲資政殿學士、提舉西京嵩山崇福宮。孝迪始除執政使金，不辭而至，上復辟，遂罷之。按孝迪與盧益召使在十日戊子，益力辭，罷祠在壬寅。時苗、劉尚在朝也。此則以反正後罷，時事各異，並不牴牾。

右文殿修撰、提舉杭州洞霄宮張悫復爲中書舍人。

是日，吕頤浩、張浚次秀州，韓世忠以下出郊迓之，具言傅等用意奸回，當益爲備。頤浩謂諸將曰：「國家艱危，君父廢辱，一行將佐，力圖興復。今幸已反正，而賊猶握兵居内，包藏奸謀。事若不濟，必反以惡名加我。諸公勉之，漢翟義、唐徐敬業之事可爲戒也。」臧梓勤王記云：「頤浩至秀州，問韓世忠等曰：『與賊對壘，能知賊無他虞乎？』對曰：『彼怙勢恃衆，脅取鐵券，自謂不死，無有他虞。』又問曰：『我師可以必勝乎？』曰：『以衆敵寡，以順討逆，可以必勝。』頤浩曰：『知彼知己，可以戰矣。』」按此與復辟記所云世忠之語全不同，疑臧梓所書有所潤色。其後趙雄撰世忠碑，又引而載之，今不取。

夜有刺客至浚所，浚見而問之，客曰：「僕河北人，粗讀書，知逆順，豈爲賊用？顧爲備不嚴，恐有後來者。」浚下執其手，問以姓名，不告而去。翌日，浚取郡囚當死者，詭言刺客，斬以徇。

2 己酉，上與太后垂簾聽政。初，太后即欲撤簾，日高猶不出。御筆令朱勝非陳請，勝非言，當先降詔，於是暫出御殿。后曰：「官家既還内，吾便不當出。」勝非欽贊，遂詔以四日撤簾。此據勝非閒居録修入。録稱：「今日下詔，來日捲簾。」而捲簾乃在兩日後，或是遲二兇出城，亦未可知，當考。

尚書省言親事官李寶負太祖皇帝神主至瓜洲，爲金人所驅，遂致遺失。詔沿路州軍尋訪，收到人補官。此據日曆、會要，未知後何如。

御營使司都統制苗傅爲淮西制置使，副都統制劉正彦副之。

詔將帥非出師臨陣，毋得用重刑。即軍士罪至死者，申樞密院取旨。

朝奉郎、主管西京嵩山崇福宮李光試侍御史。

徽州進士汪訓義上疏，請皇帝聽政，詔閤門引見上殿。初，上既復辟，有徽士數人共議，欲上書請上聽政。或曰：「已復辟矣，奈何更欲上書？」或曰：「復辟、聽政，或是二事，有何不可？」訓義曰：「請來日謀之。」衆皆諾，訓義夜竊其藁，旦詣匭投之。上召對，而訓義爲人庸鄙，上欲招致讜言，乃命爲迪功郎，充御營使司準備差遣。此據趙甡之遺史修入。甡之稱訓義紹興二十二年卒於濠州推官，當得其實。

是日，馮康國至秀州。

3 庚戌，詔復用建炎年號。熊克小曆載此旨於初一日，蓋因朱勝非閒居録所記也。日曆在初三日，其實初二日進呈，初三日降出爾。勝非記此事，自四月以後，大率差一日，蓋三月小盡，而勝非誤以爲大盡記之，是以排日差互。

宰執朱勝非等言：「臣等備位政府，當三月五日之變，義當即死。所以隱忍偷生至今，正欲力圖今日之事，始終委曲，陛下究知。所有三月五日以後應政事差除等，乞令有司條具取旨。」從之。日曆載此奏在初四日。朱勝非閒居録云：「初二日，余出劄子，乞將三月初五日已後四月初一日已前，應朝廷行事，並取索看詳，可行者存之，不可行者罷之，可疑者推治之。上曰：『俟如卿所請。』批旨行下。至晚，二兇來見，三更後人馬出盡。」據此乃初三日事，今移附此日。於是勝非與顔岐、張澂、路允迪皆乞罷，上不許。上因論勤王事，勝非曰：「勤王兵不爲無助，但欲令作聲援，儻進兵交戰，則禍變叵測矣。如論臣寮利害，則在城中者甚危而難爲功，在城外者甚安而易取名。檄云，當與天下共誅之。此雖大義，然事若至此，雖誅何救？度諸人朝夕必來，臣則去矣。望陛下試以此意諭之。」御筆：「張浚除中大夫、知樞密院事。」浚時年三十三，國朝執政，自寇準以後，未有如浚之年少者。熊克小曆浚除命在壬子。按浚自撰復辟記云：「初三日，奉聖旨除浚知樞密院事。」今從之。

武當軍節度使淮西制置使苗傅、起復武成軍節度使淮西制置副使劉正彦，並加檢校少保，許以所部行。又以直龍圖閣張逵爲淮南西路轉運判官，俾給其軍食。傅欲請王世修爲參議，朱勝非曰：「世修今從官矣，豈可復從軍？」傅乃止。

中書舍人兼權直學士院張守爲御史中丞，以朱勝非言其嘗與聞復辟議論也。日曆守之除在庚戌。按朱勝非閒居録，乃在初五日壬子。然閒居録云：「奉御筆，張浚知樞密院，張守御史中丞。」則二人之除，同在初三日。勝非誤記也。

工部尚書兼侍講王綯兼直學士院，給事中李會試尚書兵部侍郎，國子祭酒詹乂爲龍圖閣直學士、提舉萬壽觀兼侍講。

應天尹孟庾充顯謨閣待制，尋召庾赴行在。以直徽猷閣、京畿路提點刑獄公事凌唐佐爲應天尹。庾，鄄城人。唐佐，休寧人也。唐佐，宣和中嘗爲司門員外郎，坐阿附盛章斥去。至是朝廷湔濯用之。

是日，吕頤浩、張浚次臨平，苗翊、馬柔吉以重兵負山阻河爲陣，於中流植木爲鹿角，以梗行舟。翊以旗招世忠兵出戰。始，世忠以劉寶軍非所部，乃悉收其家屬詣軍。將戰，世忠艤家屬舟於岸下，率將士當前力戰，張俊次之，劉光世又次之。軍小却，世忠叱其將馬彥溥，揮兵以進。塗濘，騎不得騁。世忠下馬，持矛突前，令其將士曰：「今日各以死報國。若面不帶幾箭者，必斬之。」頤浩在中軍，被甲立水次，出入行伍間督戰。翊等敗走，傅、正彥遣兵援之，不能進。朱勝非閒居録云：「四月初三日赴朝，上曰：『昨暮城上望見郊外水際有舟船火炬，朕遣人縋城探之，乃韓世忠下先鋒陳思恭船泊水中，不敢近岸。去人問之，但云：苗統制去也未？勤王兵乃如此。』余曰：『勤王兵不爲無助，只要他作聲援。如遣馮康國來，及拘留小使之類，皆是。儻進兵至城下，必交戰，勝負果未可知。設使戰勝，二兇必生奸謀，以保護爲名，分守兩宮，勤王兵雖勝，如何措手？』初四日午間，報韓世忠下將佐陳思恭、孫世詢等至，皆以塵土蒙面，破裂衣裳，亦有面頰封藥如金瘡者。州人指笑曰：『舟行未嘗有塵，不曾戰鬬，何故傷損？』」按勝非所云，皆以貶損張浚之功，恐非其實。王廷秀閲世録亦云：「三日，聞韓將軍至臨平，爲二兇設伏掩殺。」足明勝非所云皆私意也，今不取。

朱勝非命諸將集兵皇城門外，城中震恐。知杭州康允之謂勝非，不若使人諭二兇，令速引兵去。朱勝非閒居録云：「四月初一日奏，二兇欲除淮南制置使。命下，即遣人説諭云：『勤王兵馬，朝夕必來朝見，恐手作人住閙，須是速行。』但得離此百里，正其罪以討之。上曰：『待喚來敦遣。』余曰：『極善。』」頤浩等進兵北關，傅、正彥見上，請設盟誓，兩不相害。此據趙甡之遺史。

上賜金勞遣，傅、正彦退詣都堂，趣賜鐵券。勝非命所屬檢詳故事，如法製造。是夕，傅、正彦引精兵二千人，開湧金門以出。命其徒所在縱火，遇大雨，火不能起，遂遁。夜①，尚書省檄諸道捕傅等。世忠、俊、光世馳入城，至行宫門，世忠欲入，其下張介曰：「不可。雖聞二賊已去，尚未可知。」閤者以聞，上步至宫門，握世忠手慟哭。光世、俊繼至，並見於内殿。上嘉勞久之。中興遺史、閲世録並云世忠等初四日入城。臧梓勤王記云：「光世、世忠、俊夜馳入②，見上於禁中。」蓋三將初三夜先入城，而大軍初四早乃入也。朱勝非閒居録云：「初四日午間，報韓世忠下將佐陳思恭、孫世詢等皆奔趨禁門，欲直入，衛士呵止，遂大毆擊而入。唱言曰：『韓太尉使來拆簾。』徑至殿門，叫呼不已。上大驚，遣人引至殿庭，望殿上無簾，慚怍而退。」恐未必果爾，今不取。

4 辛亥，皇太后撤簾。吕頤浩、張浚引勤王兵入城，都人夾道聳觀，咸以手加額。頤浩、浚與諸將見勝非於殿廬，因求對。閤門白，故事無與宰執同對者。勝非曰：「吕樞密固可隨班，然亦須先降旨免見，餘人則不知也。」此據勝非閒居録修入。按張浚先已除知院，不知何故乃不得隨班。或者所降旨無日下供職之文，故浚未得立本班也。但録以爲初五日事，蓋誤。俄有旨，頤浩隨班，餘人别作一班。二府奏事畢，頤浩出劄子，乞取索改年以後事朝廷看詳。上曰：「已有旨。」勝非顧曰：「昨得旨，令三月五日以後事皆看詳，不但改年後也。」

班退，勝非留身乞罷。上曰：「何必堅去？」勝非曰：「國家厄會，君與相當之。以陛下聖德，尚避位二十餘日，臣實何人，豈可苟安相職？」上曰：「卿言有理，朕更思之。」勝非頓首謝。頤浩、浚既見上，遂召趙哲、李逌、楊可輔、辛道宗、李承造、王圭等俱對。上特召浚至禁中，謂曰：「隆祐皇太后知卿忠義，欲一識卿面。適垂簾見卿自庭下過矣。」浚皇恐謝。上欲倚浚爲相，浚辭以晚進不敢當。

是日，平寇左將軍韓世忠手執工部侍郎王世修以屬吏，并拘其妻子。詔制置使劉光世鞫其始謀以聞。朱勝非閒居録云：「諸將擅殺工部侍郎王世修及中軍都制官吳湛，皆掠其家③。」今不取也。

苗傅犯富陽縣，遣統制官喬仲福追擊之。

壬子，上初御殿受朝。

知樞密院事張浚等言：「逆臣苗傅、劉正彦引兵遁走，乞行下諸州，生擒傅、正彦者，白身除觀察使，不願就者，賞錢十萬緡。斬首者依此。捕獲王鈞甫、馬柔吉、張逵、苗瑀、苗翊，並轉七官。其餘一行官兵將校，並與放罪，一切不問。仍多降黃榜曉諭。」從之。日曆捕斬傅等賞格在三日庚戌，降黃榜在五日壬子。按賞格内稱已擒到王世修，則必非初三日也。日曆蓋誤，今移附五日。

詔前日皇太子嗣位赦文内「優賞諸軍」改作「復辟優賞」，餘不行。

資政殿學士、提舉中太一宫兼侍讀葉夢得提舉西京嵩山崇福宫。

是日，執政奏事畢，朱勝非再留身乞罷，上未許。勝非曰：「臣若不去，人必以爲有所壅蔽。臣去之後，公議乃見。」上問可代者，勝非曰：「以時事言之，須吕頤浩、張浚。」上曰：「二人孰優？」勝非曰：「頤浩練事而麤暴，浚喜事而踈淺。」上曰：「俱輕浚太少年。」勝非曰：「臣向自蘇州被召，軍旅錢穀，悉以付浚。後來勤王所事力皆出於此。此舉浚實主之。」勝非拜辭，將退，上曰：「即今更押卿赴都堂，令劉光世、韓世忠、張俊等皆參堂，以正朝廷之體。」勝非曰：「臣聞唐李晟平朱泚之亂，奏云：『謹已肅清宮禁，祗奉寢園。』當時寇汙宮禁，晟擊出之，故云肅清。今陛下還宮已數日，將士直突呼叫，入至殿門，誠爲不知理道。」此據勝非閒居録刪修。勝非所録又云：「初五日留身，上曰：『卿拜相方三日，事變遽作，賴卿之力，二十五日而事平。以卿平難之謀，用圖恢復，必有所濟。』又曰：『朕與卿相知，今暫聽卿去，然孰可繼卿者？』余曰：『以時事言之，須呂頤浩、張浚。』上曰：『以謂勤王有功邪？城中安静數日方至。』余曰：『嘗奏外援不爲無助，不必先到城下。若以二人作相，諸將必喜。』又曰：『陛下若以浚爲年少，且除近上執政官。』將退，上曰：『卿到堂少待，令呂頤浩、張浚、劉光世、韓世忠、張俊皆參堂，以正朝廷之體面。前日將佐直撞入内殿，打衛士，叫呼無禮，皆不知理道。此風不可長也。』」按，浚初三日已除知樞密院事，勝非留身在後兩日，乃方云「且除近上執政官」，恐誤。疑勝非所云不在此日。又勝非載上語，多訾諸人之功，他書皆無之。今並削去。又云上令呂頤浩、張浚皆參堂。按此時頤浩、浚已在樞府，無緣仍令參堂。今削二人姓名，庶不牴牾。

勝非退，見光世已下於都堂。世忠曰：「金人固難敵，若苗傅但有少許漢兒，何足畏者？」勝非曰：「請太尉速追討，毋令過江。」於是，御史中丞張守亦論勝非等不能思患預防，致賊猖獗，乞罷政。疏留中不出。

6 癸丑，尚書右僕射兼中書侍郎兼御營使朱勝非罷爲觀文殿大學士，知洪州，從所請也。制略曰：「亟持詔節，趣秉國鈞。夫何信宿之間，乃爾震驚之遽？深惟菲德，退避別宮。甫再踰旬，即復大位。雖援兵之交至，亦秘策之允臧。」工部尚書兼直學士院王綯所草也。勝非在相位凡三十三日。勝非既罷，乃以苗傅等申請朝廷不曾施行者十八紙繳奏。翌日，上賜手詔嘉勞，改知平江府。勝非以平江巡幸所過，遂力辭。

資政殿學士、太中大夫、同簽書樞密院事呂頤浩特遷宣奉大夫，守尚書右僕射兼中書侍郎兼御營使。頤浩遷五官，用朱勝非例。

門下侍郎顔岐、尚書右丞張澂並罷爲資政殿學士，岐提舉南京鴻慶宮，澂知江州兼江東湖北制置使。澂執政纔四十六日。張澂兼江湖制置，日曆不書，此據季陵外制集增入。

資政殿學士、簽書樞密院事路允迪仍舊職提舉醴泉觀兼侍讀。

端明殿學士、同簽書樞密院事李邴守尚書右丞。

端明殿學士、簽書樞密院事鄭瑴進簽書樞密院事。

殿中侍御史王廷秀言：「錢塘非駐蹕地，請進幸江寧。」

監察御史陳戩奉詔審鞫王世修於軍中，世修言：「苗傅等疾閹官恣横，及聞王淵爲樞密，愈不平，乃與世修等謀，先伏兵斬淵，繼殺内官，然後領兵伏闕，脅天子禪位，此皆始謀實情。」戩以聞，詔斬世修於市。

苗傅犯桐廬縣。

7 甲寅，檢校太保、奉國軍節度使、殿前都指揮使、御營使司提舉一行事務都巡檢、制置使劉光世爲太尉、御營副使。先是，御營副使皆以執政爲之。比光世還朝，上議擢光世樞筦，既而改命。光世及韓世忠、張俊除命，日曆於庚戌、甲寅兩書之。今附此日。光世行述云：「時上面授光世簽書樞密院事，光世力辭。」

起復定國軍承宣使、帶御器械、鄜延路馬步軍總管、御營平寇左將軍韓世忠爲武勝軍節度使，充御營左軍都統制。寧武軍承宣使、帶御器械、秦鳳路馬步軍副總管、御營前軍統制張俊爲鎮西軍節度使，充御營右軍都統制。秘閣修撰、知平江府湯東野充徽猷閣待制，朝奉大夫、知常州周杞充右文殿修撰。自餘將佐，咸進官二等。張浚言：「迪功郎吕摭自城中以蠟書陳二兇反狀，進士吕擢掌文字有勞。」得旨，摭改京秩，擢命以官。始，王淵識韓世忠於微時，待之絶等。至是，世忠爲請地厚葬，經紀其家，不遺餘力。久之，詔贈淵開府儀同三司，而康履亦贈官，謚榮節。淵死年五十三。淵，乾道初賜謚襄閔。

斬御營中軍統制官、權主管侍衛步軍司公事吴湛。初，上以湛佐二叛爲逆，諭韓世忠使圖之。世忠曰：「此易與耳。」時湛已不自安，嚴兵爲備。世忠詣湛與語，手折其中指，遂執以出，門下兵衛驚擾，世忠按劍叱之，無敢動者。詔戮湛於市。以統制官辛永宗爲帶御器械，充御營使司中軍統制。權主管殿前司公事王元責英州④，左言責賀州，並安置。

殿中侍御史王廷秀入對，論徽猷閣待制知杭州康允之、直秘閣兩浙轉運副使劉蒙、吏部員外郎范仲熊、金部員外郎兼兩浙路提舉市舶公事吴説之罪。上曰：「范仲熊恐不如是。」對曰：「臣不知其他，但在宣和末進用，實出梁師成門下。」時廷秀論仲熊，以爲與二兇締暱，五日之事，仲熊實與聞。故上不信，既而張浚爲之百拜力請，乃詔允之、蒙奪所除職，説免官，而仲熊除名，柳州編管。此事日曆全不載，今以王廷秀閲世録參修。范仲熊行遣，據紹興二年九月二十四日刑部檢舉狀增入。廷秀又言浙西安撫司主管機宜文字時希孟之罪，上怒甚，欲梟首，執政救解之，乃除名，吉陽軍編管。而通判杭州章誼遷一官。始議反正，拱衛大夫、利州觀察使、樞密都承旨馬擴亦往來其間，至是，以擴爲觀望，停其官，永州居住。

杭州兵馬鈐轄張永載坐朋附兇邪，除名，瓊州編管。永載事見三月丁未。武功大夫、永州團練使、兩浙路兵馬都監鄭大年責授汝州團練副使，英州安置。言者論二兇屯兵湖州之小林，傳等無緣知此徑路，蓋大年召之，故有是命。此事日曆不書，今以四年十月癸酉、紹興三年正月甲申大年復官改正狀附入。

8 乙卯，赦天下。舉行仁宗法度，録用元祐黨籍。即嘉祐法有與元豐不同者，賞格聽從重，條約聽從寬。係石刻黨人，並給還元官職及合得恩澤。應諸路上供木炭油蠟之類，有困民力非急用之物者，並罷。天下民庶許置弓弩，技精者保試推恩。既而刑部侍郎商守拙言：「一司一路一州一縣，及在京海行，與嘉祐所不該載，如免役重録茶鹽香礬六曹通用等，合依見行條法。若事干軍政邊防機密，并修書未成間，嘉祐制與見行條法相照而引用窒礙者，並取旨。」從之。此事日曆不載，今以會要增入。四年六月庚辰，對修成書。

9 丙辰，苗傳至白沙渡，所過焚橋梁以遏王師。劉光世遣其前軍統制王德助喬仲福討之。

10 丁巳，常德軍承宣使、提舉醴泉觀孟忠厚爲寧遠軍節度使、醴泉觀使。先是，右司員外郎黄槩應詔薦朝奉大夫趙鼎，鼎謂張浚曰：「隆祐復辟，其功甚大。當檢會累朝捲簾故事，推恩其家。」浚用其言，且薦於上，遂以鼎行尚書司勳員外郎。鼎已見元年二月。

命發運使親督糧船赴京師。上聞東京軍民久乏糧食，故有是旨。

詔：「自崇寧以來，内侍用事，循習至今，理宜痛革。自今内侍不許與主兵官交通，假貸饋遺，及干預朝政。如違，並行軍法。」

軍器監葉宗諤直龍圖閣、充江淮發運副使。

苗傅犯壽昌縣，所至掠居人，黥以爲軍。

11 戊午，龍圖閣直學士、知宣州劉珏復爲尚書吏部侍郎，秘閣修撰、江淮等路發運副使葉份試户部侍郎，仍提舉車駕巡幸事務，右司員外郎黄槩試兵部侍郎兼御營使司參贊軍事，中書舍人周望、右文殿修撰胡安國並試給事中，安國仍令所居州以禮津遣。

尚書吏部員外郎李正民守左司員外郎，新除左司諫劉寧止守右司員外郎。正民，定孫也。定，江都人，元豐御史中丞。按，二人除命，日曆不書，此據都司題名增入，不得其日，故附黄槩改除之後。

户部尚書孫覿爲龍圖閣直學士，知温州，尋改知平江府。時浙西七州，盜殘者五，惟蘇、湖獨存。羣盜相傳，號平江爲金撲滿。覿至官，召諸大姓，諭以禍福，使挈其金帛遠徙而藏之，一季不如令，乃録入官，人苦其擾。

新除尚書吏部侍郎賈安宅罷，新除侍御史李光直龍圖閣、知宣州。光之除，日曆不載，因劉珏改除，附此。

金國通問使李鄴、宋彦通留行在，乃以鄴知越州，彦通知筠州。著此爲鄴以越州降金張本。日曆彦通以朝議大夫除，鄴無前銜。按，鄴建炎元年自通直郎責爲散官，不知後來出使除何職，越州題名可考。季陵外制集有徽猷閣待制宋彦通贈五官制，略云：「履危而使絶域，乃遂生還。」則是彦通嘗出疆也。日曆不書彦通職名，不知何故。

奉議郎、通判湖州張燾應詔上疏，大略謂：「人主戡定禍亂，未有不本於至誠而能有濟者。陛下踐阼以來，號令之發，未足以感人心，政事之施，未足以慰人望，豈非胸中之誠有未修乎？」又言：「天下治亂，在君子、小人用捨而已。夫小人之黨日勝，則君子之類日退，將何以弭亂而圖治乎？」又言：「竊觀近措置防守大江之策，户點一丁，五丁點二，使自備糗糧器械，而蠲其税賦。烏合之衆，素不諳戰陣，一旦有風塵之警，則烏驚魚潰之不暇，尚能安心而用命乎？徒費民財，又損官賦，而不適於用。願速罷之。」又言：「近日侍從、臺諫所言多循習故態，觀望意指，毛舉細務以塞責。至國家大事，則坐視而不言，豈不負陛下待遇之意？」又言：「巡幸所至，不免營繕，重困民力。勾踐之棲會稽，似不如是。不若權時之宜，茅茨土堦，以俟昇平，爲之未晚。」時論以爲當。

是日，統制官喬仲福追擊苗傅至梅嶺，與戰敗之。傅走烏石山。

12 己未，詔諸路添差官自宗室、歸朝官外，日下並罷。

13 庚申，尚書右僕射兼中書侍郎呂頤浩改同中書門下平章事，仍兼御營使。尚書右丞李邴改參知政事。時言者復引司馬光併三省狀，請舉行之。詔侍從、臺諫議，御史中丞張守言：「光之所奏，較然可行。若便集衆，徒爲紛紛。」既而頤浩召從官九人至都堂，言委可遵行，悉無異論。頤浩乃請以尚書左、右僕射並同中書門下平章事，門下、中書侍郎並爲參知政事，尚書左、右丞並減罷。自元豐改官制，肇建三省，凡軍國事，中書揆而議之，門下審而覆之，尚書承而行之。三省皆不置官長，以左、右僕射兼兩省侍郎。二相既分班進呈，自是首相不復與朝廷議論。宣仁后垂簾，大臣覺其不便，始請三省合班奏事，分省治事。歷紹聖至崇寧，皆不能改。議者謂門下相既同進呈公事⑤，則不應自駁已行之命，是東省之職可廢也。及是，上納頤浩等言，始合三省爲一，如祖宗之故，論者韙之。乾道八年二月乙巳又改。

宰相吕頤浩、知樞密院事張浚言：「今天下多事，乞命庶僚各舉内外官及布衣隱士材堪大用之人，擢爲輔弼，協濟大功。」詔行在職事官各舉所知以聞。

權罷秘書省，紹興元年二月丙戌復置。 廢翰林天文局，紹興二年正月壬寅復置。 并宗正寺歸太常，紹興三年六月復置少卿，五年閏二月辛未復置寺。 省太府、司農寺歸户部，紹興二年五月戊午復太府，三年十一月庚戌復司農。 鴻臚、光禄寺、國子監歸禮部，紹興三年六月丁未復國子，二十三年二月丙子復光禄，二十五年十月庚辰復鴻臚。 衛尉寺歸兵部，後不復置。 太僕寺歸駕部，後不復置。 少府、將作、軍器監歸工部，紹興三年十一月庚戌復將作、軍器二監，惟少府監不復。 皆用軍興併省也。

秘書少監方闓罷爲秘閣修撰、知台州，其餘丞郎、著佐、正字十餘人，皆爲郎出守，或奉祠而去。 於是館、學、寺、監盡廢，士人之外召而至者，率以尚書郎處之，郎選始輕矣。

減尚書六曹吏，自主事至守當官凡四等，定爲九百二十人。 吏部七司三百五十九，户部五司二百八十八，禮部四司五十六，兵部四司一百三十五，刑部四司六十三，工部四司一十九，其分案總爲一百七十有三。

苗傅犯衢州，守臣胡唐老據城拒之。 大雨雹，城上矢石俱發，不克攻，遂引去。熊克小曆載此事在戊午，今從日曆。

14 辛酉，武泰軍節度使、知大宗正事仲綜請自江寧府移司虔州，許之。 未幾，仲綜薨，追封平原郡王。

直龍圖閣、知越州葉焕充秘閣修撰、江淮等路發運副使。

15 壬戌，集英殿修撰、提舉杭州洞霄宫滕康試左諫議大夫。 明受中，召康爲中書舍人，未至，而有此命。 康見上，首論：「頃者日中有黑子，又白氣貫日，皆災異之大者，當時無人爲陛下道此，不旋踵而有肘腋竊發之事。」上感其言，謂有諫臣之風，不踰月，遂擢爲執政。此據李邴時政記附入，當求康全疏書之。

16 癸亥，給事中周望爲江浙制置使。上以二賊未平，議遣大將。呂頤浩因薦望，會兵以行。望有口辨，喜談兵，故頤浩引用之。

尚書户部郎中朱異爲江浙隨軍轉運使。

是日，喬仲福、王德至衢州。趙雄撰韓世忠碑云：「王兼程追襲二賊，賊方圍三衢，聞王師來，即解去。」按此時世忠猶未受制置之命，碑蓋誤也。

17 丙寅，詔諸路靖勝軍並撥隸御營右軍都統制張俊。日曆載俊奏狀，乃繫承宣使銜，恐是未建節時所上也。

令兩浙轉運司運封樁米四十萬斛赴江寧府，以上將巡幸也。

苗傅犯常山縣。

18 丁卯，上發杭州，留簽書樞密院事鄭瑴衛皇太后。

御營左軍都統制韓世忠請身往討賊，以世忠爲江浙制置使，自衢、信追擊之。世忠入辭，白上曰：「臣當撲滅二賊，未審聖意欲生得之邪，或函首以獻也？」上曰：「能殺之足矣。」世忠曰：「臣誓生致之，顯戮都市，爲宗社刷耻。」時衛士宋金剛、張小眼者，號有膂力，世忠乞以行，欲使護俘來上。上壯之，酌巨觥以餞世忠。日曆於丁卯日已書車駕進發杭州，幸江寧府。命韓世忠爲江浙制置使。而戊辰日又書車駕幸建康府，呂頤浩等乞留韓世忠前去衢、信州以來，擒捕苗傅。按此時未有建康府名，蓋重疊差誤。

尚書禮部侍郎衛膚敏未就職，卒於秀州。

19 戊辰，苗傅犯玉山縣。

20 庚午，詔：「天下帥臣、監司、守令，采訪寓居文武官有智謀及武官武藝精熟者，具名以聞，量材録用。」

21 辛未，苗傅屯沙溪鎮，統制官喬仲福、王德乘間入信州。會統制官巨師古自江東討賊還，與仲福會。傅未至信州十里，聞官軍在，遂還屯於衢、信之間。初，韓世忠喜德之勇鷙，欲使歸其麾下，乃令心腹健將陳彦章圖之。德與彦章適會於信州，同謁郡將，彦章進揖，德頗倨，彦章怒，拔刃刺德不中，德奪刃殺之。

22 壬申，制：「皇子檢校少保、集慶軍節度使、魏國公旉立爲皇太子，以工部尚書王綯爲資政殿學士，權太子少傅。」

臣僚奏：「王鈞甫、馬柔吉前後用心，實非負國，望特赦其罪，許率其徒自歸，仍與旌賞。」從之。時苗傅等衆猶盛，勢未可擒。言者謂鈞甫、柔吉見將赤心隊，爲先鋒以拒王師，請下詔寬二人之罪，以誘致其降，故有是旨。

23 丙子，初定兩省吏額，自録事至守當官分五等，凡二百三十八人。中書省六分，門下省四分。其分房十有四，大凡六房外，又有制敕庫及班簿、章奏、知雜、催驅、開拆、賞功等房，而刑房分上下。諸吏守闕者百五十人，其餘爲正額。

24 丁丑，初定尚書省吏額，自都事而下，凡二百二十四，其間守闕如兩省之數。分房十，自吏、户、工、刑之外，有監印、奏鈔、知雜、開拆等房，及制敕庫，後又增催驅三省、催驅六曹、御史、刑、封樁、户、營田、工等房，通舊爲十有五。

是月，以太中大夫、提舉亳州明道宮梁揚祖爲徽猷閣待制，充淮東制置使。右司員外郎兼權給事中劉寧止論揚祖怯懦避事，且數其父子交結權貴之罪，命遂寢。

初，上思内侍邵成章忠直，召赴行在。其徒忌之，乃止之於洪州。中興姓氏録云：「其徒譖之云，邵九百來，陛下無歡樂矣。乃止不召。」

御營平寇前將軍范瓊自壽春渡淮，遣騎卒五人之廬州，從安撫使胡舜陟責贍軍錢帛，舜陟執斬之，遣一騎還報，諭之曰：「將軍受命北討，今棄而南，自爲寇，吾豈竭生靈膏血以爲汝資？宜急去，不然，將厲兵與將軍周旋於城下，必盡殺乃止。」瓊乃去。舜陟又檄諸郡，勿給其糧。瓊遂自光、蘄渡江，引兵之洪州屯駐。熊克小曆載瓊之江西在去冬。按沈長卿撰胡舜陟生祠記，則瓊過廬州在今年四月，克蓋誤也。

淮西安撫司統制劉文舜引衆犯濠州。文舜已見二年二月，按文舜已受胡舜陟招安，不知何以作過。守臣連南夫移江寧府，未上，遣土豪俞孝忠率民兵百五十往拒之。將戰，孝忠馬陷濘而死⑥，衆皆奔還。文舜引衆至城下，南夫出庫帛，斂城中金銀以遺之，且解所服金帶以授文舜，乃得解。

薛慶據高郵軍。慶初自揚州遁，事見二月甲寅。與其黨椎埋通、泰野澤間。後同李在襲取高郵守之。在與其次争，肆相殘殺⑦，衆乃推慶。

初，金人既還泗州，洪澤閘有大小官舟千餘，皆不取。時淮陰無縣令，而縣吏孫晟攝行縣事。洪澤閘軍羅成等不伏，遂與其徒董青輩率舟船犯淮陰。晟避去，使人和之。先是，韓世忠潰於沭陽，其後軍將李義者，往來於寶應之間，有衆數百人，相約合軍兵圍楚州。晟又破漣水軍⑧，取綵繒以爲帆。既而義爲邵青所破，官軍追殺之。晟後亦爲邵青所并。

校勘記

① 遂遁夜　「遁夜」，叢書本作「夜遁」。

② 光世世忠俊夜馳入　「俊」，原作「後」，據上正文及下句「三將」改。

③ 皆掠其家　「掠」，原作「畧」，據叢書本改。三朝北盟會編卷一二六引秀水閒居録，亦作「掠」。

④ 權主管殿前司公事王元責英州　「元」，原作「允」，叢書本同，下有四庫館臣按語：「史作元。」今删。按：本書卷二一、宋史全文卷一七上已作王元，據改。

⑤ 議者謂門下相既同進呈公事　「相」字後，叢書本有「見」字。

⑥ 孝忠馬陷濘而死　「陷」，原誤作「還」，據三朝北盟會編卷一二八改。

⑦ 肆相殘殺　「肆」，原作「事」，據叢書本改。

⑧ 晟又破漣水軍　「晟」，原作「成」，據叢書本改。下同。

建炎以來繫年要録卷二十三

1 建炎三年五月戊寅朔，上次常州，詔：「知樞密院事兼御營副使張浚爲宣撫處置使，以川陝、京西、湖南北路爲所部。」初，上問浚以方今大計，浚請身任陝、蜀之事，置司秦川，而別委大臣與韓世忠鎮淮東，令呂頤浩扈駕來武昌，張俊、劉光世從行，庶與秦川首尾相應。上許之，始除浚招討使。左司員外郎兼權中書舍人李正民言：「川陝吾境，不當以招討名，請用唐裴度故事。」上是其言，浚乃改命。上許浚便宜黜陟，親作詔賜之。

左諫議大夫滕康爲翰林學士。時御史中丞張守聞呂頤浩、張浚叶議，將奉上幸武昌，爲趨陝之計，又欲徙中原之民於東南。於是守與康皆持不可，曰：「東南今日根本也。陛下遠適，則奸雄生窺伺之心。況將士多陝西人，以蜀地近關陝，可圖西歸，不過將士爲此計耳，非爲陛下與國家計也。」守併陳其害有十，至殿廬，又謂康曰：「幸蜀之事，吾曹當以死爭之。」上納其言，遂擢康爲學士。時顯謨閣直學士致仕翟汝文亦奏疏，請幸荆南，不從。

右司諫袁植言：「前宰相黄潛善、汪伯彦，國之奸賊，其罪不在王黼、蔡攸之下，且怙寵擅權，蔽賢嫉能，登相府曾未踰年，三分天下幾失其二。陛下縱釋而不誅，奈宗廟社稷何？望檻送二人，斬之都市，以崇國體。」詔責授鎮東軍節度副使、英州安置黃潛善降充江州團練副使，責授秘書少監、永州居住汪伯彥降充寧遠軍節度副使，並即其州安置。始潛善之斥也，其兄潛厚以分司居道州，潛厚聞命，徑歸邵武軍，朝廷聞之，爲降守臣張髦一官，潛厚乃去。潛厚事以紹興二年十月劉棐劾疏附入，不得其年月，故因潛善再責，遂書之。

是日，韓世忠引兵發杭州。

2 庚辰，江浙制置使周望引兵至衢州，而苗傅與其徒犯江山縣。傅之行軍也，常以王鈞甫、馬柔吉將赤心隊爲先鋒，去大軍十里而屯。時上命諸將以罪止傅兄弟及劉正彥，鈞甫、柔吉、張逵，餘皆罔治。赤心軍士聞詔寬大，乃叛傅。鈞甫遂焚河梁，以斷其路，率赤心之衆降於望。望使人受降書未成，其前軍統領官右武大夫、歸州防禦使張翼等七人謂鈞甫反覆，斬鈞甫及柔吉父子首以降，賊黨大懼。詔以翼爲翊衛大夫、温州觀察使。諸將趙秉淵、楊忠憫、歸朝官趙棫、趙休並進三官，仍以棫、休爲直秘閣。秉淵，易縣人，宣和末殺契丹度軍以城來降。忠憫，其先榆次人也。

上之未移蹕也，朝散郎洪皓以秀州司録事遭父喪免，上疏論：「今内患甫平，外敵方熾，若輕至建康，恐金人乘虚侵軼。宜遣近臣先往經營，庶事告辦，鳴鑾未晚也。」時朝議已定，不從。既而悔之，上問宰輔：「近諫移蹕者爲誰，今安在？」張浚以皓對，乃召至平江，欲以爲部使者，使招二兇。會捷書至，乃止。此據洪皓行述附見，但行述以爲將招二兇，會捷書至乃止，却恐不然。按皓以三月乙酉被旨使金國，是時二兇未平，不應捷書已至。當是鈞甫、柔吉被殺，而上在常州已聞之也。今略修潤，仍移附此日，庶不牴牾。皓，彥昇弟子也。彥昇，鄱陽人，政和給事中。

傅等聞韓世忠且至，遂引兵趨信上。世忠聞之，恐其滋蔓閩廣，乃自浦城捷出以邀之。

3 辛巳，上次鎮江府。翰林學士滕康請命有司祭陳東之墓，御筆令守臣併張慤致祭。上諭執政，以慤古之遺直，東忠諫而死，皆厚恤其家焉。

資政殿學士、提舉西京嵩山崇福宮盧益爲淮東制置使，資政殿學士、提舉醴泉觀兼侍讀路允迪爲淮西制置使。上以兩淮爲强敵所殘，議擢大臣鎮撫，故有是命。益居天慶觀，置司備位而已，尋皆罷之。此據趙甡之遺史，日曆無之。

4 癸未，翰林學士滕康爲端明殿學士，簽書樞密院事。康既秉政，張浚西行之議遂格。朱熹作張浚行狀云：「浚建議，令呂頤浩奉上幸武昌，會浚西行，江浙士大夫搖動頤浩，遂變初議。」按康以異論而執政，則此議蓋已變矣，不在浚西行之後。意者浚此時正往高郵措置，而康遂得還邪？或熹所云，蓋指東巡之議。今且附見，又於閏八月丁丑申言之。

徽猷閣直學士、提舉西京嵩山崇福宮曾楙爲翰林學士。

是日，上次下蜀鎮。建武軍節度使、節制江南東路軍馬楊惟忠將萬餘人迎鑾，部伍甚整，上按轡顧望，頗稱其能。

5 甲申，中書舍人張忞罷。忞初入見，言上即位以來，無纖毫之失。上謂大臣曰：「自古人君不患無過，患不能改過耳。忞諂諛如此，豈可寘之從班？」乃落職宮觀。

6 乙酉，上至江寧府，駐蹕神霄宮。初，上至張橋，山水暴溢，橋壞。於是江南東路轉運副使李謨、黃敦書皆罷去，而中大夫、提點刑獄公事姚舜明坐不迎車駕，亦降二官。

御筆：「建康之地，古稱名都。其以江寧府爲建康府。」

起復朝散郎洪皓爲徽猷閣待制，假禮部尚書，充大金通問使。皓已見五月庚辰。初，議遣人使金，張浚因薦皓，呂頤浩召與語，大悦。俄有旨賜對，時皓方墨衰絰，頤浩脱巾衣服之。既對，上以國步艱難，兩宮遠狩爲憂，皓極言：「天道好還，金人安能久據中土？此正春秋郯郚之役，天其或者警晉訓楚也。」上悦，進皓五官，擢待制，而以武功郎龔璹爲右武大夫，假明州觀察使副之。上遺左副元帥宗維書，願去尊號，用正朔，比於藩臣。上令皓與宰執議國書，皓欲有所易，頤浩不樂，遂罷遷官之命。洪适撰皓行述云：「近例，遠使得循職郎四人。時先君有六子，獨适與名，三以官其弟侄。」按日曆：「紹興十二年二月十九日，左從政郎洪适狀：『父皓出使，依例合得五名恩澤，當時蒙指揮，令候回日陳乞，伏望先次一併給還。』有旨，依傅雱例施行。」據此，則皓出疆日，止實放行一名，故獨官适也。其後紹興元年、四年、七年、十一年，皓皆用待制恩例奏子京官。十三年還朝，則适、遵已入館矣。官其弟侄，乃在此時，今不取。

時淮南盜賊踵起，右武大夫、忠州防禦使李成自山東至泗上，甫就招，即以成知泗州，羈縻而已。乃命皓兼淮南京東等路撫諭，俾成遣所部衛皓至南京。璹，歷陽人也。此以洪皓行述增修。上遣黏罕書，日曆不載。按今年十一月丁卯親征詔書有云：「卑詞厚禮，遣使相望。以至願去尊稱，甘自貶黜，請用正朔，比於藩臣。在建康則遣洪皓、崔縱、杜時亮，在平江則遣張邵，其爲書指，無不曲盡哀祈。」此詔布之四方，則史臣不必追諱。此事當略存之，以見其實。今年七月癸未、八月丁卯所書，可參考。

7 丁亥①，龍圖閣待制、沿江措置使陳彦文爲徽猷閣直學士、都大提領水軍，措置江浙防托事務，仰體國憂，不許辭免，日下疾速前來行在奏事。又詔防江措置，自池州至平江府並隸彦文，仍委守令按户籍丁産簿，選衆所推服之人爲隊長，分認地分，廣置刀弩，具舟檝，將佐並委彥文經畫之。彥文陞職名，日曆無有，今以季陵外制集增入。

詔内侍藍珪等並緣苗傅作亂，無辜譴斥，仰所至州軍，火急遣赴行在。

潰卒朱海有衆數千人，入定遠縣界，知縣事魏孝友率兵至永康鎮迓之。孝友請戰，海曰：「我假道而過，秋毫不敢犯，尚何與公戰乎？」孝友不從，以民兵擊之。海怒與戰，民兵皆潰，海執孝友至縣殺之。

是日，苗傅寇浦城縣。時御營副使司前軍統制王德既殺江浙制置司裨將陳彥章，欲與制置使韓世忠戰，世忠曰：「苗、劉未平，若與之戰，乃是更生一敵，不如避之。」夜，世忠將至浦城北十里，與傅、正彥遇於漁梁驛。正彥屯溪北，傅屯溪南，跨溪據險設伏，相約爲應。世忠率諸軍力戰，驍將李忠信、趙竭節恃勇陷陣，右軍統制官馬彥溥馳救，死之。賊乘勝至中軍，世忠瞋目大呼，挺矛而入。正彥望見，失聲曰：「吾以爲王德，乃韓將軍也。」正彥少却，世忠揮兵以進。正彥墜馬，世忠生擒之，盡得其金帛子女。傅棄軍遁去，墜馬不死，失傅所在。苗瑀收餘卒得千六百人，進破劍川縣，又犯虔州。事聞，再贈彥溥武成軍節度使，謚忠壯。

先是，朝散郎劉晏晏已見二年九月甲申。隸正彥軍中，傅使統赤心隊。晏謂其部曲曰：「吾豈從逆黨反者邪？韓制置來，吾事濟矣。」遂率衆歸世忠。浦城之戰，世忠以晏騎六百爲疑兵於浦山之陽，賊見大駭。晏以所部力戰，世忠上其功，後遷一官。日曆載世忠獲正彥在己丑，今從熊克小曆。

8 戊子，秘閣修撰、知廬州胡舜陟以禦寇有勞，陞集英殿修撰。

9 己丑，詔以浙西所糴米四十萬斛赴東京，應副留守司支用。以發運副使葉煥有請也。

初，薛慶既據高郵，兵至數萬人，附者日衆。知樞密院事張浚聞慶等無所係屬，欲歸麾下，親往招之。浚渡江，靳賽以兵降，及是至高郵，入慶壘，從者不滿百人。浚出黄榜示以朝廷恩意，慶感服再拜。

10 辛卯，詔太史局天文官許將帶學生内中直宿，以備宣問天象。

11 壬辰，徽猷閣直學士、提舉萬壽觀兼侍講詹乂兼權直學士院。

12 甲午，左武大夫、福州觀察使、節制戰船軍馬辛道宗提點江南東路刑獄，專一措置捉殺盗賊公事。

13 乙未，知樞密院事張浚罷爲資政殿學士，提舉杭州洞霄宮。初，薛慶欲求厚賞，乃留浚三日，而外間不知，謂浚爲慶所執。浮言胥動，真州守臣以聞。吕頤浩與李邴、滕康共議，罷浚樞筦，以御營使司前軍統制王𤫊爲淮南招撫使，統所部往平之。中興姓氏録薛慶傳、趙甡之遺史皆云，張浚至高郵，薛慶詐迎入城，見浚之貌，曰：「豈有如此樞密邪？」遂執之。浚隨行有陜西兵，多遭殺者。慶逼浚出所賫官告三千道而館之。按，此即當時傳聞之詞，恐不至是。日曆：「紹興二年三月七日進武副尉張存狀：『於建炎三年五月内受到御營副使張樞密劄子，勘會高郵軍屯駐統制官薛慶下將佐使臣人兵，能保護知宗一行無虞，居民歸業，係河北忠義之士，因金人犯洺州②，累年堅守，勢力不加，轉戰千餘里，皆曾殺獲，委有功效。昨隨李民來赴行在，又能堅守忠義，再立勞績，深可嘉尚。今依奉聖旨，各與轉三官資，内存係民兵甲頭，至今未曾陳乞正授文帖。』詔張存轉兩資。其借補劄子，令尚書省毁抹。」據此，慶求厚賞則有之，而所謂迫浚令出官告三千道，則恐非其實也。又紹興四年三月壬子，張俊申：「本軍使臣韓福、喬德，建炎三年五月内，張樞密到承州，補正承信郎，所有承到張樞密付身，未曾换給。」足明傳聞之妄，今併附此，以備參考。

徽猷閣待制、提舉杭州洞霄宮沈思卒。思，真州人，事上皇爲中書舍人。

京東東路安撫使劉洪道在安丘，未有所向，乃與宮儀偕引兵依閻皐於濰州。

14 丁酉，直秘閣、主管南京鴻慶宮曾紆以首明大義，除直顯謨閣，用御史中丞張守奏也。日曆云紆除直秘閣，誤也。今從紆墓誌。遂以通判杭州章誼爲尚書倉部員外郎。

15 己亥，都省言：「自軍興以來，天下多事，四方文移增倍於前日。宰執精力疲耗於案牘，而邊防軍政所當急者，反致稽緩，此無他，中書別無屬官故也。望用熙寧故事，復置中書門下省檢正官二員，分書六房事，省左右司郎官二員。」從之。

是日，苗翊率衆出降。未解甲，復用其將孟皐計，欲遁之温、台。裨將江池聞之，殺皐擒翊，降於制置使周望。其衆皆解甲。有舉子程妥者，崇安人，時在傅軍，爲傅謀，與苗瑀、張逵收餘兵入崇安縣。統制官喬仲福、王德共追之，盡降其衆。傅夜脱身去，變姓名爲商人，與其愛將張政亡之建陽縣，土豪承節郎詹標覺而邀之，留連數日。政知不免③，密告標曰：「此苗傅也。」標執以告南劍州同巡檢吕熙，熙以赴福建提點刑獄公事林杞，杞懼政分其功，與熙謀使護兵殺政崇安境上。自以傅追世忠授之，遂檻赴行在。林杞遺事：「苗傅、劉正彦既敗走，韓世忠尾賊而追之。時杞爲閩憲，恐賊至得脱，預檄諸郡扼其奔衝。既而正彦先爲大軍所擒，傅與其徒變姓名竄伏，人莫能蹤跡。杞立重賞募之。俄而募士詹標擒傅與其徒張政以至。是時，世忠已班師，杞冒暑親部送至富沙境上。會日暮大雨，政乘此謀竄去，爲護兵所殺。杞獨以傅追及世忠授之。初，知建州某人者，與當軸爲姻，恃勢貪婪，用官錢至累鉅萬，監司不敢按。杞亟以其罪聞，某人讒於當軸，遂以張政爲告苗傅反者，宜得重賞，而杞殺之。遂下杞於獄，幾欲寘之死，不得已，猶削籍連州安置。」紹興四年六月二十四日，刑部狀：「勘當吕熙元係南劍州同巡檢，據統制詹標申，搜尋四山，見三人從廟山奔下，内一人是稅户陸安，來報被賊拿擄去④。内二人係張政、苗傅，押至提刑林杞處出頭。内張政言冤屈事，政是徒中反告之人⑤，有金牌子與程十一郎，託他去告官。林杞爲見張政稱是告捉苗傅之人，有礙自己功賞，問吕熙道：『張政是苗傅使臣，只道他捉得苗傅，若送去韓世忠處，壞了我。待殺了如何？』吕熙道：『可乘虚作緩急，令人取首級，到建安縣界安泊，關報張瑀將兵來取苗傅。』林杞向吕熙道：『張政如何？』吕熙道：『因此急難取首級。』林杞言好。吕熙向丘萬、嚴景用刀將張政斫下首級。」此日曆所書也，遺事所云，不無緣飾。今從史。杞明年三月甲寅編管。

16 辛丑，張浚自高郵至行在，復以浚知樞密院事。先是，淮南招撫使王瓔既渡江，會薛慶既得厚賞，用其黨王存計，亟以兵衛浚而出。上聞之歎息，即日趣歸。浚辭曰：「高郵之行，徒仗忠信，雖不至如所傳聞，然身爲大臣，輕動損威，其罪莫大。」詔不允，遂以慶守高郵軍。上親書御製中和堂詩賜浚曰：「願同越句踐，焦思先吾身。」卒章曰：「高風動君子，屬意種蠡臣。」是行也，御營使司主管機宜文字、承直郎任貺至高郵，遇賊墜馬死。上命以銀帛恤其家，録其子仲全爲忠州文學。趙甡之遺史云：「薛慶之執浚也，屢欲殺之。其黨王存勸止之，曰：『真僞未可知，若殺真樞密，則異日欲歸朝廷，其可得邪？』慶然之，浚遂得歸。」按此亦傳聞之辭。以任貺之死及浚奏札之語觀之，慶其初亦必稍有不順，但終於感化，不至如遺史所云耳。今不取。

17 壬寅，詔諸將班師，以劉正彦、苗翊就擒故也。

18 癸卯，改鑄虎符。

初，唐州既爲金人所殘，乃移治桐柏縣。土豪董平盡攢集强壯爲兵，朝廷因以爲統制。平以兵勢脅制州郡，守臣滕牧不能堪，平怒欲殺之。會京西轉運判官直徽猷閣范正己行部至唐州，牧告其狀，正己陽數牧罪，下襄陽獄，言於朝。乙巳，詔免牧官，令疾速取勘。正己，純禮子也。純禮，仲淹子，建中尚書右丞。平嘗引衆犯德安府，遣其徒李居正、黄進入城議事，守臣陳規即推誠與語，且諭以忠義。居正曰：「誠所願。」進不對，規斬進，以兵授居正，使爲前鋒，大破之，平乃去。按董平事迹，全不見於史。今以趙甡之遺史、陳規行狀、程昌寓家傳參修。甡之載滕牧事於今年六月末，而昌寓家傳載牧與正己自襄陽還攻董平⑥，以八月十九日過蔡州，事亦相近。日曆紹興二年正月二日刑部狀：「檢準建炎三年五月二十八日敕，知唐州滕牧治事不審，與董平有隙，使軍民無緣安帖等事。奉聖旨，滕牧先次放罷，疾速取勘，具案聞奏。本部催促襄陽府二年半有餘，並無回報。」此即正己所劾也。未知正己過唐的在何時，今但書降旨之日，俟考。

19 丙午，命諸路漕臣驅磨常平失陷錢物，具數申尚書省，仍樁收以待詔用。

20 丁未，尚書省請以江、池、饒、信州爲江州路，建康府、太平、宣、徽州、廣德軍爲建康府路，並以守臣充安撫制置使。其江州守臣，更不帶江東湖北字入銜。從之。熊克小曆載此事在此月丁酉，今從日曆，明年六月戊辰又改。

是月，宣義郎、直秘閣張元亨主管亳州明道宫，用渡江詔也。此據紹興四年六月元亨陳乞差遣狀修入。

京西北路制置使翟興擊叛將楊進，殺之。進屯鳴皐山之北，興與其子琮屢擾劫之，進不能安，棄輜重南走。興引衆邀擊，會於魯山縣。賊以精鋭逆戰於婆娑店，興之軍以藥箭射進，併中其馬，進死於陣。興遂復西京，躬率將吏至永安軍，朝謁諸陵，軍士皆掩泣。有義兵統領李興者⑦，王屋人，世爲農，魁桀有勇力，寡言語，尚信義。二帝北狩，興以保捍鄉里，聚衆萬餘。元帥府統制官元常以興爲義兵統領⑧。上既南渡，興以衆往來懷、衛間，斷金人糧道。翟興以書幣迎之，使知長水縣。至是，破楊進有功，興奏爲武義郎、閤門宣贊舍人，就統所部。而借補武略郎王俊俊初見元年十二月。亦以功遷京西南路招捉副使，留守司仍鑄印給付。此據俊建炎四年六月自陳狀增入。進餘衆復推其徒劉可爲首，以拒官軍。時劇盜張用、王善皆在陳、蔡之間，楊進既死，京畿稍寧静。東京留守杜充乃奉表請上還闕，不從。

校勘記

①丁亥　統觀本段文字，疑此下脱一「詔」字。

②因金人犯洛州　「犯」，原作「侵」，據叢書本改。「洺」，叢書本作「洛」，誤。

③政知不免　「政」，原作「妥」，據叢書本改。

④來報被賊拿擄去　「拿」，原闕，據叢書本補。

⑤政是徒中反告之人　「之」，叢書本作「三」。

⑥而昌寓家傳載牧與正己自襄陽還攻董平　「正己」，原作「王民」，據叢書本改。

⑦有義兵統領李興者　「李」，原作「季」，據三朝北盟會編卷一二九改。

⑧元帥府統制官元常以興爲義兵統領　「元常」，叢書本作「元當」，三朝北盟會編卷一二九作「常元」，未知孰是。

建炎以來繫年要録卷二十四

1 建炎三年六月戊申朔，升盱眙縣爲盱眙軍。

宣武軍節度使、東京留守杜充兼宣撫處置副使，節制淮南、京東西路。先是，朝廷聞充引兵赴行在，乃除充節鉞，仍節制京東西路、應天、大名府，許便宜行事。充建節不見月日，按明年五月庚戌，上諭大臣語有云：「朕待充自庶官除從官建節，遂召同知樞密。」亦不知的在何時。蜀中士大夫家有藏綸言集者，載充此麻，乃自資政殿大學士除。其詞有云：「頃聞整衆而行，遠舉勤王之役。」以事考之，當在充離京師之時。且附此，當求他書參考。至是，又申命之。

朝議大夫、御營使司參議官高衛復爲徽猷閣待制。時衛添差江淮等路發運使，根括諸州移用經制、獻納等錢二百餘萬緡，故有是命。

徽猷閣待制洪皓奉使至淮南，邀宿泗州都大捉殺使李成以兵護送，而成方與遥郡防禦使耿堅共圍楚州，責通判權州事賈敦詩，謂其降敵。堅，河北人，初以義兵保護鄉井，既而率所部南來，至襲慶府，與成會。及是，俱在淮東。皓先以書抵成，成曰：「汴泗，虹有紅巾，非五千騎不可往。軍食絶，不克惟命。」皓聞堅可撼，陰遣説之曰：「君越數千里赴國家急，山陽縱有罪，當稟於朝，今擅兵，名勤王，實作賊耳。」堅意動，遂强成斂兵。皓行至泗境，諜報有迎騎介而來，皓復還，且上疏言：「李成以朝廷不恤之而稽饋餉，有『引衆納命建康』

之語。今靳賽據揚州，薛慶據高郵，萬一三叛連衡，何以待之？此含垢之時，宜遣辯士諭意，優進其秩，畀以京口綱運，如晉待王敦可也。」上遂遣閤門宣贊舍人賀子儀撫諭成，給米五萬斛。呂頤浩亦爲書遺成言：「左右欲圖王圖霸，須有天命。若無天命，雖以項羽之强，終必滅亡。」頤浩怒皓不先白堂，乃奏其稽留生事，貶秩二等。皓遂轉由滁陽以行。耿堅後亦爲李成所并。此據洪皓行述及紹興元年正月癸亥耿静所訴參修。熊克小曆云：「成圍楚州，責守臣趙立，謂其降金。」蓋誤。成今年冬方入楚州，此時尚在徐也。蓋楚守朱琳以罪去，而賈敦詩實權州事，克不深考耳。

2 己酉，上以久雨不止，慮下有陰謀，或人怨所致，以諭輔臣。於是呂頤浩、張浚皆謝罪求去。上曰：「宰執豈可容易去位？來日可召郎官以上赴都堂言闕政。」中興聖政：臣留正等曰：「周書言，三公燮理陰陽。漢故事，遇災異則策免三公。蓋以燮理失人而至於致災，宜其不免於咎。太上皇帝以久陰，霖雨不止，宣諭宰執，不及其他。獨使召郎官以上，言己之過失，而將以收人心，召和氣，銷天變，此宋景公所以退星舍，而子韋之所以賀延壽也。聖德如此！」

御史中丞張守言：「陛下罪己之詔數下矣，而天未悔禍，實有所未至爾。儻能應天以實不以文，則安知譴告警懼，非誘掖陛下以啓中興之業乎？」先是，守爲副端，嘗進修德之説。疏凡三上，且曰：「願陛下處宫室之安，則思二帝母后氈廬毳幕之居；享膳羞之奉，則思二帝母后羶肉酪漿之味；服細煖之衣，則思二帝母后窮邊絶塞之寒苦；操予奪之柄，則思二帝母后語言動作受制於人；享嬪御之適，則思二帝母后誰爲之使令；對臣下之朝，則思二帝母后誰爲之尊禮。要如舜之兢業，湯之危懼，大禹之菲惡，文、武之憂勤。聖心不倦，盛德日隆，而天之不助順者，萬無是理也。」及是，又申言之。且曰：「天時人事，至此極矣。陛下覩今日之勢與去年孰愈？而朝廷之措置施設，與前日未始異也。俟其如維揚之變而後言之，則雖斥逐大臣，無救於禍。漢世災異，策免三公。今位宰相者，雖有勳績，然其才可以辦一職而識不足以幹萬幾，願更擇文武全才、海内所共推者，擢任之。」

中書舍人季陵言：

臣者君之陰，妻者夫之陰，外國者中國之陰。金人累歲侵軼，生靈塗炭，城邑丘墟。怨氣所積，災異之來，固不足怪。惟先格王，正厥事，則在我者其可忽耶？臣觀廟堂之上，無擅命之臣，惟將帥之權太盛；宫闈之内，無女謁之私，惟宦寺之習未革。今將帥位高身貴，家温禄厚，擁兵自衛，浸成跋扈之風。去年禦敵，嘗遣王淵，桀驁不行，改命范瓊，心懷怏怏。苗、劉二賊，乘間竊發，豈一朝一夕之故哉？逮勤王之師一至錢塘，拘占房舍，攘奪舟船，凌轢官吏，侵漁百姓，恃功益驕，莫敢誰何。此將帥之權太盛，意其有以干陽也。宦寺撓權，爲日固久。不幸維揚大臣闇於事機①，渡江之初，得以自衒，竊弄威柄，有輕外朝之心。上下共憤，卒碎賊手，亦可以戒矣。比聞藍珪之流，復有召命，黨與相賀，氣焰益張，衆召僧徒，廣設齋會，以追薦錢塘之被害者。行路見之，疑其復用，莫不切齒。此宦寺之習未革，意其有以干陽也。

臣又觀洪範，於休徵則曰：「肅，時雨若；謀，時寒若。」於咎徵則「狂，恒雨若；急，恒寒若」。以今日之事揆之，尚有可言者。自古天子之出，必載廟主而行，示有尊也。前日南渡，事出倉卒，有司迎奉，不能如禮。既至錢塘，置太廟於道宫，而薦享有闕；留神御於河滸，而安奉後時。行路之人，見者流涕。今兹駐蹕，又幾月矣，未聞下欵謁之詔，以慰在天之靈。不肅之咎，臣意宗廟當之。比年盜賊殺戮長吏，如刲狐豚；殘虐百姓，如刈草艾。朝廷苟且，例許招安，未幾再叛，反墮賊計。元兇之罪罔獲，忠臣之憤不雪，赤子之冤莫報。不謀之咎，臣意盜賊當之。昨太母臨朝，奸臣馬擴上疏，謂上策入蜀，中策都武昌，下策都江寧。臣常詰之，第言天子必憚遠涉，由下引之以及中，由中引之以及上，此奸謀也。廣乃西人，知關陝殘破，不可以遽往，欲先幸蜀，以便私耳。側聞道路之言，謂鑾輿不久居此，人情皇皇，未知死所。立賞禁止，終莫之信。雖自臆度，決無是事。萬一有之，不幾於狂乎？常雨之證，恐或由此。自軍興以來，既結保甲，又改巡社；既招弓手，又募民兵。追呼急於星火，割剥侵於肌膚。民力竭矣，而猶求焉，不幾於急乎？常寒之證，恐或由此。且陽爲德，陰爲刑，常雨常寒，陰道太盛。陛下正當修德以應天，能制將帥，乃德之剛；能抑宦寺，乃德之正。事宗廟以孝，禁盜賊以義，謀國以智，安民以仁。如此行之，則人心悦而天意得矣。

吏部侍郎劉珏言：

北敵强大，陰盛陽微，故陰雨爲災，此羣臣所共知也。若乃孝悌通神明，至誠動天地，此陛下所宜知，羣臣未嘗言也。今二聖遠在龍荒，陛下居九重之尊，享四海之奉，亦嘗思其燕處之不安，飲食之不時乎？願陛下精禱於天，詳見於事，揭爲臺觀，以表望思，時遣使人以伸祈請，則孝悌之道至矣。陛下有仁聖之資，而二三執政專爲蔽塞，使不外見。敵國已和而背之，盜賊已降而殺之。詔令徒文具而無其實，實之不至，何以能格？願取建炎以來所下詔令，參稽而行，則至誠之道著矣。此感人心、銷天變、召和氣之大者也。

上嘉納之。

司勳員外郎趙鼎言：

自熙寧間王安石用事，肆爲紛更，祖宗之法掃地，而生民始病。至崇寧初，蔡京託名紹述，盡祖安石之政，以致大患。今安石猶配饗廟庭，而京之黨未族。臣謂時政之闕，無大於此，何以收人心而召和氣哉？

上納其言，遂罷安石配享神宗廟庭。靖康初，廷臣有請罷安石配饗者，爭議紛然，至是始決。罷安石配享指揮，日曆不載。今以神宗實録安石附傳增入。

王善攻淮寧不克，移攻宿州。統領官王冠與戰，敗之。

3 癸丑，詔諸路帥臣、監司、郡守，許招來材武之士，官爲給食，仍量材録用。以知邠州、權涇原路提刑司公事李宋臣有請也。

4 甲寅，罷三省、樞密院賞功司，以其事歸本部。熊克小曆：「己酉，三省、樞密院置賞功司，自軍興，立功將士許之自陳，各以輕重推恩。」按賞功司乃建炎元年六月己卯李綱所置，至此始罷之。日曆不載，會要：「三年六月七日，詔賞功司自今月七日爲頭限，十日結局。」

應干以前積壓文字，並於限内結絶。自十七日以後生事，更不收接。依舊令部官看詳，經由官司，各不得過三日。」克於元年六月始置司時不書，今乃於廢司時書之，以爲事始，蓋因呂頤浩行狀之誤，而不考其詳，今不取。

權知泰州裴淵以其衆至行在，詔隸韓世忠軍。世忠數宋世榮之罪，杖殺之。

5 乙卯，詔軍興以來，忠義死節之家，令中書省、樞密院籍記姓名，優加存恤，訪其子孫，量材録用。

尚書吏部侍郎劉珏試吏部尚書，徽猷閣待制、御營使司參議官高衛試吏部侍郎兼御營使司參贊軍事，起復直龍圖閣李迨、朝請郎李承造並充御營使司參議官。

尚書吏部侍郎康執權充顯謨閣直學士奉祠，從所請也。此據本部題名。

詔宗室從軍充統領、參謀者，並赴闕。

御營使司言：「防秋在近，其沿江至海岸，合定地分，請以知杭州康允之兼浙西制置使，自鎮江府至江陰軍，悉令允之措置。」從之。

6 丙辰，詔諸路監司、郡守，遇朔望率見任官望拜二聖。

是日，苗傅後軍部將韓僙犯光澤縣，陷之。傅之敗也，僙以兵六百趨邵武軍，守臣朝散大夫張髦先期遁去。僙入城，焚掠皆盡，遂引兵趨建昌軍。官吏軍民皆欲逃去，守臣方昭以六十口爲質，揭榜通衢，敢言去者，以軍法從事。率衆嬰城，親督守備。僙攻而圍之，凡六晝夜，昭鼓衆益厲，賊死者十三四，一夕遁去。進犯撫州，守臣中大夫林積仁聞僙在閩中，已棄城走。僙乃入城縱掠。積仁，宣和末嘗爲御史，靖康初以秘閣修撰守平陽，寇至而遁，遂坐斥。至是復用之。雋既陷臨川，又攻湖口縣，遂渡江至蘄州。守臣中大夫王甡與官吏皆逃去。雋引兵欲依楊進於京西，道爲王善、張用所邀，且聞進死，乃還居黄陂境上。會劉光世駐軍江州，遣人招雋。雋往見光世，光世命還屯蘄州，因更名世清，號小韓。尋詔世清添差蘄州兵馬鈐轄。此以趙甡之遺史及紹興二年四月世清案欵、江西提刑司奏撫州事狀、紹興四年十二月十八日張致遠乞録用方昭劄子參修。江西所奏，稱苗傅殘黨而無其名，以事考之，即世清也。

7 戊午，秘閣修撰俞向知揚州。維揚爲金所蹂，未有守臣，故拔拭用之，向卒不赴。向除命日曆不書，今以紹興三年三月十五日吏部中審向蔭補狀修入。

命江、浙、淮南開畎瀦水之地，以限戎馬。

太常少卿黎確直龍圖閣、知婺州。日曆確無職名，此以諫院題名修入。

8 庚申，隆祐皇太后至建康，上率羣臣迎於郊外。徽猷閣待制、知平江府湯東野扈太母至行在，遂以東野試尚書户部侍郎，張浚奏以東野兼宣撫司參贊軍事。東野建言，欲圖中興，當先守關中，據形勝，以固根本。此據附傳增入，不得其日，且附此。日曆及本部題名並無之。

9 辛酉，上手詔以四事自責，一曰昧經邦之遠圖，二曰昧戡難之大略，三曰無綏人之德，四曰失馭臣之柄。仍命出榜朝堂，徧諭天下，使知朕悔過之意。

帶御器械李質權同主管殿前司公事，邊順權主管侍衛馬軍司公事。

10 壬戌，集英殿修撰、提舉杭州洞霄宮汪藻復爲中書舍人。

11 乙丑，顯謨閣直學士、知建康府連南夫兼建康府、宣、徽、太平州、廣德軍制置使。

12 丙寅，罷江、浙、荆湖、閩、廣諸縣增置射士三分之一。事祖見元年六月乙亥。始朝廷以諸州禁兵不足，乃集民兵，置巡社，又增射士以助之。已而言者以謂巡社不利於東南，既罷之，猶存十分之一。至是，朝請大夫王海言：「海陵一縣，應留巡社六十三人，而歲斂民間庸錢六千三百緡，利害可見。民兵之法，凡坊市産錢千緡，鄉村田三頃，並出一夫。歲租之入，或不足以供辦，而點丁之際，盡取其力穡之人，此尤拂於人情。新法弓手教習神臂弓，專以捕寇，故應募者鮮，而諸縣更令上户雇募，每名歲用之數，殆踰百千。三者非惷朴之農夫，即浮浪之兇徒，使百姓重困而無益於用。況三役並行於一時，其何能給？」詔樞密院看詳，故有是旨。既而言者以爲無益，乃罷武尉。不數年而所增射士盡廢之。罷武尉在紹興元年十月己卯，盡罷新法弓手在紹興四年正月甲戌，以其事體不大，故牽聯書之。

13 丁卯，右司諫袁植罷。初，植請再貶汪伯彦，而誅黄潛善及失守者權邦彦、朱琳等九人，上曰：「渡江之役，朕方念咎責己，豈可盡歸大臣？植乃朕親擢，雖敢言，至導朕以殺人，此非美事。」吕頤浩曰：「聖朝弼臣罪雖大，止貶嶺外，故盛德可以祈天永命。植發此念，已傷和氣。」滕康曰：「如植言，傷陛下好生之德矣。」乃下詔，略曰：「朕親擢袁植，置之諫垣。意其補過拾遺，以救闕失。而植供職以來，忠厚之言未聞，殺戮之事宜戒。可出知池州。」明日，康見上曰：「大哉王言。太祖以來，未嘗戮大臣，國祚久長，過於兩漢者此也。」未幾，潛善卒於梅州。

尚書司勳員外郎趙鼎行右司諫，宣義郎、監登聞檢院呂祉特轉一官，守右正言。祉上疏論致治之要，以聰明爲本。其大略以謂：「善持養之則聰曰聰，明曰明，利及天下，而生靈皆蒙其福。不善持養則聰曰不聰，明曰不明，害及天下，而生靈皆受其禍。所以爲堯舜，爲文武，爲桀紂，爲幽厲者，皆由是也。持養之道，要在有益於聰明者爲之，勿以小善爲無益而弗爲也。有損於聰明者去之，勿以小惡爲無傷而弗去也。」疏入，上召對，祉復進三策。其一曰：「自古撥亂同於創業之君，如漢高祖、唐太宗是也。漢高祖任用蕭何、張良、韓信，號爲三傑。然蕭何主筦籥，給軍食，而不預謀議。張良侍帷幄，運籌策而不預戰鬭。至於韓信，則盡護諸將，握兵在外，他事並不預也。唐太宗時，房玄齡長於謀，杜如晦長於斷，王珪、魏徵善議論②，李靖、李勣能用兵，亦各效其力，是以有功。大抵天下事非一夫所能專任，而況多事之際乎？臣願陛下廣漢高祖之大度，法唐太宗之英斷。執政大臣，稍均信任，因其所長，咨訪任使，如漢之三傑，唐之諸臣，使之同心協力，共濟艱難。庶幾簡要而易爲，專精而有功。樞機之任，各稱其職，不負陛下委任責成之意。」其二曰：「自古得天下，必以人心之同。其失天下，必以人心之異。故曰『受有臣億萬，惟億萬心。予有臣三千，惟一心』。商周之廢興，盡在是也。自蔡京、王黼更進用事，異同之論起，士大夫僥倖苟且，各顧其私恩，而不復知有公誼，雷同相從，隨聲是非，朋黨之風盛，廉耻之道喪。不聞有一人履公守正，表倡在位，同心同德，以尊主庇民爲心者。欲望聖慈，下詔布宣德意，以鼓動士氣，開衆正之路，杜羣枉之門，則人心自歸，國威自振，中興之業，庶幾可圖矣。」其三曰：「乞付諸大將節制之權。」疏奏，上悉嘉納。既退，遂有是命。祉，建陽人也。祉行狀不云何人所薦，當求他書參考。

罷諸州新置州學教授員。此以紹興二年四月三日吏部申明狀增入。

中大夫、知信陽軍劉綷除名，郴州編管。以京西都轉運司言「綷，正彥叔父，恐難任守臣」故也。此以紹興五年閏二月十七日綷進狀修入。

14 戊辰，上諭大臣曰：「祖宗時不忘武備，如鑿金明池，蓋亦習水戰。朕不久欲親閱諸將所部人馬③，仍召卿等共觀，庶以知諸將能否。」後避敵，不克行。

詔以防秋在近，自荊南至鎮江府沿江巡檢五十有五員④，令樞密院各擇材武可仗者一人爲之貳，其土軍有闕者，並招填之。

承議郎、新知富順監馮檝特轉一官，以檝嘗貽書苗傅，論復辟事故也。初，張浚自高郵歸，薦檝於上，得召對。檝奏：「陛下前日杭州復辟之事，臣亦薄效區區，自大臣而下皆知之，但無肯爲臣言者。」上曰：「太后嘗言之。」翌日，上以問輔臣，李邴、鄭瑴曰：「果有之。」遂命進秩。後三日，以檝爲尚書司勳員外郎。日曆檝除郎在二十八日乙亥，而檝臨安録載此省札在二十四日，今從之。

升公安縣爲軍，以其能捍禦也。

15 庚午，中書舍人汪藻兼直學士院。

16 辛未，上諭大臣曰：「近有上言者，請朕與皇太后異宮，豈有是理？朕事皇太后如事母，帷帳皆親視，或得時果，必先獻祖宗，奉太后，然後敢嘗，外人安得有此論？」張浚曰：「此氣象甚好，以陛下容納直言，故有此狂直之士也。」

御營使司奏：「諸軍並以萬人爲一軍，每軍十將，共置統制五員，逐軍各置虎符於御前收管，非降虎符，毋得擅出營，違者從軍法。每統制官爲軍籍三本，一上之御前，一納御營使司，一留軍中，逐季揭帖，諸軍不得互相招收。」奏可。時諸將方自擅，迄不行。

17 癸酉，樞密院言：「自兵興至今，軍政事務倍於平時。欲依祖宗朝置檢詳官兩員，請給視檢正官，序位在左右司之下。編修官四員，止存一員，依舊看詳條法。」從之。日曆無此，今以紹興三年六月十日本院奏狀修入。遂以編修官李唐俊兼權檢詳諸房文字。此據本院官屬題名附入，題名在六月，故附於此。明年七月始正除萬格。

龍圖閣待制、提領水軍、沿江措置使陳彦文試尚書兵部侍郎，仍充措置使。尚書右司員外郎劉寧止直龍圖閣，同提領水軍，充措置副使。彦文初除雜學士，至是又改命之。

中奉大夫黄叔敖、承議郎傅崧卿並爲中書門下省檢正官。崧卿，墨卿弟也。

樞密院編修官秦梓提舉荆湖南路茶鹽公事，降充直秘閣、知荆南府唐慤復秘閣修撰。

18 甲戌，上自神霄宫入居建康府行宫。

御史中丞張守試尚書禮部侍郎。守嘗論吕頤浩不可獨任，而張浚不宜西去，上不然之。會有旨，以東京糧運不繼，復命太中大夫梁揚祖爲發運使，專切措置糧運，以餉中都。右司員外郎兼權給事中劉寧止言其不可，詔以次官書讀行下。遂命起居郎綦密禮兼權給事中。守言揚祖不可用，請罷之。中書舍人季陵亦封還録黄，論揚祖：「前爲發運使，不能積粟以實中都，道路梗澀，未及半年，而中都之人至於相食，此揚祖之罪，孰謂揚祖知首尾乎？東京糧運不繼，非有難曉，有糧而無舟，有舟而無人，有人而無水，有水可運而盜賊奪之，三尺之童亦能知此，孰謂發運司官不能知乎？又緣給事闕官，左史當攝。密禮既已供職，寧止自當引退，外人不喻，皆謂朝廷因揚祖之故，特用密禮而罷寧止。此事不可户曉，臣恐天下以言爲諱也。」守再上疏論列，不報。疏三上，揚祖乃請奉祠。守言：「揚祖以自請得祠，是臣在憲臺，言無可采。」因乞補外，遂有是命。守力辭不拜。上命吕頤浩召守至政事堂，以正士不宜輕去朝廷，守乃受命。

中書舍人范宗尹爲御史中丞。宗尹首言：「金人爲國大患，戰之不能勝，禦之不能却，固已敝矣。兩河陷没，陛下駐蹕維揚。敵騎遽至，僅能匹馬渡江。至錢塘未閲月，而苗、劉之變生於肘腋，此皆禍之大者。其小者不可悉數，大抵所爲皆不成，所向皆不利，豈徒人謀乖剌？實由天意之未回也。苟不能隱忍順受，以紓目前之急，深恐天意之不測，别致非常之禍，此臣所以日夜寒心也。設若敵騎深入，當以控扼之事責之將相，陛下姑引而避之。言至於此，可謂無策。然譬人之大病垂絶，投之善藥，但得不死，徐議補治。陛下誠能側身修行，以享天心，發政施仁，以從民欲，選將練卒，繕甲儲糧，數年之後，以弱爲强，孰曰不可？則今日之無策，乃爲異時之長策也。」

中書舍人季陵亦言：「國家之根本在東南，東南之根本在建康。雄山爲城，長江爲池，舟車漕運，數路輻湊，正今日之關中、河内也。陛下所當守，亦敵人所必攻。九江上流，有建瓴之勢，淮南諸郡，有脣亡之憂。今去防秋無日矣，事之急者，除盜賊，習水戰，凡要害之地，屯兵以守之。謀議之善，固無以易此。然臣之區區，竊有管見。自古無守城天子，以天子守城，則内重而外絀。臣願陛下爲馬上之計，先定兵衛及扈從之臣，精其選，使可倚仗；寡其數，使易供億。預詔郡邑，各備巡幸，使人不駭。相時而動，初無定方，使人不測。萬一敵勢縱横，便當整駕，親按營壘，召諸道之兵以爲援師，留將相大臣，相率以死守。鯁其喉牙，使不能搏食東南。是乃深根固本之道，勿效前日百官跣足奔竄，以扈蹕爲名，棄城池以與敵，使生靈墮於塗炭，財用填於溝壑而不恤也。宗社安危，在此一舉，惟陛下早圖之。」宗尹、陵所上疏，不得本月日，因宗尹入臺附見。陵此月末得祠，其建言當亦在此時也。

通直郎、新提舉兩浙路市舶沈與求守監察御史。與求，德清人，嘗爲太學博士，張守所薦也。

徽猷閣待制、知郢州席益再任，直龍圖閣、知德安府陳規陞秘閣修撰，朝議大夫、知復州韓儼直秘閣，皆以守境，故有是命。季陵外制集有席益知渭州告詞，不知在何時，當考。

19 乙亥，詔：「諭軍民，以迫近防秋，已令杜充提重兵防淮。又於七月下旬，恭請隆祐皇太后率六宮宗室近屬，迎奉神主前去江表，朕與謀臣宿將戮力同心，以備大敵，進援中原。應官吏士民家屬南去者，官司毋得禁。」先是，東京留守杜充將赴行在，檄直龍圖閣、知蔡州程昌寓爲留守判官。至是，昌寓入京城視事。時京城自四門外，餘皆闔，人以爲病。昌寓至，欲盡闢之。又游手雜食，市多鼠竊，犯者雖一錢亦死。昌寓欲寬爲一千。副留守郭仲荀皆不聽。始，昌寓之離蔡也，吏士皆持半月糧。既而食盡，乃挑野菜而食。此據昌寓家傳修入。家傳云：「六月，杜充赴行在，檄公爲留守判官。月中至京師視事。」乙亥二十日也，故因降詔附見。趙甡之遺史於閏八月書昌寓除留守，十月書昌寓入京師，恐誤。

自渡江以來，百官除拜，非侍從，並尚書省出敕。至是，言者以爲：「有係招撫及行軍出給之人，非惟無以示信，且事體削弱。」乃詔：「自今帶貼職及遥郡人出告，朝奉、武翼大夫已上出敕，餘並給付身。」

中書舍人季陵罷爲徽猷閣待制，知太平州。陵論遣張浚宣撫陝蜀，任太專，非是。議既忤，乃自引求去。未行，改提舉亳州明道宫，旋奪職。

秘書省著作佐郎富直柔、尚書禮部員外郎承事郎胡寅爲駕部員外郎。直柔之除，禮部題名在二年五月，秘書省題名在今年五月，與日曆不同，當考。

是日，金人陷磁州。初，金人圍城急，軍校楊再興等作亂，殺權守趙子節，推將官蘇珪領州事。珪曰：「有三事，能從我則可。」衆曰：「試言之。」珪曰：「我欲率軍民奪路歸京師，見宗元帥，如何？」時澤已死，城中未知也。衆曰：「不可。」又問：「與汝等力戰，如何？」又不可。珪曰：「盍開門乎？」衆不應，於是珪率衆請降，金人以素隊至城下，且折箭爲誓，曰不殺人。丙子，金縱米麵入城，其價頓減數十倍。時磁州武安縣城守甚固，金不能攻，及聞磁降，乃下。

是夏，賊貴仲正破岳州，詔遣兵討捕。既而起復奉議郎、通判襄陽府程千秋招降之。千秋因留以爲將。日曆只於正月書貴仲正犯岳鄂一句，更無首尾。惟紹興三年五月庚午知岳州范寅敷奏乞免税狀云：「本州昨自貴仲正占據州城⑤，蒙朝廷遣大兵殺散。」他書亦無仲正事迹。按趙牲之遺史，有「千秋統兵官貴仲正」，即其人也，故附此。或是千秋爲沿江制置時所招，亦未可知。馮檝時議録有建炎四年代袁植與李允文書云：「巴陵先於去年春間延燒殆盡，至夏又遭貴仲正殘破。」則岳州之破，決不在此時，但無書考其月日耳。仲正之死，附今年十一月丁未，蓋以紹興元年六月甲戌解潛爲渠成乞贈官狀修入，亦須詳考。

校勘記

① 不幸維揚大臣闇於事機　「闇」，叢書本作「閒」。

② 房元齡長於謀杜如晦長於斷王珪魏徵善議論　「元」，原作「玄」，據叢書本改。然「徵」亦避諱字，不知叢書本何以不改。

③ 朕不久欲親閲諸將所部人馬　「不」，原作「非」，據叢書本改。

④ 自荆南至鎮江府沿江巡檢五十有五員　「荆」，原作「京」，非是，逕改。

⑤ 本州昨自貴仲正占據州城　「自」，原作「據」，據叢書本改。

建炎以來繫年要録卷二十五

1 建炎三年秋七月戊寅，按是月丁丑朔。詔諸路州軍試經撥放度牒及聖節恩例等並權住。此事日曆不見，今以紹興二年二月十一日祠部申請狀增入。

2 己卯，詔東京宗室並移虔州大宗正司，用知大宗正丞洪子陽請也。

3 庚辰，尚書吏部員外郎鄭資之送吏部與監當，以往湖北措置防江不職，故有是命。

4 辛巳，韓世忠軍還，執苗傅、劉正彥、苗翊詣都堂，審驗畢，磔於建康市，梟其首。正彥臨刑，瞋目罵傅曰：「苗傅匹夫，不用吾言，遂至於此。」時張逵、苗瑀及傅二子先已死，議者欲孥戮之。大理少卿王衣奏曰：「此曹在律當誅，顧其中婦女有雇買及擄掠以從者，儻殺之，未免無辜。」上矍然，即詔自傅、正彥妻子外，皆免。衣，歷城人也。建炎復辟記二兇伏誅在六月己酉，趙甡之遺史在六月癸丑，臧梓勤王記在六月壬戌，三書不同。按此乃吕頤浩在相位所行，梓所記不應有悮，而勤王記復云：「二十有六日，而主上反正。又百有三日而傅、正彥伏誅。」以日計之，則二兇之誅，當在七月辛卯，不知何以前後又自不同。今從日曆及會要。王明清揮麈後録云：「苗、劉獻俘檻車幾百兩，先付之大理獄，將盡尸諸市。叔祖子裳請對云云，上矍然曰：『卿言極是，朕思慮所不到。』」子裳，衣字也。日曆：建炎四年六月丙子内殿進呈，上曰：「昨日大理寺上殿，朕不識王衣，昨日方見之，頗似淳樸。」據此則誅二兇之時，衣未嘗請對可知。或者嘗入奏言之，而明清誤記耳。今略删潤，令不失實。

直秘閣、京東轉運判官張自牧兼京東制置副使。自牧至行在，陳復山東、定中原之策。朝廷信其説，遷官除職，又捐金帛付之。自牧至揚州，聞金人南侵，遂不行。

詔江東西漕臣李尚行、張琮並兼皇太后進發隨軍應付。

命池州募忠義勇敢萬人充守禦。

詔宣和皇后父安禮封普安郡王，親屬與承信郎三十名。以后受册推恩也。日曆無此，今以紹興二年十月二十一日吏部勘會狀修入。

癸未，武勝軍節度使、御前左軍都統制韓世忠爲檢校少保、武勝昭慶軍節度使，賞平苗、劉之功也。上遣使賜世忠金合，且御書「忠勇」二字表其旗幟。又封其妻梁氏爲護國夫人①，制曰：「智略之優，無媿前史。」給内中俸以寵之。將臣兼兩鎮，功臣妻給俸，皆自此始。

慶遠軍節度使、捧日天武四廂都指揮使、御營使司都統制、平寇前將軍、主管侍衛步軍司公事范瓊，爲御營使司提舉一行事務。時瓊自南昌入見，故以命之。瓊除都統制未見本月日，或可附今年三月韓世忠除提舉事務之後。除授宣州觀察使、御營使司後軍統制辛企宗爲御營使司都統制。企宗，道宗兄也。自陝西携所部由興、洋赴行在，再遷都統制。韓世忠、張俊皆不服，乃命世忠、俊改御營爲御前。

知樞密院事張浚奏，乞降夏國書二封，一如常式，一用敵國禮。又奏：「今雖遣使大金，緣黏罕多在雲中，乞別降黏罕書、大金國表兩本付臣行，所有禮物，俟到司相度。」詔直學士院汪藻草書如浚奏。臣家藏雜書一編，號國史拾遺者，雜記紹興和戰時文字。其中有請和詔，略云：「頃罹邦禍②，止緣亟徇於民心，有失先資於大國。今則盡携臣屬，遠竄蠻荊。念守禦以圖存，師徒莫振；欲跳奔而求免，封域已窮。故因元帥而③，所冀宅中而受命，無煩涉遠以勞師。」未知此即藻所草耶，或又他人作也。今姑附此，或可削去。

龍圖閣直學士、提舉萬壽觀兼侍講兼權直學士院詹乂引疾丐祠，上嘉其恬退，詔陞徽猷閣學士，提舉杭州洞霄宮。

殿中侍御史王庭秀知筠州，右司諫趙鼎行殿中侍御史。先是，庭秀論呂頤浩除擬不公，故有是命。右正言呂祉奏曰：「朝廷今日緣論大臣，移一言官；明日緣論大臣，罷一言官。則後日大臣行事有失，誰敢言者？願陛下以言章示大臣，使之自省，置身無過之地。如或不悛，黜之何惜？」

6 甲申，詔曰：「朱勝非、顏岐、張澂、路允迪當軸處中，荷國重任，而不能身衛社稷，式遏兇邪。方逆臣亂常之日，恣其凌肆，以紊機衡。夫危而不持，顛而不扶，孔子以爲焉用彼相？昔馮道歷仕數代，常爲宰輔，惜身安寵，以免於時。坐視廢君易主，如同行路。而歐陽修以爲『爲臣如此，愧斷臂之婦人』。今二兇既誅，典刑斯正。勝非之徒，盍議其罰？」於是勝非自觀文殿大學士、知洪州落職，提舉亳州明道宮；岐落資政殿學士，依舊提舉南京洪慶宮；允迪自資政殿學士、淮西制置使落職，提舉江州太平觀；澂自資政殿學士、江州路制置使，坐朋附二兇，責授秘書少監，分司西京，衡州居住。

給事中、江浙制置使周望試兵部尚書。兵部題名望自太常少卿除，蓋誤。

御前左軍都統制韓世忠訟統制官、武略大夫、閤門宣贊舍人王德擅殺其將陳彥章，下臺獄。殿中侍御史趙鼎按德當死，上以其有戰功，特貸之。鼎言：「德緣兵敗自慚，而忌世忠之功，故殺其將。且德總兵在外，而擅殺不顧，此風一長，其禍有不勝言。」乃詔德除名，郴州編管④。小曆云，編置德於江州，蓋承林泉野記之誤。今據四年五月辛亥劉光世爲德奏功狀參注。

集英殿修撰、知廬州胡舜陟請身守江北之地，以護行在。且言：「今淮南羣盜大者數萬，小者數千，欲以本州鄉兵將兵及所降劉文舜之衆共二萬人，仍更招羣盜，須得數萬，結之以威，足以捍敵。若其養兵之物，與夫屯泊訓練戰陳之方，則俟面奏。」上壯其言，擢舜陟徽猷閣待制，充淮西制置使。熊克小曆云：「舜陟自秘撰除待制。」按日曆，舜陟今年五月戊子已除集英殿修撰，克誤也。

寶文閣直學士權邦彦知江州、兼本路制置使。始，東平失守，論者欲重謫之，上以邦彦束身歸朝，父母妻子皆致淪没，與他棄城官吏不同，故止削二官，而復有此命。邦彦降官，日曆不載，據邦彦檢舉狀在此月辛巳，今併書之。

尚書兵部侍郎李會充徽猷閣直學士、知廬州。集英殿修撰、江西轉運副使王子獻知洪州。子獻，建陽人也。

奉直大夫、尚書司門郎中徐俯主管亳州明道宫。俯已見建炎元年三月辛卯。

召徽猷閣待制、知東平府吴給赴行在，道梗不能至。

7 乙酉，言者論備江之策，宜以鐵索爲沈綱，横鎖江岸，以防浮江順流之舟；以木爲卧柵，密藏於岸步之下，使戰艦不可得而入。此二者用力甚少，而收功甚大。詔付水軍制置司。

金左監軍完顏昌至山東，京東路安撫使劉洪道與宫儀、閻皋棄濰州去，昌移屯濰州。皋至蕭縣，爲權知萊州張成所敗，衆皆潰散，皋獨與麾下數十人泛海歸於朝廷。儀引其衆犯密州，不能入，乃屯於州南盤石河，去州八十里。洪道攻青州，拔之，執金所命知州向大猷。張成既敗閻皋之衆，會金人漸入州境，成遂以城降。金人罷成，以叛臣吴銶知萊州。時奉議郎、知萊陽縣解致明以寇至遁歸，成奏其盗用庫金，詔提刑司劾治，而成已叛矣。吴銶初見二年十月癸亥。解致明事日曆無之。紹興二年七月二十日大理寺申：「建炎三年七月十一日權知萊州張成奏知萊陽縣解致明盗用上供銀入己，避罪遁竄。奉聖旨，令提刑司取勘。」十一日丁亥也，故附見此。致明後以宣諭朱異奏雪調官⑤。

8 丙戌，慶遠軍節度使、捧日天武四廂都指揮使、御營平寇前將軍、權主管侍衛步軍使司提舉一行事務范瓊入見。初，瓊在江西，右正言吕祉首奏其罪，且進取瓊之策，乃召瓊赴行在。瓊駐軍南昌，徘徊觀釁。詔監察御史陳戩趣其入覲，瓊未拜詔，先陳兵見戩，且剥人以懼之。戩不爲動，徐曰：「將軍不見苗、劉之事乎？願熟計。」瓊乃朝服北向謝恩，遂引兵趨闕。既至，未肯釋兵。及入見，面奏乞貸左言等朋附苗、劉之罪，且言：「自祖宗以來，三衙不任河東北及陝西人，今殿帥闕官，乞除殿前司職事。」又言：「招到淮南、京東盗賊十九萬人，皆願聽臣節制。」上怒，知樞密院事張浚奏：「瓊大逆不道，罪惡貫盈。臣自平江勤王，凡三遣人致書，約令進兵，瓊皆不答。今呼吸羣兇，布在列郡，以待竊發。若不乘時顯戮，他日必有王敦、蘇峻之患。」上許之。右僕射吕頤浩曰：「臣與瓊舊有嫌隙，不敢獨任其事，願付張浚。」浚退，與集英殿修撰、權樞密院檢詳文字劉子羽謀，子羽已見元年四月甲子。夜鎖吏於浚府中，使作文書皆備。

9 丁亥，朝退，僞遣御前右軍都統制張俊以千人渡江，若捕他盜者。因召俊、瓊及御營副使劉光世赴都堂計事。使俊將其衆甲以來，瓊從兵滿街，意象自若。食已，頤浩等相顧未發，子羽坐廡下，遽取寫敕黃紙詣前麾下曰：「有敕，將軍可詣大理置對。」浚數瓊罪，瓊愕眙，遂以俊兵擁縛付大理。使光世出撫其衆，曰：「所誅止瓊耳，若等固天子自將之兵也。」衆皆投刃曰：「諾。」於是復以八字軍還付武功大夫、忠州防禦使、新知洮州王彦，八字軍隸瓊事，祖見二年十月癸亥。而餘兵分隸御營五軍，頃刻而定。熊克小曆載瓊下大理寺在壬辰，蓋誤。壬辰乃獄上降旨之日，今從日曆附丁亥。中興聖政：大事記曰：「蓋自宣和末，羣盜蠭起。建炎以來，祝靖、薛廣、党忠、閻瑾、王存之徒，雖皆招安，而淮寧、山東、河北之盜，皆擁兵數萬。拱州之黎驛，單州之漁臺，亦有潰卒數千。趙萬襲常州，張遇焚真州，丁進犯壽春，桑仲據襄陽，戚方犯鎮江，楊勍犯處州，劉超據荆南，王闢犯房州，崔增犯太平州，張用據桂陽軍，趙延壽犯德安軍，皆隨滅隨起。甚而范瓊召見，亦不肯釋兵，則天子之兵皆盜矣。所幸事變興而人才見，保護聖躬，勝非之力居多，倡義勤王，張浚之力居多，故一月而除二兇，而范瓊之謀逆，浚又與劉子羽謀之。府中之文字夜成，廡下之黄紙旦出，瓊遂就擒。三大奸既除，而内盜始息矣。」

是日，元懿太子旉薨。太子病未瘳，有鼎置於地，宮人誤蹴之，仆地有聲，太子即驚搐不止。上命斬宮人於廡下。少頃，太子薨，年三歲。詔輟五日朝，殯金陵之佛寺。

恭福帝姬薨，追封隋國公主，上皇第三十四女也。薨年四歲。

詔江西、兩浙揀正兵、土兵各六分之一赴行在。

10 戊子，端明殿學士、簽書樞密院事鄭瑴薨於位，年五十。瑴執政甫百日，上甚悼之，謂大臣曰：「朕喪元子，猶能自排遣。瑴訃至，殆不能釋也。」常賻外，特賜田十頃、第一區，以撫其孤。

11 己丑，資政殿學士、朝奉大夫王綯參知政事，朝奉大夫、試兵部尚書周望同簽書樞密院事。望不加職，綯不進官，呂頤浩失之也。後四日，乃進綯中大夫，望除端明殿學士。綯密奏川陝重地，張浚不可專任，宜求同德之人協贊之。

御營使司同都統制辛企宗提舉御營使司一行事務。

詔減民間所增役錢。時已汰新置射士，遂減之。其後復撥已增錢赴行在。事初見元年六月乙亥，撥錢在紹興五年三月癸未，合併書之。

12 庚寅，鄉貢進士李時雨上書曰：

臣竊聞皇太子服藥不痊，仰惟陛下丁陵夷困厄之會，方茲嘗膽，又致輟朝，此天禍之於陛下，亦已極矣。然事之既往，夫復何言？而承嗣之道理不可後。又況國家當憂勤危急之際，宗廟社稷之所繼統，生靈之所係屬，敵國之所觀望，不於此時權時制宜，爲之謀畫，臣恐天下之心未大安也。爲今之計，欲乞暫擇宗室之賢者一人，使視皇太子事，以係屬四海，增重朝廷。俟陛下皇太子長成，畀之東宫，則以一王封視皇子，亦不爲嫌也。伏望陛下斷以不疑而力行之。遠惟仁宗皇帝在位四十二年，無所繼統，晚年聽言，遂進英廟於濮安懿王之宫，蓋不以一己爲私，而以天下爲念，可謂萬世之賢君矣。陛下法此前規，使社稷有所統屬，天下幸甚。若以爲陛下春秋鼎盛，未可以擬仁廟繼立之事，則是大誤國計也。

時雨，仁壽人，黨人新之子，以其父上書入籍訴於朝，吏部擬將仕郎，鈔未下，書奏，詔前降給還恩澤指揮更不施行，日下押出國門。久之，時雨以策干張浚於閬州，遂以爲忠州文學。建炎以來言儲嗣者，蓋自時雨始。時雨補官在紹興元年，今併書之。

13 辛卯，詔諫院別置局，不隸後省，許與兩省官相見議事。元豐初，用唐制，置諫官八員，分左右隸兩省。至是，始復之如祖宗之故。

升杭州爲臨安府。

14 壬辰，詔范瓊就大理寺賜死。時大理少卿王衣奉詔鞫瓊，瓊不伏，言者又論瓊逼遷上皇，擅戮吴革，迎立張邦昌等事。章下大理，衣具以責之，瓊稱死罪。衣顧吏曰：「因詞服矣。」遂上其獄。詔用臺諫三章，責瓊爲單州團練副使、衡州安置。章再上，乃賜瓊死。其親屬將佐並釋之。獄吏殺瓊，瓊猶不肯，吏以刀自缺盆插入，叫呼移時死。其弟及三子皆流嶺南。

罷内香藥庫，以其物歸左藏。

15 甲午，張用與馬友分軍，用屯確山，麥且盡，衆皆乏食，乃議復往山東。友請以所部沿淮巡綽，用識其意，許之。友以本部兵數萬去，自分爲七軍。用與曹成、李宏屯光州境内，沿淮札木寨，爲久駐之計。初，京城失守，統制官閻瑾遁去，留其婿劉紹先以兵數千屯光州。守臣任詩厚遇之，詩在光四年，頗得其用，故自靖康以來，諸郡多破而光獨得全。

16 乙未，尚書主客員外郎謝亮假太常卿，權宣撫處置使司參議，以將遣使西夏也。日曆：「乙未，謝亮差充張浚下屬宣。」今以紹興元年二月庚寅亮自叙狀參修。

17 丙申，詔兩浙路守臣兼制置安撫使者，非緣軍旅，毋得妄用便宜。令御史臺譏察。用言者請也。

18 丁酉，鑄三省、樞密院銀印。

朝奉郎、監諸司審計司崔縱爲中奉大夫、右文殿修撰，假工部尚書、充奉使大金軍前使，武節郎、閤門宣贊舍人郭元明爲武顯大夫、忠州刺史副之。縱，臨川人也。時金左副元帥宗維自東平還雲中，右副元帥宗輔自濱州還燕山，留左監軍昌守山東地。上慮其再至，復遣使議和。

朝奉郎劉誨直顯謨閣、知楚州。王明清揮麈第三録云：「誨以直秘閣出使，使還，除直顯謨閣、知楚州。制云：『昨將使指之光華，備歷征途之險阻。既分憂於淛郡，仍進直於清班。』」制詞汪藻作，見本集中。日曆乃以誨爲直秘閣，當考。

言者請以江心凡有沙磧要害之地，多置寨栅，每栅以卒五百人、戰船十艘爲率。從之。

19 戊戌，直龍圖閣、沿江措置副使劉寧止添差江淮荆浙制置發運副使，從衛往洪州。

20 庚子，中書舍人汪藻試給事中，仍兼權直學士院。尚書左司員外郎李正民、起居郎綦崈禮、太常少卿李公彦並爲中書舍人。崈禮、公彦仍召試。公彦已見二年九月壬辰。

尚書駕部員外郎胡寅守起居郎，禮部員外郎富直柔試起居舍人。富直柔除郎纔兩旬，復有此命。直柔尋遷右諫議大夫。直柔之遷，日曆與後省題名皆不載，諫院題名在今年七月。

中大夫韓肖胄行尚書左司郎中，朝請郎、御營使司參議官李承造守右司員外郎。承造仍與太常少卿柳約並兼權御營使司參議。肖冑，忠彥孫。忠彥，琦子，元符末左僕射。約，臨安人也。肖冑之除，日曆不載，都司題名在此月，故因承造除命併書之。

承奉郎吳若試尚書考功員外郎。奉議郎張闡守駕部員外郎。朝奉郎周離亨爲尚書金部員外郎，鄂州點校上供錢物。

尚書户部侍郎、宣撫處置使司參贊軍事湯東野試工部侍郎，兼知建康府。時建康寓治保寧僧舍，而江浙制置使韓世忠屯蔣山⑥，逐守臣顯謨閣直學士連南夫而奪其治寺。殿中侍御史趙鼎言：「南夫緩不及事，固可罪。然世忠躬率使臣，排闥而入，逐天子之京尹，此而可爲，無不可爲者矣。願下詔切責世忠而罷南夫，仍治其使臣之先入者，此爲兩得。」上曰：「唐肅宗興靈武，諸軍草創，得一李勉，然後知朝廷尊。今朕得卿，無愧昔人矣。」乃降南夫知桂州，而以東野知建康府。戍兵故皆羣盜，喜攘奪市井。東野峻法繩之，不少縱，民恃以安。建康志東野到任在六月，熊克小曆亦係此事於六月末。今從日曆，係七月庚子。日曆不書除工侍，此以附傳及本部題名參修。但本部題名在六月，當考。熊克又以東野爲兵部侍郎，蓋誤。

中書舍人董逌充徽猷閣待制。逌爲宗正少卿，官省而罷，旋入西掖，至是纔踰月也。逌，益都人，初見建炎元年三月，今年五月戊子除江東提刑。其除舍人，日曆、題名皆失之。

知樞密院事、御營副使、宣撫處置使張浚以親兵千五百人、騎三百發行在。此據紹興三年九月乙亥浚奏到隨行兵數修入。賜度僧牒二萬、紫衣師號五千爲軍費。此據紹興四年九月趙鼎乞添賜度牒狀增入。度牒二萬道，此時爲直二百二十萬緡。

朱勝非閒居録云：「浚出使，賜錢百五十萬緡。」與此不同，當考。上賜川陝官吏軍民詔曰：「朕嗣承大統，遭時多故。夙夜以思，未知攸濟。正賴中外有位，悉力自效，共拯傾危。今遣知樞密院事張浚往諭密旨，黜陟之典，得以便宜施行。卿等其念祖宗積累之勤，勉人臣忠義之節，以身徇國，無貽名教之羞。同德一心，共建隆興之業。當有茂賞，以答殊勳。」自王瓊、謝亮之歸，朝廷聞鄜延經略使曲端欲斬王庶，疑其有反心，乃以御營使司提舉一行事務召端，端疑不行。權陝西轉運判官張彬劾端不聽，議者喧言端反，端無以自明。至是，浚入辭，以百口明端不反。時明州觀察使劉錫、親衛大夫明州觀察使趙哲皆在浚軍，浚辟集英殿修撰、知秦州劉子羽參議軍事，尚書考功員外郎傅雱、兵部員外郎馮康國主管機宜文字，武功大夫、忠州防禦使王彥爲前軍統制，彥將八字軍以從。太學博士何洋、閤門祗候甄援等俱從行。康國將行，往辭臺諫，趙鼎謂之曰：「元樞新立大功，出當川陝半天下之責，自邊事外，悉當奏禀。蓋大臣在外，忌權太重也。」是日，浚軍行屯雨花臺。時東京米升四五千，留守杜充既還朝，副留守郭仲荀以敵逼京畿，糧儲告竭，遂率餘兵赴行在。充先行，至江寧鎮，與浚遇，屏人語，久之而別。

21 辛丑，朝奉郎陳恬直秘閣，主管西京嵩山崇福宮。恬，堯叟元孫。堯叟，閬中人，祥符中爲樞密使相。少力學，屏居陽翟，躬耕養母，往來嵩少間。上皇聞其名，詔爲秘書省正字，奉祠去。避地還蜀，大臣薦其賢，至是復召。恬以老疾求去，未幾卒於桂州。

中奉大夫、知滁州向子伋請罷民兵，復巡社，專保鄉井，毋得調發守隘。從之。尋命聽守臣節制。子伋，敏中元孫也。

詔進士陳大川、程百之並補迪功郎。大川、百之未見。

初，朝廷以靳賽爲淮東馬步軍副總管，屯揚州，已而復叛。招撫使王瓊與遇於興化縣，瓊軍不整，爲賽所乘，大敗，制書、金鼓、印文皆爲賽所得，瓊僅以身免。

22 壬寅，詔迎奉皇太后率六宮往豫章，且奉太廟神主、景靈宮祖宗神御以行。百司非預軍旅之事者，悉從。以參知政事李邴、端明殿學士簽書樞密院事滕康並爲資政殿學士，邴權知三省樞密院事，康權同知三省樞密院事，凡常程有格法事，及四方奏讞、吏部差注、舉辟功賞之屬，皆隸焉。奏讞事，四年二月丙申還行在。惟軍旅錢穀除拜，則總於行營如故。仍命龍神衛四廂都指揮使、建武軍節度使楊惟忠將衛兵萬人從行。熊克小曆：「上以金將入邊，方遣兵守淮及控扼江上，未有順動之意。壬寅，詔云云。」按日曆，六月乙亥，上已降御筆及此事，今但以臨行申諭諸路耳。今於六月乙亥、七月壬寅各隨事書之，庶見本末。

宣武軍節度使、東京留守杜充爲中大夫、同知樞密院事，兼宣撫處置副使。呂頤浩、張浚薦之也。仍命充總兵防淮，賜錢八十四萬緡，爲軍中四月之費。

時奉使洪皓等未至雲中，完顏宗弼請侵江浙⑦，左副元帥宗維許之。

大理寺言范瓊已賜死，詔宣撫使司參議軍事劉子羽諸治獄官吏各進秩一等，獄卒及軍士與勞者，賜銀帛各有差。

23 乙巳，詔户部供錢絹各二萬貫匹，銀萬兩，隨從皇太后，以備支費。后性儉約，有司日供千緡而止。及是，將行，斥賣殿庫絹二千匹以充費。上聞之，謂大臣曰：「朕事太后與所生無異，近市得衣絹數十匹，即先分獻，飲食亦然。今往南昌，未有還期。除綿自禁中分納外，餘可令趣辦之。」

命江西、閩、廣、荆湖團練槍仗手、峒丁，以備調發。

詔：「淮南沿江民間水手、小舟，並委守令籍其姓名，俟有探報，其巡檢各部赴江岸與本處地分，同備戰守。優給錢米，候事定日放散。」時沿江雖置巡檢，而朝請郎、通判池州郭偉言：「濱江之民，皆善操舟。萬一敵騎掩至，所謂巡檢勢力單弱，不能拒敵，則沿江習水之人必爲敵用。」故有是旨。

吴國長公主入朝，以易元吉畫、玉管筆、小玉山爲獻。上諭以：「朕平生無玩好，長主厚費致之，殊可惜。」復還之。

山東盜郭仲威，初與李成同在淄州。金人入淄，成先往泗上，仲威乃引兵至淮陽軍，欲與其民貿易。既而圍之，仲威之衆才數百，乃取下邳八鄉之民雜於軍中，凡四月。至是，城陷，仲威入城大掠，取强壯以充軍。

京西南路招捉副使王俊掠汝州，京西北路制置使翟興聞之，親往招俊。既入境，命塞井夷竈以困興。興至城下，俊欲出兵擊之，興曰：「吾以好意來，而俊敢爾？」命攻之。將士應時登城，俊引其衆遁歸繖蓋山，興按轡入城，秋毫無犯，百姓皆安堵。後三日，引兵至繖蓋山，俊出戰，興又敗之。

校勘記

①又封其妻梁氏爲護國夫人　「護」字疑誤。本書以下各卷作「和」，然梁氏嘗受封爲兩國夫人，故存此不改。

②頃罹邦禍　此下底本注一「缺」字，而文津閣本乃一「時」字。

③故因元帥而　此下底本注一「缺」字，而文津閣本乃一「主」字。

④郴州編管　「郴」，原作「彬」，據叢書本改。宋史全文卷一七上即作「郴」。

⑤致明後以宣諭朱異奏雪調官　「朱」，叢書本作「未」。按：本書卷六〇有「尚書考功員外郎朱異兼權監察御史充浙西宣諭」之記事。又，此句後原有四庫館臣按語：「此條史繫甲申日。」今删。

⑥而江浙制置使韓世忠屯蔣山　「江浙」，原誤作「浙江」，逕改。宋史全文卷一七上即作「江浙制置使韓世忠屯蔣山」。

⑦完顔宗弼請侵江浙　「宗」，原闕，叢書本同，逕補。

建炎以來繫年要録卷二十六

1 建炎三年八月戊申，按是月丁未朔。環慶經略使王似言：「方今用兵之際，關陝六路帥乞皆用武臣。」呂頤浩曰：「臣少識种諤，眇小而爲西夏信服。今之武帥，類皆鬭將，非智將，罕見如諤之比。」杜充曰：「方今艱難，帥臣不得坐運帷幄，當以冒矢石爲事。」上曰：「王似未知武臣少能知義理，若文臣中有智勇兼資，練達邊事，如范仲淹者，豈必以親臨矢石爲多，何藉武帥①？」

2 己酉，移浙西安撫司於鎮江府。臨安守臣改帶管内安撫使。

翰林學士曾楙試禮部尚書，龍圖閣待制、知台州謝克家試兵部尚書。

右文殿修撰、江淮等路發運副使葉焕爲徽猷閣待制、知鎮江府。焕進職在壬子，今併書之。

3 壬子，資政殿學士、權知三省樞密院事李邴以本職提舉杭州洞霄宫。邴與呂頤浩論不合，力丐免，乃有是命②。

資政殿學士、權同知三省樞密院事滕康進權知三省樞密院事，吏部尚書劉珏爲端明殿學士、權同知三省樞密院事，仍許珏綴執政班奏事。

詔尚書吏部侍郎高衛從衛往洪州，仍兼御營使司參贊軍事，沿路因便處置控扼及具形勢以聞。時雖下詔堅守建康，而議者以爲朝廷陰爲避敵之計。吕頤浩因奏事，爲上言：「如曾楙尚疑之，況小民乎？宜量留嬪御，掌批奏牘，以固人心。且免令内臣權管，恐其不密，或緣此開端。」上納之。按洪州之行，潘賢妃實往，而張才人、吴夫人留上左右，恐用頤浩納説也。

4 甲寅，劉文舜寇舒州，通判權州事鄭嚴遣人以禮待之。文舜喜，遂入城，秋毫不敢犯。嚴請於朝，以文舜爲淮西都巡檢使，賜金帶。嚴，鍾離人也。

龍圖閣待制、陝西節制使王庶罷，徽猷閣直學士、知慶陽府王似爲陝西節制使。初，庶聞敵去，復入延安，而城不可守，乃移駐洛交，收召散亡。會詔庶守長安，庶益治軍，且上章請不能守延安之罪，遂罷去。延安之陷也，金人移兵趨環慶路，似選勁兵邀擊於險，兵不能進，故用之。

5 乙卯，詔應侍從官，非功在社稷及死於國事之人，所得官給葬事指揮勿行。以言者有請也。此據紹興三年正月十九日廣東轉運判官章傑中省劄子增入，日曆在乙丑。

6 丙辰，詔祠部度牒改用綾紙，倣茶鹽鈔法，用朱印合同號③，仍增綾紙工直錢十緡，通舊爲百二十緡。以尚書户部侍郎葉份兼權禮部侍郎提領措置。自治平末年，始鬻度牒，李燾長編熙寧元年七月戊戌注：「前此未嘗書賣度牒，因錢公輔言，表而出之。鬻度牒蓋始此年。」按實録，治平四年十月庚戌，賜陝西轉運司度牒千道，糴穀賑濟。此云始於熙寧元年，事亦相近。渡江後，軍興費廣，用度多仰之。舊以黄紙印造，故僞者易爲。至是，户部郎中朱異等以爲言，始有是命。既而户部無見綾，乃改用絹。

7 辛酉，廣州州學教授林勳獻本政書十三篇。勳以爲：「國朝兵農之政，大抵因唐末之故。今農貧而多失職，兵驕而不可用，是以饑民、竄卒類爲盜賊。宜倣古井田之制，使民一夫占田五十畝。其有羨田之家，毋得市田；其無田與游惰末作者，皆驅之使爲隸農，以耕田之羨者，而雜紐錢穀，以爲什一之稅。本朝二稅之數，視唐增至七倍。今本政之制，每十六夫爲一井，提封百里，爲三千四百井，率稅米五萬一千斛，錢萬一千緡，每井賦二兵、馬一匹，率爲兵六千四百人，馬三千五百匹。此方百里之縣所出賦稅總數。歲取五之一，以爲上番之額，以給征役。無事則又分爲四番，以直官府，以給守衞，是民凡三十五年而役始一徧也。悉上則歲食米萬九千餘斛、錢三千六百餘緡。無事則減四分之三，皆以一同之租稅供之。匹婦之貢，絹三尺、綿一兩，百里之縣，歲收絹四千餘匹、綿三千四百斤。非蠶鄉則布六尺、麻二兩，所供視綿、絹率倍之④。行之十年，則民之口算，官之酒酤，與凡茶鹽香礬之榷，皆可弛以予民。」其說甚備。書奏，以勳爲桂州節度掌書記。其後勳又獻比校書二篇，大略謂：「桂州地東西六百里，南北五十里，以古尺計之，爲方百里之國四十。當墾田二百二十五萬頃，有田夫二百四萬餘人，出米千二十四萬斛，禄卿大夫以下四千人，賦兵三十萬人。今桂州墾田約萬四十二頃，丁二十一萬一千，稅錢萬五千餘緡，苗米五萬餘斛，州縣官不滿百員，官兵五千一百人。蓋土地荒蕪，而游手末作之人衆，是以地利多遺，財用不足。皆本政不修之故。」勳，臨賀人也。

8 壬戌，隆祐皇太后登舟發建康。百官辭於內東門，上猶慮金人侵犯⑤，密諭滕康、劉珏令緩急取太后聖旨，便宜以行。此據李正民乘桴記⑥。

9 癸亥，徽猷閣待制洪皓奏，自壽春府由東京出界。呂頤浩曰：「將來崔縱未必不先到。」上曰：「今奉使欲如王雲者，豈易得？」先是，羣盜張俊、俊即小張俊也，後賜名守忠。李貴嘯聚潁上，道益梗。提舉官范潩、張鋭常招慰之，旋復亂。皓至順昌，聞賊有至近郊以牛、驢市物者，約與相見譙門下。皓曉譬切至，曰：「自古無白頭賊。」賊竦寤，請歸報其渠帥，乃爲書至其窟穴，俊、貴皆聽命，率所領入宿衛。貴即俗所謂李閻羅者。此據洪皓行述附見。日曆紹興三年五月二日，御史臺主簿陳祖禮劄子：「元係迪功郎、聞喜縣尉，京東西路提刑陳昌弼奏辟充準備差使，被差徐州等處幹事。至利國監界，遇郡賊張俊等，全火盡伏招安⑦。蒙本司保奏，建炎二年十一月初一日準告，授宣義郎。」據此文，在皓出使之前，不知與范潩、張鋭有無相關。今附此，當求他書參考。

直龍圖閣、兩浙轉運副使王琮罷，仍奪職，坐不刊行資治通鑑板本也。始，范沖刻是書，垂成而去。琮至，遽罷之。言者劾琮指司馬光爲奸人，謂通鑑爲邪説，必欲毀板，恐其流傳。故有是命。日曆不載劾疏，此以四年十月乙酉刑部檢舉復職狀修入。

10 乙丑，直龍圖閣、權東京留守判官程昌寓自京城還蔡州。初，杜充既去，昌寓以無糧不可留，引所部還蔡。昌寓家傳：「六七月⑧，蔡父老五百餘人投牋於留司，丐公還，曰：『蔡洊經寇攘，自公臨治，盜奔他境。雖今有本道運判滕膺攝事，民未安其政。』詞旨誠切，杜充時爲宣撫，聞之檄公還。」按昌寓之去，乃以無糧不可留，非爲蔡也。趙甡之遺史：「十月，昌寓入京師，四年正月還蔡。」昌寓在京師凡四月，隨行軍吏無糧食，乃不可留。甡之所書，年月恐誤，今從家傳。副留守郭仲荀亦引餘兵歸行在，遂以直徽猷閣、京畿轉運副使上官悟權京城留守。悟初見元年八月丙寅。日曆悟以元年六月壬午除京畿轉運判官，自後不見除日。臣家藏綸言集有悟除直徽猷閣副使制詞略云：「其陞延閣之班，以正使名之重。」故知今爲此官職也。仲荀既行，都人從之來者以萬數。離京師數日，始得穀食。自此，京師人來者遂絕矣。

先是，知唐州滕牧爲董平所逐，事見今年五月乙巳。會羣盜八䈥針王民等犯京西，牧自襄陽遣使招之，皆聽命，遂以其衆還桐柏攻平。民取道蔡州，昌寓不納。民營城東兩日，無所得而去。牧以民之軍與平戰，平敗，執通判州事李祁以行。未幾，牧遷京西轉運判官，唐州遂無主將。京師自悟留守後，命令不復能行，留守司名存而已。據程昌寓家傳，王民以昌寓至蔡之日過其州，故附於此。未知與董平以何日戰也。

初，統制官喬仲福自閬中引兵還行在，道饒州，入其郛，占民居，掠子女。呂頤浩聞之白上，詔官軍經由州縣者，皆毋得入城，仍具應付錢物數及有無騷擾申尚書省。

11 丙寅，上謂輔臣曰：「國用匱乏，政以所費處多。」呂頤浩曰：「用兵費財最號不貲，故漢文帝不言兵而天下富。」上曰：「用兵與營造最費國用，深可戒也。」中興聖政：臣留正等曰：「漢武帝外事四裔，内侈宮室，剥民之膚極矣。及盜賊蜂起，乃始封宰相以富民侯，顧奚益哉？太上皇帝以用兵、營造爲蠹財之戒，其有鑒於斯乎？然臣嘗竊議之，二者爲財用之蠹雖均，宮室之奉所當深戒，師旅之興有出於不得已者。文帝惜露臺百金之費，而乃講武於上林，聚兵於廣武，豈靳營造而輕於用兵哉？蓋應敵之備，不得不然也。太上皇帝在位三紀，臺榭苑囿無所營繕，内帑所積甚富。及金人南侵，餽餉賞犒之費盡出於此，而民不知。易曰：『節以制度，不傷財，不害民。』而後知聖慮無一日不在斯民也。」

12 丁卯，朝散大夫、京東路轉運判官杜時亮爲秘閣修撰，假資政殿學士、充奉使大金軍前使，進士宋汝爲授修武郎，假武功大夫、開州刺史副之。初，朝議以爲敵師且至，而洪皓、崔縱未得前，求可使緩師者。時亮，宣和末嘗爲燕山路幹辦官，金許王宗傑至燕，與呂頤浩等五人俱被執，既而釋之。汝爲，豐縣人，身長七尺餘，博聞彊記。徐州之陷，闔族百餘人皆死。至是，聞金人入犯⑨，見部使者陳邊事，遣詣行在所。上納其說，命持書遺金主晟請和，且致書左副元帥宗維，略曰：「古之有國家而迫於危亡者，不過守與奔而已。今以守則無人，以奔則無地，此所以鰓鰓然惟冀閣下之見哀而赦已。故前者連奉書，願削去舊號。是天地之間，皆大金之國，而尊無二上，亦何必勞師遠涉而後爲快哉？」謹按，十一月丁卯詔書云：「在建康，遣杜時亮。其爲書指，曲盡哀祈。」恐即此書也。國史拾遺與元帥書：「八月日，謹致書國相元帥閣下：某昨遣洪皓輸懇切之誠，懼道塗梗塞，或不時布聞，則又令崔縱進書御者。既遣使者於庭，君臣相聚，泣而言曰：古之有國家而迫於危亡者，不過守與奔而已。今大國之征小邦，譬孟賁之搏僬僥耳。以中原全大之時，猶不能抗，況方軍兵撓敗，盜賊交侵⑩，財賄日朘，土疆日蹙。若偏師一來，則束手聽命而已，守奚爲哉？自汴城而遷南京，自南京而遷揚州，自揚州而遷江寧。建炎二年之間，無慮三徙。今越在荊蠻之域矣，所行益窮，所投日狹，天綱恢恢，將安之耶？是某以守則無人，以奔則無地，一身彷徨，跼天蹐地，而無所容厝，此所以朝夕鰓鰓然，惟冀閣下之見哀而赦已也。恭惟元帥閣下，以宗英之重，行弔伐之師。謀略如神，威權不世。其用兵之妙，與黄帝争驅。遂北平契丹，南取中國。極天所覆，混爲一區，此豈載籍所有哉？故⑪願削去舊號，自此一⑫者，蓋知天命有歸，而欲仰以成⑬一尊之人也。如此，則⑭金珠玉帛者，大金之外府也；學士大夫者，大金之陪隸也。是天地之間，皆大金之國而無有二上矣，亦何必勞師遠涉，然後爲快哉？昔秦併天下，可謂彊矣，而不廢衛角之祀；漢高祖成帝業，可謂大矣，而不滅尉佗之國；周武帝兼南北朝，可謂廣矣，而許留蕭詧以爲附庸。故曰，竭山而畋者，非善畋者也；竭澤而漁者，非善漁者也。伏望元帥閣下，恢宏遠之圖，念孤危之國，回師偃甲，賜以餘年。⑮儻異時奉事之誠，不足以當保持之意，則移師問罪，⑯何難之有？某亦將何辭？嗚呼，中天而立，至威也；相時而動，至明也；存人之血祀，至信也；全人之肝膽，至仁也。兼是四者，在閣下德爲何如？在某之感爲何如？不寧惟是而已，大軍一回，則數百萬之生靈永保室家，數萬里之山河永成井邑，亦大國之利也，孰與夫皇皇稱兵，而自殘其一統之內哉？今⑰社稷存亡，在閣下一言。某之受賜，有若登天之難；而閣下之垂恩，不啻轉圜之易。伏惟留神而特加矜察焉。謹再遣使資政殿學士朝請大夫文安縣開國子食邑五百户賜紫金魚袋杜時亮、副使武功大夫開州刺史武功縣開國男食邑三百户宋汝爲，特詣行府。儻蒙許使參見，面受約束，幸甚。素秋將杪，冀益順時保重⑱，永綏壽祉。」時劉豫節制東平，吕頤浩因以書遺之，俾汝爲面陳朝廷密意。

光禄少卿范寅敷自金來歸，詔寅敷都堂審察。寅敷已見元年二月戊辰。先是，知陝州李彦仙遣小將趙成往雲朔覘事，比還，念無以自明，乃挾寅敷以歸。至是，赴行在。成，正平人也。此據張鈞續中興忠義録。

13 己巳，詔郭三益、鄭穀所賜田宅並減半。初，上念鄭穀之忠，且以其河朔人，無家可歸，故於常賻外賜第一區、田十頃。比三益繼薨，其家援以爲請，許之。言者論三益本王黼死黨，穀無尺寸功，乃減其半。言者又争之，遂寢其命。其後，上思穀之忠，卒賜之。

14 庚午，奉安滁州端命殿太祖皇帝御容於建康府天寧萬壽觀。

15 壬申，上謂輔臣曰：「高麗入貢人使將至，聞上皇遣内臣、宫女各二人來，朕聞之，一則以喜，一則以悲。朕違遠二聖，已及三年，忽得安信，豈得不喜？上皇當承平之久，以天下之養奉一人，彼中居處服食，凡百麤陋，而朕居深宫廣殿，極不遑安。且朕父母兄弟及妻皆在異域，惟有子，近又薨逝。孑然一身，當此艱難，所以悲也。」玉音未已，淚已盈臉。吕頤浩曰：「願陛下少寬聖抱，大恢中興之業。二聖忽有使來，南歸之期可望。此必金人之意，若非彼意，數人者雖至高麗，高麗亦不肯令來。」上曰：「然。」

詔布衣陳篆、吴石、韓彦、李元忠並假從事郎，令入對。石，常州人。彦，汝州人。元忠，河北人。篆等皆從杜充軍往壽春，故有是命。

16甲戌，禮部尚書曾楙爲翰林學士承旨。禮部侍郎張守爲翰林學士。先是，殿中侍御史趙鼎入對，論守無過下遷。按守原爲御史中丞，六月甲戌，以言事異旨，遷禮部侍郎。上曰：「以其資淺。」鼎曰：「中丞臺綱所繫，豈計資耶？且言事官無他過，願陛下毋沮其氣。」時上每除言官，即置一簿，考其所言多寡。鼎爲臺諫三月，而言四十事，上皆行之。中興聖政：龜鑑曰：「朝政有闕，許士庶以直言利害，當講諭從臣而給札，或以朕之耳目付臺諫，或以不畏强禦責御史。趙鼎有言四十事，固足以見鼎之盡職，而四十已行三十六，尤足以見高宗之善政。增言事官，置言事簿，而聽言路廣矣。」

17乙亥，直顯謨閣、知青州劉洪道充徽猷閣待制、京東經略安撫制置使。時洪道奏使，時洪宮等牽制且諸將不⑲。上以京東僻在一隅，而洪道屢騰奏牘，欲倚之經略山東，故有是命。又以武功大夫、忠州刺史宮儀知濟南府，召知濰州閻皋赴行在，仍下詔戒諭之。於時洪道等皆失守，而皋已南奔，朝廷蓋未知也。趙甡之遺史附此事於今年五月，而日曆載戒諭敕書於七月乙亥。敕書有云：「還洪道制置之印，付宮儀濟南之符，并召閻皋來朝行在。」故且繫此日，更須參考。

鄉貢進士陳登爲迪功郎。登，師道子也，三試禮部不第，客游南方，貧窶不能自立。翰林學士張守等三人言於朝，故有是命。師道，彭城人，秘書省正字。

是月，詔中書門下省檢正官，歲舉官如左右司條例。此以紹興二年四月五日仇悆申明劄子附入。

兵部尚書謝克家言：「今日官冗，外方尤甚，請悉罷之，以紓民力。」又言：「官軍單寡，而郡縣皆有土豪，宜令自相推擇有智勇者，各守其地。郡縣有闕官處，乞許郡守自辟，吏銓無礙，則付以告身。若其狥私，則監司、御史得以糾之。今京東西及江淮悉爲榛莽，難用常法，宜建藩鎮，文武並授，令得便宜從事，財賦亦聽自用。

如捍禦有功，則許世襲。」又言：「國典不存，宜詔諸郡訪求傳録，俟駐蹕既定，悉上送官。」凡此，皆急務也。

校勘記

①豈必以親臨矢石爲多何藉武帥　「爲多何」，原作「何爲多」，據叢書本改。
②乃有是命　此後原有四庫館臣按語：「宋史繫庚戌日。」今删。
③用朱印合同號　「同」，原作「用」，據宋史全文卷一七上改。
④所供視綿絹率倍之　「供」，原作「收」，據叢書本改。
⑤上猶慮金人侵犯　「侵犯」，原作「驟來」，據叢書本改。
⑥此據李正民乘桴記　此後原有四庫館臣按語：「宋史繫己未日。」今删。
⑦全火盡伏招安　「全火盡伏」，叢書本作「同伙盡仗」。
⑧六七月　三朝北盟會編卷一四〇引程昌寓家傳作「七月」。
⑨聞金人入犯　「犯」，原作「邊」，據叢書本改。
⑩盜賊交侵　「交侵」，原倒，據叢書本乙正。
⑪此處底本原注：「缺十二字。」
⑫⑬此處底本原注：「缺二字。」
⑭此處底本原注：「缺十三字。」

⑮ 此處底本原注：「缺十六字。」

⑯⑰ 此處底本原注：「缺六字。」

⑱ 冀益順時保重　叢書本作「德履冀慎寢食」。

⑲ 時洪道奏使時洪宮等牽制且諸將不　此語語意舛亂。四庫館臣有按語：「『洪道奏使』句以下十一字，文義未明，當有闕文。」今删。按：三朝北盟會編卷一二九劉洪道爲京東路經略安撫制置使條載：「上以京東隔在一隅，劉洪道在青州，屢騰奏牘，方倚洪道經理京東，乃除京東經略安撫制置使，併命宮儀知濟南府，召閻皐赴行在。仍賜詔戒諭密州李逵等使之報國。」可參。

建炎以來繫年要録卷二十七

1 建炎三年閏八月丁丑朔，御筆：「朕嗣位累年，凡可以和戎息兵者①，卑辭降禮，無所不至。而敵人猖獗，迫逐陵犯②，未有休息之期。朕甚憚之。比命杜充提兵防淮，然大江之北，左右應接，我所守者一，由荆襄至通泰，敵之可來者五六，兵家勝負，難可預期。朕欲定居建康，不復移蹕，與夫右趨鄂岳，左駐吴越，山川形勢，地利人情，孰安孰危，孰利孰害？三省可示行在職事、管兵官，條具以聞。」始，張浚建武昌之議，呂頤浩是之，有成説矣。浚行未幾，江浙士大夫摇動，頤浩遂變初議。是日，召隨駕百官及諸統制赴都堂，至晚，以二十五封進入，大率皆言鄂岳道遠，饋餉難繼。又慮上駕一動，則江北羣盜乘虚過江，東南非我有矣。翌日，輔臣入對，上猶未觀，謂頤浩曰：「但恐封事中趨向不一。昔真宗澶淵之役，陳堯叟蜀人，則欲幸蜀，王欽若南人，則欲幸金陵，惟寇準決策親征。人臣若不以家謀，專爲國計，則無不安利矣。」然卒定東巡之策。

2 戊寅，尚書工部侍郎兼知建康府湯東野提舉應副六宮事務，先往平江。按六月壬寅詔書，隆祐皇太后率六宮先往豫章，以趙鼎扈從録考之，潘賢妃實從。今此猶有所謂六宮者，豈非上左右侍御之人邪？四年六月己亥注云可考。

徽猷閣待制、知廬州胡舜陟知建康府，充沿江都制置使。集英殿修撰王羲叔副之。先是，舜陟言欲專治軍旅，前迎大敵，以謀與戰，仰護行在。王綯曰：「舜陟語甚壯，似可託以方面。」上曰：「言未可信，須在行事。」會兵部侍郎、沿江措置使陳彦文引疾罷爲龍圖閣直學士、在外宫觀，乃卒用之。自軍興後，淮西八郡，羣盜攻蹂無全城。舜陟守廬二年，安堵如故，繇是廬人德之。

龍圖閣直學士、知平江府孫覿罷，仍奪其職。以言者論覿嘗建明王安石常平聚斂之法也。時覿在平江，拘催民間崇寧以來青苗積欠，民苦其擾。上聞，亟下詔除之。下詔在九月己未，今併附見。

資政殿學士、提舉杭州洞霄宫李邴知平江府。

初，以防秋起江、浙、福建、湖南等路禁兵，屯於昇、江、蘇、潤、荆、襄六郡，而宣撫處置使張浚以江東諸州地多要害，用便宜止之。己卯以聞，然議者謂浚所得便宜之命，當用於川陝軍前，今甫出國門而遂用之，非也。議者蓋朱勝非。

3 乙酉，詔諸路復置提舉常平官指揮勿行。用殿中侍御史趙鼎疏也。鼎之疏曰：「臣聞漢昭元年，罷榷酤均輸之法，唐順宗即位，罷月進羨餘之資，如拯溺救焚，惟恐其不及，所以固邦本於不拔，延世祚於無窮。恭惟陛下即位之元年，即降指揮，罷常平官吏，蠲免常平錢穀。詔下之日，無遠無近，鼓舞歡呼，仰戴惟新之政。而去歲之冬初，復有指揮置提舉官，根刷諸司侵支，催理民間舊欠。諸司侵支，固豈入己，非軍期犒賞，則月給錢糧，逼使撥還，亦非己出，奪彼與此，有何利害？民間舊欠，所在皆然，非逃亡人民，則庯胥猾户，迫令輸納，號令不行。良善之氓，例遭抑配。開猾吏衣食之源，遺平民椎剥之苦。人心駭愕，物論紛紜。使陛下重失人心，特在此舉。繼聞有旨，委從官詳議。渡江之後，未即施行，而遠方官司，奉承不暇。修飾廨舍，召置吏人，供帳什物之資，增給禄廪之費，不知其幾何也。近據監察御史林之平申，福州一州，已使過錢三萬餘貫，則其餘州縣，計不減此。提舉官差與不差，提舉司置與不置，元無明降指揮，徒使四方奉行違戾。竊惟斂散，本非良法。知取債之利，而不知還債之害。前言固已曲盡於人情，而今乃督責於既已放免之後，其爲嗟怨，豈特還債之比邪？臣願陛下明降睿旨，一依建炎元年指揮，罷提舉常平官吏，放見錢穀，仍令追理耗用樁充錢本，復舊平糴之法。不惟陛下恤民之詔不爲空言，而使斯民復見祖宗之政矣。」疏奏，從之。

是日，上謂輔臣曰：「士大夫間有言李綱可用者。朕以其人心雖忠義，但志大才疎，用之必亡人之國，故不復用。」吕頤浩曰：「臣等與綱素無嫌隙，原其心，非故欲誤國，但志大才疎耳。」上曰：「如聽邢倞言，遂結餘覩，金人至今以爲釁端。」周望曰：「如宣撫河東，先於河陽置納級庫③，金人聞而笑之，亦足見其疎也。」

4 丙戌，御營使司參議官柳約請令土豪募民防江，不仰給縣官者，二百五十人官其首，仰給者倍之。先是，沿江制置司乞計人數正補官資，更不借補。上曰：「自崇、觀以來，爵秩叨濫，日甚一日。如小使臣闕只二萬餘，今借補者何啻三五十萬？將來事平，未知何以處之。」吕頤浩曰：「若分布諸州縣，止給俸錢，即不難處也。」王綯曰：「富貴人主操柄，若使臣下得假，將何以馭臣？」上甚以爲然。

5 丁亥，輔逵攻漣水軍南寨，大掠之，殺漣水軍使朝請大夫郝璘、丞修職郎吴深，此以紹興二年四月十五日璘家乞推恩狀增修。遂以其衆降於淮南招撫使王瓔。先是，太學博士孟健自海州率民兵數千勤王，至漣水軍南寨，因留焉。逵攻之數月，及陷，健與其家皆死。後贈璘等官，録其家有差。健初見二年三月。紹興五年四月己酉推恩，深三年五月癸未推恩，今並附此。

是日，上召諸將，問以移蹕之地。御前右軍都統制張俊、御營都統制辛企宗勸上自岳鄂幸長沙，左軍都統制韓世忠後至，曰：「國家已失河北、山東，若又棄江、淮，更有何地？」上乃命內侍押三人赴都堂議。上聞俊等退避之説，殊怫然，至晚不食。

6 戊子，呂頤浩等入對，上謂曰：「俊、企宗不敢戰，故欲避於湖南。朕以爲金人所恃者，騎衆耳。浙西水鄉，騎雖衆，不得騁也。且人心一摇，雖至川廣，恐所至皆敵國爾。」頤浩曰：「金人之謀，以陛下所至爲邊面。今當且戰且避，但奉陛下於萬全之地。臣願留常、潤死守。」上曰：「朕左右豈可無宰相？」周望曰：「臣觀翟興、李彦仙輩，以潰卒、羣盜，猶能與金兵對壘，拒守陝、洛。臣等備位宰執，若不能死戰以守，異日何顔見彦仙輩？臣實恥之。」上曰：「張守入對，言不如留杜充建康，不可過江。」頤浩曰：「臣與王綯、周望、韓世忠議，本自如此。」上又欲令世忠守鎮江府，劉光世守太平及池州。頤浩等以爲然，防淮之義遂格。

7 己丑，尚書右僕射、同中書門下平章事呂頤浩進左僕射、同知樞密院事，杜充守右僕射、並同平章事，兼御營使。充既升宥密，自言中風在告，上知其不滿，且以充久司留鑰，天下屬望，將授以兵柄，故越次用之。制下四日，充即起視事。熊克小曆命二相在丁亥，今從日曆。充止進一官，爲太中大夫，蓋當制學士失之。參知政事王綯兼御營副使。

8 是日，通奉大夫范致虚入對。先是，右正言呂祉言致虚之才在今日可當一面，雖有過，宜棄瑕用之。乃自謫籍中召赴行在。而右諫議大夫富直柔力言致虚不當復用，遂除資政殿學士、知鼎州。祉亦隨罷諫職。祉除外任，據諫院題名在此月，日曆無之。

武功大夫、忠州刺史、知濟南府宫儀屯盤石河，數與金戰，勝負略相當。金人患之，乃宣言宫太尉馬軍五不能當我之一，然步軍絶勝。儀聞之，以爲然。金人屯密州北二十里，時出兵而南，儀禦之，敵佯若不勝而退，儀易之，敵伺知其懈，至是，引兵攻儀，馬步俱進。方戰，馬軍少却，既而分爲兩翼，直攻中軍。儀猶不知，衆遂大潰。儀與京東經略安撫制置使劉洪道奔九仙山。敵又逼之，洪道以餘兵二千奔海州。李逵、吴順乃以密州降金。洪道過楚州，爲郭仲威所敗，遂至真州。詔儀即真州屯駐。

淮東副總管靳賽以所部詣御營副使劉光世降，光世因以爲將，就統其軍，人人皆喜。

9 庚寅，起居郎胡寅上疏曰：

臣伏覩詔書，以敵人侵凌，備禦不給，遂有移蹕之意。右顧岳鄂，左趨吴越，安危利害，下訪羣臣。臣聞孔子曰：「成事不説，遂事不諫，既往不咎。」今臣所陳，不免追咎既往者，蓋謂建炎以來，有舉措大失人心之事，今欲復收人心而圖存，則既往之失不可不追，不可不改故也。

一，昨陛下以親王介弟，受淵聖皇帝之命，出帥河北。二帝既遷，則當糾合義師，北向迎請，而遽膺翊戴，亟居尊位，遥上徽號，建立太子；不復歸覲宫闕，展省陵寢；斬戮直臣，以杜言路；南巡淮海，偷安歲月。金兵深入陝右，遂破京西，而漫不治軍，略無捍禦。盜賊横潰，莫之誰何。無辜元元，百萬塗地。怨氣上格，日昏無光。飛蝗蔽天，動以旬月。方且製造文物，縻費不貲，猥於城中，講行郊報，朝廷動色，相謂中興。敵騎乘虛，直擣行在，匹馬南渡，狼狽不堪。淮甸之間，又復流血。逮及反正寶位，移蹕建康，不爲久圖，百度頹弛。淮南宣撫，卒不遣行，自畫大江，輕失形勢。一向畏縮，惟務遠巡。軍民怨咨，如出一口。存亡之決，近在目前。凡此節次十餘條，皆所謂舉措失人心之大者也。

自古衰亡固不足道，請以中興者言之。夏少康、周宣王、燕昭王、越勾踐、漢光武，莫不任賢使能，修政事，治軍旅，而其奮發刻厲，期於必成者，則又本於憤恥恨怒之意，不能報怨，終不苟已，所以光復舊物，各稱賢君。未有乘衰微缺絶之後，竊竊焉因陋以爲榮，施施焉苟且以爲安，而能久長無禍者也。爲陛下計當何如？而黄潛善、汪伯彦顧以乳嫗護赤子之術待陛下，曰：「上皇之子，殆將三十人，今所存惟聖體，不可不自重愛也。」曾不知太祖勤勞取天下，列聖兢業嗣守，不敢墜失。今也宗廟爲草莽堙之，陵闕爲畚鍤警之，堂堂中華，戎馬生之④，赫赫帝圖，盜賊營之。然則潛善、伯彦所以誤陛下，陷陵廟，蹙土宇，喪生靈者，又豈燕昭、越踐、漢光武之比乎？本初嗣復，既不爲迎二帝之策；因循遠狩，又不爲守中國之謀。以至於今，德義不孚，而號令不行；刑罰不威，而爵賞不勸。巡幸所至，民以淮甸爲戒；駐蹕所在，人以敵至爲憂。東南之州郡幾何？翠華之省方無已。若不更策以救垂亡，則陛下永負孝弟之愆，常有父兄之責，則人心已去，天命難恃，雖欲羈栖山海，跋履崎嶇，臣恐非所以爲自全之計也。

爲今之計，願陛下一切反前失而已。則必下詔曰：「繼紹大統，出於臣庶之謟而不悟其非；巡守東南，出於僥倖之心而不虞其禍。經涉變故，僅免危亡。蓋上天警戒於眇躬，俾大宋不失於舊物。金人扶立僭僞，俾臣作君⑤，朕義不戴天，志思雪耻。父兄旅泊，陵廟荒殘，罪乃在予，無所逃責。」以此號召四海，聳動人心，不敢愛身，決意講武，然後選將訓兵，戎衣臨陣，按行淮甸，上及荆襄，收其豪英，誓以戰伐。天下忠義之士必雲合而景從，天下武勇之夫必響應而飈起。國用不足，於此不患無財；甲馬不强，於此不患無備。有道多助，孰不順之？秦隴雖遥，驍騎壯士，即可坐致；齊魯雖失，饒財厚貨，必自竭輸。陛下凡所欲爲，孰不如志？其爲利害，豈與退保吴越、日就滅亡同年而語哉？

臣不自量，每切憤歎，既未能被堅執鋭，先啓戎行，而服業簡編，討論古昔，固當忘其昧陋，少贊經綸，輒爲陛下畫七策，爲中興之術。其一曰罷和議而修戰略。蓋和之所以可講者，兩地用兵，勢力相敵，利害相當故也，非强弱盛衰不相侔所能成也。而其議則出於耿南仲，何也？淵聖皇帝在東宫，當宣和季年，王黼欲摇動者屢矣。南仲爲東宫官，計無所出，則歸依右丞李邦彦。時邦彦方被寵眷，又陰爲他日之計，每因王黼讒譖，頗曾解紛，亦緣上皇仁慈，本無移易太子之意也。既而淵聖嗣極，遞遷前朝大臣，而邦彦爲次相。金人遽至城下，邦彦諂諛小人，烏知遠慮？遂獻和議，而南仲以宫傅之重，方奉椒房出奔，聞六飛堅守，至陳留而返，自愧其失，因附邦彦而沮种師道擊敵之謀。於是覆邦之患，滋蔓而起，分朋植黨，必欲自勝。主戰伐者李綱、种師道兩人而已，機會一去，國論紛然。中制河東之師，必使陷没，以伸和議之必信。二帝遠去，宗族盡徙，中原塗炭，至今益甚者，本緣南仲主持邦彦，以報私恩，不爲國慮之所致。其朋徒附合，狠忮膠結，寧誤趙氏，不負耿門之所爲也。使其可和，則淵聖執德不回，馴致禍敗，而陛下卑詞厚禮，避地稱臣，無所不用其極，乞和之使接武於道，宜其少緩師矣，何乃累年而尚無效耶？

自古中國盛强，如漢武帝、唐太宗，其得志四夷，必并吞掃滅，以示廣大，侮亡取亂，竭其兵力而後已。中國禮義所自出也，恃强陵弱，猶且如此。今乃以廉退慈仁君子長者之事，望於黏罕⑥，有是理哉？若以爲强弱之勢絶不相侔，縱使向前，萬不能抗，則自古徒步奮臂，無尺寸之地而争帝王之圖者，彼何人哉？伏望陛下明照利害之原，罷絶和議，刻意講武，以使命之幣，爲養兵之費，此乃晉惠公征繕立圉之策，漢高祖迎太公、吕后之謀，斷而行之，堅確不變，庶幾敵國知我有含怒必鬭之志，沙漠之駕，或有還期。不然，則今僻處東南，萬事不競，納賂則孰富於京室，納質則孰重於二帝？飾子女則孰多於中原之佳麗，遣大臣則孰加於異意之宰輔？深思遠慮，反復計之，所謂乞和，必無可成之理。昔北狄至澶州⑦，王欽若、陳堯佐請幸吴蜀，惟寇準勸親征。及成功之後，欽若等羞恨，無以藉口，則撼真宗曰：「當時寇準亦豈有好計？但是熱血相沃，譬如博錢，以陛下爲孤注耳。」使人君不明，則欽若之言爲愛君，而寇準之功爲幸勝。今之議和者，其情狀一一出於此。苟能息絶其議，陛下不藉之以塞民望，大臣不藉之以寬己責，則必爲善後之圖矣。

其二曰置行臺以區别緩急之務。夫事有緩急，治有先後。既定議講武，則其餘庶事有日力不暇給者，當置行臺以區處之。今典章文物，一切掃地，百司庶府，殆爲虚設，其必不可闕者，惟吏部、户部爲急。誠使江、淮、兩浙、湖北並依八路法，慎擇監司而付之，則吏部銓事亦復減省，不過置侍郎一員、郎官兩員、胥吏三十人，則所謂磨勘、封叙、奏薦常程之事，可按而舉矣。户部所以治天下財賦也，今四方供貢久不入於王府，往往爲州郡以軍興便宜截用。經常一壞，未易復理。竊觀行在支費，每月無慮八十萬，惟以榷貨、鹽利爲無窮之源耳。故臣謂宜置行臺，或建康，或南昌，或江陵，審擇一處，以安太后、六宫、百司，以耆哲諳練大臣總臺，謹守成法從事。郎吏而下，不輕移易，量留兵將爲營衛，命户部計費調度以給之。其虚名無實，徒費國用之所，一切省罷。陛下奉廟社之主，提兵按行，廣治軍旅，周旋彼此，不爲定居。惟是侍從臣寮，帥臣監司，要害守牧，則當加意，以時進退其賢不肖功罪之著明者。而餽餉之權，自宜專責宰相，而選委發運以佐行於下。如漢委蕭何以關中，唐委劉晏以東南，經制得人，加以歲月，量入爲出，何患無財？所謂宰相之任，代天理物，扶顛持危，其責甚重。非特早朝晚見，坐政事堂，弊弊然於文具無益之末，移那闕次以處親舊，濟其私欲而已也。古之人君臨政願治，必委任宰相，豈徒體貌崇重，一聽其所爲？亦必深相提策，務爲明白，計日累月，以考功緒。陛下視今日國勢孰愈於前日乎？此在宸心所自鑒照，臣未敢深論也。

其三曰務實效而去虚文。夫大亂之後，風俗靡然。躬率而丕變之者，則在陛下。夫治兵必精，命將必賢，政事必修，誓戢大憝，不爲退計者，乃孝弟之實也。遣使乞和，廣捐金帛，冀幸萬一者，孝弟之虚文也。屈己致誠，以來天下之士，博訪策略，信而用之，以期成功者，乃求賢之實也。未見賢若不克見，既見則不能由之，或因苟賤求進之人，遂乃例輕天下之士，姑爲禮貌，外示美名者，爲求賢之虚文也。聽受忠鯁，不憚拂逆，非止面從，必將心改，苟利於國，即日行之者，乃納諫之實也。和顔稱善，泛受其説，合意則喜之，不合則置之，官爵所加，人不以勸，或内惡其切直，而用他事遷徙其人者，爲納諫之虚文也。將帥之材，智必能謀，勇必能戰，仁必能守，忠必不欺，得是人而任之，然後待以恩，御以威，結以誠信，有功必賞，有罪必刑者，乃任將之實也。庸駑下材，本無智勇，見敵輒潰，無異於賊，與之親厚，等威不立，賜予過度，官職逾涯，將以收其心，適足致其慢，聽其妄誕張大之語，望其朴實用命之功者，爲任將之虚文也。簡汰其疲老病弱，升擇其壯健驍勇，分屯所在，置營房以安其家室，聚粟帛以足其衣食，選衆所畏信者以董其部伍，申明階級之制，以變其驕恣悍悖之習，大抵如周顯德年中世宗命我太祖之意，然後被之以精甲，付之以利器，戰獲則厚賞⑧，死則恤其妻孥，退潰則誅其身，降敵則戮其族，令在必行，分毫不貸者，乃治軍之實也。無所别擇，一切安養姑息之，惟恐一夫變色不悦⑨，幸而無事，則曰大幸矣，教習擊刺，有如聚戲，紀律蕩然，雖其將帥不敢自保者，爲治軍之虚文也。慎選部刺史二千石，必求明惠忠智之人，使久任於官，懲革弊政，痛刈奸贓，以除民害，雖軍旅騷動，盜賊未平，必使寬恤之政實被於民，固結百姓將離之心，勿致潰叛，乃愛民之實也。詔音出於上，虐吏沮於下，誑以出力自保，則調發其丁夫，誘以犒設贍軍，則厚裒其錢穀、弓材、弩料、竹箭、皮革，凡干涉軍需之具，日日征求，物物取辦，因緣奸弊，民已不堪，乃復蠲其税租，載之赦令，實不能免，苟以欺之者，爲愛民之虚文也。若夫保宗廟，保陵寢，保土地，保人民，以此六實者行乎其間，則爲天子之實也。陵廟荒圮，土宇日蹙，衣冠黔首，爲肉爲血，以此六虚者行乎其間，陛下戴黄屋，建幄殿，質明輦出房，雉尾金爐，夾侍兩陛，仗馬衛兵，儼分儀式，贊者引百官以次入奉起居，既退，宰相大臣卑卑而前，搢笏出奏，司辰唱辰正，則駕入而仗出矣。以此度日，而國勢益卑。彼黏罕晝夜厲兵，跨河越岱，電掃中土，遂有吞吸江湖，蹂躪衡霍之意。吾方挾持虚器，茫茫然未知所之，此則爲天子之虚文也。伏望陛下留意實效，勿愛虚文，於此七者，奮發慷慨而力圖之。

其四曰大起天下之兵。今宿衛單弱，國威銷挫。臣嘗言乞早勾發京師衛士赴行在，又降等杖於兩浙、福建、江東西、湖南北、四川、二廣，抽揀禁軍貢發，充御營正兵，增厚其月廪，精加訓閲，陛下自將之。天子之軍既强，則中國之變自弭。昔漢高祖嘗大敗於成皋矣，與數騎渡河，入張耳、韓信軍，奪其印，易置諸將，軍遂復振。此得御將之大權，雖智如韓信，且莫能測，宜其取秦滅項甚易。陛下今欲於劉、韓、張、辛四人之兵有所移易廢置，臣知其不能矣。權既偏重，柄既倒持，彼必謂陛下不能一日而舍之，夷踞桀驁，日以滋起。陛下以孤立之身，寄於其上，安能使此四人者常無怨怒相激而不爲變乎？苗、劉之亂率爾而作者，坐此故也。漢獻帝時，主柄下移，不能自立，李傕、郭汜以偏裨小將互劫乘輿，至以臭牛之骨與帝進饌，萬乘人主，爲叛臣所質，此既往之鑑也。

臣謂今日見在兵必不可用，既未有以大更易之，莫若先集天下勁兵，以强御營之勢，然後可以彈壓悍將驕兵。悍將驕兵既不敢妄動，咸就紀律，則四方横潰之軍及羣起不逞之盜必自帖息。猶有披猖不軌者，遣偏師以鋭卒往禽滅之，遂罷招安之策。況陛下以雪耻復讎爲己任，仗大義而行天下，頑兇不義之徒，固將斂袵倒戈而聽驅使之命矣。漢光武爲銅馬帝者，用此道也。東南之禁卒既起，則又命福建團結槍仗手，建、汀、南劍、邵武四郡精選萬人，各擇其土豪使部督之，各屯本處，以俟興發。命兩浙募水手，并選發諸州撩湖、捍海等兵，盡付水軍，教習戰艦。命江東西、湖南北募弓手，以在官閑田給養之，人得一頃，正税之外，其餘科須一切與免。命廣西及辰、沅、鼎、靖於見數峒丁中實科有技能壯勇者，不取虛數，分番踐更，屯戍襄漢，爲山林谿谷之援。以京西、淮南荒廢無主之地爲屯田，招集兩河、山東及本路流徙之人，略依古法均節之，擇强武者訓習，且耕且戰。文武臣中有明習營屯之事、肯承任者，因以任之。凡此六條，雖非講武必爲之急，亦不可不爲之助。陛下試使執政大臣委棄簿書細故，勿設他説以相論疑，日夜圖維，擇人而爲之，必見功績。於是時而兵不强，敵不畏，盜不息，然後可以歸之天命，無所復爲矣。不然，是自棄也。陛下内有自棄之心，而欲於目前三四庸將、數萬潰卒中，求爲久安，三尺童子亦知其不能矣。

或者必曰：「軍旅之興，民最受弊。今若如前所陳，恐未能有損於强敵，而先已自殘其民矣。」則臣應之曰：自金人寇已來[10]，國家歲歲以和好自處，未嘗敢以兵刃北向。凡以愛民，恐勞之也。然大河以南，連亘數十州之地，城覆民屠，不可勝計，豈用兵之罪耶？設有一城一邑能率勵兵民，誓以死戰，一郡不克，一郡繼之，不猶愈於束手屈膝，斃於白梃之下哉？惟在任將相，使處置合宜，則雖使民以死，尚且不怨，況欲用兵以保衛赤子乎？漢光武既滅新莽之後，東征西戰尚十餘年，而後天下大定。當時豈無勞民費財之事？所計者大，則有所不暇恤。顧能以軍旅擾攘之中，常有愛惜生靈之意，故天助而人歸之。苟坐視四海流血，而避用兵之勞費，則是舜不當征苗，啓不當討扈，高宗不當伐鬼方，宣王不當伐玁狁，以噎廢食，非通時務、經國之遠猷也。

其五曰定根本。自古圖王霸之業者，必定根本之地而固守之者，豈非建都之謂也？今都城已失，則必思所以克復舊物者。然考天下之勢，莫强於關中，今則力未能至。按南渡之迹，莫過於建康，今則事理不可。參擇二者，欲强進取之資，而無形勢之失，惟荆襄爲勝。今方城、鄧林，雖非天險，然漢水爲池，上下不過千里，其要害易守，非如淮西汗漫，平原曠衍，四通五達，易入而難避也。誠能屯唐、鄧之田，以養新兵，出廣西、武陵峒丁，并施、黔諸軍，築堅壘，列守漢上，阻以州軍，防以正軍，繚以弓手、民兵⑪，牽制江、黄，呼吸廬、壽，則攻取之計成，然後陜西聲氣相應，而騎卒能至。川、廣之富，皆可拱揖，其比於漂泊大江之南，棲伏東海之濱，險易利害，相去遠矣。

建康固是六朝舊邦，甘守偏隅，遷延國祚，亦何不可？而臣獨以爲不可者，以陛下之責與晉元不同故也。今陛下父兄在敵中無恙，其聞陛下登寶位也，必旦夕南望，曰：「吾有子弟爲中國帝王，吾之歸庶有日矣。」於今數年，日迫月切，而獻謀者方欲導陛下南定根本之地而固守之者，而陛下南狩，日遠月忘，遂無復國之心，别求建都之所，此臣所深不喻也。今河北、河東之民，知朝廷不復顧思，已甘心左衽⑫。山東、京西、淮甸之民，猶冀陛下未忍遽棄。若更遲延歲月，無以及之，則怨恨陛下而爲敵國者，所至皆然，亦何必黏罕邪？於此而欲建都，非特不可，亦不能矣。臣願陛下先命吕頤浩、杜充分部諸將過江，廣斥堠，治盜賊，自以精兵二三萬爲輿衛，於穩密州郡速置營屋以安存其所謂老小者，陛下提此兵渡江而北，緩轡而上，遣使巡問父老，撫綏挺刃之餘民。至於荆襄，規模措置，爲根本之地。猶漢高之於關中，光武之於河内，雖巡歷往來，征伐四出，而所守固必争而勿失者，以荆襄爲重。陛下方富於春秋，非如昔人白首舉事，覬萬一之成者。誠能堅忍聳厲，坐薪嘗膽，悠久爲之，而不能濟，則書傳所載周宣王、漢光武之事，皆爲妄言以欺後世，無足信矣。陛下聰明洞照，必不謂然也。

其六曰選宗室之賢才者，封建任使之。上世帝王爲治之道，惇睦宗族，强本弱枝，所以鞏固基局，紹延祐命。故三代有天下，皆傳數十世，而周又特爲長久，蓋以大建宗室以自藩屏故也。原其用心，蓋以天下爲公，而不以爲私，初非如後世以智力把持之，褊心多忌，雖有骨肉懿親，盻盻不借以尺寸之權，而恐其伺便軋己，亡秦是已。漢以爲鑒，遂大封同姓，非劉氏不王。及其久也，光武、劉備皆以宗室唱義，而起於滅絶之後。夫漢高固欲爲久遠無窮之慮，非爲其一身也。以謂不如是，不足以大庇子孫，萬世血食。然則封建宗室者，乃固守天下之要術也。今陛下之族北轅者衆矣，所幸免亦幾何？而黄潛善、鄭瑴小人之見，本無遠識，謂陛下以支子入繼，又不緣傳付之命，國步未夷，恐肺腑之間，不無非望之冀。考其行事，必曾進言，恫疑虚喝，以恐動宸心。故自南都以至維揚，誅竄之刑，疑忌之意，相尋繼見。雖其罪戾或自貽戚，然亦恐未必盡出於治親齊家之美意。審如是，欲以保國而延曆，難矣。今宜於同姓中，不間親踈，選擇賢材，布之内外，廣加任使，其望實傑然出衆者，陛下宜留之宿衛，夾輔王室。其有克敵勘難之功者，宜漸爲茅土之制，星羅而棊列，以慰祖宗在天之靈，以續國家如綫之緒，使讎敵知趙氏之居中國者，尚如此其衆，既失而復得者，非特陛下一人而已。則其撲炎火之横心，立異姓之逆謀⑬，庶其少息乎？

其七曰存紀綱以立國體。夫創業垂統之君，必立綱紀以遺子孫；繼世承序之君，必守綱紀以法祖宗。綱紀存則存，綱紀亡則亡，所繫如此。夫一君子進，衆小人未必退；一小人進，則衆君子必退矣。勢不兩立，而於君子爲難，蓋其道固如此。仁宗皇帝在位最久，得君子最多，小人亦時見用，然罪著則斥之，君子亦或見廢，然忠顯則收之。故其成當世之功，貽後人之福者，皆君子也。至王安石則不然，斥絶君子，一去而不還；崇信小人，一任而不改。故其敗當時之政，爲後世之害者，皆小人也。今也仁宗皇帝所養之君子既久且遠，日以消亡矣。安石所教之小人，方新且近，其蕃息未艾也。所以誤國破家，至毒至烈，不知已時。然則陛下欲求君子而用之，而不愛爵禄以待其人，豈非甚不易得者乎？君子未得，而已試無堪、敗事顯著之小人，稍稍類聚，其未至，則召之惟恐其不來，其既至，則用之惟恐其不速，混然雜進，其黨必集。所謂悔過用賢之意，與陛下反正之初絶不侔矣。陛下土地金帛能有幾何？豈堪此輩大言輕捨，盡輸之夷狄耶⑭？將以汲引豪傑，延致英雄，而標的如此，是猶却行而求前，北轅而適越爾。夫以賢治不肖，此治平以前陛下之家法；以不肖治賢，此熙寧以後陛下之家戒。矧今日否塞之氣充牣於中原，陰長之滋勃興於外域，非得希世異材，上下内外迭任交用，泰何由復，而否何由傾乎？此綱紀國家之一事也。

右文左武者，有國不易之道。漢高祖用韓信、彭越，不以加於蕭、曹。光武用賈復、耿弇，不以加於鄧禹。唐太宗用李靖、李勣，不以加於房、杜。蜀先主用關、張諸將，不以加於諸葛孔明。非獨其禮文等降不同，其誠心所以待遇之亦異。今儒學衰息，未有巨賢碩德屹乎朝廷，以收運籌指蹤之功。陛下所深恃以爲心膂爪牙者，惟三四庸將耳。夫此數人者，以近時論之，曾不足以當种師道之厮役，況望古昔名將乎⑮？而偃蹇龐然，當負重寄，使平寇盜，尚或未能，豈敢冀其向强敵發一矢也？自愧無以塞責，則大言詭論，以上欺睿聽；慢辭倨禮，以下視朝士。謂今日禍亂，皆文臣所致耳；敵人方强，不可與争鋒，必以退避自保，乘時而動。又不鈐勒其衆，動則潰，潰則盜，盜則招，招則官，反復循環，無有窮已。其爲國家之害，又豈淺哉？竊聞陛下推心撫之，失於太厚，出入内禁，不以時節。小人不知義理，習於所熟，以謂君臣上下猶朋輩然，恃憑威靈，無有紀極。寵而不驕，驕而能降，降而不憾，憾而能眕者鮮矣。臣願陛下委大臣以腹心，待近臣以禮貌，常使南衙朝士氣勢重於此徒。天下抱才自愛之人，必願立於左右，緩急之際，必有能爲陛下竭忠盡節，不愧古人者矣。與樊噲爲伍，韓信猶羞之，況儒士乎？臣參奉内朝班綴之後，欲求近臣如汲黯之流，氣折淮南，尚未多得。羸軀弊輿，惴惴然於長戟犬馬之中，卒伍賤人皆得以惡聲誰何之，不敢正色忤視，少佛其勢。從臣如此，況其下者乎？唐制，監察御史秩七品，衣緑，至卑也，然銜命出使，則節度使具櫜鞬郊迎。本朝沿此意，郎官出使，則序位在轉運使之上。凡此，蓋欲尊重天朝，習民於上下之分也。故事，宰相坐待漏院，三衙管軍於簾外倒仗聲喏而過。吕夷簡爲相日，有管軍，忽遇於殿廊⑯，年老皇遽，不及降階而揖，非有悖戾之罪也，夷簡上表求去，以爲輕及朝廷，其人以此廢斥，蓋守分之嚴如此。今見其分庭抗禮矣。推此類非一，日長而不已，陛下不爲之别異表著，是自削堂陛，無復等威，此綱紀國家之二事也。

治天下者必取篤實躬行之士，而舍浮華輕薄之人，所以美教化，善風俗。本朝自熙寧以前，皆守此道。至王安石以佛老之似，亂周公之實，絶滅史學，倡説虚無，以同天下之習。其習既同，於今五十年，士以空言相高而不適於實用，以行事爲粗迹，曰不足道也。其或蹈規矩，守廉隅，稍異於衆，則羣嘲而族笑之，以爲異類。紛紛肆行，以至敗國。二帝屈辱，羿、莽擅朝，以爲是適然耳。仗節死難者不過一二人，此浮華輕薄之爲害也。夫欲變風移俗，惟係上所好惡。韓琦、富弼在朝，文武兩班升朝官以上，即不許自陳磨勘，皆聽檢舉，所以養勸廉耻，恢張四維。故當時人知自重，風俗忠厚。至今乃有身爲從臣，而自陳磨勘，乞覃恩轉官，不以爲耻者矣。推而上之，見利必忘義，貪得必患失，遺其親，後其君，背叛篡奪，便可馴致。此明君之所甚畏而深戒者也。今萬化之原本於陛下，苟力行孝弟，則天下忠順者來矣；

好賢遠佞，則天下名節者出矣。賞清白，則貪污者屏矣；崇行義，則奔競者息矣；旌能實，則謬誕者懲矣；貴忠厚，則殘刻者遠矣。苟反此道，則頹波日漫，必至於糜爛而後已。至於文辭之麗，言語之工，倒置是非，移易黑白，誠不宜任用以爲浮薄之勸也。靖康二年，著作郎顔博文佞諛張邦昌，則曰「非湯武之干戈，同堯舜之禪讓」。及爲邦昌作請罪表，則曰「仲尼從佛肸之召，本爲興周；紀信乘漢王之車，固將誑楚」。博文近世所謂能文之士也，其操術反覆如此，故廉耻道消，四維大壞，則社稷隨之，陛下有何利焉？此綱紀國家之三事也。

法度者所以治天下之具，號令者所以行法度之幾，而信義者所以出號令之實也。孔子曰：「自古皆有死，民無信不立。」聖人重信至於易死，疑若太過。鄙夫陋儒以智詐譎詭爲術者，必忽此言。然真宗澶州與契丹結盟，契丹守之百有二十年，不敢輕動。宣和宰相王黼，一旦敗盟舉兵，結遠夷⑰，伐與國，取景德誓書，還之天章閣，天地鬼神所臨重誓，自我背之，遂使敵人得以藉口。夫金人何憾於我哉？皆契丹甚之，假手借兵，報滅國之怨耳。失信之禍，乃至於此。孔子之言，良不爲過。而近日以來，朝廷失信於民尤甚，臣不能偏舉其目，但如所謂前降指揮更不施行，如所謂已差下人別與差遣，此等奏語，必日聞於冕旒之側矣。陛下何惜不敕大臣，俾審熟思慮，而直爲此反汗之失，以欺駭四方之聽乎？今外州郡專制不禀朝命者，漸多有之，所恃以指麾役使，惟在號令。出之不審則輕，守之不固則疑。輕而且疑，則制命之權不在陛下矣。承受既數，奉行實難，不曰略與應彼指揮，則謂早晚必又更改⑱。近在朝廷，尚有此風，遠而四方，從可知矣。陛下縱有真賢實能，付之民社，仁政惠澤，播之黔黎，以是之故，何繇責其功效？百姓雖愚，然習於知見，必謂朝廷之令，率皆誑我，是心一萌，奸雄得以誘之矣。此綱紀國家之四事也。

郡守、縣令者，親民之官；監司者，統臨州縣之長。天下之治起於一縣，縣治則州治，州無不治，則天下治矣。明主必慎擇居此之人，既得其人，必久任之，以考功罪之實而施賞罰焉。近日以來，朝廷移易郡守、監司，無月無之，殆不可勝紀。東南路分不過十數，何乃紛紛如此？陛下宜察其故矣。謂其不才而罷之耶，則曷若考慎於未命之前也？顧恐未必然，特出於用事者之私意耳。民力已困，財用已竭，潰兵劇賊徜徉乎其間，戎務軍需交制乎其上。朝廷憂勞歎息而未能救，尚忍不爲擇忠信之長、慈惠之師，以撫綏之乎？臣願深詔大臣，自今以往，於郡守、監司、縣令，斷以三年爲任，非有大過，勿輕移改，縣令不許輒從奏辟去官。其有貪汙爲民害者，舉祖宗法痛懲治之。仍許內侍從官，舉所知堪爲令者，歲一人。後不如舉，貶秩示誡。留意此事，庶幾斯民於鼎沸之中，有蘇息之望。又今吏部無闕以待入官之人，士無所得禄，一切苟且，求權攝以度日。見居官者不能勝任，逆避患害，則求差檄幹辦之名，苟營俸粟，無復夙夜之志，欲事治而民安難矣。今欲乞專委諸路帥臣、轉運、提刑，不以遠近，共限一年申發部內見任及闕官已授未到職位姓名，參三司之實，付吏部爲案抵，以行差注。諸有以便宜從事辟置官屬者，必用曾任令録以上無過犯人，其奏補出官，及曾以不職無治狀罷者，不聽奏舉。奏補人必依舊法試銓，無銓則於逐路運司歲一試之，仍增時議、策問各一首，精其選，少其數，中格則出官，以絶請求、賄賂、冗食之弊。肅清仕路，政在得人，此綱紀國家之五事也。

臣稟賦凡下，無大過人，然夙夜思之，又考之往古，揆之公論，得此七策，列爲十二條。於當世之務，雖未能盡，亦可見其大概矣。惟陛下動心加慮，反覆而求之；隆寬降意，開納而聽之。萬一可行，則至誠惻怛，奮乾之健而速圖之。日月逝矣，歲不我與，以爲今日難於前日，安知後日不又難於今日乎？往者雖不可復追，不當謂無可爲者而遂已也。天定勝人，大福不再，深可憂懼。今年之春，震雷大雪，白虹貫日，中有黑子。錢塘之變，實先垂象。蓋以上天之仁，眷顧陛下，懇懇至厚，所以申命用休者，不啻再矣。陛下出於屯難，側身怨艾，親近書史，引對多士，減徹玩好，躬親庶政，亦非復維揚之比。臣民共知，不可誣也。然任至重者力必强，責至大者憂必深。天下萬姓，以二帝之故，所望於陛下者非止如是而已。乃閏月金犯大火，芒怒赫然；九月朔旦，日有食之。車駕復有思患預防之行，明堂遂虚，陽德大弱。錢塘受辱之地，豈可再枉六飛？縣名柏人，漢祖不宿。若趨會稽，幸三衢，則地形窮僻，扈衛益勞，貢賦不通，財用益窘，道路艱阻，朝覲益稀，郵置迂深，命令益隔。人知陛下，無興復之志，威權日削，無可瞻望，投戈四逸，孰能止之？惟有臣區區之言，理明事順，思迎父兄，誓報寇讎，奮志强厲，有進無退，庶足以感發軍情，率先將佐，於危絶之中求生存之道，此非怯懦畏避之所能濟也。不然而姑恃天命之不庸釋，是猶不耕於田，枵腹以待嘉穀之旋生；不績於麻，露肌以待野蠶之成繭，事理之必無者矣。又惟斯民戴宋無二者，徒以祖宗德澤深厚，人未忍忘，雖甚塗炭，猶未瓦解；雖甚怨怒，猶未反叛。然以比來巡行所過觀之，傍道里縣之民，一切空盡，以避兵卒，其甚者田疇荒萊，室廬破毁，生聚不保，滿目蕭條，殊非來蘇望幸之美。傳示四方，何以彰德？頃在建康，已獲金人之覘者，以此知金人雖負十全之勢，而限以長江，不敢輕渡。然屯駐山東，聞有數路並入之謀。陛下不深委將相，早爲防遏，但欲深尋幽遠，則回顧州郡，復爲虚邑，必曰君王尚且畏避，何以責我守城？民心覩此，安能久忍而無變亂？若不望風拜跪，以事仇讎，必將推賢擇能以自保治。陳勝、吴廣因民不忍，而劉、項乘之，秦遂滅亡者，蓋本於此。

古人稱中興之治者，曰撥亂世反之正。秦不正而甚亂，漢高祖反之正而興焉；王莽不正而甚亂，光武反之正而興焉；隋不正而甚亂，唐太宗反之正而興焉；唐末五代不正而甚亂，我太祖皇帝反之正而興焉。反之正者，反易其道，究其敗亡之由，盡更而易之，猶反覆手之易也。今之亂亦云甚矣，其反正而興之在陛下，其遂凌遲不振亦在陛下。金人雖暴强，其亡可待[19]，特恐中國豪傑因之而起，反吾之亂，興彼之治，則陛下之大事去矣。天下記之，野史書之，善惡榮辱，垂之方來，後人觀之，亦猶今之視昔。夫湯以七十里而有天下，楚以七千里而爲讎人役。今黏罕之强未如秦，其得罪中國，無人不怨，則有甚於始皇之於六國也。東南形勢，控帶江山，兼有吴楚之地，坤維嶺海，提封自如，非如湯以七十里而起也。而乞憐偷生之勢，乃甚於楚之爲秦役，此臣所以日夜憤懣，爲陛下痛惜而傷大臣過計也。昔宗澤留守京師，一老從官耳，猶能致誠鼓動羣賊，北連懷衛之民，誓與同迎二帝，皆相聽許，尅期密應者無慮數十萬人。不幸爲黄潛善所惡，百方沮抑，憤悒而死，其志不就。羣臣亦無敢以澤所謀達於宸聽者。以此知人心未厭二帝之德，何況陛下身爲子弟，責孰加焉？誠欲北向而有爲，臣將見鋤耰慘於長鎩，奮臂威於甲胄，舉四海惟陛下之用，決不爲失策，惟在陛下斷與不斷、爲與不爲耳。五路事宜，張浚已行措置，今能使淮南、荆襄肘臂相應，山東合從，則金人所守者數千里之地，兵分勢離，批亢擣虚，攻其不備，多方以誤之，不厭不倦，以十年爲期，陛下必能掃除妖氛⑳，一清天步。修上京之廟貌，拜鞏雒之神臯，遠迓父兄，歸安鳳闕，再新儀物，永固皇圖。陛下於時憂責方已，巍然南面，稱宋中興，永永萬年，欣懷無斁，其與惕息遁藏，蹈尾負耻有如今日，豈不萬萬相懸絶哉？

疏入，吕頤浩惡其切直，罷之㉑。

10 辛卯，命尚書右僕射杜充兼江淮宣撫使，領行營之衆十餘萬守建康，留中書印付充。統制官王民、顔孝恭、孟涓、劉經、魯珏、殿前副都指揮使郭仲荀皆隸之，又以御前前軍統制王𤫊爲之援。御前左軍統制韓世忠爲浙西制置使，守鎮江府。太尉、御營副使劉光世爲江東宣撫使，守太平及池州，光世仍受充節制。御營使司都統制辛企宗守吴江縣，御營後軍統制陳思恭守福山口，統制官王瓊守常州。時仲荀雖已離京師，猶未至也。

11 壬辰，承議郎、監都進奏院周元曜自京太廟奉迎藝祖以下神位九室往臨安，宰相率百官朝謁於清凉寺，兼辭。元曜，開封人，周貴妃從孫也。上初欲召對，而元曜言：「升暘宫掛牌降甘露。」上謂輔臣曰：「元曜前態未革，諂諛如此，可勿令上殿。」輔臣言：「元曜迎奉有勞，當進秩。」上許之。熊克小曆：「戊子，百官迎太廟神主於清涼寺以行。」日曆：「壬辰，進呈太廟神位九室，舟至城下，權奉安清涼寺。前一日得旨，令百寮朝謁兼辭。」據此則戊子日也。

和安大夫、開州團練使致仕王繼先嘗以黃金三百兩從故秘閣修撰趙明誠家市古器，兵部尚書謝克家言：「恐疏遠聞之，有累盛德，欲望寢罷。」上批令三省取問繼先因依。繼先，開封人，時年三十餘，爲人奸黠喜諂佞，善褻狎，建炎初以醫得幸，其後浸貴寵，世號王醫師。自「繼先爲人奸黠」至「以醫得幸」，據趙甡之遺史附入。按繼先生戊寅，此時年才三十二，不知何故致仕。若是圍城中致仕，則後來因何不復除落，當考。

12 乙未，隆祐皇太后舟過落星寺，六宮及後宮舟飄覆者十數，惟太后舟無虞。

13 戊戌，言者奏：「祖宗以來，遣將出師，統制官掌兵，轉運使措置錢糧，應副軍兵，各不相統攝，使掌錢糧官得以修舉職事，檢察妄費，愛惜財用。如錢糧闕乏，據統制官申朝廷治其罪。自嘉祐、熙寧以來，莫不如此。近日將帥殊不思祖宗以來，曹、潘下江南，王全斌下蜀，彼皆一時英傑名將，亦皆守此法，乃因統兵，脅持州縣，或至驅掠官員，輕侮典憲，漸不可長。又如劉光世雖係御營副使，若勾差人馬，即合用劄子付逐處州縣，若與監司行移，只合用文牒往還。今乃輒行劄子下淮南監司及發運副使，顯見不當。伏望睿慈申敕諸將，遵依祖宗法度施行。」從之。諸將用劄子行移事，紹興二年閏四月癸卯、四年六月己卯所書可參考。

14 己亥，詔減福建、廣南路歲買上供銀三分之一，以寬民力。

詔諸路制置使惟用兵聽從便宜，餘悉禁止。先是，張澂爲江州路制置使，以便宜竭取屬郡之財。論者以爲：「祖宗時所謂安撫者，止管機密兵馬邊防等事，財計自有漕臣轉輸，安撫不預，蓋有深意。今以便宜，奪所隸州軍財計，爲害甚大，望行禁止。」故有是命。

15 庚子，從官已下先行。是夜大雨，上慮禁衛勞苦，自於禁中焚香禱天，詰朝雨霽。

16 壬寅，上幸浙西。初，太白犯前星，次逼明堂纔一舍，上心甚懼。至是稍北，復歸黄道。上語宰執曰：「天之愛君，猶父之於子。見其過告戒之，及懼而改，則益愛之。」王綯曰：「今夜必益遠。」既而果然。

是日，上發建康，遣户部侍郎葉份先按視頓遞。御前右軍都統制張俊、御營使司都統制辛企宗從上行。時劉光世、韓世忠各持重兵，畏杜充嚴峻，論説紛紜。光世又上書言受杜充節制，有不可者六。上怒，趣令過江，且詔毋令光世入殿門。光世皇恐受命。上喜，賜以銀合茶藥。光世得楊惟忠所失空頭黄敕，即以便宜復郴州編管人王德武略大夫、閤門宣贊舍人㉒，充前軍統制。德行至潭州而還。先是，邵青以舟師擾楚、泗間，後受江東帥司招安，充因以青爲沿江措置司水軍統制。時江、浙人皆倚充爲重，而充日事誅殺，殊無制禦之方，識者爲之寒心焉。

17 癸卯，徽猷閣待制、知鎮江府葉焕落職，監亳州明道宫，仍貶秩二等。時焕遣人募槍仗手於閩中，而諫官言其騷擾生事，故黜。

18 甲辰，上次鎮江府，參知政事王綯言：「此陳東鄉里。」上命以金賜其家。熊克小曆：「癸卯，上次鎮江。」今從日曆。

19 乙巳，詔諸路催錢糧綱赴建康府户部送納，其金帛並赴行在。

是月，直秘閣裴祖德爲兩浙轉運判官，用杜充薦也。日曆無此，今以紹興四年七月八日魏盈彈章增入。

宣撫處置使張浚自建康至襄陽㉓，留二十日，召帥守監司，令預儲蓄以待上西幸。浚方搜攬豪傑爲用，以涇州防禦使、新除御營使司提舉一行事務曲端在陝西屢與敵角，欲仗其威聲，承制拜端威武大將軍、宣州觀察使，充本司都統制。端登壇，將士懽聲雷動。端退謂人曰：「使劉平子在，端安敢居此？」平子，濮陽劉銓也，靖康末以知懷德軍死事。先是，河東經制司屬官宣義郎王擇仁爲永興郭琰所逐，事見二年六月十三。乃將其軍萬餘人自商州奔漢中。琰檄金州閉關拒之，擇仁不敢進，屯於襄陽。浚薦其才，除御營使司參議官，而以朝奉郎、沿江措置副使程千秋爲秘閣修撰、京西制置使，宣教郎李允文爲直秘閣、京西南路提點刑獄公事。遂命千秋代將擇仁之軍。允文，盧陽人，靖康末坐累廢斥，僑居鄂州。浚見而悦之，因與俱。時假中散大夫、直龍圖閣趙宗印將陝西部曲在郢州，欲從浚還陝西，乃盡以其軍付允文，裨將吴錫等皆屬焉。錫，河東人，稍知書，故爲盜，自云子厚之族。子厚者，宣和末爲河東北宣撫司選鋒軍統制。錫嘗寇德安之孝感縣，守臣陳規誚之曰：「河東人勁氣直，汝之先又登顯仕，何不圖報國，而爲盜以干誅？」錫感悟，願得自新。其後宗印招降之，至是亦在軍中。浚將行，復假千秋便宜，許之久任，自屬郡守貳以下，咸得誅賞。千秋以公安民兵數百自隨，皆無器甲，謂之親隨兵。

劉豫遣人説東京副留守上官悟，令降於金。悟斬其使，豫乃賂悟之左右喬思恭、宋顒，與之同説，悟復斬之。

校勘記

①凡可以和戎息兵者　「和戎」，原作「睦鄰」，據叢書本改。

②而敵人猖獗迫逐陵犯　「猖獗迫逐陵犯」，原作「侵陵有加無已」，據叢書本改。

③先於河陽置納級庫　「置納級庫」，原作「納置級軍」，據皇朝中興紀事本末卷一〇、資治通鑑後編卷一〇七改。

④堂堂中華戎馬生之　「中」，原作「京」；「戎馬」，原作「荆棘」，據叢書本改。胡寅斐然集卷一六上皇帝萬言書（四庫本）、歷代名臣奏議卷八六亦作「中」、「戎馬」。

⑤金人扶立僭僞俾臣作君　叢書本同此。清抄本斐然集原文改作「以無厭之求，喋血中華」。按：此節爲四庫館臣所删文字甚多。宋史全文卷一七作「金人以小狄猖獗，薰污中華，逆天亂倫，扶立僭僞，用夷變夏，俾臣作君。」三朝北盟會編卷一五二、歷代名臣奏議卷八六所載原文大致相同。

⑥望於黏罕　「黏罕」之前，斐然集原文有「侵淩强暴反覆無常之」九字，當爲四庫館臣所删。叢書本同。

⑦昔北狄至澶州　「北狄」，原作「契丹」，據叢書本改。斐然集原本作「北敵」。

⑧戰獲則厚賞　萬言書原文「戰獲」二字原作「進戰獲首虜」，當爲四庫館臣删改。叢書本同四庫本。

⑨惟恐一夫變色不悦　「變色」，原闕，據叢書本、宋史全文卷一七上、歷代名臣奏議、斐然集補。

⑩自金入寇已來　「入寇」，原作「南侵」，據叢書本改。

⑪繚以弓手民兵　「民兵」，原作「兵民」，據三朝北盟會編卷一五二乙正。

⑫已甘心左衽　「左衽」，原作「從敵」，據叢書本改。

⑬ 立異姓之逆謀　「逆」，原作「譎」，據叢書本改。
⑭ 盡輸之夷狄耶　「夷狄」，原作「敵國」，據宋史全文改。按：此二字，叢書本作「外國」，斐然集、歷代名臣奏議作「敵人」，知均爲四庫館臣所改，而宋史全文尚存原貌，故從之。
⑮ 況望古昔名將乎　「名」，原作「明」，據叢書本及各本改。
⑯ 有管軍忽遇於殿廊　「管」，原作「管」，據萬言書原文改。叢書本同底本。
⑰ 結遠夷　「遠夷」，原作「金人」，據叢書本及宋史全文、歷代名臣奏議改。
⑱ 則謂早晚必又更改　「早」，原作「不」，據斐然集原文改。叢書本「早晚」作「不免」。
⑲ 其亡可待　原作「未必能久」，據叢書本及斐然集原文改。
⑳ 陛下必能掃除妖氛　「妖」，原作「祲」，據叢書本及宋史全文、歷代名臣奏議改。
㉑ 罷之　此後有四庫館臣按語：「原本此疏傳寫舛錯，殆不可讀，今據歷代名臣奏議校正。」今删。
㉒ 即以便宜復郴州編管人王德武略大夫閤門宣贊舍人　「管」，原作「管」，據宋史全文卷十七上改。
㉓ 宣撫處置使張浚自建康至襄陽　此後有四庫館臣按語：「宋史繫甲辰日。」今删。

建炎以來繫年要録卷二十八

1 建炎三年九月丙午朔，日有食之，所蝕僅四分，未幾復退。故事，日食不視朝。呂頤浩言：「今車駕巡幸，事務至繁。」乃以晚朝進呈公事。上謂頤浩曰：「太史所奏日蝕早而分深，朕適以油盆觀之，食淺而退速。」頤浩曰：「陛下嚴恭寅畏，感格如此。」

宣義郎、監登聞鼓院范燾上封事，上批令奉使金國。呂頤浩召直學士院汪藻至都堂，令作國書，且召燾赴堂咨問。頤浩奏：「使臣以忠信爲主，而燾所獻封事狂誕不經。」乃罷之。

詔尚書兵部侍郎湯東野權管平江府職事。以李邴未至故也。

是日，上幸登雲門外，閱水軍。時諜報金人陷登、萊、密州，且於梁山泊造舟，恐由海道以窺江、浙。初命杜充居建康，盡護諸將。至是，輔臣言建康至杭州千里，至明、越又數百里，緩急稟命，恐失事機，請以左軍都統制韓世忠充兩浙江淮守禦使，自鎮江至蘇、常界圌山、福山諸要害處悉以隸之。上曰：「未可。此曹少能深識義理，若權勢稍盛，將來必與杜充爭衡，止令兼圌山足矣。」

2 己酉，上次常州。

3 庚戌，上次無錫縣，晚朝進呈，周望言：「昨晚望氣楚清覺①，嘗占天象，牛宿光明，正在東南。敵騎不渡江，第恐擾關、陝、襄、鄧，爲五路災爾。」上曰：「大率皆本晉天文志，本朝自祖宗禁星緯之學，故自太史外，世罕知者。金人不禁，其人往往習知之。」

4 辛亥，上次平江府。

5 壬子，金人降單州，取興仁府，遂陷南京。守臣直徽猷閣凌唐佐爲所執，敵因而用之。龔頤正忠義録云：「唐佐知應天府，建炎三年，金人圍城，守節不屈，僞齊欲用之，不受命，爲所害。」此誤也。趙甡之遺史云：「金人至應天，唐佐投拜，金人以應天爲歸德府，令唐佐知府事。」日曆、附傳亦云：「金人陷南京，執唐佐降之，復以爲南京守。」今從附傳。唐佐，紹興二年十月死節。

6 癸丑，端明殿學士、簽書樞密院事周望充兩浙荊湖等路宣撫使。時尚書左僕射吕頤浩請自留平江，督諸將拒戰，而命望駐兵鄂渚，以控上流。既而上以頤浩不可去行在，乃以望爲兩浙宣撫使，總兵守平江府。

翰林學士、奉議郎張守爲端明殿學士、朝奉郎，同簽書樞密院事。

正議大夫李棁守户部尚書，往建康調軍食。熊克小曆：「户部侍郎李棁遷尚書。」按棁靖康中已爲執政，無緣復除侍郎，克誤也。棁初見元年正月辛卯。

尚書户部侍郎陳邦光移刑部，兵部侍郎湯東野移工部。

詔江東宣撫使劉光世移屯江州。時隆祐皇太后在南昌，議者以爲自蘄、黄渡江，陸行二百餘里可至，上憂之，遂命光世自姑熟移軍，以爲南昌屏蔽。既至，軍中月費錢十三萬緡，江南路制置使、起復寶文閣直學士權邦彦以用度不足告於朝，已而言得東平府故吏報其父亡，遂解官持服。

7 丙辰，迪功郎張邵爲奉議郎、直龍圖閣，假禮部尚書、充大金軍前通問使，起復武翼郎楊憲爲武義大夫副之。時將復遣使入金，而邵以上書得見，因請行。邵自楚州渡淮，則逢金軍，遂見左監軍完顔昌於昌邑。前御史中丞秦檜在焉。知萊州吴鉌者，宣和間爲太學生，與邵善，昌使與邵飲酒，鉌頗有得色。初，邵之至軍也，昌責邵拜禮，邵不從。昌怒，使人拘於昌邑。久之，憲與其從者謀，欲共殺監己者，脱身來歸。事泄，金人執憲鞭之，與其徒囚祚山寨土牢，邵以不同謀，得免。邵初見今年三月。

初，張浚調兵潭州，而帥臣直龍圖閣辛炳懦怯不能遣，幾至生變。浚罷之，起復直龍圖閣向子諲知潭州。至是以聞。日曆於此日書二人除罷，按此月壬申，潭州軍變，子諲已在本州，相去纔十六日，不應赴鎮如是之遽，蓋浚先除後奏也。

高麗請入貢，詔不許。給事中兼直學士院汪藻草詔，略曰：「壞晉館以納車，庶無後悔；閉玉關而謝質，匪用前規。」上大善之，以藻爲得體。紹興二年閏四月癸巳再入貢。

金人陷沂州，守臣以城降。

8 辛酉，徽猷閣直學士陳彦文落職，以張浚奏其在江州妄用諸司錢四十餘萬緡，且多欺隱也。仍遣御史一員，往察其事。未幾，彦文卒。

朝議大夫、知岳州邢倞，坐結餘靚事②，再責汝州團練副使，英州安置。倞結餘靚事，已見元年正月辛卯。

9 壬戌，宣教郎、直秘閣、京東轉運判官張自牧追還所轉官資、職名、章服，令開具元賫錢物收支數申尚書省。金之未渡江也，詔以自牧兼京東制置副使，厚賜金帛，遣行。自牧至揚州，留不進，居數月，乃言：「有已見機密急切利害大事，欲具實封，差人賫申朝廷。竊慮路中失滯，今不免渡江前來，欲乘時速詣都堂面稟。」朝廷察其欺罔，乃重黜之。會軍務擾攘，事遂寢。此乃紹興五年五月十三日張絢劾疏修入，他書並無之。

10 癸亥，尚書左司員外郎、兼御營使司參議官李承造直秘閣、知筠州。以言者論列，故有是命。

右武大夫、忠州防禦使、知泗州李成言：「所統軍衆，天寒無衣，今艱難之際，府庫不充，欲望量賜支絹，以激戰士。」詔成所言忠能體國，令户部輟絹二萬匹賜之。初，上遣賀子儀撫諭成，成即令其將張琮赴行在，又命舉人許道爲表謝上曰：「恨無李廣之無雙，願效顔回之不貳。」呂頤浩喜，以琮爲秉義郎，召道赴行在。琮自言本諸生，乃以爲承務郎③，使趣成入見。道行至白塔市，成追還之，復以其衆叛，琮遂歸。詔以琮監温州酒税。琮，安肅軍人。道，泗州人也。

11 丁卯，直龍圖閣、福建轉運使程邁守太常少卿。

江南西路提點刑獄公事張公濟爲尚書右司郎中。

尚書金部員外郎王岡爲御營使司參議官。岡，無錫人。呂頤浩之守揚也，岡通判州事，多所贊助，頤浩德之。至是，外召爲郎，尋薦對而有是命。

12 己巳，御筆：「朕累下寬恤之詔，而迫於經費，未能悉如所懷。今聞東南和預買絹，其弊尤甚，可下江、浙，減四分之一，以寬民力。仍俵見錢，違寘之法。令尚書省榜諭。」

徽猷閣待制、知建康府胡舜陟爲兩浙宣撫使司參謀官，徽猷閣直學士、知鎮江府陳邦光爲顯謨閣直學士、知建康府、沿江都制置使，徽猷閣待制、兩浙宣撫司參謀官胡唐老知鎮江府。舜陟、邦光之除，熊克小曆繫之十一月己酉。按唐老實代邦光，而日曆四年四月壬辰，有唐老母康氏乞恩澤狀云：「自宣謀移鎮江府，十一月三日到任。」決不是初五日除。日曆閏八月四日，陳邦光知建康府，九月七日，陳邦光除刑部侍郎。此亦差誤。按建康知府題名，陳邦光今年十月到任，以時考之，當是九月二十四日除，日曆誤差一月，今移附此。但不知唐老何以許時方到官，當考。時舜陟以金人勢逼，乃求爲周望屬官，呂頤浩從之。浙東制置使韓世忠在鎮江，或執舜陟以獻，世忠數其棄城之罪，縛於海舟之桅檣。既而問之，曰：「改除矣。」乃聽行。

13 庚午，詔休兵兼旬，可涓日進發。以尚書工部侍郎湯東野爲徽猷閣直學士、知平江府，兼兩浙西路安撫制置使。留御營統制官巨師古、陳思恭、李貴以所部守平江，並受宣撫使周望節制。始，平江人猶幸駐蹕，倚以爲安，及是皆失望，於是有遠散之閩、越者。

宣撫處置使張浚言：「已札下京、湖、川、陝轉運司，時下差官權攝職任，若犯入己贓，其元差官並同罪。」從之。

是日，李成入滁州。初，知滁州向子伋聞有敵師，乃堰滁河，使環繞城下。山水暴至，堰成輒壞，子伋令民輸財募工，疊石穿孔，灌以金汁。會秋雨連日，堰卒壞。子伋率軍民徙居瑯琊山寨，五軍之士僅二千人，猶慮不能守。聞成在泗，即移書招之。成喜，盡掠泗州强壯以行。或謂子伋曰：「成包藏深險，豈可與共居？」子伋悟，遂却之。成怒，率兵入城，屯於州治。

14 辛未，故直龍圖閣鄒浩追復龍圖閣待制。浩，黨籍待制已上第三十四人，永州安置。已見二年九月壬辰，紹興六年二月己酉再贈。

故延康殿學士沈積中追復資政殿學士、通奉大夫，盡還合得恩數。積中，晉陵人，宣和中知真定府，上疏論不可取燕山，童貫惡之，奪其職。至是，三省以爲言，故有是命。

15 壬申，上謂大臣曰：「有爲朕言，移蹕浙東，人情未孚，宜降詔具述初非朕意，悉出宰執，庶幾軍民不怨朕。既爲天子，當任天下之責。舉措未當，豈可歸過大臣？」王綯曰：「古之賢君不肯移災股肱，無以過此。」熊克小曆載上語在癸丑，今從日曆。

遣御史趙鼎往杭、秀諸州按察。上聞浙東西諸州科率黄幞，且調民治道，慮其擾人，故命鼎先往，仍許民間自陳，其科率者皆還之。

草澤天文耿静言：「太微垣正午，推步今歲熒惑躔次方在巳，未應至太微垣。」上曰：「此人不深知。朕夜以星圖仰張殿中，四更親起，見其已至。昨夜已退二度半。」吕頤浩曰：「宋景出人君之言三，而熒惑退舍，或者疑焉。陛下寅畏天應之速如此，信傳記之非虚也。」耿静，耿堅之侄，紹興元年正月癸亥，以從義郎樞密院尅擇官，乞召耿静赴行在④。

是夜，潭州禁卒自城南縱火，殺一兵官於市，劫其將，使爲主。其將譎之以入甲仗庫，至子城，反關拒之。郡卒焚東西城樓，火市民居，放火自馬軍營始。馬軍營忿之出戰，賊掠金銀，遂自東門出瀏陽路，城中大亂，殺戮攘奪，至旦未息。帥臣向子諲命通判州事孟彦卿、趙民彦以將領馬軍等追之。至醴陵、攸縣間，與鄉兵戰，爲寨栅所阻，不能去，遂招安。歸至城門，皆搜索而入，畏其黨與，不敢盡誅。彦卿，忠厚從父。民彦，燕人，嘗爲張覺參謀者是也。

16 甲戌，户部侍郎葉份請江、浙、湖、廣、福建、成都、潼川府、利州路贍學錢糧並起發赴行在。內川、廣、福建仍易輕齎；京畿、京東西、淮南路贍學錢糧並借與漕司，爲軍期之用；夔州路半給漕司，半易輕齎。從之。

金陝西諸路選鋒都統婁宿大合兵渡渭，犯長安⑤。是日，經略使郭琰遁去。張浚行狀載琰棄長安在今年九月二十九日甲戌，今附此。趙甡之遺史繫之去年八月十二日甲午，與此不同。據史，琰靖康元年四月自朝議大夫、秘閣修撰除陝西制置解鹽使，不知今爲何官職也。

17 乙亥，御營統制官巨師古所部建卒陳觀等謀爲變，焚營夜遁。詔都統制辛企宗遣兵追捕，至無錫縣，盡獲之。

是月，兵部尚書謝克家罷爲徽猷閣學士、知泉州。

殿中侍御史趙鼎爲侍御史。先是，御史中丞范宗尹因奏事論鼎自司諫遷殿中，非故事。上亦嘉鼎敢言，故有是除。

直龍圖閣、知婺州黎確行左司諫。諫院題名。

盜酈瓊圍光州固始縣。瓊，相州人，崛起於兵火中，尚氣敢爲，衆所推伏。至是，轉寇淮右，知縣事向宗輝悉力禦之⑥。

保寧軍承宣使、主管侍衛步軍司公事閭勍以所部奉西京會聖宮祖宗神御南歸，由蔡河而下至濠州。守臣孫逸謂之曰：「太尉雖王臣，而逸未嘗識面。今爲軍民計，不敢開門。」勍曰：「勍奉祖宗神御而來，守臣郊迎，禮也。」逸乃朝服，率屬吏遥拜於四望樓。勍不能奪而去。初，勍至渺河，遇劇賊張用，説使歸朝，以其義女嫁之，因以爲中軍統領。用遣其參議官劉舜臣與勍偕行。

是秋，金國元帥府復試遼國及兩河舉人於蔚州，遼人試詞賦，河北人試經義，始用契丹三歲之制。初鄉薦，次府解，次省試，乃曰及第。時有士人不願赴者，州縣必根刷遣之。雲中路察判張孝純主文，得趙洞、孫九鼎諸人。九鼎，忻州人也。宣和間嘗游太學，陷金五年，始登第。熊克小曆稱九鼎陷金十年始登第，蓋承洪邁夷堅志所書也，非實。金人以靖康元年陷河東，至此始五年，蓋誤記耳。

金左副元帥宗維禁隱藏被掠亡人，犯者罪死⑦。

初，金人之始用兵也，右副元帥宗傑建樞密院於燕京，以劉彦宗主之；左副元帥宗維建樞密院於西京，即雲中府。以時立愛主之。彦宗初見元年正月辛卯，立愛初見元年八月末。金人呼爲東朝廷、西朝廷。及是，彦宗以病卒，宗維乃併樞密院於西京，以西京留守韓企先與立愛同主之。宗維素念彦宗，遂以其子筈簽書樞密院事，又以通事高慶裔爲大同尹、山西兵馬都部署，⑧以烏陵阿思謀權太原少尹。思謀即撒母，姓最賤。宗維初起時，撒母方負薪，宗維喜其才，妻以庶弟宗憲之乳母，命爲都點檢。久之，其門人洛陽吴士鼎爲制今名。宗維以思謀奉使有勞，令樞密院白身差權少尹。

金國樞密院分河間、真定府爲河北東西路，平陽、太原府爲河東南北路。去中山、慶源、隆德、信德、河中府名，復舊州名。去慶成軍名，復舊縣名。改安肅軍爲徐州，廣信軍爲遂州，威勝軍爲沁州，順安軍爲安州，永寧軍爲寧州。升樂壽縣爲樂壽州，降北平軍爲永平縣。

金元帥府禁民漢服，又下令髡髮，不如式者殺之。青州觀察使李邈故爲真定帥，城陷入燕，留金三年。金欲以邈知滄州，笑不答。及髡髮令下，邈憤詆之。金人以撾擊其口流血[9]，復吮血噀之。翼日，自祝髮爲浮屠，金人大怒，命擊殺之。邈將死，顔色不變，謂行刑者曰：「願容我辭南朝皇帝。」拜訖，南向端坐就戮。燕山之人皆爲之流涕。邈，清江人，家世業儒，其母曾鞏女兄弟也。登進士第，累官部刺史，以忤蔡京意，畏禍換右列。死年六十九。後秦檜還，言其忠，贈昭化軍節度使，謚忠壯[10]。邈死不得其時，附傳云建炎三年，故附於今秋金人下令髡髮之後。初，宣武卒閻進從朱弁出使，至是逃歸，爲邏者所獲。西京留守高慶裔義而釋之，進逃遁至三，乃見殺。進南鄉受刃而斃。保義郎李舟者，被拘髡其首，舟憤懣，一夕死。此據朱弁奏，不得其月日，故附於慶裔除留守及金人下令後。是時，知代州劉陶執一軍人於市，驗之，頂髮稍長，大小且不如式，即斬之。其後知趙州韓常、知解州耿守忠見小民有衣犢鼻者，亦責以漢服斬之。生靈無辜被害，莫可勝紀。時復布帛大貴，細民無力易之，坐困於家，皆不敢出。常，慶和子。守忠，本燕人，宣和末爲石嶺關守將。宗維兵至，以關降，因爲金用。

1 冬十月丙子朔，詔諸路按察官自通判至監司，歲具發摘過贓吏姓名，置籍申尚書省，以爲殿最。即有失按而因事聞者，重譴之。

給事中、兼權直學士院汪藻轉對，請結故遼大石林牙以圖興復。

2 丁丑，金人犯蔡州⑪，守臣程昌寓遣將時貴拒之，敵留攻七日而去。既而賊田皋犯新息縣，昌寓命杜湛出擒之，昌寓因留皋以爲將。此據昌寓奏狀及家傳參修。昌寓所奏守禦事甚詳，十一月乙巳朔有旨，札下江淮諸州爲法，文多不載。日曆紹興六年五月十三日量移人滕膺狀：「昨任京西運副，建炎三年十月金人侵犯蔡州，知州程昌寓託病在假，膺遂措置捍退。」與此不同，當考。

3 戊寅，上發平江府。自巡幸以來，駕後諸軍多乘勢爲亂。至是，詔駕後諸軍先發，獨以禁衛諸班扈蹕，由是平江得安。此據錢復平江記。

利州路轉運司奏辛企宗擅引兵過興洋。庚辰，詔諸軍擅入川者，依軍法。

4 癸未，上至臨安府。

5 丙戌，執政登御舟奏事，呂頤浩曰：「陛下邇來聖容清癯，恐以艱難，聖慮焦勞所致。然願以宗廟社稷付託之重，少寬聖抱，以圖中興。」上曰：「朕嘗夜觀天象，見熒惑躔次稍差，食素已二十餘日，須俟復行軌道，當復常膳。」

6 庚寅，上御舟幸浙東。時内侍馮益以潛邸舊恩，恃此頗恣，與御前右軍都統制張俊争渡，以語侵俊，且訴於上。事下御史臺，侍御史趙鼎言：「明受之變，起於内侍。覆車之轍，不可不戒。」益紹興六年七月庚辰貶。

郭仲威自楚州引兵至通州，遂渡江至常熟縣。兩浙宣撫使周望招降之，仲威有衆數萬人，望承制以仲威爲觀察使，充本司統制官，使將其軍屯虎丘山寺。日曆閏八月辛卯，御營使司劄子：魯珏聽杜充使喚。此日後書郭仲威至通州，受周望招安，魯珏而下以次補官。前後不同，當考。

7 辛卯，李成陷滁州。先是，李成攻瑯琊山寨，知滁州、中奉大夫向子伋遣僧智修持書遺成通好，且犒師，成不從，攻之益急。寨中惟有澗水，不足以供數萬人之食，軍中皆食炒米，多得渴疾，於是往往越城而遁。鴉觜山高而逼，成累土運薪，填其坳處，遂與城平。是日，賊攻城，大肆殺掠，溝澗流血。成執子伋殺之，盡取强壯以充軍。日曆：辛卯，李成陷滁州。按此時滁州已移治矣。向子伋事以趙甡之遺史修入。

8 壬辰，上至越州，入居州廨，百司分寓。王明清揮麈録云：「上初過蕭山縣，宗室趙不衰等迎拜道左。上大喜，顧左右曰：『符兆如是，吾無慮矣。』命進不衰三秩。」晚朝，謂宰執曰：「朕自建康至此，不無擾民，欲赦所經州縣。朕誠知數赦非良民之幸，但金人榜文要動摇民心，使歸怨國家，强使從彼。因赦，諭以朕意，謂巡幸非出得已，事定當議蠲除。令詞臣深知此意。」

9 戊戌，令東南八路提刑司歲收諸色經制錢赴行在，一曰權添酒錢，二曰量添賣糟錢，三曰增添田宅牙税錢，四曰官員等請給頭子錢，五曰樓店務添三分房錢。其後歲收凡六百六十餘萬緡，而四川不與焉。紹興元年四月庚午可參考。

知樞密院事、宣撫處置使張浚至興元，上奏曰：「竊見漢中實天下形勢之地，號令中原，必基於此。謹於興元積粟理財，以待巡幸。願陛下早爲西行之謀，前控六路之師，後據兩川之粟，左通荆襄之財，右出秦隴之馬，天下大計，斯可定矣。」浚治兵興元，欲易置陝右諸帥，乃徙端明殿學士、知熙州張深知利州，充利州路兵馬鈐轄、安撫使，而以明州觀察使劉錫代之。於是，徽猷閣直學士、知成都府盧法原去利州路兵馬鈐轄不兼。利路置帥，成都帥臣不兼利路自此始。既而趙哲帥慶，劉錡帥渭，孫渥帥秦，於是諸路帥臣悉用武人矣。錡，錫弟也。行狀浚以十月二十三日抵興元，故附此。錫以今年七月除熙帥。續成都記：「法原今年八月罷兼利鈐。」當是七月與深並命也。哲、錫、渥之除，皆未見本年月日，且附此俟考。浚又以武功大夫、忠州防禦使、本司前軍統制王彥爲利州路兵馬鈐轄。浚初至漢中，問諸將以大舉之策。彥曰：「陝西兵將，上下之情皆未相通，若少有不利，則五路俱失。不若且屯兵利、閬、興、洋，以固根本。若敵人侵犯⑫，則檄諸將帥互爲應援以禦敵。若不捷，亦未至爲大失也。」時浚之幕客皆輕鋭，聞彥之言，相視而笑。彥以言不行，即求去。故浚因而授之。彥爲利鈐，未必即在此月，附此俟考。

是日，金人陷壽春府。時金人大起燕、雲、河朔民兵入犯⑬，又使萬户銀朱、拔束、大撻不也、王伯隆等將女真、渤海、漢軍⑭，以完顔宗弼爲統帥。

初，鄧紹密既死，淮西提點刑獄、閤門宣贊舍人馬識遠代知府事。識遠舊嘗使金，金將知之，南侵過城下，扣城呼曰：「馬提刑與我相識，何不開門？」司法參軍王尚功聞之，夜見識遠，説以迎降，識遠拒不可。府人籍籍言郡守有異志，識遠懼，不敢出，以印授通判府事、朝散郎王攄。攄即自爲降書，啓城迎拜。金兵亦不入城，但邀識遠至軍中三日，已而以其將周企知府事，遂南行。此據洪邁夷堅志增修，志中通判無名，今以日曆壽春府奏狀考之，則王攄也。餘見四年十二月癸未。

修武郎宋汝爲奉詔副京東轉運判官杜時亮使金請和，行次壽春，遇完顔宗弼軍，不克與時亮會。汝爲獨馳入金壁，奉上國書。宗弼怒，命執之，欲加僇辱。汝爲色不變，曰：「一死固不辭，然銜命出疆，願達書吐一詞，死未晚。」宗弼顧汝爲不屈，遂解縛，延之坐，且問其邑里，謂左右曰：「此山東忠義之士也。」以金帛酒食遺之，命引至東平見劉豫。汝爲曰：「願伏劍爲南朝鬼，豈忍背主，不忠於所事？」宗弼亦感歎，遂留之軍中。此據宋氏忠嘉集修入。集又云：「兀朮遣傔人三十輩護送汝爲至京師。」則恐誤。蓋此時京師未陷，當是來年北歸時也。今且云留之軍中，更俟詳究。

10 庚子，金人犯黄州，守臣直龍圖閣趙令峸死之。先是，張用屯光州境内，沿淮爲柵，上下百里，盡收禾稼入寨中，儲蓄甚富，光州患之。及是，敵聞隆祐皇太后駐南昌，欲自蘄、黄濟，乃遣精騎五百直攻其寨。用之衆數萬，悉奔散，金人遂焚用積聚，徑趨黄州。敵之未至也，令峸以内艱去。詔移州治武昌縣，命下而令峸起復。前一日辰刻，敵犯黄州[15]，守衙軍校晏興得其木笴鑿頭箭，遣軍士潘明浮江白令峸，令峸視之，驚曰：「金兵也。」夜半以官軍渡江入黄州。敵治兵攻城，翌日城陷，令峸在西壁被執，金人猶欲降之，令峸大罵曰：「汝輩侵陵中國，殺害生靈，我雖死不屈。」金人飲以酒，令峸揮之，又衣以戰袍，令峸曰：「我豈當此服？」金人曰：「趙使君何堅執如此？今天下大半爲大金所有，若降，當富貴。」令峸曰：「此膝但拜祖宗，豈能拜爾？」金人怒，以鞭擊令峸，流血被面，令峸駡不絶口，遂敲殺之。兵馬都監王達、軍事判官吴源、巡檢劉卓皆爲所殺。令峸守黄踰再歲，羣盜丁進、李成、張遇、貴仲正之徒俱不能犯，至是卒以節死。事聞，贈徽猷閣待制，謚曰愍。

11 辛丑，張浚承制以朝請郎、同主管川陝茶馬監牧公事趙開兼宣撫司隨軍轉運使，專一總領四川財賦。開言：「蜀民已困，惟榷率尚有贏餘，而貪猾認以爲己私，惟不恤怨詈，斷而行之，庶救一時之急。」浚以爲然，於是大變酒法，自成都始。先罷公帑賣供給酒，即舊撲買坊場所置隔槽，聽民以米赴官自釀，每一斛輸錢三千，頭子錢二十二，多寡不限數。明年，遂徧四路行其法。夔路舊無酒禁，開始榷之。舊四川酒課歲爲錢一百四十萬緡，自是遞增至六百九十餘萬緡。夔酒，紹興十五年七月乙巳減免。

是日，金人自黄州濟江。初，金人得岸下小舟，其數不多，乃毀民居爲筏，以舟引之而行。集英殿修撰、荆湖沿江措置副使王羲叔聞敵逼黄州，引舟遁去，敵遂渡大江。凡三日，濟江盡絶。時江東宣撫使劉光世在江州，日與朝奉大夫韓梠置酒高會，無有知敵至者。比知之，以爲蘄、黄間小盜，遣前軍統制王德拒之於興國軍，始知爲金人至，遂遁。梠，粹彦子。粹彦，琦子，故資政殿學士。宣和末爲户部侍郎，責黄州安置。於是敵自大冶縣徑趨洪州。大事記：「金之分道南侵也，不惟廬州之李會、濠州之孫逸、和州之李鑄、無爲軍之李知幾、真州之向子忞、洪州之王子獻、臨江之吴將之、吉州之楊淵、撫州之王仲山、袁州之王仲嶷、建康之杜充、越州之李鄴、潭州之向子諲、荆南之唐慤或降或走，而張俊、劉光世之兵亦遁矣⑯。豈獨江、淮素無兵備哉？亦習見兩河官吏被禍而無益，寧畏敵而不畏義也。」

12 癸卯，李鄴被旨造明舉甲，每副工料之費凡八千緡有奇。上召大將張俊、辛企宗示之曰：「是甲分毫以上，皆生民膏血，若棄擲一葉甲，是棄生民方寸之膚。諸軍用之，當思愛惜。」時王綯在側曰：「陛下愛民如此，凡百臣下，當體此意。」中興聖政：臣留正等曰：「斂人之財，以爲殺人之器，聖人忍爲之哉？惟其捍敵禦難，使斯民得遂其生，所利有

大於所斂者，此所以行之而不疑也。苟輕棄之，而捍禦之效無聞，豈聖人之本心哉？太上皇帝以此戒諭諸將，孰敢不竭忠賈勇，以靖國安民爲任耶？聖訓一發，而愛民取將之方兼得之，嗚呼，休哉！」

詔：「右諫議大夫富直柔遇事敢諫，皆合大體，艱難之中，賴其獻替，以裨朕躬。可特轉一官，報行天下，使知朕優賢納諫之意。」

監察御史沈與求上疏論執政過失，改爲尚書兵部員外郎。與求奏：「臣言苟不當，宜黜，不應得遷。」上行其言，甲辰，擢與求殿中侍御史。與求論執政過失，據附傳云耳，未知所論爲誰，當考。

是月，盜入宿州。保義郎、權通判州事盛修己守節不屈，爲所害。久之，州人爲之請，遂贈武翼郎、閤門宣贊舍人，封表其墓。此以紹興九年六月八日樓炤所奏修入。奏稱蘄修武等突犯州城，未知蘄修武爲誰，當求他書參考。

江淮宣撫使杜充聞李成叛，命神武前軍統制王璦以所部赴滁州。璦留輜重於長蘆，屯其軍於瓦梁，不敢進。成遣輕騎五百劫其輜重，不克。會充遣宣撫司統制官岳飛爲璦援，遇賊於九里堽，盡殪之。既而聞金人大入，璦不至滁州而還。

楊進之死也，其徒劉可以進所部轉寇汝、蔡、隨、唐之間，程昌寓家傳云：「三年閏八月，没角牛楊進軍十餘萬寇真陽，公令杜湛等以兵掩擊之，俘斬不勝計。」按，是時楊進已爲翟興所殺，湛所擊即劉可耳。至是，其下劉滿寇信陽軍，執權知軍事、朝散郎趙士員而去，至荊門軍殺之。後贈右朝奉大夫，官一子。此以紹興三年八月二十四日程昌寓保奏狀修入。

校勘記

①望氣楚清覺　楚清覺，當係人名，然本書僅此一見。

②朝議大夫知岳州邢倞坐結餘覩事　「岳州」下有四庫館臣按語：「史作鼎州。」今删。按：宋史卷二五高宗紀二載：「辛酉，知鼎州邢倞坐結耶律余覩，再責汝州團練副使、英州安置。」故知即指宋史也。

③乃以爲承務郎　「承」，原作「成」，據叢書本改。

④乞召耿静赴行在　「静」，原作「進」，據叢書本改。

⑤犯長安　「犯」，原作「侵」，據叢書本改。

⑥知縣事向宗輝悉力禦之　此後原有四庫館臣按語：「宋史繫甲戌日。」今删。

⑦犯者罪死　「犯」，原作「士」，據叢書本改。

⑧又以通事高慶裔爲大同尹山西兵馬都部署　「署」字下有四庫館臣按語：「原注作『英宗廟諱同音』，今補。」已删。

⑨金人以撾擊其口流血　「口」，原作「舌」，據叢書本改。

⑩謚忠壯　本書所載李邈事，輿地紀勝卷三四江南西路臨江軍載：「李邈字彦清，清江人。宣和間知霸州，草奏言邊事不可舉。靖康初知真定府，城陷，猶率衆力戰，被執。見敵酋不拜，敵壯之，欲遣知滄州，不從，且罵不絶口。又敵髡髮下令，邈憤詆之，敵以撾擊其口流血，復吮血噀之。翌日，自祝髮爲浮屠。敵大怒，命擊殺之。邈將死，顔色不變，謂行刑者曰：『願容我辭南朝皇帝。』拜訖，南向端坐就戮。後贈昭化軍節度使，謚忠壯。」此謂出繫年録，然文辭有不見本書者。

⑪金人犯蔡州　「犯」，原作「侵」，據叢書本改。

⑫ 若敵人侵犯　「侵犯」，原作「來侵」，據叢書本改。

⑬ 時金人大起燕雲河朔民兵入犯　「犯」，原作「邊」，據叢書本改。

⑭ 又使萬户銀朱拔束大撻不也王伯隆等將女真渤海漢軍　「真」，原作「直」，據叢書本改。「拔束」，原作「布爾噶蘇」，「撻不也」，原作「托卜嘉」，俱從金人地名考證回改。

⑮ 敵犯黄州　「犯」，原作「至」，據叢書本改。

⑯ 而張俊劉光世之兵亦遁矣　「俊」，原作「浚」，據叢書本改。

建炎以來繫年要録卷二十九

1 建炎三年十有一月乙巳朔，金人犯廬州①，守臣徽猷閣直學士、淮南西路安撫使李會以城降。先是，王善自淮寧分軍由宿、亳而南，無駐兵之地，遂犯廬州。聞金人至，乃移屯於巢縣，既又以其衆降金，遂拘善於軍中，盡散其衆。其將祝友、張淵輩各以所部行。自是，兩淮皆被善餘黨之擾矣。

初，閤門宣贊舍人韓世清在蘄州，事初見六月。州人請以爲兵馬鈐轄，上許之，仍以世清兼蘄黄光江州興國軍都巡檢使。世清聞金人渡江，是日，將吏會於州治。世清有酒意，即取黄衣被兵馬鈐轄趙令晙於東廳②，俾令晙即皇帝位。令晙號呼不聽，褫其黄衣。知蘄州、朝請郎甄采等共勸之，世清乃止。紹興二年閏四月辛丑行遣。

知濠州孫逸聞金兵已渡淮，即聲言往建康見杜充計事，遂以州印付淮西兵馬都監王宗望而去③。充聞之，即檄節制兵馬劉位權知濠州。位，招信人，素豪强，爲鄉里所仗。擾攘之際，位聚集鄉民，保守鄉井，西北衣冠與細民多依之。充在建康，以位節制軍馬，就統其兵。至是，付以州事。

2 丁未，以上至越州，德音：「釋諸路徒以下囚，罷邠州歲貢火筯、襄陽漆器、象州藤合、揚州照子之屬。」

初，未行鈔鹽以前，兩浙民户每丁官給蠶鹽一斗，令民輸錢一百六十六，謂之丁鹽錢。皇祐中，許民以納絹從時價折納，謂之丁絹。自行鈔法後，官不給鹽，每丁增錢爲三百六十，謂之身丁錢。大觀中，始令三丁輸絹一匹，時絹直猶賤，未有賠費，其後物價益貴，乃令民每丁輸絹一丈、綿一兩。軍興丁少，遂均科之，民甚以爲患。至是，聽五等下户以爲半折帛，半納見錢，於是歲爲絹二十四萬匹，綿百萬兩，錢二十四萬緡。紹興十三年七月壬申所書可參考。

勘會宋齊愈所犯，當寘於法。然已經大赦，祇緣憎愛之私，致抵極刑，可追復通直郎，仍與一子恩澤。勘會責授單州團練副使、昌化軍安置李綱罪在不赦，更不放還。緣累經恩赦，特許自便。綱行至瓊州而還。

初，京西制置使程千秋既軍襄陽，有劇盜曹端者，自京城聚衆，擾於京西，號曹火星。千秋遣人招之，屯於城下。是時，桑仲在唐州，盡取彊壯爲兵，唐州之民在桐柏者，先爲董平攢集，其不屬平者，進退無所依，皆盡室願歸於仲，仲之衆漸盛，遂自光化軍而南，千秋亦招之，屯漢水之北。始，范瓊討李孝忠至襄陽，留五百兵戍守，使東南第五將徐彦領之。仲故識彦，嘗遺以二刀，千秋怒其通寇，是日南至，諸將入賀，酒三行，千秋叱彦起席，數其與仲通書之罪，遂斬之。仲怒，引兵犯襄陽，千秋命端出師，并檄知鄧州譚兗爲援。端與仲遇於高車，急擊之。仲敗，稍引退，會兗遣騎兵來策應，千秋賞其精鋭。端愠，遂率衆軍於中廬、南漳之間。仲諜知，整衆復進，至孛羅岡，與馬軍遇。崗地坡仰而有低林，非騎兵之利，鄧州兵大敗。仲進薄襄陽，千秋公安親隨兵未嘗歷行陣，皆輕跳欲出戰，千秋不許，至於再三，乃令出戰。親隨兵無器甲，仲以馬軍數百伏路兩旁，俟其過未盡，即突出，大呼令坐，以棍杖次第敲殺之。統制官貴仲正等聞之，遁去。千秋棄城奔中廬，仲遂據襄陽。千秋密遣人説端裨將王闢使殺端，端軍多潰。惟後軍李忠寨差遠，獨不散，自稱權京西南路副總管，與其徒冠白巾，聲言爲端報仇。千秋不可居，乃自金州入蜀。貴仲正以潰卒寇荆南，兵馬鈐轄、武功郎渠成與戰，殺之。提點刑獄公事李允文在郢，亦不能守，引所部往鄂州。於是京西列城，皆爲仲所據。王之望記西事曰：「張浚用程千秋，久之又疑其跋扈，乃以郭永爲檢察軍馬，李允文爲京西憲使，左右掣其肘。二人傾險輕躁，欲得其處，更謀撓之，使不得有所爲。既又奪其便宜，諸將以故解體，遂至於敗。」按千秋爲帥，至此僅半年，蓋未久也，不知浚何以遽疑而抑之，恐别有故，姑附此，當求他書考證之。趙甡之遺史：「四年八月，桑仲陷襄陽，程千秋棄城走。」按四年六月九日，知襄陽府王擇仁狀：「准宣撫使司劄子，勘會程千秋、李允文不務協和，襄陽府、郢州並各失守，已落職罷本任。王擇仁差知襄陽府。」據此，則千秋失守，張浚聞知，乃命擇仁。而擇仁已到京西，然後申上。是時道不通，郵置往來，必已更涉數月，其失守必在今冬不疑。但未知的實是何月日也。今因斬徐彦事，併牽連書之。俟考。

3 戊申，尚書户部員外郎陳戩守太常少卿，新除太常少卿陳邁爲中書門下省檢正諸房公事。江東提刑司奏：「自罷本路常平司，取會到見管錢四十五萬餘緡，糧五十九萬餘石，金帛三萬八千餘匹兩。」詔錢、米仍舊椿管，其金、帛並輸行在。

是日，完顔宗弼犯和州④，守臣李儔以城降。儔初見元年七月丙午。時奉使崔縱從行官屬盧仲自北逃歸，宗弼得歸朝官程暉，令携嫚書，與仲皆赴行在。十二月壬辰至明州。

4 己酉，宣撫處置使張浚以便宜增印錢引一百萬緡，以助軍食。其後八年間，累增二千五十四萬緡。浚又置錢引務於秦州，以佐邊用。

是日，金人陷無爲軍，守臣朝散大夫李知幾挈其帑藏，與其民俱南歸。歷陽縣丞王之道率遺民據山寨以守。之道，無爲人也。

5 庚戌，金人攻采石渡，知太平州郭偉率將士拒敵，敗之。翌日又敗之。金人退攻慈湖，偉又敗之。敵遂趨馬家渡。

6 辛亥，江東南路轉運司言：「近旨，江州、建康府守臣並帶制置使，止謂制置軍事，不用常法處斷將士罪名，及抽取器甲兵級。今江州制置司乃用制置二字行遣他州事務，如刑獄、財賦及差官權領州事，竊慮州縣無以適從。望仍令提刑、轉運司用條行遣。」從之。

7 壬子，隆祐皇太后退保虔州。前數日，江西轉運司得報，敵騎至大冶縣，未辨蕃漢。是月戊申。會江東宣撫使劉光世馳輕騎以聞，翌日乃知敵且至。滕康、劉珏共議，奉太后及近上妃嬪陸行，餘皆舟行，百官從便路起發。集英殿修撰、江西安撫制置使、知洪州王子獻棄城遁走撫州，衆推士人朝請郎李積中權州事。積中初見元年七月己丑。於是中書舍人李公彥、徽猷閣待制權兵部侍郎李擢皆遁，司勳員外郎馮檝匿廬山佛舍，郎官已下多潛去者。此據張延壽劾疏修入。既而檝貽書光世，勸以出兵掩敵，大略言：「此敵深入，最兵家之忌。又進則距山，退則背江，百無一利，而敢如此横行者，以前無抗拒，後無襲逐，如入無人之境，故無所忌憚也，非敵之能也。觀村人之强壯者尚敢與之敵，其間勝負亦或相半，豈有國家素練之兵，反不如村人之强壯者？但望風畏之耳，實不足畏也。太尉儻選精兵萬人，厚立賞格，自將而來洪州等處援救，開一路令歸，伏兵於前而掩殺之，可使匹馬不還。」光世不能用。

8 丙辰，尚書左僕射呂頤浩奏：「宗支凋零之後，欲望逐人各與添差監當一次。州勿過七員，縣勿過三員，皆不釐務，奉賜傔從視正官之半。」從之。

9 丁巳，金人陷六合縣，又陷臨江軍，守臣中奉大夫、直秘閣吳將之遁去。將之，吳興人也。

徽猷閣直學士致仕蔣猷卒於昌國縣。猷，金壇人，事上皇爲御史中丞，立朝有直聲。及是避兵南來而卒，特贈顯謨閣直學士，謚莊定。

10 戊午，承奉郎致仕孫悟落致仕，爲通直郎，假尚書兵部員外郎，充大金軍前致書使，承信郎卞信臣爲忠翊郎，假閤門祗候副之。

金人犯洪州⑤，權知州事李積中以城降。紹興二年二月甲申，葉夏卿劾疏乃云：「夏卿權通判，總郡事，率衆投拜。」當考。時內侍邵成章居洪州，金人召之曰：「知公忠正，能事大金，富貴可長享。」成章不從，遂逼之以威，屢欲殺之，亦不從。金人曰：「忠臣難得，吾不忍殺。」復遣之金帛。

賊劉忠犯蘄州，蘄黃都巡檢使韓世清與戰破之，忠遂轉入湖南。先是，東京乾明寺尼法靜嘗僞稱柔福帝姬，檢校少保、保順軍節度使、同知大宗正事仲的聞而迎之。會仲的被旨，移司至宿州，與忠遇，仲的死。仲的官職及死事，日曆皆無之。綸言集有仲的加檢校官制詞，蓋明受中所除也。紹興二十一年六月辛卯，士上奏⑥：「仲的遇賊劉忠，没於王事，蒙聖恩與五資恩澤。」亦不云何月日，當考。法靜爲忠黨所掠，世清得之。法靜自言已上皇季女，小字環環，其母小王婕妤也。世清疑焉，即坐之堂上，與守臣朝請郎甄采等朝服隔簾，問其故。法静自言脱難之因，且及往時宮閤間事，世清信之，遂以聞於朝。采亦恐寇至不能守，即與世清率所部護帝姬自江西赴行在。是役也，蘄春尉晏子開率射士迎敵，爲所殺。忠又入舒州，執朝請大夫、通判州事孫知微而去。知微不屈，忠怒，臠而食之。後贈二人官，録子孫有差。四年十月忠方據白面山，不知以何時入湖南也。知微，紹興三年九月壬子推恩。

11 庚申，金人陷真州，守臣向子忞棄城保沙上，其所携金帛悉爲韓世忠所奪。子忞，子諲弟，初見今年二月⑦。

12 辛酉，隆祐皇太后至吉州。

13 壬戌，金人自馬家渡濟江。初，完顔宗弼既破和州，與叛將李成同至烏江縣。尚書右僕射江淮宣撫使杜充在建康，諜言成師老可擊。充遽遣兵，而金師已大入。充聞敵且至，以其兵六萬人列戍江南岸，而閉門不出，師無統一。會將官張超失守，敵遂過江。充急遣都統制陳淬督統制官岳飛、劉綱等十七人，將兵三萬人與戰，又命御前前軍統制王璦以所部萬三千人往援。敵犯溧水縣⑧，尉潘振死之。呂中大事記：「方其幸維揚也，使經理兩河之計行，則虜豈能越三關四鎮而擣淮⑨？及其渡江也，使防淮之議不格，則虜豈能越大江重湖而攻我哉？朝廷棄三路如棄土梗，棄兩淮如棄敝屣，使敵人數千里如蹈無人之境，不戰而敗，不守而陷，二百年之天下，不因民之怨叛而直失其大半，可勝惜哉！」

14 癸亥，金人犯太平州。

保寧軍承宣使、主管侍衛步軍司公事閭勍奉迎祖宗神御至越州，詔奉安於天慶觀。

15 甲子，陳淬與完顔宗弼遇於馬家渡，凡戰十餘合，勝負略相當。王璦引西兵先遁，淬孤軍力不能敵，還屯蔣山。水軍統制邵青以一舟十八人當金人於江中，舟師張青中十七矢，遂退於竹篠港。統赤心隊朝請郎劉晏以所部走常州。浙西制置使韓世忠在鎮江，悉所儲之資盡裝海船，焚其城郭，既聞敵南渡，即引舟之江陰。知江陰軍胡紡厚待之。先是，璦部將輔逵在東陽，被檄策應，璦與遇於中塗，曰：「已失渡口。」遂與逵引其軍自信州入閩，所過大擾。

是日，知臨安府康允之言：「有歸朝官自壽陽來報，金人數道並進，已自采石濟江。」朝廷以未得杜充、周望報，大懼，詔侍從議之。給事中兼權直學士院汪藻、中書舍人李正民議移蹕平江，親督諸將拒敵，緩急則登海舟避之。宰相呂頤浩因率從官同對於便坐，或謂且遣兵將，或謂宜募敢戰士以行，頤浩又乞自行，議未決，退詣都堂。午間得周望奏，且録杜充書，言充在采石防江，朝廷稍安，然不知充已敗矣。上未知韓世忠棄鎮江去，命追世忠赴行在，又欲令移軍常州。呂頤浩請以御筆召之，上曰：「朕與世忠約堅守，令聞急乃來。」頤浩固請，遂遣中使賫詔召之。議者又慮金人自江、黄間渡江，或趨衢、信以逼行在。

16 乙丑，以中書門下省檢正諸房公事傅崧卿爲嚴信州防遏使，募土豪集鄉兵以守衢、信隘路。命兩浙東路提點刑獄公事王翿、江南東路提點刑獄公事姚舜明、兩浙東路安撫司幹辦公事郭亢，悉以所募人聽崧卿節制。崧卿取將必用儒術，統制官侯延慶將前軍，步汝霖將後軍，自將中軍。延慶，長沙人也。

諜報敵自鄂州南渡，有中使自洪州至云：「太后已往虔州。」

詔：「前知濱州向大猷爲臣不忠，屢爲叛逆，移文指斥，罪狀深重。可令越州領赴市曹處斬。」先是，武功大夫、忠州刺史宫儀既以所部留真州，事見今年八月。而徽猷閣待制劉洪道入朝，言其在山東時事。儀縊死，傳首赴行在，以其軍隸御營前軍統制王瓊。洪道又與大猷偕來，且奏其指斥之罪，故抵死。吕頤浩言洪道之才，乃以爲御營使司參議官。洪道除參議，未見月日，今併書之。

17 丙寅，從官入見，慮敵騎不測馳突。時殿前副都指揮使郭仲荀方自臨安來，乃請以仲荀輕兵三千人從駕往平江府，倚周望、韓世忠兵爲重，仍令張俊兵以次進發。上以俊重兵不可留，遂決議皆行。退命汪藻草詔書，諭中外以將往浙西迎敵。是日，杜充聞軍潰，欲乘舟出奔，方開水門，士民争門不能出。充使人諭之曰：「相公欲迎敵金人耳。」衆皆呼曰：「我亦往迎敵。」竟不能行而止。於是市井喧言，杜相公枉殺幾許人，及其警急，乃欲先遁。充懼，命軍士人犒銀絹十匹兩。時陳淬已戰死，夜，岳飛等皆引去。上元縣丞、宣教郎趙壘之統鄉兵迎敵，死之。紹興三年四月壬子，贈壘之奉議郎，與恩澤一資。

詔海舶擅載外國入貢者，徒三年，財物没官。此據慶元隨敕申明。

18 丁卯，詔曰：「朕纘承以來，深軫念慮，謂父兄在遠而兵民未撫，不欲身陷於鋒鏑，故包羞忍耻，爲退避之謀，冀其遏志而歸，稍得休息。卑辭厚禮，遣使相望，以至願去尊稱，甘自貶黜，請用正朔，比於藩臣。在建康則遣洪皓、崔縱、杜時亮，在平江則遣張邵，其爲書指，無不曲盡哀祈，假使金石無情，亦當少動。近報金人一項自采石，一項自黄州渡江，生民嗷嗷，何時寧息？今諸路兵聚於江、浙之間，朕已移蹕浙西，爲迎敵之計。我將佐人民與其束手待斃，不若併計戮力，以存國家。」遂遣兵三千先行，時敵已逼建康，而行在未知也。

金人犯吉州，知州事、直龍圖閣楊淵棄城去。隆祐皇太后離吉州，至生米市⑩。敵遣兵追御舟。有見金人於市者，乃解維夜行，質明，至太和縣。舟人耿信反⑪，龍神衛四廂都指揮使楊惟忠所領衛兵萬人皆潰，其將傅選、司全、胡友、馬琳、楊皋、趙萬、王璉、柴卞、張擬等九人悉去爲盜。乘輿服御物皆棄之，欽先孝思殿神御頗有失者。內藏庫南廊金帛爲盜所攘，計直數百萬。宮人失一百六十人。惟忠與權知三省樞密院滕康、劉珏皆竄山谷中，兵衛不滿百，從者惟中官何漸、使臣王公濟、快行張明而已。金人追至太和縣，太后乃自萬安捨舟而陸，遂幸虔州。后及潘賢妃皆以農夫肩輿，宮人死者甚衆。從事郎、三省樞密院幹辦官劉德老亦爲敵所殺，後官其家一人。先是，康、珏爲幹辦官汪若海、何大圭所間，二人不和，遂有兵火之禍。選初見元年十月乙酉，若海初見元年正月丙午，大圭初見元年六月庚午。潰兵之作亂也，知永豐縣承議郎趙訓之、尉修職郎陳自仁爲所害。後贈訓之直秘閣，自仁通直郎。訓之後謚忠果。

時金分兵犯撫州，守臣王仲山以城降拜，金以其子權知州事，令括管內金銀赴洪州送納。又犯袁州，守臣顯謨閣待制王仲嶷亦降。仲山，珪子。仲嶷，仲山兄也⑫。

詔兩浙宣撫司統制官郭仲威以所部七千人屯通州海口。金人寇六安軍⑬，知軍事邊某降敵，遣北軍三百人屯城中，不殺不掠，已又陷建平縣。

是日，杜充引親兵三千絕江而北，統制官王進、王冠猶以本部隨之。時上遣內侍任源至充軍前，道梗不達，以狀白充，充即附奏以謂：「初乞御營諸將聽其節制，實無妄自尊大之意，但欲人情相諳，緩急可使令者。劉光世遠在九江，不得使。韓世忠近在鎮江，不能使。儻王瓊有心報國，當陳淬等接戰之際，乘勢向前，敵兵必敗，豈有今日？瓊之不忠，萬死有餘。臣今在儀真，檄召徐、泗二州趙立、劉位等集兵，却迴鎮江，以護王室，此區區困獸之志也。」時充在真州，寓天慶觀，守臣向子忞勸充自通、泰入浙，欲與之偕行。充有邪謀，不聽，子忞棄真州去。充命冠知真州，自爲出陸計，聲言往招信縣，會劉位兵來援，遂北行。進，登州人，初爲遞卒。此據呂頤浩奏議。後以功補官，充擢爲宣撫使統制。

19 戊辰，贈故刑部尚書王雲觀文殿學士，官親屬八人，以新除吏部侍郎鄭望之言其死節也。仍命所在訪其家屬。日曆無此，今以紹興五年四月十四日雲子婿任使臣乞恩澤狀修入。

20 己巳，上發越州，次錢清堰。夜得杜充奏，我師敗績。上謂輔臣曰：「充守江不利，陳淬戰没，王瓊擁兵南遁。金國人馬必臨浙江追襲，事迫矣，卿等意如何？」呂頤浩曰：「臣有一策，望聖意詳度，斷在必行。」上曰：「如何？」頤浩奏：「金人以騎兵取勝，今鑾輿一行，皇族百司，官吏兵衛，家小甚衆。若陸行，山險之路，糧運不給，必致生變。兼金人既渡浙江，必分遣輕騎追襲。今若車駕乘海舟以避敵，既登海舟之後，敵騎必不能襲我。江、浙地熱⑭，敵亦不能久留。俟其退去，復還二浙。彼入我出，彼出我入，此正兵家之奇也。」上沉吟久之曰：「此事可行，卿等熟議。」來日召侍從、臺諫至都堂參議可否。」

21 庚午，上遽回鑾。王庭秀閲世録云：「二十五日，駕至錢清，聞金人已渡大江。二十六日，駕回避敵。」己巳，二十五日也。李正民乘桴記云：「二十五日夜，得杜充敗奏。又康允之奏，人馬已自建康徑路趨杭州界，遂倉卒回鑾。」按，敵以二十七日辛未入建康，十二月初始自廣德軍、湖州界趨臨安府，恐此時允之未應已奏敵至府界。正民所記或誤。熊克小曆又因而書之，當考。

晚次越州城下，從官對於河次亭上。侍御史趙鼎言：「衆寡不敵，勢難與戰，宜姑避之。」呂頤浩乃聚議航海。新除吏部侍郎、御營使司參贊公事鄭望之後至，獨謂自古興王，未有乘舟檝者。權户部侍郎葉份、中書舍人綦崈禮曰：「若別有策甚善，不然，捨海道將安之？」頤浩晚朝奏事，上曰：「航海之事，朕昨夕熟思之，斷在必行，卿等速尋船。」遂決策移四明。中興聖政：張滙進論曰：「金人之至江南也，朝廷豈不知敵所利者騎也，我所利者舟師與步兵也？江、浙之地，騎得以爲利乎？此皆騎之危地也，舟師、步兵之利地也。金人有知，豈肯致身於此耶？若御駕親征，諸路進討，尚可取勝，而乃朝廷自散，爲敵得志而去，此失於退二也⑮。」

頤浩奏：「今從官已下，各從便而去。」上曰：「士大夫當知義理，豈可不扈從？若如此，則朕所至乃同寇盜耳。」此據李正民乘桴記。於是郎官已下，或留越，或徑歸者多矣。

御史中丞范宗尹參知政事，侍御史趙鼎試御史中丞。二人皆嘗建議避敵，故遂用之。時密院惟張守獨員，乃命宗尹兼權樞密院事。宗尹兼樞，他書無有，紹興四年五月十五日樞密院客司供到下項，建炎年參知政事范宗尹兼權樞密院事。且附此，當求他書考其月日。

端明殿學士、簽書樞密院事周望同知樞密院事，仍兼兩浙宣撫使，總兵守平江府。殿前副都指揮使郭仲荀爲兩浙宣撫副使，與御營使司都統制辛企宗並守越州。御前右軍都統制張俊從上行，以俊爲浙東制置使。

尚書祠部員外郎萬格爲監察御史。格之除，日曆不見，此據本臺題名。格，鄱陽人也。

22 辛未，遣右武大夫、和州防禦使、樞密院提領海船張公裕往明州募舟；户部員外郎宋輝往秀州，自海道運錢糧赴行在。公裕，開封人，故省吏；輝，敏求孫也。敏求，平棘人，元豐龍圖閣直學士。

是晚，上詣都堂，撫諭將士。移御舟過都泗堰不克，上命斧碎之。

是日，金人陷建康。初，完顔宗弼既濟江，士馬皆集，遂鼓行逼城下。户部尚書李棁與守臣顯謨閣直學士、沿江都制置使陳邦光具降狀，遣人即十里亭投之。宗弼喜曰：「金陵不煩攻擊，大事成矣。」宗弼入建康，邦光率官屬出門迎拜。通判府事、奉議郎楊邦乂邦乂初見元年五月。不從，大書其衣曰：「寧作趙氏鬼，不爲他邦臣。」既見，邦乂獨不拜，宗弼不能屈。翌日，遣人説邦乂，以舊官許之。邦乂以首觸堦求死，金帥張太師者止之。邦乂又遺金書曰：「世豈有不畏死而可以利動者？幸速殺我。」方邦光出城投拜也，居民争出城，取蔣山路而去。金人馳騎往蔣山遮其路，約居民復回城中。

23 壬申，光澤縣射士與金人一騎至邵武軍，言大軍千餘人且至，守臣朝請大夫張毣斬其首以聞。既而毣以州事委寓居官陳直方而行，閩中大震。

24 癸酉，晚，上發越州，雨始作。自是連雨泥淖，吏卒暴露，不勝其苦。兩浙轉運副使、直顯謨閣陳國瑞排頓，得猪肉六百斤⑯，炭千二百斤以給衛士。日曆，上發越州在壬申，今從李正民乘桴記。國瑞，莆田人也。

是日，金人犯建昌軍。先是，金人既陷撫州，遣人賫檄諭降。守臣方昭慮爲軍民所脅，以印授承事郎、通判軍事晁公邁而去。未幾，公邁亦以募兵爲詞而出，衆推承信郎、兵馬監押蔡延世以守。公邁，任城人，嘗爲少府監主簿。延世，建昌人，本太學諸生。先是，金人既入洪，遣十人持檄至城下，延世盡斬之。及是敵兵臨城，問十人所在，延世示之以其首。金人怒求戰，延世擊却之。公邁歸，延世拒不納，遂領軍事。公邁坐罷去。晁公遡撰公邁墓誌：「通判建昌軍，未至建昌，女真虜劉豫章、臨川，遂命權知撫州。女真始去，公私掃地赤立，盜發其傍，州人惴恐，乃誅豪彊，撫鰥寡。盜聞其聲，不敢犯。或者毀其功以爲罪。呂頤浩當國，銜前在發運使爭公事，奏免所居官。」按此與日曆所書全不同，蓋私家傳志，類多失實。今不取。

25 甲戌，奉議郎、通判建康府楊邦乂爲金人所殺。前一日，金帥張太師與李梲、陳邦光燕樂方作，召邦乂立堂下。邦乂見梲、邦光叱之，有劉團練者，取紙書死活二字示邦乂曰：「若毋多言，欲死趣書死字示我，乃信。」邦乂奮前奪吏筆，書字曰死。金人相顧動色，然未敢害。是日，完顔宗弼再引邦乂，邦乂不勝憤，望見大罵。宗弼大怒，擊殺之，剖腹取其心。邦乂死年四十四。附傳邦乂死節在十一月庚申。按庚申金未渡江，當考。初贈直秘閣，官其子二人，賜田二頃，後謚忠襄。紹興二年正月再贈。

是月，張浚至秦州，才數日即出行關陝。參議軍事劉子羽言右武大夫、忠州刺史、涇原兵馬都監、兼知懷德軍吳玠之才於浚，玠亦素負才略，求自試。浚與語大悅，擢爲統制。又使其弟進武副尉璘掌帳前親兵。

淮西兵馬都監王宗望在濠州，以孤城難守，遂率官吏請降。金以其將孫興知濠州，迪功郎陳浩然同知州事，且屯北軍五百。興，燕人。浩然，壽春幕官也。興等既入城，但改天會之號，其餘一無所問，由是居人稍安。

校勘記

①金人犯廬州　「犯」，原作「至」，據叢書本改。

②即取黄衣被兵馬鈐轄趙令晙於東廳　「趙令晙」後有四庫館臣按語：「北盟會編作俊。」今删。

③遂以州印付淮西兵馬都監王宗望而去　「王宗望」後有四庫館臣按語：「北盟會編作張宗望。」今删。按：宋史卷二五高宗紀二：「淮西兵馬都監王宗望以濠州降於金。」

④完顔宗弼犯和州　「犯」，原作「至」，據叢書本改。

⑤金人犯洪州　「犯」，原作「至」，據叢書本改。

⑥士上奏　此句疑有脱誤。

⑦初見今年二月　「二」，原作「三」。按：向子忞初見建炎二年二月，見本書卷二〇，據改。

⑧敵犯溧水縣　「犯」，原作「破」，據叢書本改。

⑨則虜豈能越三關四鎮而擣淮　「虜」，原作「敵」，據皇朝中興大事記講義改。

⑩至生米市　「生」，原作「争」，叢書本同，據三朝北盟會編卷一三五改。按，生米市又稱生米渡，在新建縣南三十里，見雍正江西通志卷三四。

⑪舟人耿信反　「反」，原作「及」，據清光緒三十四年許涵度刻本三朝北盟會編卷一三四改。

⑫仲山兄也　此後有四庫館臣按語：「宋史繫戊午日。」今删。

⑬金人寇六安軍　「寇」，原作「至」，據叢書本改。

⑭ 江浙地熱 「熱」，原作「熟」，據叢書本改。寶慶四明志卷一一車駕巡幸條亦作「熱」。

⑮ 此失於退二也 此下原有四庫館臣按語：「全論見是年十二月。」

⑯ 兩浙轉運副使直顯謨閣陳國瑞排頓得猪肉六百斤 「國」，原作「谷」，叢書本同。按：諸書皆作陳國瑞，據改。如三朝北盟會編卷一三四、咸淳臨安志卷五〇皆作國瑞。下同。

建炎以來繫年要録卷三十

1 建炎三年十有二月按是月乙亥朔。戊寅，徽猷閣待制、知鎮江府兼浙西安撫使胡唐老爲軍賊戚方所殺。方勇悍善射，初爲教駿卒，軍興盜起，在九朵花行伍中，未知名。方殺其爲首人，遂率衆歸建康，投杜充，充以爲準備將。建康失利，諸軍皆散，方率潰卒數千走金壇縣。時鎮江無兵，獨倚浙西制置使韓世忠軍爲重，世忠既去，唐老力不能拒，因撫定之。方欲引兵犯臨安，妄言赴行在，請唐老部衆以行，唐老不從，爲所害。主管安撫司機宜文字、迪功郎鄭凝之亦以兵死。後贈唐老徽猷閣直學士，謚定愍；官凝之家一人。凝之，戩孫也。

2 己卯，上次明州。提領海船張公裕奏已得千舟，上甚喜，王綯曰：「豈非天邪？」先是，監察御史林之平自春初遣詣泉、福召募閩、廣海舟，爲防托之計。事見二月辛酉。故大舟自閩中至者二百餘艘，遂獲善濟。時閩、廣大舶皆委之諸司，而右文殿修撰、廣東轉運使趙億所募舟先至，上手詔嘉賞。億，抃曾孫也。抃，西安人，熙寧參知政事。駕至明州，日曆在初二日丙子，而李正民乘桴記在初五日己卯，王庭秀閲世録在初七日辛巳。正民時爲從官，所記必不誤。今從之。

徽猷閣直學士王序知鳳翔府，寶文閣待制程唐爲陝西路都轉運使，不許辭免。如違，重行竄責。序，榮德人，欽聖憲肅皇后姊子也。二人在宣和間皆事近倖以進，蜀人鄙之。序已見元年六月。

3 辛巳，金人陷廣德軍。時完顏宗弼既得建康，區處已定，乃率衆自溧水路徑趨臨安。道路之人但知潰卒爲亂，不虞金人之至也。金游騎至廣德軍，知軍事周烈遣人迎之，且許其犒軍，約以毋擾。宗弼僞許之，俄頃傳箭至，招其投拜。烈大驚，索馬而奔，遂陷其城，烈爲金人所殺。

江東宣撫使劉光世自信州引兵之南康軍。此據光世四年二月狀修。

是日，戚方犯常州①，入其郛。守臣周杞守子城拒敵，遣赤心隊統領、朝請郎劉晏與戰，翌日破之，方乃去。

4 壬午，起復直龍圖閣、御營使司參議官李迨試尚書户部侍郎。

金人犯安吉縣，知縣事曾綽聚鄉兵往石郭守隘，或視其矢曰：「金人也。」鄉兵皆棄紙甲、竹槍而遁，金人入縣，遂焚之。綽，肇子也。肇，布弟，元符末翰林學士。

江淮宣撫司潰卒李選，號鐵爪鷹，與其徒數千人攻陷鎮江府。此據日曆壬午日書，但日曆又云：「就杜充招安。」此時充已離真州，恐誤。趙雄撰韓世忠碑又云：「兀朮北還，王提兵邀之，先降其將鐵爪鷹李選。」此蓋誤。或是選先降兀朮，其後又爲世忠招降，然實非金將也。

是日，定議航海避敵。執政請每舟載六十衛士，人不得過兩口。衛士皆曰：「我有父母，有妻子，不知兩者如何去留？」訴於主管禁衛、入内内侍省都知陳宥，宥不能決。宰相呂頤浩入朝，衛士張寶等百餘人遮道，問以欲乘海舟何往，因出語不遜。頤浩詰之，曰：「班直平日教閲，何嘗有兩箭上貼？今日之事，誰爲國家死戰者？」衆欲殺頤浩，參知政事范宗尹曰：「此豈可以口舌争？」引其裾入殿門，門閉，衆不得入。上謂輔臣曰：「聞人情紛紛，不欲入海，緩急之際，豈可如二聖不避敵，坐貽大禍？今以御筆諭之。」頤浩與參知政事王綯捧御案近御座前，上御翰墨，撫諭中軍，人情稍定，遂山呼於殿門外。上密諭宰執曰：「此輩欲沮大事，朕今夕伏中軍甲士五百人於後苑，卿等翌旦率中軍入朝，捕爲首者誅之。」頤浩退，密諭中軍統制辛企宗及親軍將姚端，令陰爲之備。

5 癸未，執政早朝，命御營使司參議官劉洪道部兵在宮門防變，而中軍及姚端已整齪於行宮門外。二府引中軍入，遇直宿兵衛，皆擒之。其徒驚潰，或升屋，或踰牆遁走。上自便殿御介胄，引伏兵出，彎弓手發二矢，中二人，墜於屋下。其衆駭懼，悉就擒。上命召頤浩至都堂，詰爲首者以奏，其餘皆囚之。趙甡之遺史云：「車駕欲幸明州，有班直數十人出語不遜，呂頤浩冒雨著泥靴彈壓之。班直理屈，往往跳水而死。」與史不同，今不取。

是日，完顔宗弼自安吉進兵，過獨松嶺，歎曰：「南朝可謂無人，若以羸兵數百守此，吾豈能遽度哉？」知餘杭縣曾悊知是金人，乃與丞徐聿成率父老具香花迎拜。悊，鞏孫也。鞏，布兄，元豐中書舍人。時尉楊汝爲在徑山寺，請監寺僧爲統領官，率强壯以拒敵，主僧梵仁從之。

6 甲申，誅衛士張寶等十七人於明州市。

景福殿使、昭德軍承宣使、入内内侍省都知、主管禁衛陳宥責汝州團練副使，潭州安置。除行門外，其衆降隸諸軍。宥官職，日曆不書，今以紹興元年十月四日刑部叙官狀增入。

7 乙酉，完顏宗弼犯臨安府，錢塘令朱蹕蹕已見二年九月壬辰。率民兵逆戰，傷甚，猶叱左右負己擊敵。守臣浙西同安撫使康允之未知爲金人，遣將迎敵於湖州市，得二級，允之視之曰：「金人也。」遂棄城遁，保赭山。時直顯謨閣劉誨自楚州赴召，王明清揮麈第三録云：「誨棄城走行在。」今從趙甡之遺史。在城中，軍民推之以守。

8 戊子，朝奉郎、知明州張汝舟爲中書門下省檢正諸房公事，宣州觀察使張思正爲浙東馬步軍副總管，屯明州。日曆：「張思正除浙東宣撫使，明州駐劄。」按此時郭仲荀以殿帥爲宣副，恐思正不應在其上。紹興元年七月二十三日刑部檢舉叙官狀云：「前任浙東副總管，爲失守明州降官居住。」今從之。

尚書户部員外郎宋輝直徽猷閣，充江淮等路發運副使。日曆書除直龍圖閣，誤也。輝明年正月乃除直龍圖。

直秘閣陳汝錫添差兩浙轉運副使，應副防遏使司錢糧。時防遏使傅崧卿在浙東，宣教郎江惇禔以客從，潰兵踵降，州縣無見儲，或請賦諸民以給，惇禔持不可，悉發封樁錢粟賦之。汝錫，縉雲人；惇禔，蘭溪人也。

朝請郎劉晏直秘閣，依舊常州防托。

右武大夫、和州防禦使、樞密院提領海船張公裕落階官。

徽猷閣待制、御營使司參議官劉洪道知明州，留尚書户部侍郎李迨於越州，俾調軍食。

9 己丑，上幸定海縣，御樓船。參知政事張守收後。前一日，臺諫請對，上諭以不得已之意。夜諜報，敵逼臨安。知越州李鄴奏至。是日，天雨。羣臣入朝至殿門，有旨放朝，惟執政入對，上於御袍中出鄴奏示之。

既退，上自州治乘馬出東渡門登樓船，宰執皆從之。上登舟幸海，日曆在是月十一日乙酉，李正民乘桴記在十五日己丑，王庭秀閱世録在十六日庚寅，日曆又云：「甲申，上出，李鄴奏金國人馬已渡浙江。」按，初十日兀朮未犯臨安，日曆恐誤。今從乘桴記。詔止親兵三千人自隨，百官有司隨便寓浙東諸郡。時上既廢諸班直，獨神武中軍辛永宗有衆數千，而御營使吕頤浩之親兵將姚端衆最盛，上皆優遇之。晚朝，二府登舟奏事，參知政事范宗尹曰：「敵騎雖百萬，必不能追襲，可以免禍矣。」上曰：「惟斷乃成，此事是也。」

詔行在諸軍支雪寒錢。自是遂爲故事。

是日，金人陷臨安府。初，完顔宗弼既圍城，遣前知和州李儔入城招諭。儔與權府事劉誨善，至是，受其指揮來見，二人執手而言，儔欷歔不能止。有唱言誨欲以城降金者，軍民因殺誨。是晚，城陷。錢塘令朱蹕在天竺山，亦遇害。後贈誨直龍圖閣。張滙進論曰：「靖康之初，金人初至京城。時在内則城高池深，兵食兼足。在外則諸路勤王之師霧合雲集，四方忠臣義士，雖素不預軍籍，亦皆横身扼腕，自備器甲，效命登先，圖報國家二百年德澤。朝廷以天下之勢，當一烏合深入之敵，亦未足爲慮也。復苟擄目前之急，不顧後日之患，許割地以議和。敵既去，官軍從之北行。若用种師道夾河三戰之策，敵衆無噍類矣。時以親王、宰臣在敵中，使命絡繹道路，約束諸軍，不得少有犯敵。敵至内丘，有數騎輒犯官軍，已斃數人，官軍束手不敢擅動。内有一卒，不勝其憤，輒擊殺一人。適會使命在軍，目覩其事，統制馬忠恐使命回告朝廷，遂斬其卒以狥，且傳首於敵。自後敵時以數騎張弓注矢，戲犯官軍，官軍避之，敵以爲笑。以至與敵馬尾相繼，隨之出塞，無敢誰何。由此勤王之師，莫不解體。故不踰半年，復敢入犯②。至百雉戒嚴，而天下勤王之師無向戰之心者，此失於和一也。至京城之陷，若御駕親征，率軍將整陣而出，亦足以當敵；突圍而出，亦足以脱敵矣。何則？軍民雖非願戰，然陷之死地而後生，置之亡地而後存，故韓信背水以破趙，田單鑿城以擊燕是也。設若不能出城，但收兵退保舊城，次遣使卑辭厚幣，許割地以退兵，且曰：

『捨此則有死戰而無生降之理。』兼外城初失，我軍必有縋城得脱者，但有一二人得脱，則四方勤王之師定相傳播，無不知京城已陷③，御駕已出，或御駕退保舊城，則勤王諸師孰不奮身赴難，争先救主耶？彼雖有破城之勢，然内有決死之敵，外有必救之兵，内外受敵，苟不釋去，則我與和，此自然之理也。或曰：『城既破矣，豈能整陣而戰，突圍而出，及退守舊城邪？』臣曰不然。蓋京師與邊城異，邊城郡邑，其内守城之軍，不若攻城之敵之盛也，所恃城而已。城池既失，衆寡不敵，不爲敵降，則爲敵害矣。而京城侍衛之兵，守埤之士，不下十萬，黏罕、斡離布兩路之兵，共無六萬，至如城破，其勢亦足以拒敵也，何必淵聖速出見敵邪？譬若御駕親征，遇敵於路，亦無城池矣，焉有謂我方行而以無城池可依，更當棄六軍以單騎入敵陣，願議和邪？而城陷三日之間，淵聖已幸敵營，不惟城爲敵陷，又自無其朝廷也。由是在内軍民，在外勤王之師，已成失國之人矣，孰有禦敵之心哉？此失於和二也。至建炎二年春，黏罕犯揚州，時御營之師必有十萬，而黏罕止有五六千騎，自建炎二年秋九月離雲中，下太行，渡黎陽，攻澶濮、山東諸州郡，以至犯揚州，可見疲勞之甚矣。此强弩飃風之末，無足畏也。兼是時兩河州郡尚有未陷者，山東州郡十陷二三，人心未安，糧道未集，盜賊蜂起，而不顧後患，投身深入我境，又可見其無知之甚也。時若我師乘其遠來新至，行列未定而擊之可也，或則深池堅城，拒而勿戰，以剉其鋭，以沮其意，且多方出兵邀其出掠者，彼萬里孤軍，後無委積，忌於相持，利於速戰。求戰不能，糧道不繼，又且野不能掠，以此制之，其遁必矣。俟其既遁，襲而擊之，捨而縱之皆可也。而乃望風之際，車駕渡江，六師自潰，爲敵乘之，席卷而去，此失於退一也。至是兀朮之犯江南也，朝廷豈不知敵所利者騎也，我所利者舟師與步兵也？江浙之地，騎得以爲利乎？此皆騎之危地也，舟師、步兵之利地也。兀朮有知，豈肯致身於此邪？若御駕親征，諸路進討，兀朮之敗必矣。而復望風之際，車駕泛海，朝廷自散，爲敵乘之，得志而去。此失於退二也。

凡此四者，非敵之善，乃我靖康之兩和、建炎之兩退所自致也。大抵朝廷自來每自視如火，視敵如水，謂火必不可以敵水，既以此處之，焉有不爲敵勝邪？此當時失於料敵，不知彼我之過也。不然，則真廟之時，值契丹蕭后用兵澶淵，若真廟不戰而和，不戰而退，則景德之元，已有今日之事矣。」張匯本末，見紹興十年正月丙戌，進論在十三年八月④。

10 庚寅，從官以次行。吏部侍郎鄭望之以疾辭不至。給事中兼權直學士院汪藻以不便海舶，請陸行以從，許之。於是扈從泛海者，宰執外，惟御史中丞趙鼎、右諫議大夫富直柔、權户部侍郎葉份、中書舍人李正民、綦崈禮、太常少卿陳戩六人，而昕夕密衛於舟中者，御營都統制辛企宗兄弟而已。時留者有兵火之虞，去者有風濤之患，皆面無人色。

11 辛卯，上次定海縣。有傳金使至者，上不欲令朝行在，即遣參知政事范宗尹還明州俟之。留御史中丞趙鼎、給事中兼直學士院汪藻參議軍事。日曆載上語云：「鼎爲御史，嘗建議與金畫江爲界。」按此日曆，乃秦檜領史院，秦熺爲秘書少監時所修，張孝祥嘗乞刪改，疑未可盡信，姑附著此，更俟考詳云。且令宗尹盡護諸將。

12 壬辰，宗尹等至明州，乃盧仲等自和州來，所携國書，語極不遜，宗尹遂不奏。

13 癸巳，上至昌國縣。杜充所遣屬官直徽猷閣陳起宗至，言充敗，欲引衆趨行在而路不通。是日，范宗尹聞臨安陷，復還，見上於舟中。

14 甲午，皇叔右監門衛大將軍、眉州防禦使、知南外宗正事士樽言：「自鎮江募海舟，載宗子及其婦女三百四十餘人至泉州避兵，乞下泉州應副請給。」許之。於是秘閣修撰、知西外宗正事令廣亦自泰州、高郵軍還宗子等百八十人至福州避兵，已而又移潮州。士樽，郇康孝王仲御子也。

15 乙未，潰兵杜彦自袁州入瀏陽，遂犯善化、長沙二縣。朝散大夫、通判潭州孟彦卿率軍民拒之，手殺數人，賊勢挫欲遁，而民兵有自潰者，賊遂乘之，斬彦卿⑤，持其首以告所掠民兵曰：「此會厮殺孟通判首也。」因遂殊其支體，賊亦逃去。直秘閣、添差通判州事趙民彦領兵追之，與之大戰，殺傷甚衆。初，民彦依山爲陣，而鏖戰山下，偶爲間人折其陣中認旗，衆謂民彥已敗，遂潰。民彥爲賊所擒，斬之陣前，賊乃去。事聞，並贈直龍圖閣。彥卿、民彥已見九月壬申。龔頤正中興忠義録云：「二人以拒金人死節。」蓋承會要之誤。其後朱熹乞爲二人立廟狀從而因之，今不取。

是日，金人屠洪州。先是，金帥五馬太師⑥五馬太師陷洪州，他書不見，惟葉夏卿劾疏有之。留洪州月餘，取索金銀寶物、百工伎藝之屬皆盡。金使至分寧縣，知縣事、朝奉郎陳敏識斬其首，謂邑人曰：「欲降先殺令。」因與民死守。時尚書郎侯懋、李幾等三人避地不及，聞敵屠城，潛伏於城南隅民園之梁上，僅得免。翌日，敵引兵去，卒不入分寧境而還。

16 丙申，浙西制置使韓世忠以前軍駐通惠鎮，日曆作青龍鎮，鎮此時已改名通惠，紹興元年九月甲戌方復舊名，史誤也。中軍駐江灣，後軍駐海口。世忠知金人不能久，大治戰艦，俟其歸而擊之。浙東制置使張俊自越州引兵至明州，時已無舟可載，俊上奏，乞海舟，朝廷欲其且留拒敵，報以方聚集遺行，上賜俊手書，許以捍敵成功，當封王爵。俊納俠士劉相如之策，遂留以抗敵。相如者，初以募人入衛王室，樞密院借補承事郎，及是揭榜通衢，勸諭迎敵，士皆思奮。熊克小曆稱俊納隱士劉相如之策，遂留以抗敵。此據林泉野記所書也。考相如本末，不可謂之隱士，今不取。俊軍士在明，頗肆擄掠，時城中居民少，遂出城以清野爲名，環城三十里皆遭其焚劫。

資政殿學士、新知鼎州范致虛薨於岳州。

賊成皋寇婺州，州學教授孫邦請率兵擊賊，守臣集英殿修撰沈晦從之。邦率民兵數百出城，大敗而還。晦將斬邦以徇，既而釋之。浙東防遏使傅崧卿在城中，乃單騎造皋，説以忠義，皋遂降。

17 丁酉，上謂輔臣曰：「昨者從官同詣都堂，鄭望之獨謂自古興王未有乘舟檝者，所論未爲通方。」呂頤浩曰：「望之以謁告後至，不知衆人所論。」王綯曰：「自崇寧以來，大臣專權，不容立異。比者會議都堂，更相詰難，各盡所見，無所顧避。臣不意十數年後，復見此氣象，皆陛下優容忠讜所致。望之自守所見，乃朝廷之福也。」於是望之奉祠而去。望之奉祠無職名，必以論此事不合也。日曆全不載，吏部題名在十二月，故因上語遂書之，或即此日事也。

中興聖政：臣留正等曰：「杜衍、韓琦、范仲淹、富弼，皆當世名臣，慶曆間同立於朝，協恭和衷，佐佑王室。至於議論之際，則各相可否，不爲苟同。衍欲罪滕宗諒，仲淹則争之；仲淹請備邊，弼則以謂契丹必不至；尹洙號仲淹之黨，及争水洛城事⑦，琦則是洙而非劉滬，仲淹則是劉滬而非洙。非固相違也，各極所見，歸於憂國愛民之心而已。仁宗皆倚之爲治，不以其異同而有去留焉。蓋天下之事，安危成敗，藏於幾微之間，豈一人之智所能盡？惟議論往來，可否相濟，而後歸於至當，故事無遺策。自熙、豐間大臣惡人異己，有立議論者必力排而去之。厥後士大夫皆爲身謀，無敢持異議於其間。直臣賢士，雖有忠謀讜論，弗克上聞。此風一行，歷數十年不能變，馴至靖康之禍，皆人臣尚同之罪也，豈朝廷之福哉？鄭望之之異論，是宜太上皇帝包容而不之罪也。聖訓嘗云：『朕仰惟仁宗皇帝當時立政用人之事，當置之左右，朝夕以爲法。』於斯見之。」

18 戊戌，金人陷越州。初，兩浙宣撫副使郭仲荀在越州，聞敵陷臨安，遂乘海舟潛遁。知越州、充兩浙東路安撫使李鄴遣兵邀擊於浙江，三捷，既而寡衆不敵，鄴乃用主管機宜文字、宣教郎袁潭計，遣人賫書投拜，敵引兵入城，以琶八爲守⑧。親事官唐琦袖石擊琶八不中，詰之，答曰：「欲碎爾首，死爲趙氏鬼耳。」琶八曰：「汝殺我奚益？胡不率衆救汝主？」琦曰：「在是惟汝爲尊，故欲殺汝耳。」琶八歎曰：「使人人如此，趙氏豈至是哉？」琦顧鄴曰：「汝享國厚恩，今若此，非人也。」聲色俱厲，不少屈。琶八殺之。後爲立祠，名旌忠。熊克小曆云：「親事官唐賨袖石擊兀朮不中，死之。」蓋因日曆所書而誤爲兀朮也。按會要及常賨封事皆作唐琦，又琦所擊乃琶八太師，賨封事所言甚詳，當以爲信。趙甡之遺史云：「兀朮在越州，乘馬往來市中，班直唐琦憤怒，以石擊之，被執，罵不絶口，亦罵李鄴降敵不忠，被殺。」以王庭秀所記焚明州事考之，疑兀朮未嘗過江。又兩浙轉運司體究王翿死事狀亦云：「金將邑八令翿權州。」趙甡之恐誤。

初，鄴之降也，提點刑獄公事王翿遁居城外，寮吏皆迎拜，朝散郎、新通判温州曾忞監三江寨，獨拒敵不屈。敵驅翿至城内，執忞併其家殺之，惟稚子宻得免。忞，忒兄也。事平，特命忞弟忒及宻以官。王明清揮麈第三録：越州李鄴既降，通判曾忞不屈而死，全家被害，獨乳婢抱一嬰兒獲免。事平，詔特贈忞直秘閣，命其弟忒、子宻以官。日曆紹興四年二月壬午承議郎曾思狀云：「兄朝散郎、新通判福州忞，於建炎二年十二月二十四日經越州申乞致仕，乞將致仕恩澤奏補兄男宻。吏部勘會，本官未赴任間，因浙東提刑司差監越州三江寨，與敵抗拒不屈，被害身亡。承敕時與一資恩澤了當。奉聖旨，特與致仕恩澤一名。」據此，則忞非本州通判，明清小誤。又所云贈直秘閣，亦不見於史，當考。

初，上在越州，遣選鋒將梁斌、張進以所部屯諸暨縣。及是，金使人招之，二人皆欲投拜，其下不從，乃與腹心數十人入城降敵。既而張俊招其衆至温州，遂留麾下。比敵去，斌、進復歸，朝廷亦善待之。於是屬邑不降者，惟嵊縣宋宗年而已。宗年事，以紹興元年九月乙巳御史臺狀修入。

是日，遣權户部郎官李承造往台州刷錢帛。熊克小曆載承造之行在癸巳，今從李正民乘桴記。

19 己亥，徽猷閣直學士、知平江府湯東野奏：「杜充自真州至天長軍，與劉位、趙立會合。」先是，立以右武大夫、忠州刺史知徐州，朝廷聞金人入犯，詔諸路兵援行在。立以徐州城孤，且乏糧，不可守，乃率將兵禁兵民兵約三萬人南歸。會知楚州劉誨已赴召，宣撫使杜充以楚州闕守，命立率所部赴之。立至臨淮，被充之命，兼程至龜山。時金左監軍昌圍楚州急，王銍撰立傳云：「托落郎君圍楚州。」即撻懶而音誤也。今正之。立斬刈道路，乃能行。至淮陰，與敵遇，其下以山陽不可往，勸立歸彭城。立奮怒嚼其齒曰：「正欲與金人相殺，何謂不可？」乃令諸軍曰：「回顧者斬。」於是率衆先登，自旦至暮，且戰且行，出没敵中，凡七破敵，無有當其鋒者，遂得以數千人入城。而後軍孟成、張慶皆以所部渡淮北去。方其入城也，立口中流矢，貫其兩頰，口不能言，以手指揮，軍士皆憩，而後拔其矢。立之未至也，通判州事、直秘閣賈敦詩欲以城降，至是乃止。立入楚州，趙甡之遺史繫之十一月。王銍撰立傳云：「四年正月權知楚州。」未知孰的也。熊克小曆載之五月末，實甚誤，前已辨之。日曆：「湯東野：奏十二月初九日，徐州趙立差使臣來杜充府投下文字，稱劉位兵馬未肯放令過淮，杜充指揮令放渡過。」據此則立入楚州當在十二月末間，今因東野奏杜充事附見。

李鄴之未降也，上奏言金分兵自諸暨趨嵊縣，徑入明州。是日奏至，乃議移舟之温、台以避之。

20 庚子，上發昌國縣。先是，金分兵犯餘姚，知縣事李穎士募鄉兵數千，列旗幟以捍敵，把隘官陳彦助之。敵既不知其地勢，又不測兵之多寡，爲之彷徨不敢進者一晝夜。繇是，上得以登舟航海。進穎士兩官，擢通判越州。穎士，閩縣人也。此以李正民乘桴記、王明清揮麈第三録參修。明清以爲大駕由是得以自定海登舟，恐誤。蓋上以此月己丑登舟，次定海縣。是時敵未渡浙，無由遣兵餘姚。蓋上在昌國縣，而金兵至餘姚，穎士能擊却之耳。今略修潤附入。

21 辛丑，上艤舟白峰寺。自是連日南風，舟行雖穩，而日行僅數十里云。

22 癸卯，浙東制置使張俊與金人戰於明州，敗之。先是，金遣兵追襲乘輿至城下，俊遣統制官劉寶與戰，兵少却，其將党用、丘横死之。統制官楊沂中、田師中、統領官趙密皆殊死戰，沂中、師中初見元年正月辛卯，密初見元年正月戊午。主管殿前司公事李質率所部以舟師來助，知州事劉洪道率州兵射其傍，遂大破敗之，殺數千人。敵自城下呼，請遣人至寨中計事。俊令小校徐姓者往，敵釋甲與語，欲如越官吏投拜，俊拒之。趙甡之遺史云：「兀朮親追乘輿至明州而還。」按王庭秀閱世録：「金陷明州，請於臨安之大帥。」注云：「大帥乃四太子。」據此，則兀朮未嘗渡江也。庭秀，鄞縣人，所聞必審，今從之。中興聖政：龜鑑曰：「明州之戰，金自高橋攻西門，併兵並進，勢亦亟矣。張俊忠義，實奮發於下令軍中之時。始則清野閉關以拒其來，終則開門迎敵以挫其鋭。中興戰功，自明州一捷始。敵自入中國以來，未有一人敢嬰其鋒，至此而軍勢稍張矣。」

是月，隆祐皇太后命統制官楊琪軍臨江軍，張忠彦屯吉州，以爲行宮聲援。忠彦，河東人，初以效用出身，太原之破，遁入五臺山，後隸楊惟忠，權中軍統領。至是，以部屯廬陵，就領州事。

金陝西諸路都統婁宿將數萬衆圍陝府，守將李彦仙悉力拒之。初，彦仙在陝，增陴浚隍，利器械，積糧食，鼓士氣，且戰且守，人心益堅固可用。又嘗渡河，與敵戰蒲解間，民皆陽從敵而陰歸彦仙。敵必欲下陝州，然後併力西向，彦仙亦自料金人必併兵來攻，即遣人詣宣撫處置使張浚求三千騎，俟金人攻陝，即空城渡河，北趨晉、絳、并、汾，擣其心腹，金人必自救，乃由嵐石西渡河，道鄜延以歸。浚不從。浚貽書勸彦仙，空城清野，據嶮保聚，俾敵無所掠，我亦無傷，俟隙而動，庶乎功可成。彦仙亦不從，守城之意益堅。至是，婁宿、孛堇銀朱及知府州折可求合兵來犯，彦仙以死拒之，且告急於浚。

李成知金人已南渡，自滁州率衆往淮西。時成之黨周虎據蕪湖，水軍統制邵青與戰，一日七敗，參議魏曦以小舟觀戰於中流，既而告青曰：「吾知所以勝矣。彼以紅巾軟纏與我之號一同，故與戰則不能分彼我，所以必敗。宜易其號，則勝矣。」青然之，乃令其徒更作鑽風角子，一戰勝虎，青遂據蕪湖。

初，杜充之衆既潰，其統制官岳飛、劉經自芳山引衆入廣德軍，後軍扈成駐於金壇縣，爲戚方所殺。

是歲，臨高、澄邁縣人陳韜、鄧文等聚衆作亂，官軍討平之。此以紹興六年十二月十六日明橐申省狀修入。

諸路斷大辟三百二十四人。

户部言兩浙路户二百一十二萬二千七十二，口三百五十六萬七千八百，成都府路户一百一十三萬一千四百八十九，口三百二十六萬九千三十六。

校勘記

① 戚方犯常州　「犯」，原作「侵」，據叢書本改。下同。
② 復敢入犯　「入犯」，原作「侵掠」，據叢書本改。下同。
③ 無不知京城已陷　「無不」，原文誤倒，據叢書本乙正。
④ 進論在十三年八月　此後有四庫館臣按語：「張滙此論，其略已分見於本年二月壬子、十一月己巳各注，此處疑爲後人攙入，今姑依原本存之。」今删。又按：進論以下，底本及叢書本俱作正文，今既知其非本年所奏進，故逕改作小注。
⑤ 斬彦卿　「斬」，原作「擒」，據宋史卷四五三孟彦卿傳改。
⑥ 金帥五馬太師　「五馬」，原作「烏瑪喇」，據金人地名考證改。下同。
⑦ 及争水洛城事　「洛」，原作「落」，據宋史卷三一二韓琦傳改。
⑧ 以琶八爲守　「琶八」，原作「巴哩巴」，叢書本同，據宋史卷二五高宗紀二者「衛士唐琦袖巨石要擊金帥琶八」改，下同。

建炎以來繫年要録卷三十一

1 建炎四年歲次庚戌。金太宗晟天會八年，僞齊劉豫阜昌元年。春正月甲辰朔，大風，御舟碇海中。

2 乙巳，北風稍勁，晚泊台州港口。熊克小曆：「甲辰朔，上至台州章安鎮駐蹕。」蓋因日曆所書也，今從李正民乘桴記。是日午，西風忽起，敵乘之犯明州。御前右軍都統制、浙東制置使張俊與守臣徽猷閣待制劉洪道坐城樓上，遣兵掩擊，殺傷大當。敵奔北，墮田間或墜水，俊急令收兵。此據王庭秀閲世録。夜，敵拔寨去，屯餘姚，且請濟師於完顔宗弼。

3 丙午，早，上御舟次章安鎮。朝請郎、知台州晁公爲與權户部員外郎李承造皆來朝，上去警蹕，易衣徒步，幸祥符寺。從官迎謁，拜於道左。直徽猷閣、江淮發運副使兼軍前糧料使宋煇自秀州金山村以海船運米八萬斛、錢帛十萬貫匹至行在。時百司正闕續食，從行者甚賴之。上喜，欲擢煇徽猷閣待制，宰相吕頤浩以太峻難之，乃除煇直龍圖閣，公爲直顯謨閣。公爲，補之子也，嘗爲倉部員外郎。補之見今年三月，公爲以去年七月庚辰除倉外，未見出守在何時。熊克小曆云甲辰上至章安鎮，恐誤。李正民乘桴記在初三日，時正民實扈上行，當得其的，今從之。紹興二年十二月韓世忠奏乃稱：「上幸台州時，右武大夫張杞權知台州，應辦無闕，得旨轉一官。」當考。

初，上遣中使召御前左軍都統制、浙西制置使韓世忠赴行在，世忠已治舟師於通惠鎮，乃請往鎮江邀敵歸師，盡死一戰。上從之。

4 丁未，御史中丞趙鼎自明州還行在，遂與從官等六人同對於舟中。是日，象山縣報敵騎至明州，張俊爲戰守備，明州西城外民居盡爇之①，其意亦欲赴行在也。晚得知臨安府康允之奏，且繳杜充書，言充已在真州合兵，爲邀擊計。又言徐州趙立以兵來援，建康守陳邦光降於金。

5 戊申，户部侍郎李迨自明州來朝。

6 己酉，詔遣使自海道至福建、虔州，問隆祐皇太后艤舟所在。上慮太后徑入閩、廣，乃遣使問安焉。張俊奏明州小捷，從行百官皆賀。内侍陳顧言獨不賀，曰：「上幸海道，何賀之有？」是日，遣御營都統制辛企宗以兵千人赴明州策應，又降手詔趣杜充、趙立進兵。既而企宗卒不行。

7 庚戌，同知樞密院事、兩浙宣撫使周望言：「敵之在建康者，焚糧草，收金銀，稍稍渡江北去，自稱李成人馬。」先是，完顔宗弼既陷建康，望與徽猷閣直學士、知平江府湯東野聞之，集耆艾、士夫、僧道，問所以爲計者。且曰：「令戰守皆無策矣。」蓋其意在迎降，而欲衆發其端，士民不答而罷。望遂收諸將兵歸城中，懼其抗賊取怒也。已而敵徑走臨安府，遣人馳檄諭旁郡，令趣降。知秀州、朝奉大夫程俱答言：「小邦不敢專。」即率官屬棄城保華亭縣，留兵馬都監趙士醫以守，朝廷遂命俱押米綱赴行在。望怒，遣嘉興尉段澤捕俱至平江，將斬以狥，既復釋之，至是以聞。俱，開化人，嘗爲禮部員外郎。平江城堞全壯，而城下聚水②，四圍渠塹深廣，望又竭取民財錢穀以鉅萬計，庫廩充牣，兵甲犀利，郊居遷避之家，往往而復。望倚降寇郭仲威爲腹心，俾盡護諸將，由是人益安之。

是日，金人再至明州。浙東制置使張俊禦之於高橋，戰數合，慮其濟師，遂托以上旨扈從，辛亥盡將其衆入台州。於是帶御器械、權同主管殿前司公事李質亦以班直行。城中居民，去者十七八。熊克小曆云：「金兀朮引衆再至明州。」誤也。兀朮自入臨安，未嘗過江。克又云：「丙辰，張俊、劉洪道皆避去。」亦誤。俊以正月辛亥引兵去明州，丙辰洪道夜遁，相去凡五日，今從王庭秀所記。

尚書吏部兼權户部侍郎高衛請即虔州鬻鹽鈔二十萬緡，以給行宫之用。許之。時淮鹽道不通，故暫通閩、廣鹽於諸路。正月壬申又通閩鹽。

8 癸丑，遂安軍承宣使、兩浙宣撫副使郭仲荀責授汝州團練副使，廣州安置。仲荀既棄越州去，其所部兵多散而爲盜。仲荀乘舟夜過行在，不請朝。言者疏其罪，詔御史臺、大理寺雜治，仲荀引伏，故謫。熊克小曆仲荀謫命在壬辰，日曆、會要在乙巳，今從李正民乘桴記。正民時在詞掖，當不誤。日曆既於乙巳書仲荀謫命，而丙午又書令仲荀温州城外下寨，己酉又書言者乞罷仲荀兵柄，足明謫命不在己酉以前也。

9 乙卯，滕康言太后已至虔州。

10 丙辰，劉洪道言：「敵再犯明州③。」初，張俊既行，士民皆去。有士人率衆扣洪道馬首，願留以禦敵。洪道曰：「予嘗數尅敵而勝，若等毋慮。」是夜，洪道悉府實微服而遁，與浙東副總管張思正引所部奔天童山，所過盡撤其橋，民不得濟，死者數千人，哀號震天。城中惟崇節馬軍與惡少僅千人，以酒官李木將之。

詔：「金人侵掠兩浙，陷没州郡。官吏以衆寡不敵，遂且降伏。推其本心，實非誠意，並特與放罪，令尚書省榜諭。」日曆無此指揮，以今年五月丁未黎確奏狀修入。

命福建市舶司悉載所儲金帛見錢自海道赴行在。

初，主管侍衛步軍司楊惟忠所部九將既叛去，至是，司全、張擬以所劫神御詣虔州行宮請降。傅選陷郴州，大肆焚掠。趙萬寇袁州，江東宣撫司前軍統制王德與戰，萬軍敗，臨陣乞降，德斬之，遂併其衆。

江淮宣撫司右軍統制岳飛自廣德軍移屯宜興縣。杜充之敗也，其將士潰去，多行剽掠，獨飛嚴戢所部，不擾居民，士大夫避寇者皆賴以免，故時譽翕然歸之。

11 丁巳，張俊自台州引兵赴行在。

中書門下省檢正諸房公事程邁充集英殿修撰、知福州。時寶文閣待制、知福州林遹言，敵近閩中，請兵防守。又自言老病不任事，故以邁代之。

是日，金陝西諸路選鋒都統婁宿陷陝府，守臣右武大夫、寧州觀察使李彦仙死之。敵自去冬以重兵來攻，彦仙守禦甚備，遇士卒有恩。食既盡，煮豆以啖其下，而取汁自飲，至是亦盡。宣撫處置使張浚間道遺以金幣，使犒其軍，且檄都統制曲端以涇原兵往援。端素疾彦仙出己上，無出兵意。浚屬官資陽謝昇言於浚曰：「敵朝夕下陝，莫以爲憂者，殆未知敵意也。敵已得長安，今取陝，則全據大河且窺蜀。」衆莫謂然，力爭數日，師乃出，至長安而敵先壅阻，不得進。彦仙日與敵戰，將士未嘗解甲。婁宿命自正月旦爲始，以一軍攻擊，一日不下則翌日更遣一軍，每一旬則聚十軍併攻一日，期以三旬必拔之。彦仙意氣如平常，登譙門大作伎，潛使人隧而出，焚其攻具，敵愕而却。婁宿雅奇彥仙才，嘗招之，彥仙斬其使。至是，遂欲降之，使人呼曰：「即降，當富貴。」彥仙不應，日鈎取敵兵數十磔城上。雖殺傷大當，而敵兵沓至，守埤者久，傷夷日就盡。既而敵軍亦無食，欲引去，或告以急擊可入，敵益衆攻之，每隊以鼓在前，擊鼓一聲，則進一步。既渡濠池，鼓聲漸促，莫不争先疾趣，併力齊登，死傷者雖滿地，而不敢返顧。是旦，有鳶鴉數萬，飛噪於城上，與戰聲相亂。婁宿曰：「城陷矣。」促使急攻，城遂陷。彥仙率士卒巷戰，左臂中刃不殊，猶不已，敵惜其才，以重賞募人生致之。彥仙易敝衣雜羣伍中走渡河，曰：「吾不甘以身受敵人之刃。」敵縱兵屠掠，彥仙聞之曰：「金人所以殺傷過當者，以我堅守不下故也。我何面目復見世人乎？」遂投河而死。敵取其家殺之。陝民無噍類。浚聞，承制贈彥仙彰武軍節度使，即商州立廟，且官其子，給宅一區、田五頃。久之，賜謚曰忠威。浚承制贈官在紹興二年，賜謚在乾道元年。彥仙守陝再踰年，大小戰二百。及城陷，其屬官陳思道、李岳、杜開，通守王滸、趙叔憑，職官劉效、馮經，縣令張玘，將佐盧亨、邵雲、閻平、趙成、賈何、吕圓登、宋炎等五十一人，皆與同死，無屈降者。叔憑，宗室子，初爲兵馬都監，積功武翼大夫、通判府事。及城危，有子爲盧氏吏，間使語之曰：「吾托肺腑死國難，固其所，若則走也。」雲，龍門人，敵陷蒲城，雲獨與少年數百保聚山谷，初事邵興，後爲彥仙部曲，累官閤門宣贊舍人。敵得雲，欲以爲將，雲怒罵不屈④，婁宿怒，釘雲五日而磔之。平，湖城人，官閤門祇候。何，陝縣人，與成皆修武郎。成，正平人，已見二年八月丁卯。圓登，夏縣人，嘗爲僧，前後功最多，號愛將。城垂破，自外來援，與彥仙相持而泣曰：「圍久，不知公安否，今得見公，死且無恨。」左右皆泣，創甚方卧，聞城壞，遽起戰死。炎，陝縣人，善蹶張。敵圍城，炎取大弩數百調治，所射洞，殺傷敵兵甚衆。城陷，敵欲將炎，呼炎出，不應，戰死。後自雲已下皆贈官，録其家一人。

12 戊午，張俊全軍立功人並遷七官，賞明州之捷也。是役也，軍卒王進身先士卒，獨立奇功，詔授武翼大夫，俊拔以爲將。進，延安人也。於是進士劉相如以嘗撰榜文募人迎敵，亦補迪功郎，添差監温州酒稅。相如補官未見本月日，且附此。

尚書倉部員外郎章誼罷，坐出使浙東變賣度牒稽留也。

遣户部員外郎李承造往閩中刷錢帛。

金人再犯餘姚縣⑤。

是日，上元節。韓世忠在秀州，取民間子女張燈高會。此據汪藻奏議。既，遂引兵之鎮江。

13 己未，金人破明州。先是，敵益兵而來，前二日駐軍廣德湖舊寨前，遣老弱婦女運瓦礫填塹。次夕，植砲架十餘對西門。是日，以數砲碎城樓，守者奔散而出，城遂陷。敵引兵入城，顯謨閣直學士、提舉建隆觀鄭億年避寇山間，爲所執。熊克小曆載明州之破在丙辰，日曆在戊午，並誤。

夜，大雷雨。翌日，上謂大臣曰：「昨雷聲頗厲，於占爲君弱臣强，四夷兵不制所致。朕當與卿等修德以應天。」

14 庚申，劉洪道奏金人大至，詔權同主管殿前司公事李質貶秩三等，引所部還赴之，不知明已陷矣。

15 辛酉，御舟離章安鎮。朝議分遣張俊所部救明州，上不欲遣，乃止。又批令劉洪道等皆退避其鋒。已上並李正民所記。時統制官李捧屯黄巖縣，有旨，候金人至台州，則前來温州。此據汪藻奏議。然議者謂明既失守，則海道可虞，而行在必不敢安枕也。

初，李彦仙遣其將耿嗣宗屯盧氏縣，陝州既陷，金人攻盧氏，嗣宗與戰敗之。知虢州邵興聞彦仙死，乃退兵與嗣宗合。

16 壬戌，晚，雷雨又作。上謂大臣曰：「此與前占無異，惟頻發者應速耳。」

17 癸亥，泊青澳門。

28 甲子，泊温州港口。日曆：「甲子，御舟至温州館頭。」今從李正民乘桴記。

宣教郎吴表臣守監察御史。先是，御史中丞趙鼎薦表臣及宣教郎林季仲充臺官，而表臣先至，上召見，遂有是命。二人皆永嘉人也。

19 乙丑，以中書舍人李正民爲江浙湖南撫諭使，朝隆祐皇太后於虔州。事有不可待報者，得與權知三省樞密院滕康等參決，仍許於簾前奏事。所至官吏能否，民間屈抑，並體訪以聞。

20 丙寅，御舟移次温州之館頭。先是，金人自明州引兵攻定海縣，破之，遂以舟師絶洋犯昌國縣⑥，欲襲御舟。至碕頭，風雨大作。和州防禦使、樞密院提領海船張公裕引大舶擊散之，敵乃去。上聞明州失守，遂引舟而南，與金人纔隔一日。趙甡之遺史云：「金人乘小鐵頭船泛海，隨潮過昌國縣，至沈家門而回。」不知沈家門即碕頭否也。

21 丁卯，虔州從衛諸軍作亂。初，隆祐皇太后既至虔州，府庫所有皆盡。衛軍打請，惟得沙錢及折二錢，市買諸物不售，軍士與鄉民相爭，鄉民以槍刺，軍士有傷者，奔入所屯景德寺，被甲持仗保所居，百姓亦持器仗保坊巷。有虔化縣民沈立，率鄉兵三百人，與城中相犄角。其將司全令甲軍出於寺後，轉殺鄉兵。由是鄉兵與將兵及百姓爭門而出，軍士遂縱火肆掠。虔多竹屋，煙焰亘天，不可嚮邇。太后以禮部尚書曾楙爲撫諭使，楙遷延不行。

金人犯潭州⑦。時敵自南昌掠袁、筠，至長沙城下，遂圍之。

盜劉可轉寇京西，屢與知唐州桑仲戰，皆不勝，至是，爲其黨所殺，遂推劉超爲首，以據荆門軍。可、超所過，井邑丘墟，人無噍類。

22 戊辰，資政殿學士權知三省樞密院事滕康、端明殿學士權同知三省樞密院事劉珏並落職，康提舉亳州明道宫，珏提舉江州太平觀，以監察御史張延壽言其罪也。日曆康、珏之罷在二月乙亥，熊克小曆在三月丙寅，皆並盧益、李回除命書之。今按樓鑰所編宰輔題名，則康、珏之罷在正月戊辰，益、回之除在二月乙亥，故各附本日。克又以延壽爲殿中侍御史。按日曆，延壽除副端在五月癸丑，克曆恐誤。

24 己巳，上幸水陸寺，侍從、臺諫官稍集，班列差盛。

尚書户部侍郎葉份請令僧道換給已書填黄紙度牒，每道輸紙墨錢十千。從之。

初，趙立既至楚州，朝廷因以立知州事。會金左監軍昌親率數萬人圍城，攻其南壁，立自爲旗頭，引衆出戰，相持四十餘日。至是，敵以砲擊三敵樓，遂登城。立先取生槐木爲鹿角，以槎其破處，而下修月城以裏之，月城之中實以柴薪，城之内爲鎔鑪。敵自月城中入，立命以金汁澆之，死者以百數，敵不能入，遂退守孫村大寨。時遣數百騎出没於城下，以掠取求糧採薪者。由是城中人不能出，而薪糧日竭。

25 庚午，李成陷六安軍水寨，以其衆攻六安軍，不克。時安豐縣土豪孫暉統率鄉兵保守安豐塘，羣寇不能犯，由是人多依之。

26 辛未，詔：「將來敵騎北歸，或盡數過江，或留兵守建康、杭、越，當如何措置？及於何駐蹕？令侍從官條具以聞。」

御史中丞趙鼎請遣使督王瓔進軍宣州，周望分兵出廣德，與之合，邀敵歸路，仍責瓔不策應杜充之罪，俾立功自贖；及詔劉光世渡江，駐軍蘄、黄，牽制湖南賊兵，與杜充爲聲援，并趣劉光世爲邀擊之計，或與杜充會於楚、泗，使賊知江左軍衆，歸路稍艱，必有退軍之漸。如尚占臨安、建康，則乘暑擊之，期於克復而後已。時或傳金人在建康築城爲度夏計，故鼎有是言。

給事中兼直學士院汪藻言：

金人爲患，今已五年。陛下以萬乘之尊，而倀然未知税駕之所者，由將帥無人，而御之未得其術也。如劉光世、韓世忠、張俊、王瓔之徒，身爲大將，論其官，則兼兩鎮之重，視執政之班，有韓琦、文彦博所不敢當者；論其家，則金帛充盈，錦衣肉食，輿臺厮養皆得以功賞補官，至一軍之中，使臣反多，卒伍反少。

平時飛揚跋扈，不循朝廷法度，所至驅擄，甚於外患。陛下不得而問，正以防秋之時，責其死力耳。張俊明州僅能少抗，奈何敵未退數里間，而引兵先遁，是殺明州一城生靈，而陛下再有館頭之行者，張俊使之也。

臣痛念自去秋以來，陛下爲宗社大計，以建康、京口、九江皆要害之地，故杜充守建康，韓世忠守京口，劉光世守九江，而以王𤫉隸杜充，其措置非不善也。而世忠八九月間已掃鎮江所儲之資，盡裝海船，焚其城郭，爲逃遁之計。洎杜充力戰於前，世忠、王𤫉卒不爲用，光世亦偃然坐視，不出一兵，方與韓梠朝夕飲宴，賊至數十里間不知，則朝廷失建康，敵至兩浙，乘輿震驚者，韓世忠、王𤫉使之也；失豫章，太母播越，六宮流離者，劉光世使之也。嗚呼！諸將已負國家，罪惡如此。而俊自明引軍至温，道路一空，居民皆逃奔山谷。世忠逗遛秀州，放軍四掠，至執縛縣宰以取錢糧，雖陛下親御宸翰，召之三四而不來，元夕取民間子女，張燈高會，君父在難而不恤也。𤫉自信入閩，所過邀索千計，公然移文曰：「無使枉害生靈。」其意果安在哉？臣觀今日諸將，用古法皆當誅。然不可盡誅也，惟王𤫉本隸杜充，充敗於前而𤫉不救，此不可赦，當先斬𤫉以令天下。其他以次重行貶降，使以功贖過。

臣愚以爲，敵退之後，正大明賞罰，再立紀綱之時，莫若擇有威望大臣一人，盡護諸將，雖陛下親軍，亦聽其節制，稍稍以法裁之。凡軍輒敢擅移屯以護駕爲名者，自主將以下並論如法。仍使於偏裨中，擇人才之可用者，間付以方面之權。待其有功，加以爵秩，陰爲諸將之代。此今日所最急者，惟陛下與大臣熟議，斷而行之。

奉直大夫、浙西提舉茶鹽公事陳述責監饒州酒稅，述便文之浙東，上在明、越，不朝請，詔押還任。時平江道梗，述以無船爲詞，乃有是命。

27 壬申，户部侍郎葉份言：「淮鹽路梗，妨阻客販。浙鹽數少，積壓客鈔。望權以福建鹽通商，仍稍還買鹽本錢，即本路官搬官賣，兩不相妨。」從之。福建路歲産鹽一千一百萬斤，政和中遣左司郎官張察至本路參定，歲以三分爲率，二分歸朝廷，許商人輸錢於榷貨務，給鈔即本路受鹽，一分歸漕司，許自買鹽，積於海倉，令上四郡及屬縣搬賣，以辦歲計。時商販、官搬二法並行。靖康俶擾，商販殆絶，故官悉自鬻，歲收課錢四十萬緡。至是，份請行鈔法，而奸民乘之，盜販者甚衆。

28 癸酉，詔行在職事官條具駐蹕所在及守禦之策。太常少卿陳戬言：「兵將用命，則寡可敵衆；不用命，則多適致敗。今國之典刑，不能加之將，將之威令，不能施之軍，宜申嚴紀律，使左右進退，惟命之從，則敵可破矣。」

是月，京城留守上官悟以京西南路招捉司中軍統領牛皋爲本司同統制，兼京西南路提點刑獄公事。皋，魯山人。初爲射士，聚衆與金人戰，以功補官。金人蹂踐京西，皋數戰皆捷，知汝州王俊假皋武節大夫、果州團練使，至是爲留司所辟。

1 二月甲戌朔，酈瓊以其衆降於檢校太保、江東宣撫使劉光世。瓊初見三年九月末。瓊圍固始縣凡四月有二日，至是乃解。初，瓊之未至也，羣盜黄林引衆來犯，曹官吴翊趙甡之遺史作吴翼，日曆中有知光州吴翊者，即此人也。招降之。守臣任詩以翊有功，請於朝，改京官，通判州事。及詩還朝，而翊權州事，瓊尚未去也，翊乃請統制官劉紹先以所部解圍。紹先至固始，爲瓊所敗，知縣事向宗輝開門納之。紹先以其衆登城，用强弩禦瓊，殺傷甚衆。會光世遣人招瓊，瓊受招安，光世因以爲將。既而宗輝恃其功，與翊不相下，翊招宗輝至光州，誣以罪，送獄死。

叛將傅選詣虔州行宫乞降，選自江西潰散，即率衆入湖南爲盜，既厭所欲，遂來降。

2 乙亥，御舟至温州江心寺駐蹕，更名龍翔。日曆：「正月二十五日戊辰，御舟次温州。」「三十日癸酉，奉聖旨，御舟二月一日進發，往州城外。」蓋重疊差誤，今從諸書繫此。

奉安啓聖宫祖宗神御於福州。

太中大夫盧益爲資政殿學士、權知三省樞密院事，責授安遠軍節度副使、吉州居住李回復端明殿學士、權同知三省樞密院事。回，范宗尹所薦也。熊克小曆益、回之除在正月丙寅，今從日曆繫此。

集英殿修撰、都大提領水軍、荆湖路沿江措置使王羲叔落職放罷，坐金人渡江不奏報也。禮部尚書曾楙充顯謨閣直學士，知洪州。承信郎、建昌軍兵馬監押蔡延世進三官爲閤門祇候，權主管本軍公事。集英殿修撰、知洪州王子獻坐失守，知撫州王仲山坐迎降，皆罷。

詔温州守臣盧知原治狀有聞，除右文殿修撰。知原，法原弟也，以供億無闕，故擢之。

是日，金人陷潭州。敵既破江西諸郡，乃移兵犯湖南⑧，帥臣直龍圖閣向子諲初聞警報，率軍民固守，且禁士庶無得出城。敵騎至潭，呼令開門投拜，軍民皆不從，請以死守。宗室成忠郎聿之隸東壁，子諲巡城，督察官吏，顧謂聿之曰：「君宗室，不可效此曹苟簡。」聿之感激流涕。敵圍之八日，既而登城，四面縱火。子諲率官吏奪南楚門亡去，城遂陷。聿之拔刃自殺。城之始破也，將官成忠郎劉玠率餘兵巷戰，身中數十矢，戰愈力。賊又以槍中之，衆欲扶持而去，玠揮衆直前，死於陣。敦武郎、新杭州兵馬都監王暕部民兵守朝宗門，亦死。聿之，魏悼王後安定郡王叔東子也⑨。敵掠潭州六日，屠其城而去。子諲乃復入，後贈玠武經大夫，暕武德郎，聿之右監門衛將軍。潭州之陷，日曆不載。趙甡之遺史繫之正月甲子，熊克小曆繫之去年十一月，按今年四月癸巳、五月癸丑，湖南轉運司兩次所奏，及紹興四年閏二月己酉王暕家乞恩澤狀並云，敵騎二月二日打破州城。故繫於此。克又云：「敵騎縱掠四日而去。」轉運司所奏乃云：「敵騎初八日離潭州。」今從之。

3 丙子，金人自明州引兵還臨安。初，敵既破明州，遣人聽命於完顏宗弼，且云搜山檢海已畢。宗弼曰：「如揚州例。」敵遂焚其城，惟東南角數佛寺與僻巷居民偶有存者。城之始破也，守者奔湊東南，縋城而出。或浮木渡江，生死相半，而奔逃村落者，與賊遇，由是遍州之境，深山窮谷，平時人蹟不到處，皆爲金人搜剔殺掠，不可勝數。敵留明州七十日，引兵去，以修職郎蔣安義知明州，進武校尉張大任同知明州事，王庭秀閔世録云：「張甭爲通判。」而會要作大任，今從之。且授安義以兩浙轉運司印一紐。

4 辛巳，金人去潭州。

5癸未，虔州鄉兵首領陳新率衆數萬圍虔州，隆祐皇太后震恐，赦其罪，不聽。權知三省樞密院滕康、劉珏、主管侍衛步軍司公事楊惟忠皆坐視其亂而弗能禁。先是，惟忠之將胡友既叛去，犯臨江軍。統制官楊琪與戰不勝，城遂陷。至是，友以其衆復犯虔州，與新戰於城下，破之，新乃去。統制官張忠彦時在吉州，聞難不顧，既而康、珏聞罷命，乃以吏部侍郎高衛權主管三省樞密院事。衛論顯謨閣直學士曾楙撫諭功，與其屬十餘人皆進秩。後御史張延壽以爲言，復奪之。追奪在九月乙巳。

6甲申，慈溪縣令林叔豹引鄉兵入明州，執蔣安義，奪其印。金人十餘在開元寺，皆病不能前者，叔豹誅之。安義四月戊戌行遣。

7丙戌，劉洪道言已復明州。時洪道自台州還屯奉化縣，其麾下精卒暴横市肆，邑人蔣璉夜集數十人之岳林寺，圍洪道將殺之。縣丞白彦奎勸洪道流其毆人之卒[10]，衆乃定。洪道復入城，劚民家窖藏之物，併得四萬緡以獻，州人怨之。

是日，金人自臨安退兵。熊克小曆在丁亥，而趙甡之遺史在丙戌，甡之載此事排日甚詳，今從之。初，完顔宗弼留臨安，聞浙西制置使韓世忠自江陰趨鎮江，恐邀其後。

8是月庚辰，宗弼斂兵於吴山七寶山，遂縱火三日夜，煙焰不絶。癸未，火息。甲申，縱兵大掠，且束裝。丙戌，退軍，以擄掠輜重不可遵陸，乃由蘇、秀取塘岸路行。

先是，武功大夫、成州團練使陸漸迎降，宗弼以爲臨安府兵馬鈐轄。漸勸宗弼括金銀，焚臨安，因從軍北去。方金人之未退軍也，有衢州軍事判官錢觀復者，以衢當路衝，白郡守，縱民老弱出，户留一丁，不留與留而瘦弱不堪任，論如軍法。其後諸兵欲乘時爲變，顧城中金帛子女無冀獲，乃止。陸漸，紹興二年六月戊戌行遣。靈隱寺僧智訥有禪學，宗弼初入杭，軍士執之以至。宗弼解其縛，置一榻上，善事之。比去，飭十騎送還。時李儔、李鄴、鄭億年皆在軍中，宗弼因携之以北。

敵分兵侵海鹽縣，尉朱良率射士百餘拒之，卒力戰以死。良，吴縣人，光禄卿公綽孫也。

9 丁亥，金人陷京師。時河之南北悉爲敵有，睢、洛皆屯重兵，惟京師及畿邑猶爲國家固守，而糧儲乏絶，四面不通，民多饑死。有河北僉軍首領聶淵者，與其徒十十五五，以食物與守城者博易，積久稔熟，遂不之疑。是日，淵與其徒數百人夜登城之北壁，縱火焚樓櫓，猶未敢下城，乃爲慢道自守。是時城之東有羣盗李潰、蘇大刀等，權留守上官悟皆招入城。既入城，則焚掠不止，城中亂。悟及副留守趙倫出奔，悟至唐州，爲董平所殺。金人得京師，以前都水使者王夔爲留守。時在京强壯不滿萬人，自是四京皆陷没矣。熊克小曆載京師之陷在今年三月，又云：「城破，上官悟爲敵所害。」而徐夢莘會編所載甚詳，今從之。

江東宣撫使劉光世奏：「杜充敗事，未知存亡，王瓔所統前軍亦潰，韓世忠徑上海船而去。臣今以孤軍駐南康，移檄諸路，會兵勤王。望陛下遠避賊鋒，竢春暄破之不難。」詔光世所部軍不少，今又會兵，深慮騷動，可止統本部乘間擊之，毋失機會。

浙東防遏使傅崧卿在婺州，聞敵去，遣前軍統制、添差通判衢州侯延慶以所部入越州。敵之去越也，以兩浙提點刑獄公事王翿權州事，翿招義兵入城防守。土豪仁和縣茶槽巡檢胡仁叅以其衆入城，因與安撫司主管文字、宣教郎袁潭謀，執翿殺之。於是崧卿就除直龍圖閣、知越州。此事日曆全無首尾，今以建炎四年六月十五日尚書省所奏及王翿家陳乞狀、七月三日大理寺胡仁叅等按款、七月十一日臣僚上言乞體究王翿死事指揮、八月九日樞密院奏約束土豪事件、九月十六日浙東安撫司體究狀及臣僚上言、紹興元年三月二日兩浙轉運司體究狀參修。傅崧卿除越州，日曆不載，但於今年三月一日書權知越州傅崧卿狀：「收到安撫司印，乞改鑄。」而崧卿以六月八日改除婺州。崧卿狀稱，印以二月十七日得之。十七日庚寅在此後四日，故併附此。胡仁叅、袁潭七月癸卯行遣。

10 己丑，奉安景靈宮祖宗神御於温州開元寺。時祭并官屬歲費錢萬七千餘緡，皆以上供錢給之，仍命祠部郎官及内侍各一員典奉祠事。紹興十三年八月丙戌神御還臨安。

11 庚寅，上入温州，駐蹕州治。楊氏編年云：「四年正月，金人犯江浙⑪，駕自明州幸海，江南淮南兩浙宣撫處置使、統制御營軍馬趙鼎率諸帥敗敵於江、浙，加鼎扈從定難中興社稷功臣，赦十死。駕還越州。」按史，鼎未嘗爲此官，當時亦無此事，未知楊氏云何謬妄如此。

温州觀察使、御前前軍統制王𤫊自閩中引餘兵還行在，詔降授文州團練使。

12 辛卯，金人陷秀州。先是，兩浙宣撫使周望在平江，有言敵自越州還金陵者，望素不嚴斥堠，但以傳聞之語爲信，乃遣統制官陳思恭、張俊此即小張俊也，初見三年八月癸亥。統兵入杭，以規收復之功。思恭至秀州，偵知傳言之妄，間道走湖州之烏墩鎮以觀變。至是，完顔宗弼過秀州，通直郎、權州事鄧根留武翼郎、本州兵馬都監趙士醫乘城拒敵。城陷，士醫爲流矢所中而死。後贈武翼大夫，官其二子。此據紹興三年十二月二十五日士醫家乞贈官狀修入，狀中云：「昨知州鄧奉議差充東壁守禦官。」按此時守臣程俱已遁，鄧奉議乃根也。今年六月壬辰正差。望聞金師至崇德縣，壬辰，調太湖舟千艘赴吴江禦之。根，邵武人也。

13 甲午，尚書省言淮鹽道路不通，商人皆自京師持引鈔至兩浙請鹽，故温、台州積下引鈔至多，有至二三年者，乞令行在榷貨務换給新鈔，赴閩、廣算請，每袋貼納通貨錢三千。從之。

金人過吴江縣，統制官巨師古不戰而潰，更以太湖民舟爲鄉導，歸於西山。

直龍圖閣、知蔡州程昌寓以王命不通，軍儲乏絶，率軍民棄城南歸。趙甡之遺史：「二月壬辰，程昌寓棄蔡州。」壬辰十九日也。按日曆紹興元年三月二十四日辛卯，蔡州奏：「今年二月二十一日，前知本州程昌寓將帶官兵入衛王室。」二十一日甲午也，甡之小誤。當以奏牘爲正。蔡州奏狀以建炎四年遺，故云「今年」。先是，昌寓恐金人退師，乃言朝廷除張用知蔡州，已被召命，欲引還。直秘閣、京西轉運副使滕膺言：「用嘗攻圍陳、蔡二州，今令守城，懼軍民含恨生事，乞且留昌寓。」道梗不報。昌寓乃以勤王爲詞而去，遂與膺偕行。此以紹興六年五月十三日滕膺乞改正狀修入，但狀稱昌寓於建炎三年正月内詐作被召離任，恐小誤。

是日，鼎州人鍾相作亂，自稱楚王。初，金人去潭州，羣盜乃大起，東北流移之人相率渡江。武經大夫、濰州團練使孔彦舟自淮西收潰兵，侵據荆南鼎、澧諸郡，秘閣修撰、知荆南府唐慤棄城去。相，武陵人，以左道惑衆，自號天大聖，言有神靈與天通，能救人疾患。陰語其徒，則曰：「法分貴賤貧富，非善法也。我行法，當等貴賤，均貧富。」持此語以動小民，故環數百里間，小民無知者翕然從之，備糧謁相，謂之拜父，如此者二十餘年，相以故家貲鉅萬。及湖湘盜起，相與其徒結集爲忠義民兵，士大夫避亂者多依之。相所居村有山，曰天子崗，遂即其處築壘浚濠，以捍賊爲名。會孔彦舟入澧州，相乘人情驚擾，因托言拒彦舟以聚衆。至是，起兵鼎、澧，荆南之民響應，相遂稱楚王，改元天戰，立妻伊氏爲皇后，子子昂爲太子，行移稱聖旨，補授用黄牒，一方騷然。時鼎州闕守臣，而湖南提點刑獄公事王彦成、單世卿皆挈家順流東下，僅以身免。賊遂焚官府、城市、寺觀及豪右之家，凡官吏、儒生、僧道、巫醫、卜祝之流，皆爲所殺。自是鼎州之武陵、桃源、辰陽、沅江，澧州之澧陽、安鄉、石門、慈利，荆南之枝江、松滋、公安、石首，潭州之益陽、寧鄉、湘陰、江化，峽州之宜都⑫，岳州之華容，辰州之沅陵，凡十九縣皆爲盜區矣。趙甡之遺史相起兵在此月庚寅，而傅雱奏捷狀云：「相以二月二十一日僭號。」甲午二十一日也，或者庚寅之日起兵，甲午之日僭號，亦未可知，今從奏狀附此。

14 乙未，尚書右僕射、同中書門下平章事、兼江淮宣撫使杜充罷爲觀文殿大學士，提舉江州太平觀。充自真州而北，熊克小曆云，充將還行在，而道不通。按趙甡之遺史，向子忞約充同赴行在，充不從，出西門自天長軍北去。然則非道不通也。完顔宗弼遣人説充，許以中原地封之，如張邦昌故事。充遂降敵。知真州向子忞以聞，上聞之，不食者累日。御史中丞趙鼎、右諫議大夫富直柔同對，請先罷充，竢得其投降的報，則别議罪。故有是命。

朝奉郎、提舉亳州明道宫邵溥再責汝州團練副使，峽州安置。

15 丙申，以上還温州，德音釋天下徒刑。應士民家屬有自金來歸者，所在量給錢米，於寺院安泊，訪還其家。以洪州三省樞密院淹延刑禁，自今奏讞，並令赴行在。

徽猷閣直學士、知慶陽府兼陝西制置使王似知成都府。時宣撫處置使張浚聞上親征，亟治兵自秦州入衛，留參議軍事劉子羽掌留司事，凡川陜軍政民事，皆得專決。又徙似知成都府，而以親衛大夫、明州觀察使趙哲代之，徽猷閣直學士盧法原時守成都，乃命法原赴行在。熊克小曆：建炎三年十一月，張浚出行關陝，徙王似知成都府，而以趙哲代之。按成都知府題名，似以四年二月二十三日除，五月二十一日到，法原以四年五月赴行在。克書於去年十一月，實甚誤矣。然此時道路隔絶，似以此時改命，則五月上旬未必便到成都。蓋浚已奏於朝，而又以便宜先遣之鎮也。法原五月壬子除吏書，蓋其離成都之日。今但云赴行在。

李成入舒州。初，淮西都巡檢使劉文舜聞成犯舒州，率兵迎戰，爲所敗。文舜率其衆走，權知州事鄭嚴亦走入山中，成遂入其城，得修職郎李雱，以爲參議官兼軍正。雱，建炎初嘗爲秘書省正字，至是在舒州。雱以王命不通，敵留江、浙，妄生向背，遂以成爲一時之英雄，投書於成，請順流而過金陵，號召江、浙，以覦天意。成不從。時淮西提點刑獄公事李著受代，未行，與州縣官百餘員皆爲成所執。其徒有執鄭嚴而至者，成殺之。

是日，敵游騎至平江城東，統制官郭仲威兵未交而退。同知樞密院事、兩浙宣撫使周望奔太湖，市人請留不可，則極口嫚罵，望不顧而去。守臣徽猷閣直學士湯東野聞望已出，則挈家潛遁，以府印付仲威。錢穆收復平江記：二十三日，守臣湯東野出奔，周望以印付仲威。按望爲宣撫使，若未行，守臣不應先遁。蓋望先出奔，而東野乃棄城也。趙甡之遺史當得其實，今從之。

16 丁酉，仲威會諸將飲，城上士民叩頭出血，請加守禦之備。仲威奮髯曰：「即發騎兵，敵行破矣，民謹無擾。」日欲晡，金人大集於城下，仲威與將官魯珏縱火城中。夜，望及仲威皆遁，其下自城南轉劫居民，北出齊門而去。民之得出郭者，多爲所殺。

茶陵縣軍賊二千餘人犯郴州永興縣，所擄鄉民，皆面刺「聚集興宋」四字，欲自連、韶路徑趨虔州。廣南東路提點刑獄公事曾統恐其枝蔓，以便宜遣監韶州永通監、宣教郎宋履往招之，至是以聞。

17 戊戌，宣教郎、新荆湖南路提舉茶鹽公事秦梓守尚書金部員外郎，梓辭不至。奉議郎章傑守祠部員外郎。傑，惇孫也。

是日，午漏未盡四刻，完顔宗弼自盤門入平江，駐兵府治，擄掠金帛子女既盡，乃縱火燔城，煙焰見百餘里，火五日乃滅。

敵之在湖南者，是日亦渡江，趨石首縣而去。知岳州袁植聞敵且至，棄城避之。

18 己亥，鍾相遣兵犯桃源縣，朝請郎、知縣事錢景持率保甲出戰，爲所殺。紹興五年二月辛卯贈景持二官，與恩澤一資。

19 庚子，吕頤浩奏：「户部侍郎葉份言，駕幸浙西，須早除發運使。臣觀可任漕計極難得人，間有之，又素行不修。」上曰：「有德者率淳直，或不能辦事。有才者多是小人，如梁揚祖，誠無學術，使爲發運使則有餘矣。大抵小人不可在侍從之列，若藉其才任於外，亦何不可？」中興聖政：臣留正等曰：「世不能無小人固也，因其小人而遂絶之，使不容於世可乎？至治之世，君子、小人各安其分。在易之泰，其至治之時與？君子道長而居於内，小人道消而居於外，是之謂各安其分。且君子、小人之别安在哉？德勝才謂之君子，才勝德謂之小人。才有所用，則豈在所絶哉？使之居外，則足以效其所長，而不至於害吾之治，此太上皇帝所以不棄揚祖也。生乎斯時者，尚安有不遇之歎？」

20 辛丑，鍾相陷澧州。守臣朝奉大夫黄琮等十餘人皆爲所殺。迪功郎、澧陽縣丞葉畲守西門，戰死，敵入城，縱掠而去。琮紹興五年贈兩官，與一子恩澤。畲當年四月己巳與恩澤一資。琮家乞恩澤狀稱：「妖賊吴么郎犯澧州。」而畲家陳乞乃云：「二月二十八日，鍾相攻澧州西門。」疑吴么郎即相所遣也。

初，保寧軍承宣使、權主管侍衛步軍司公事閭勍自西京携所部數千人至越州行在，上以金人入寇，命勍節制淮西等路軍馬，往據之。勍行次崇德縣，聞敵已犯臨安，遂至平江招軍，得數百人，自江陰渡江，入柴墟鎮。是月，至楚州，與守臣右武大夫、忠州刺史趙立計事，勍因稱上命，授立徐州觀察使兼淮南東路兵馬鈐轄，將佐皆遷官二等，仍書告以賜。勍遂將所部往泗州。先是，宿遷人趙瓊率衆據守水寨，後降於金人。有楚州進士國奉卿者，以假成忠郎知淮陰縣，見立之參謀官陳括，趙甡之遺史作陳适，今從王銍所撰趙立傳。與語楚州事，因爲立謀，以旗榜招瓊。瓊聽命，立大喜。奉卿自言本儒士，不能出戰，恐誤使用，乞换文資。立使視學籍，信然，遂假奉卿宣教郎，措置高郵軍。

羣賊犯應山，土居將仕郎連萬夫率邑人數千保山寨，賊不能犯。至是，有寇浪子者以兵至，圍之三日，卒破其寨。賊知萬夫勇敢有謀，欲留以爲用。萬夫怒，厲聲罵賊，爲所害。後守臣陳規言於朝，贈右承務郎，官其家一人。規奏贈官，在紹興二年十月辛亥。按萬夫居德安，恐是南夫之弟，當考。

金人自江西還過荆門軍，劉超率衆避之。

校勘記

①明州西城外民居盡爇之　「民居」，原作「居民」，據揮麈録三録卷一乙。

②而城下聚水　「城」原作「地」，據叢書本改。

③敵再犯明州　「犯」原作「侵」，據叢書本改。

④雲怒罵不屈　「怒罵」，原誤倒，據叢書本乙正。

⑤金人再犯餘姚縣　「犯」原作「侵」，據叢書本改。

⑥遂以舟師絶洋犯昌國縣　「犯」原作「至」，據叢書本改。

⑦金人犯潭州　「犯」原作「攻」，據叢書本改。

⑧乃移兵犯湖南　「犯」原作「至」，據叢書本改。

⑨魏悼王後安定郡王叔東子也　「郡王」下有四庫館臣按語：「按原本作『郡公』，今依宋史改正。」今删其按語。按：謂作郡王者見宋史卷四五二忠義七。

⑩縣丞白彦奎勸洪道流其毆人之卒　「白彦奎」原作「百彦金」，據寶慶四明志卷一一改。咸淳臨安志卷五一載知鹽官縣亦有白彦奎。

⑪金人犯江浙　「犯」原作「至」，據叢書本改。

⑫峽州之宜都　「峽」原作「陜」，據叢書本改。

建炎以來繫年要録卷三十二

1 建炎四年三月癸卯朔，孔彦舟入鼎州。鍾相之反也，鼎州孤危，官吏軍民計無所出，乃迎彦舟入城以拒相。時宣撫處置使司主管機宜文字傅雱權湖北制置使，以本司便宜之命，授彦舟翊衛大夫、康州防禦使、荆湖南北路捉殺使，就平之。此據紹興元年二月辛卯彦舟奏狀修入。彦舟過澧州，而澧州之民有應相者，彦舟爲所攻，喪甲而走，僅以身免。及入鼎，慮復有應相者，遂屠其城，取其民八九，悉點爲兵。時京西南路提點刑獄公事、直秘閣李允文以宣撫司察訪使在鄂州，聞相叛，遣統領官、武義大夫安和率步兵入益陽，統制官、武功大夫張崇領戰艦趨洞庭，武顯大夫張奇統水軍入澧口，三道討之。此據趙甡之遺史及傅雱、李允文奏狀參修。熊克小曆云：「湖北帥司檄本路捉殺官孔彦舟權副總管，領兵往鼎捕鍾相。」蓋誤。此時解潛未來，唐慤已去，程昌寓四月方權湖北，實無帥臣。又彦舟亦未爲捉殺官，乃雱便宜假授，克不細考耳。

是日，完顏宗弼去平江府。時敵之後軍泊吴江縣，下臨太湖，石岸險狹，統制官陳思恭以兵邀之，金人舟亂不整，思恭小捷而退。熊克小曆云：「敵過吴江，思恭以舟師邀於太湖，擊敗之，幾獲兀朮。」此據張匯節要所書也。以趙甡之遺史考之，乃不然。錢穆收復平江記①，亦無此事，當更詳考。

2 甲辰，張俊至自崑山。

3 乙巳，巨師古至自洞庭。李貴、魯珏、郭仲威皆至自常熟。

初，婁宿既陷陝，遂與其副撒離喝長驅入關。宣撫處置使司都統制曲端聞敵至，遣右武大夫、忠州刺史、涇原路馬步軍副總管吴玠及統制官張中孚、李彦琪將所部拒之於彭原店。熊克小曆作自原店，蓋因張匯節要所書也。吴玠功績紀、趙甡之遺史皆作彭原店，今從之。端自擁大兵，屯於邠州之宜禄，以爲聲援。敵乘高而陣，婁宿引兵來犯，玠擊敗之。撒離喝懼而泣，金人因目爲啼哭郎君。既而敵師復振，官軍敗，端退屯涇州，敵亦引去。端劾玠違節，降武顯大夫，罷總管，復知懷德軍。宣撫處置使張浚素奇玠，尋擢玠秦鳳副總管兼知鳳翔府。時當兵火之餘，玠勞來安集，民賴以生。始青溪嶺之戰，玠牙兵皆潰。事見二年四月。及是，玠治兵秦鳳，諸潰卒復出就招。玠問訊再三，搜索非是者五六人，斥遣之，餘悉斬於遠亭下，去秦州十里，軍中股慄。自是每戰皆效死，無復潰散者矣。

4 丙午，御史中丞趙鼎言：「敵騎始還，當俟浙西寧静，及建康之寇盡渡江，然後回蹕。萬一敵去未遠，或作回戈之期，何以待之？」於是行計稍緩。

5 丁未，詔發運副使宋煇誘説兩浙州軍儲蓄之家，借助米斛，以備巡幸。

是日，陳思恭自烏墩至平江。初，郭仲威既入城，即領府事。時金人焚劫之餘，金帛錢穀尚多，餘民自外至者，輒執而掠之，窮問瘞藏之物，民益冤憤。良久，周望自遁所乃出，領兵之吴興。初，望奔太湖，失其宣撫使印。敵既退，募善没者於湖中求得之。上聞平江失守，命望往常州襲敵師，以功贖過。是役也，平江士民死者近五十萬人，得脱者十之一二而已。上嘉陳思恭太湖之功，尋擢思恭右武大夫、忠州團練使。

6 己酉，張浚言：「大食獻珠玉，已至熙州。」詔浚遣赴行在。右正言吕祉言：「所獻真珠、犀牙、乳香、龍涎、珊瑚、梔子、玻璃，非服食器用之物，不當受。」上諭大臣曰：「捐數十萬緡，易無用珠玉，曷若愛惜其財，以養戰士？」遂命宣撫司無得受，仍加賜遣之。何俌龜鑑：「寶器異物，即命碎之，内府珠玉，即命投之，螺鈿什物，悉皆銷毁，幄帟文繡，一切屏去。銷金鋪翠則有禁，龜筒玳瑁則有禁，真珠文犀則有禁。廣州貢珠則罷，交阯獻羽則罷，川蜀錦繡則又罷，且作損齋以自誓。而上謂宰執曰：『捐數十萬緡，易無用珠玉，曷若惜財以養戰士？』吾君之儉何如也！」

時浚率步騎數萬人入衛，至房州遇德音，知敵騎退，乃還。以本司參議官、直秘閣王以寧代程千秋爲京西制置使，使圖桑仲，假以便宜。又以宣義郎、御營使司參議官王擇仁知襄陽府，節制京西軍馬。擇仁初爲浚所按，與前知永興軍郭琰俱繫獄，既而釋之。以寧，開封人，政和中自小校换授，建炎初以樞密院編修官出知鼎州，爲浚所辟。以寧至襄陽，見仲方彊，乃卑辭假道而去，引其兵屯潭州。擇仁孤軍不敢進，亦屯留均州。由是仲益無所憚。王之望記西事曰：「張浚歸自秦亭，士馬甚盛。至房陵，畏桑仲而不敢近，乃以王以寧爲制置使，王擇仁節制軍馬，步騎十萬，措置漢上。以寧至襄陽，乃卑辭假道而去。擇仁孤軍不敢進，頓於均州。後其將王闢叛去，復潰而亡。於是西師之東下者，星散盡矣。仲知浚畏己，而西師之易與也，益亡所憚矣。」按浚初引兵入援，聞敵退而歸，非畏仲也。以婁宿之勇，兀朮之鋭，而浚不之畏，豈果畏仲邪？至於以寧不留襄郢而之長沙，則真畏仲者。今採取附見，庶不牴牾。

浚請除荆、夔諸帥，是日，詔復朝議大夫葉宗諤直龍圖閣、知鄂州，中大夫、知夔州張上行知荆南府，朝議大夫、成都府路提點刑獄公事蘇覺知夔州。會浚已除吏，三人卒不行。浚以李允文節制鄂州，六月甲午，宗諤别與差遣。

浚以解潛知荆南，六月丙子，上行別與差遣。浚以韓迪知夔州，九月庚戌，詔依已行事理。今並附見。

初，河東制置副使解潛靖康末坐覆師貶，及是在浚軍中，浚以潛知荆南府，令王以寧所部統制官王宗尹、柴斌受其節度，又遣秦鳳第十將關師古將兵二千五百人、馬千匹隨之。師古，隴干人也。時浚遣本司主管機宜文字、尚書兵部員外郎馮康國來奏事，詔進康國二官，以爲荆湖撫諭使。上令康國諭浚，遣西兵屯荆南，以爲行都聲援。辛亥，康國辭行。潛除荆南不見本月日，據浚今年九月所奏云：「臣在房州，遣關師古隨解潛往荆南。」故附於此。

7 壬子，金人犯常州，守臣右文殿修撰周杞聞敵至，棄城走宜興縣，敵遂入常州。

8 癸丑，秘閣修撰唐慤坐失荆南，落職。日曆此日又書鄭望之落職。不知望之原除何職也。

9 甲寅，權知三省樞密院事盧益至行在，詔趣令入對。先是，上諭呂頤浩曰：「朕初不識隆祐皇太后，自建炎初迎奉至南京，方始識之。愛朕不啻己出，宮中奉養及一年半，朕之衣服飲食，必親調製。今朕父母兄弟皆在遠方，尊長中唯皇太后，不惟相別數千里外，加之敵騎衝突，又兵民不相得，縱火交兵，五六日乃定，復爾驚擾。當早遣大臣領兵奉迎，以稱朕朝夕慕念之意。」上語在是月癸卯。遂命益與御營使司都統制辛企宗、帶御器械潘永思偕行。

朝奉大夫林杞除名，連州編管。坐提點福建路刑獄日，與成忠郎呂熙共殺張政也。事見三年五月己亥。時言者以爲政本誘執苗傅，杞懼分其功而殺之，遂以杞屬吏。法寺奏杞、熙謀殺人當斬，詔貸死，免決刺，熙配惠州牢城，而杞有是命。承信郎詹標初手執傅，及是亦坐獄，標辭不伏，而死獄中。杞十月己亥放還，標紹興九年六月丁亥贈官，杞遺事稱知建州某人與當軸爲姻，讒於當軸，下杞獄。此蓋指吕頤浩，當考。

10 丁巳，命從官舉可備監司者。

金人至鎮江府，浙西制置使韓世忠已屯焦山寺以邀之，降其將鐵爪鷹李選。選者，江淮宣撫司潰卒也。完顔宗弼遣使通問，世忠亦遣使臣石皋報之，約日會戰。世忠謂諸將曰：「是間形勢，無如金山龍王廟者，敵必登此覘我虚實。」乃遣偏將蘇德將二百卒伏廟中，又遣二百卒伏廟下，戒之曰：「聞江中鼓聲，岸兵先入，廟兵繼出。」敵至，果有五騎趨龍王廟，廟中之伏喜，先鼓而出。五騎振策以馳，僅得其二。有一人紅袍玉帶，既墜復跳馳而脱。詰二人者，即宗弼也。既而戰數十合，世忠妻和國夫人梁氏在行間，親執桴鼓，敵終不得濟。復使致詞，願還所掠假道，世忠不從。益以名馬，又不從。時左監軍完顔昌在濰州，乃遣孛堇太一趨淮東②，以爲宗弼聲援。宗弼至京口，不得其日。按世忠碑云：「相持四十有八日。」而趙甡之遺史：世忠以四月丙申敗於建康。逆數之，其初與宗弼相遇，當在三月戊申、己酉之間。據諸書，宗弼以三月癸卯去平江，壬子陷常州，則到鎮江又必在壬子之後數日。以時計之，疑是三月十八日③，今且附此，當求他書參考。

11 己未，上詣開元寺朝辭九廟神主，宰執百官皆扈從。自渡江，至是始有此禮。

是日，上御舟復還浙西。初，上在龍翔，主管亳州明道宫薛弼見吕頤浩，請平其直以鬻官産，頤浩從之。上在温彌日，所費多仰焉。弼，永嘉人，嘗爲光禄寺丞。熊克小曆云：「駕留温，每日所費不貲，皆取足於鬻産之直。」按正月二十八日省劄子：「契勘已支與温州度牒一千五百道變賣，訪聞温州祇候臨幸，於四縣科納見錢一十二萬貫，米二萬石，草一百四十萬斤，麥豆稱是。僧道每人科納買度牒錢三貫文，近又科配均糴二萬石。有旨，令本州分析奏聞。」據此，則温州科擾不一，所謂取足於鬻産之直，恐無此理。

今略修潤附入。

12 庚申，詔：「昨金人侵犯州縣，其投拜官除知、通別取旨外，餘並罷。內統兵官以衆寡不敵，致有潰散，理宜矜恤，可特放罪，仍舊統押人馬。」時朝廷恐將士潰散者衆，乘亂爲變，故貸之。

13 辛酉，上御舟發温州。晚朝，執政登舟奏事。上曰：「張浚措置陝西，極有條理。荐人用士，持心向公。」張俊、辛永宗皆言陝西將帥往往服浚謀略。呂頤浩曰：「陛下雖失之杜充，復得之張浚。」王綯曰：「張守嘗語臣，浚好謀有大志，嘗招諸將至臺，講論用兵籌策。今果能行所言，真不易得。」上復言浚用孫渥代辛興宗，按王擇仁等罪，稱善者久之。

御營前軍將官楊勍叛。勍本知濟南府宮儀裨將，儀死，餘衆隸前軍統制王瓔，瓔自温州還，至天姥寺，勍率其徒復叛，瓔遣統領官林閏等追之，將官武節郎李在與戰，爲所殺。

14 壬戌，御舟次章安鎮。

故朝請郎張耒贈右文殿修撰，故朝散郎晁補之、朝奉郎黃庭堅、宣德郎秦觀皆贈直龍圖閣。耒，宛丘人，元祐起居郎，黨籍餘官第四人，黃州安置。補之，任城人，元祐吏部郎中，餘官第三人，責處州監酒。庭堅，分寧人，元祐著作佐郎，餘官第二人，宜州編管。觀，高郵人，元祐館閣校勘，餘官第一人，横州編管。王明清揮麈第三録云：「建炎初，贈黃魯直、秦少游、晁無咎、張文潛俱直龍圖閣。文潛生前自起居舍人出，帶此職甚久，亦有司一時稽考之失也。」按史，耒乃贈右撰，不知明清何以云然。豈非初贈小龍，而後覺其誤，乃復改命，如靖康之於范仲淹邪？明清所云，必有所據，姑附於此，更俟詳考。

又詔故右司諫江公望、監察御史常安民各官子孫二人。時方褒録元祐忠賢，以耒等四人爲黨籍餘官之首，而參知政事范宗尹言公望、安民論事勁切，故首及之。公望，建德人，事徽宗爲諫官，餘官第九十八人，南安軍編管。安民，臨邛人，事哲宗爲御史，餘官第十八人，責監衢州稅。江、常八月丁丑再贈官。

集英殿修撰、知福州程邁以應副行在錢物有勞，遷徽猷閣待制。已而言者以爲：「祖宗特重職名，未嘗妄予。今邁不能仰體德意，裒斂貢獻，民不堪命，當治其罪，而反加以次對之職，望亟賜改正。仍詔大臣，自今監司郡守應辦軍期有勞，依祖宗舊制，止進階官，俟有大功顯著，間加職名。庶幾人益知勸。」上以爲然，遂寢其命。

15 乙丑，上次台州松門寨，宰執奏事，呂頤浩因言：「此行未審且駐會稽，爲復須到浙右？」上曰：「須由蘇、杭往湖州，或如卿所奏，往宣州。朕以謂會稽只可暫駐，若稍久，則人懷安而不樂屢遷。」頤浩又曰：「將來且在浙右爲當，徐謀入蜀。」上曰：「朕謂倚雍之彊，資蜀之富，固善，但張浚奏漢中止可備萬人糧，恐太少。兩浙若委付得人，錢帛猶可泝流而西，至於糧斛，豈可漕運？」頤浩曰：「若第携萬兵入蜀，則淮、浙、江、湖以至閩、廣，將爲盜區，皆非國家之有矣。」上曰：「當益進上流，用淮、浙榷貨鹽錢以贍軍費，運江、浙、荆、湖之粟以爲軍食。」王綯曰：「議者但知輕議晉元帝還都建鄴，不能恢復中原，而多言入蜀便，殊不知自秦用張儀，至本朝遣王繼恩下蜀者八矣，取輒得之，不勞再舉，則亦未可謂之便也。」范宗尹曰：「臣謂若便入蜀，恐兩失之。據江表而徐圖關、陝之事，則兩得之。決擇取舍，不可不審。」上曰：「然。」既而浚復上疏言：「陛下果有意於中興，非幸關、陝不可。願先幸鄂渚，臣當糾率將士奉迎鑾輿，永爲定都大計。」上不許。

詔賜故資政殿學士許景衡家所僦温州官屋一區。上因言：「朕自即位以來，執政中張慤第一忠直至誠，遇事敢言，無所回避。其次則景衡，若郭三益，則善人而已。」

是夕，風順，御舟與宰執以下諸船先後行，不相見。第聞探者唱云：「御舟在前。」探者亦不知御舟遇淺幾覆，尚未至也。既而宰執入港復回。

16 丙寅，臺諫官亦皇遽回船至港口，始迎見御舟。

17 丁卯，右文殿修撰、廣東轉運副使趙億言：「本路地瘠民貧，倉廩皆竭，乞宗室自遥郡刺史以上俸給、人從並減半。」從之。時大宗正司避敵，自虔州移廣州，故億以爲請。紹興八年四月庚申，臣僚上言：「新知袁州江少虞爲廣州通判。會大宗正言，以南班宗室避盗，遷於嶺外，少虞身爲倅貳，爲見敵兵渡江，附會運副葉宗諤沮辱皇族，不支請給，乃反鼓唱廣人，興起保甲，白晝操戈，謀害宗屬，一日殺宗司親事官四人，尸填通衢。一城驚皇，幾至生變。賴鈐轄范寥喻以逆順，罷歸保甲，始得無事。」今附見此，當求他書參考。

18 戊辰，湖北捉殺使孔彦舟擊鍾相敗之。彦舟既入鼎州，時出兵與相戰，勝負略相當。彦舟得賊黨不殺，惟斷其指及耳鼻，縱之出，曰：「汝父有神，能爲汝續則再來。」相得之，惡其彰己之妄，而養之密室，自是其黨亦生疑心。彦舟乃聚竹爲筏，又陽爲好詞，若將避相者，而陰遣人投其軍中，謂之入法。相信之不爲備，彦舟乃乘筏夜渡，而使入法之人爲内應，大敗之。相棄妻子，竄入山谷，爲農人范顔所擒。彦舟乃執相及僞后伊氏、僞太子子昂，並檻赴行在。僞將相及用事之人皆梟首。相少子子義逃去，與其徒居洞庭湖。鍾相之敗，趙甡之遺史繫之三月戊辰，熊克小曆繫之四月癸未。按日曆，傅雱奏狀云：「三月二十六日辰時，遂破巢穴，生擒鍾相。」戊辰二十六日也，或者相以戊辰之日敗，癸未之日生獲，亦未可知。今從捷奏附此。

19 己巳，戚方陷廣德軍。初，方既爲劉晏所破，乃引兵欲趨宣城，道過廣德，入其郛。朝奉郎新通判真州權通判王儔、迪功郎權簽書軍事判官李唐俊、文林郎宿州司户參軍權司法潘偊、文林郎權知廣德縣韋績、迪功郎權丞蔣夔與權軍事皆死。後贈儔二官，唐俊等皆京秩，録其家一人。日曆及諸書皆不載此事。按王儔及潘偊家乞恩澤狀云建炎四年正月二十七日，故繫於此。日曆：韋績先贈宣義郎，紹興三年五月庚申與一子將仕郎。蔣夔先與一子下州文學，三年八月又引李唐俊例，贈宣教郎。王儔紹興四年正月乙卯贈朝請郎，與一子恩澤。潘偊同日贈承奉郎，與一子下州文學。儔家陳乞狀云：「四年正月，準廣德軍權軍事牒權本軍通判。」偊家陳乞狀云：「知、通以下並遭殺戮。」按廣德知軍周烈，去年十一月已爲金人所殺。未知此時權軍爲誰，當考。

20 辛未，上次定海縣，顧縣爲金人所焚，惻然曰：「朕爲民父母，不能保民，使至如此。」王綯曰：「陛下留杜充提兵四萬守建康，留周望提兵二萬守平江，非輕棄江、浙而遠適南方，不幸充、望不稱任使，乃至如此。」吕頤浩因言：「承平之久，士多文學，而罕有練達兵材，可濟今日者。」上曰：「前此太平朝士，若乘馬馳騁，言者必以爲失體。纔置良弓利劍，議者將以爲謀叛。」綯曰：「大抵文學之士，未必應務。有才者或短於行，自非陛下棄瑕録用，則舉世無全人矣。」

是月，朝奉郎季陵充徽猷閣待制、知臨安府。陵去位數月，即復職知温州，又除中書舍人，皆不赴。范宗尹力薦其才，乃有是命。

修武郎劉綱爲武德郎、閤門宣贊舍人。綱，位子也。此以紹興四年三月二十五日綱乞批鑿官告狀修入。狀稱建炎四年三月，在淮甸與金人對壘間，準降到告敕，稱綱父子忠義勤勞。諸書皆無此，恐是閻勍便宜書填，亦未可知。當考。

是春，金左副元帥宗維、右監軍希尹、右都監耶律餘覩皆在大同。右副元帥宗輔在析津府，即燕京。遣孛革太一率衆圍楚州，守臣趙立乘城禦之，不能下。進圍揚州。

初，敵陷山東，左監軍完顔昌密有許封劉豫之意。會濟南有漁得鱣者，豫妄謂神物之應，乃祀之。既而北京順豫門下生禾，三穗同本，其黨指言以爲豫受命之符，乃使豫子僞知濟南府麟賚重寶賂昌求僭立。大同尹高慶裔，左副元帥宗維心腹也，恐爲昌所先，乃説宗維曰：「吾君舉兵，止欲取兩河。故汴京既得，則立張邦昌。後以邦昌廢逐，故再有河南之役。方今河南州郡，官制不易，風俗不更者，可見吾君意非貪土，亦欲循邦昌之故事也。元帥盍建此議，無以恩歸他人？」宗維乃令希尹馳白金主晟，晟許之。宗維遂遣慶裔自河陽越舊河之南，首至豫所隸景州，會官吏軍民於州治，諭以求賢建國之意。皆莫敢言，曰：「願聽所舉。」慶裔徐露意以屬豫，郡人迎合敵情，懼豫權勢，又豫適景人，故進士張浹等遂共舉之。慶裔至德、博、大名，一如景州之故。既至東平，則分遞諸郡，以取願狀而已。慶裔歸，具陳諸州郡推戴之意，宗維許之。張滙節要云：「劉豫之立，或謂本鄧州叛臣張剛中獻策於慶裔，慶裔以三班奉職酬之，復以爲己見獻於黏罕。非也。金人犯山東，止以邦昌爲名，不易官制風俗者，其議素已定矣。不然，撻懶豈敢擅許於人耶？劉豫揣意求於金，慶裔懷私屬於豫，其所由來漸矣，非自剛中始也。」滙久在敵中，當得其實。今從之。

遼東漢軍萬户韓常，與太行義士石子明戰於真定西山胭脂嶺，爲所敗。千户劉慶餘砲折其脛，由是解軍職，换静江軍節度使，後除知慈州。初，金太祖旻起兵，以萬户比都總管，千户比節度使，百人長比刺史，皆親押劄子授之，謂之御畫。及罷從軍，對此换授。其後燕、雲諸民兵千户、百人長，但以家業或丁數定之。軍還則但爲庶民，或就軍中受代，則復爲一散軍而已，非御畫之比矣。

蔚州民劉黑龐造妖起兵，既而獲之。金人因捕黑龐，害及數縣。

1 夏四月癸酉，按是月壬申朔。詔軍興後，江西州縣嘗經殘破之家，並與蠲今年夏税。既而從衛三省樞密院取皇太后旨，并秋料未輸者皆捐之。言者以爲政令不一，而吏不知所從，遂寢其令。癸酉指揮，日曆不載，以今年八月二十六日丙申臣僚上言修入。

中大夫徽猷閣待制知明州劉洪道、中大夫直秘閣知臨江軍吴將之並罷，仍各貶秩二等，坐敵至失守也。洪道依舊充御營使司參贊軍事。言者因奏顯謨閣待制、知袁州王仲嶷投拜之罪，乃責仲嶷爲忻州團練副使，潮州安置。日曆仲嶷與將之同章疏而不見行遣。紹興五年四月九日，刑部檢舉狀稱仲嶷坐留汪伯彦不赴貶所，及知越州日起發花石，責授散官，蓋隱之也。諸書皆無行遣本日，今因章疏附見，或可附八月甲申黄敦彦停官時。

降授宣教郎、直秘閣向子忞知明州。

2 甲戌，上御舟至明州之城外。

御史中丞趙鼎言：「吴、越介在一隅，非進取中原之勢。荆、襄左顧川、陝，右視湖、湘，而下瞰京、洛，三國必争之地。宜以公安爲行闕，而屯重兵於襄陽，以爲屏翰，運江、浙之粟，資川、陝之兵，經營大業，計無出此。願詔張浚，未可長驅深入，姑令五路各守其地，犄角相援可也。」

3 乙亥，上發明州。

4 丙子，次餘姚縣。海舟大不能進，詔易小舟，仍許百官從便先發。

京西南路提點刑獄公事李允文、轉運副使陳求道請幸鄂州，不許。允文又奏，欲以所部往虔州，詔速還襄陽。

5 己卯，觀文殿學士、提舉亳州明道宮朱勝非爲江西湖南北宣撫使，鄂州置司。勝非時在湖南，辭未肯受命也。勝非此除，日曆不載，但於六月丁亥書「昨除江西荆湖南北宣撫使指揮更不施行」。按沈與求明年十月劾勝非章云：「四月七日除宣撫使。」故繫於此日。

6 庚辰，李允文所遣統領官安和敗鍾相餘黨於湘陰，獲其將裴宥。

7 癸未，上次越州，駐蹕州治。

直龍圖閣、都大提領水軍、沿江措置副使朱芾罷，仍奪職。以言者論其諂事蔡京父子，在江州輕率自肆也。其所部海舟，悉令統制官張道統押赴行在。

初，浙西制置使韓世忠與完顏宗弼相持於黄天蕩，而孛堇太一圍揚州。朝廷恐守臣張績力不能支，許還屯京口。績不爲動，敵乃趨真州。績，金壇人也。時太一軍於北，宗弼軍於南。趙雄撰世忠神道碑云：「兀朮軍於南，撻懶軍於北。」誤也。是時撻懶止在濰州遣兵來援。張滙節要所記甚悉，今從之。世忠以海艦進泊金山下，將戰，世忠預命工鍛鐵相連爲長緶，貫一大鉤，以授士之驍捷者。平旦，敵以舟噪而前，世忠分海舟爲兩道，出其背，每縋一緶，則曳一舟而入，敵竟不得濟，乃求與世忠語，世忠酬答如響，時於所佩金鳳瓶傳酒縱飲示之。宗弼見世忠整暇，色益沮，乃求假道甚恭。世忠曰：「是不難，但迎還兩宮，復舊疆土，歸報明主，足相全也。」

呂頤浩聞敵窮蹙，乃請上幸浙西，且下詔親征，以爲先聲，而亟出鋭兵策應世忠，庶幾必擒兀朮。參知政事王綯亦言，宜遣兵與世忠夾擊。上納之。

8 甲申，下詔親征。御史中丞趙鼎言：「臣在温、台，屢言當竢浙西寧静，及建康之寇盡渡江，然後回蹕。今遽有此舉，必以韓世忠之報敵騎窮蹙，可以剪除耳。萬一所報不實，及建康之衆未退，回戈衝突，何以待之？」時有妖人王念經者，聚衆數萬，反於信州之貴溪。鼎言：「饒、信魔賊未除，王𤩽潰軍方熾，陛下遽捨而去，兹乃社稷存亡至危之幾也。」

直龍圖閣、知潭州向子諲落職放罷，坐敵至失守也。既而中散大夫、荆湖南路轉運副使賈收奏子諲督兵巷戰之勞，且言子諲已收潰兵，復入城治事。上亦以子諲與其他守臣望風逃遁事體不同，乃復令知潭州，以責後效。子諲申命在五月癸酉，今併書。

9 乙酉，御史中丞趙鼎爲翰林學士。自建炎初置御營使，本以行幸總齊軍中之政，而宰相兼領之，遂專兵柄，樞密院幾無所預。呂頤浩在位，顓恣尤甚，議者數以爲言。上自海道還，鼎率其屬共論頤浩之過。會鼎復駁親征之議，頤浩聞之，乃移鼎翰林。鼎引司馬光故事，以不習駢儷之文，不肯就職。

是日，戚方圍宣州。方初自廣德軍去，引兵犯宣城。守臣李光遣兵馬監押呂執中賫書招之，方佯受招，實欲攻城也。執中覺其詐，僅得脱歸。有衙前石振者，爲方所執，且告以城中虚實，方乃鼓行而前，及是至城下。光盡徙城外居民入城。時有建康潰散班直百餘人在城中，光因以其首王逸爲統制，令州官、寓客分守城壁，僧道、居民皆執仗登城。方攻之不克，光令一吏僞具守臣威儀，登城招方與語。方訴以糧乏，遂出米肉銀幣犒之，方睥睨不已。王逸曰：「賊非退也，且未可解嚴，更當謹備。」方果伐木爲攻具，遂圍城，矢注如雨，城中皆負户而汲。先是，諸邑民兵聚於城中，寧國民兵尤壯悍，每以手砲擊賊，賊甚苦之，然亦未退。

江東宣撫使劉光世遣前軍統制王德討王念經於貴溪，道出鄱陽。會淮西都巡檢使劉文舜爲李成所敗，渡江寇饒州，圍城甚急。守臣顯謨閣直學士連南夫以蠟書請德解圍，德引兵赴之，壓壘而陣。文舜氣褫，請舍兵聽命，德僞許其降，誘文舜入城，執而誅之。

10 丙戌，御史中丞趙鼎、右諫議大夫富直柔等言：「昨晚聞諸道路，以謂殘寇在昇、潤之間，車駕欲親御六師，爲追襲之舉。萬一已渡浙西，而敵騎起襲我之計，能保其必勝乎？」

詔據李光等奏，鎮江、建康等處金人已節次渡江，札與臺諫官照會。此或趙鼎未徙翰林時所上也，但今日降出耳。范宗尹稱不必與臺諫官校是非，蓋指吕頤浩札下照會事，前此未見，故特表出之。熊克小曆盡去前後，又止書李光奏鎮江、建康金人悉已遁去一句，其失本指多矣。

11 戊子，韓世忠奏捷。上曰：「金人侵犯以來，諸軍率望風奔潰。今歲如世忠輩雖不成大功，皆累獲捷。若益訓卒繕兵，今冬金人南來，似有可勝之理。朕觀自古恃衆而敗，如尋、邑昆陽之戰者多矣。」范宗尹曰：「臣觀自古臨敵取勝，皆有先定之謀。惟光武之敗尋、邑，東晉之敗苻堅，並非謀畫，全是天意。前此兵將望風奔潰，而今歲皆能力戰，此天意似稍回。更願陛下修德，庶幾天意必回，則天下之事不難爲矣。」乃出世忠奏，命尚書省以黃榜諭中外。

時敵衆十餘萬，世忠碑云：「兀朮自臨安勸三十萬騎北還。」按此年大帥不出，衆帥分兵，一犯兩浙，一犯江湖，一犯川陝，恐其衆不能如此之多。今但云十餘萬衆，俟考。而世忠戰士才八千。完顔宗弼求登岸會語，世忠以二人從見之。宗弼語不遜，世忠怒，引弓且射之，亟馳去。

詔涇原路第七正將向亶，令所屬械赴宣撫處置使司軍前，依法行遣。用張浚奏也。亶從統制官秦公楚拒金人於百通城，公楚戰死，亶引衆遁去，懼罪走行在，故浚以爲請焉。

12 庚寅，御史中丞趙鼎爲吏部尚書。鼎力辭翰林，因卧家不出。詔以鼎剛毅有守，不可使去朝廷，故有是命。鼎不受。

13 辛卯，罷福建鈔鹽，令轉運司官搬官賣，仍歲發鈔鹽錢二十萬緡，赴行在榷貨務助經費，以淮、浙鹽場復通故也。紹興八年十月壬辰所書可參考。

詔李鄴家書，令越州給付李邴。時邴坐鄴投降，亦奪資政殿學士。

言者乞罷四川榷鹽榷酤，以安遠民。自同主管川陝茶馬兼宣撫司隨軍轉運使趙開變茶酒法，怨詈四起。至是，開復議更鹽法，言者遂奏其不便，且曰：「如謂大臣建請，務全事體，必須更制，即乞札與張浚，照會施行。」詔以其章示浚。時鹽法未行，事得暫止，而酒課已爲軍食所仰，浚訖不爲之變也。日曆云：「言者乞罷四川榷鹽榷酤。」按改鹽法在紹興二年九月，此時尚未行，當是方有此議，或者浚請於朝，言者遽及之而暫止耳。今略删潤修入。熊克小曆附此事於甲申，恐誤。

14 壬辰，言者奏：「陛下即位以來，灼見禍亂之源，痛思懲艾，故於元祐黨籍，屢下詔旨，特加追叙，欲以竦動四方觀聽，甚盛舉也。止緣使逐家各自陳乞，故或子孫零落，不能申請，或子孫雖在，而誥敕散失，至有誥敕具在，而爲有司以微文沮抑者，致使往往未被贈典。雖如吕公著、吕大防、韓維、蘇轍、顧臨、梁燾、張舜民、范祖禹、王古輩，尚未霑昭洗之澤，其他可不言而知也。臣私竊恨之。夫名預黨籍，率皆一時之望，所歷官職，衆所共知，不容少有僞濫，而特命追復，又非尋常之比。謂宜誥命從中而下，使異數齊頒，四方改觀，豈以有司微文沮格邪？欲望睿斷，俾三省條具，不必更待逐家陳乞。」疏奏，詔依德音，許本家自陳而已。

15 甲午，皇兄右監門衛大將軍、忠州防禦使安時赴行在，賜銀帛五百匹兩。安時，孝詒子也。孝詒，益端獻王子，靖康末以淮康軍節度使押赴軍前。

16 乙未，分行在榷貨務官吏之半於臨安府置司。

17 丙申，通議大夫、守尚書右僕射、同中書門下平章事兼御營使吕頤浩罷。先是，趙鼎復辭吏部尚書之命，且攻頤浩之過，章十數上。頤浩乃求去，上宣還之。前一日，頤浩入見畢，面東而立，不預進呈。上諭王綯等曰：「頤浩功臣，兼無誤國大罪，與李綱、黄潛善不同。朕當眷遇，始終不替。」是夕，遂召給事中兼直學士院汪藻草制，罷頤浩。制略曰：「占吏員而有虧銓法，專兵柄而幾廢樞庭。下吴門之詔，則慮失於先時；請浙右之行，則力違於衆論。」遂罷爲鎮南軍節度使、開府儀同三司、充醴泉觀使。後二日，復詔中外，以頤浩倡義勤王，故從優禮焉。時王綯與頤浩論頗同，乃累章丐免。於是范宗尹攝行相事，遂留會稽，無復進居上流之意矣。詔三省樞密院同班奏事。

是日，浙西制置使韓世忠及完顏宗弼再戰於江中，敗績。宗弼既爲世忠所扼，欲自建康謀北歸，不得去。或獻謀於金人曰：「江水方漲，宜於蘆場地鑿大渠二十餘里，上接江口，舟出江背，在世忠之上流矣。」宗弼從之，傍治城西南隅鑿渠④，一夜渠成。次日早出舟，世忠大驚。金人悉趨建康，世忠尾擊敗之，敵終不得濟。先是，宗弼在鎮江，世忠以海舟扼於江中，乘風使篷，往來如飛。宗弼謂諸將曰：「使船如使馬，何以破之？」將軍韓常曰：「雖然，見甲軍則自遁矣。」宗弼令常以舟師與戰，舟多没。常見宗弼伏地請死，宗弼貸之，乃揭榜募人獻所以破海舟之策。有福州人王某，僑居建康，教金人於舟中載土，以平板鋪之，穴船板以櫂槳；俟風息則出江，有風則勿出，海舟無風不可動也；以火箭射其篛篷，則不攻自破矣。一夜造火箭成。是日，引舟出江，其疾如飛。天霽無風，海舟皆不能動。世忠舟師本備水陸之戰，每舟有兵，有馬，有家屬，有輜重。及是，敵以火箭射其篛篷，火烘日曝，人亂而呼，馬驚而嘶，被焚與墮江者，不可勝數。所焚之舟，蔽江而下，敵鼓櫂以輕舟襲追之，金鼓之聲，震動天地。統制官右武大夫成州團練使孫世詢、武功大夫吉州防禦使嚴永吉皆力戰而死。世忠與餘軍至瓜步，棄舟而陸，奔還鎮江聚兵。沿江避兵之人，往往取其糧食，亦有得軍儲銀帛者。宗弼乃得絶江遁去。後贈世詢五官，永吉四官，仍並爲承宣使，録其子。世詢，開封人也。趙雄撰世忠碑載此事，但云：「風弱帆緩，敵得以輕舸渡去。」全不載世忠敗績及金人火攻等事，蓋諱之也。孫覿作世忠墓誌云：「敵乘南風，縱火抗舟師。」差近事實，今從沈與求勀范宗尹章疏、趙甡之遺史及中興姓氏録世詢傳修入。中興大事記：「張俊以孤軍敢與金戰，而有明州城下之捷；陳思恭邀擊於吴縣，而有太湖之捷；牛臯邀擊於荆南，而有寶豐之捷；岳飛邀擊於淮南⑤，而有静安之捷。而韓世忠捷於鎮江，敵勢尤爲窮蹙，雖海舟無風，天時未順，而頤浩固請幸浙西，下詔親征，兵勢稍張，而敵自是不敢復過江矣。」

18 丁酉，御筆：「趙鼎依舊御史中丞。」鼎即出視事。

19 戊戌，出米七千斛，賜明州民居爲敵所焚者。

降授朝議大夫、徽猷閣待制、御營使司參贊軍事劉洪道落職，提舉亳州明道宫，坐失明州再責也。時宜州觀察使、浙東馬步軍副總管張思正亦降充武功大夫、康州刺史，韶州居住。思正之貶，日曆不載，此以紹興元年七月二十三日刑部檢舉狀修入。狀云：「緣臣僚上言，爲與劉洪道失守明州。」故併附於此，未見本日。

20 己亥，詔户部侍郎葉份、兩浙轉運副使陳谷瑞同往湖州措置，催督錢糧赴行在。以吴興獨不被兵故也。日曆載元降指揮，止云在浙西措置，今以五月己酉臣寮上言增入。

先是，宣撫使周望已用便宜添差朝請大夫李弼孺爲轉運副使，又遣朝散大夫蔡伸於鄉村括糴，而不償其直。論者以爲言，於是弼孺與伸皆罷。

御前右軍都統制張俊爲浙西江東制置使，以所部收招羣盜，命後軍統制陳思恭隸之，且令兩浙宣撫使周望以其兵屬俊。自劉光世、韓世忠外，諸將並受節度。時世忠雖已奏捷，而自常、潤來者，皆云敵於蔣山、雨花臺各札大寨，抱城開河兩道以護之，及穴山作洞，爲逃暑之地。而采石金人已渡復回者，纍纍不絶。

給事中兼直學士院汪藻言：「今且五月，比常年敵已去月餘，今反去而復回，其欲留建康明甚。請及五六月我師便利之時，會諸將與世忠，一舉掃除，使之終身不敢南向。雖聞近遣張俊提兵過江，節制浙西人馬，以爲策應，此固陛下長算也，不知俊果有慨然立功之志乎？望專遣使臣數人，賚宸翰兼程至襄、鄧、荆、湖以來，迎張浚軍，令分數萬人順流而下，敵人見上流之師突然而至，必破膽奔潰，此制敵一奇也。如其不然，八九月間氣候稍涼，彼得志矣。機會一失，雖悔何及？」於是張浚已西歸，而藻蓋未知也。藻所上疏不得其日，但云「今且五月」，又云「世忠奏捷近二十日」，當是五月初間，今因遣張俊行附見。

21 辛丑，詔：「比年爵賞失實，名器寖輕。自今將帥監司，毋得乞空名告敕，如實有功，保奏推賞。大臣出使亦如之。」

詔：「諸路曾經殘破州軍發解舉人，以靖康元年就試終場人數爲率，紐計取放。」日曆不書，此據紹興元年六月十日禮部奏駁宣州發解附試人狀修入。

是月，尚書户部侍郎李迨爲江浙諸路發運使。此據本部題名。

宣撫處置司節制軍馬李允文承制以直龍圖閣、知蔡州程昌寓權知荆南府。初，昌寓之離蔡也，以統制官杜湛、統領官邵宏淵等將蔡兵三千自隨，至漢陽。時羣盜縱横，允文以便宜檄昌寓權湖北帥事。昌寓因以湛權馬步軍副總管。時公安、石首、松滋、澧陽諸縣皆爲賊所據，而賊首李令戎屯松滋之尹店市，於是昌寓遣湛渡江擊賊，又遣迪功郎崔嗣義將兵五百復取公安軍。昌寓即板授嗣義承務郎⑥。久之，詔補正，其吏士推恩有差。昌寓爲李允文檄權荆南，此據紹興六年五月十三日滕膺乞改正狀修入。狀稱允文幹官富誼受昌寓金銀等物轉與允文。當考。杜湛渡江在今年五月乙巳，崔嗣義補正在紹興四年三月壬戌。

金人犯江西者，自荆門北歸。留守司同統制牛皋潛軍於寶豐之宋村，擊敗之。京西捉殺副使王俊以皋爲武功大夫、和州防禦使，充五軍都統制。

校勘記

①錢穆收復平江記　「記」字原闕，據叢書本補。

②乃遣孛堇太一趨淮東　「太一」，原作「托雲」，據金人地名考證改。下同。

③疑是三月十八日　「月」字原闕，據叢書本補。

④傍治城西南隅鑿渠　「治」，叢書本作「冶」，誤。宋史全文卷一七下即作「冶」。按：宋名臣言行録别集下卷六韓世忠：「兀朮既爲世忠所扼，欲自建康謀北歸，不得歸。或教於蘆場地鑿大渠二十餘里，上接江口，舟出江背，在世忠之上流。遂傍冶城西南隅鑿渠，一夜渠成，次早出舟。」可參。

⑤岳飛邀擊於淮南　「淮」，原作「荆」，據皇朝中興大事記講義改。

⑥昌寓即板授嗣義承務郎　「寓」，原作「寓」，據前後文改。

建炎以來繫年要録卷三十三

1 建炎四年五月壬寅朔，詔孟饗景靈宮，令平江府、温州守臣分詣。其後福州、潮州準此。

朝奉郎劉蒙爲浙西江東制置司隨軍轉運使，蒙建議於浙西民間預借秋料苗米。許之。此據今年五月壬子沈與求奏狀修入。與求乞寢此令，其從違當考。

顯謨閣直學士翟汝文既告老，至是，有詔召汝文，而言者奏其慢上廢法，且卵翼皆蔡京①，不可用。命遂寢。

2 癸卯，中書門下省檢正諸房公事張汝舟特遷一官。初，上過明州，汝舟應奉簡儉，粗能給足。至台州，而守臣直顯謨閣晁汝爲儲峙豐備，論者以爲擾民，乞行賞罰，以示好惡。及是進呈，范宗尹曰：「若黜汝爲，則盧知原、宋煇皆當貶矣。臣觀近歲宰相一罷，則凡經遷擢者，悉皆擯斥，目爲其黨，不復進用，遂分彼此，更相憎嫉。」上曰：「朝廷人材，豈有易相一切進退②？第以簡儉褒汝舟，則好惡自明，如汝爲輩，不必皆黜。」乃進汝舟一官，其實宗尹陰佑汝爲，故有此論。

3 甲辰，參知政事、權樞密院事范宗尹爲通議大夫、守尚書右僕射、同中書門下平章事，兼御營使。日曆宗尹麻内兼帶知樞密院事，而玉堂制草無之。按宰相兼樞在六月甲戌，日曆恐誤。

時江北、荆湖諸路盜益起，大者至數萬人，據有州郡，朝廷力不能制。盜所不能至者，則以土豪、潰將或攝官守之，皆羈縻而已。按諸路鎮撫使桑仲、李成、孔彦舟、薛慶皆起於羣盜，翟興、劉位皆土豪，李彦先、郭仲威皆潰將，吴翊、趙霖、馮長寧皆攝官。朝廷及大臣出使所除，惟趙立、陳規、解潛、岳飛、范之才而已。宗尹以爲此皆烏合之衆，急之則併死力以拒官軍，莫若析地以處之，盜有所歸，則可以漸制。乃言於上曰：「昔太祖受命，收藩鎮之權，天下無事百有五十年，可謂良法。然國家多難，四方帥守事力單寡，束手而莫知所出，此法之弊也。今日救弊之道，當稍復藩鎮之法，亦不盡行之天下。且裂河南、江北數十州爲之，少與之地，而專付以權，擇人久任，以屏王室。」羣臣多以爲不可，宗尹曰：「今諸郡爲盜據者以十數，則藩鎮之勢駸駸成矣。曷若朝廷爲之，使恩有所歸？」上決意行之，遂以爲相。宗尹時年三十一③，自漢、唐及國朝宰相，未有如是之年少者。故事，命相必進三秩，至是，宗尹纔遷二官，蓋汪藻再失之。

4 乙巳，起復承務郎張觓言：「淮南兩路見有歸正人守官或寄居者，慮人情猜忌，妄生事端。望量移入以南州軍，各令自言願往何州居止。」從之。觓已見二年三月辛卯。時給事中兼直學士院汪藻亦言：「自東晉以來，中原失據，故江南北僑立州郡，納其流亡之人。比金人入寇④，多驅兩河之民列之行陣，號爲簽軍。彼其劫質以來，蓋非得已。今年建康、鎮江爲將臣所招，遁歸者無慮萬人，此其情可見。莫若用六朝僑寓法，分浙西諸縣，皆以兩河州郡名之。假如金壇謂之南相州，許相州之人皆就金壇而居。其他類此，俟其入寇，徐以其職招之。彼既知所居各有定處，粗成井邑，父兄骨肉、親戚故舊皆在，亦何爲而不歸我哉？況浙西州縣，昨經殺戮之後，户絶必多。如令有司籍定田産頃畝，以僑寓之人，計口而給，俟稍安居，料其丁壯，教以戰陣，皆精兵也，必争先用命，永無潰散。與夫從彼驅擄，反爲我敵者，其利害豈止相萬哉？」藻疏不得其時，因斛疏附見。

5 丙午，集英殿修撰、主管亳州明道宫鄭僑年添差通判宣州。僑年，億年弟也，以其家流落爲請，故特命之。已而言者以爲，故事未有以論撰之職而佐藩州，乃降充直秘閣。

6 丁未，詔越州投拜官已放罷人，令吏部並與何人差遣⑤。先是有詔貸浙東官吏降賊之罪，正月丙辰。⑥而知越州傅崧卿復奏罷之。三月庚申。左司諫黎確論其本脅從，又言國家失信可惜，故有是命。

是日，金左副元帥宗維與諸酋分往山後草地避暑⑦。先是，大同尹高慶裔自東平還雲中，言推戴劉豫之意。宗維復令慶裔馳至東平，問豫可否，豫陽推張孝純。宗維報曰：「戴爾者，河南萬姓，推孝純者，獨爾一人。難以一人之情，而阻萬姓之願。爾當就位，我當以孝純輔爾。」其議遂決。宗維與右監軍希尹、右都監耶律餘覩同之白水泊避暑。於是右副元帥宗輔之儒州望雲縣之望國崖，左監軍昌留居濰州，而完顔宗弼自江南還屯六合縣。

7 戊申，濠州土豪王惟忠自韭山寨率衆歸於節制軍馬劉位。惟忠，鍾離人。先是軍興，詔許軍民自保，惟忠乃據韭山爲寨，壘石爲城，周圍四里，民之願依者凡萬餘人，屢與羣盜戰。金人以孫興知濠州，三年十一月。屬縣皆聽興僞命，惟忠獨不從。至是，棄山寨歸於招信縣，位以惟忠爲左軍統領。

8 己酉，權知光州吴翊奏東京陷，又奏杜充在南京受劉豫節制。

9 庚戌，上謂輔臣曰：「朕待充至厚，胡爲乃爾？」王綯曰：「陛下去秋若不相充，無知之俗，至今必以爲恨。彼自失節，國家何傷焉？」

詔三省樞密院官輪修時政記。以同班奏事，故革舊制也。

10 辛亥，上謂大臣曰：「從班人極少，卿等當共議，務取其實，不厭多也。今乘輿服御悉從簡儉，除一省郎，未至甚費。苟得其人，其利博矣。」范宗尹曰：「用人之法，須擇可爲執政者，方除從官，可爲從官者，方除省郎，則選精而真材出。」上曰：「善。」

武略大夫、閤門宣贊舍人、江東宣撫司前軍統制王德爲武顯大夫、忠州刺史，録斬劉文舜之功也。

是日，朝請郎、直龍圖閣、統領赤心隊軍馬劉晏及戚方戰於宣州，死之。初，宣州圍急，朝廷命統領官巨師古統兵三千人自平江往援，又命晏自常州以所部赴之。晏始至城下，未安營壘，乘賊不意，自城南轉城西，直趣城北，以擣方之帳。方大驚退走。晏恃勇欲生致方，乃單騎追之。賊見官軍不多，乃自駱駝山設伏，以斷其歸路。方率親隨迎戰，晏力不能敵，退還至天寧寺前，馬陷淖不可出。橋左有伏賊，以鈎槍搭晏，晏猶手殺數十人，以無援而被害。師古踵至，連戰不勝，遂引衆入城。事聞，贈晏龍圖閣待制，官其四子，爲立廟曰義烈，歲時祀之。

11 壬子，徽猷閣直學士、知成都府盧法原爲吏部尚書，户部侍郎葉份試户部尚書，熊克小暦葉份除尚書在三月，今從日暦。龍圖閣直學士、知洪州胡直孺試刑部尚書，徽猷閣學士、知泉州謝克家試工部尚書。時法原始離蜀。

法原明年十一月壬子奉祠。克家前自台州入爲尚書，未幾去，至是范宗尹再引用之。

中書舍人綦崈禮試尚書吏部侍郎，給事中汪藻試兵部侍郎，仍兼直學士院。時從官隨駕者，惟崈禮及藻兩人，他在道未至也。尋又詔崈禮兼直學士院。日曆：己巳，崈禮兼權直學士院。按此月二十三日甲子，分鎮詔書係崈禮所草，不應除命乃在其後，疑是十八日己未降旨，而日曆誤繫之二十八日也。今且附此。

中書舍人李正民、右諫議大夫富直柔、徽猷閣待制李擢並試給事中。徽猷閣待制席益、胡交修並試中書舍人。

太常少卿陳戩充徽猷閣待制兼侍講。

左司諫黎確試右諫議大夫，監察御史吴表臣守右正言。

直龍圖閣辛炳爲起居舍人，直龍圖閣解習爲太常少卿。王明清揮麈後録：「靖康中有解習者，東州人，爲郎於朝，未嘗與人接談。敵騎南寇，西北闕帥守。時相以其謹厚不泄，謂沉鷙有謀，遂除直龍圖閣、知河中府，竟没於難。世人以饒舌掇禍者多，而習乃以鉗口喪軀，昔所未聞也。」按史，習以靖康元年六月，自右司員外郎除直龍圖閣、知河陽，自後不見除目，而當年十一月，河陽之陷，守臣燕瑛出奔，則死難非習也。明清録蓋誤。

宣教郎陳與義守尚書兵部員外郎。與義，希亮曾孫。希亮，眉山人，嘉祐太常少卿。宣和末，常爲符寶郎，坐王黼累斥去，至是再召。

朝奉大夫、添差通判衢州侯延慶行尚書都官員外郎。

是日，金人焚建康府，掠人民，擄財物，執李棁、陳邦光，自静安渡宣化而去。時完顔宗弼屯六合縣，敵之輜重，自瓜步口舳艫相銜，至六合不絶。建康城中，悉爲煨燼。棁道死，宗弼以邦光歸於劉豫。淮南宣撫司右軍統制岳飛聞敵去，以所部邀擊於静安，勝之。飛還屯溧陽。後軍統制劉經欲殺飛而併其軍，飛誘經殺之。初，金人既渡江，淮東猶無警，安撫使、直寶文閣張績尚守揚州，節制濠州軍馬劉位領衆在横山，軍中惟飲博而已。逮金人據六合，於是真州爲羣賊所擾，不可居，守臣王冠率軍民渡江，駐於溧水、溧陽之間。敵又入真州，而揚州亦不可守，張績乃棄揚州。敵在建康凡半年，自采石至和州，道路往來不絶。宗弼既犯浙西，和州粗留兵戍守，然無一官軍乘虚至城下者。水軍統制邵青屯竹篠港，諜知建康敵騎絶少，欲引兵入之。會青爲牛所傷，瘡甚，遂不能行。有都團陳德結衆欲殺金人，部勒已定，前期爲其徒所告，德舉家被害，兵馬都監金沔死之。岳飛之擊敵於静安也，通直郎、權通判建康府錢需糾率鄉兵邀敵之後，遂從飛入城，因權府事。此時建康守臣，諸書皆不見。日曆紹興五年三月二十六日己亥，右奉議郎、主管江州太平觀錢需狀：「朝廷委在建康，首尾四年。糾率鄉兵，掩殺蕃人⑧，隨岳飛收復本府，而需權府，實及三月。任滿已替之後，不期與李光不足，遂蒙奏劾，送提刑司體究。大理寺看詳，係蕃人退後入城約法，作上書詐不實，該恩原免，奉聖旨與改正。」以建康知府題名考之，趙壕八月四日到任，需所稱權府實及三月，當是五月初間，故繫於此。日曆：紹興二年六月十日，李光申，通判錢需七月十一日成資。逆數其到官，當在今年七月。未知此時爲何官，故且云權通判。俟考。時寶文閣直學士權邦彦方持喪，詔起復故官，知建康府，邦彦不能行。邦彦知建康，不見除目。五月十四日降旨趣行，今因虜去建康附見⑨。

夜有赤雲亘天，其中白氣貫之，犯北斗及紫微，由東南而散。殿中侍御史沈與求言：「此天愛陛下，出變以示警也。願陛下隨宜措置，略修宗廟、陵寢之祀，多遣親信之臣，迎護柔德帝姬還宮，及取越王之子，使奉朝請，擇謹畏儒臣教之。又天子所在，謂之朝廷。今號令出於四方者多矣，盡假便宜，即同聖旨。然其大者，虔州一朝廷，秦州一朝廷，號令之極，至爲詔矣。願條約便宜事件，度其緩急，特罷行之。申節張浚等止降指揮，勿爲詔令。防守者國家之大計也，願採酌羣臣之議，擇其便利，斷自聖心，汲汲行之。論相者，天子之職也，願以所屬意之臣，親御宸翰，禱於天地，占而用之。仍舉行開寶故事，使參知政事得與宰相輪日知印。」又論劉光世軍名及罷浙西預借苗米，置諸軍功罪簿等事。詔三省以次施行。劉光世軍名，見六月丁丑。浙西預借米，已見此月壬寅，功罪簿見此月戊午。今但舉其略。與求所言越王之子，乃崔紹祖，明年十月戊子行遣。

12 癸丑，端明殿學士、同簽書樞密院事張守參知政事。守既秉政，范宗尹語之曰：「今日國勢，政如人之疾病，沉痼方篤，稍施駛藥，立有傾仆之患。要使施設有序，勿遽勿亟。當相與戮力，啓沃上前，廣言路，拔賢才，節財用，惜名器，抑僥倖，左右彌縫，庶乎其可也。」

御史中丞趙鼎爲端明殿學士、簽書樞密院事，兼權御營副使。自黄潛善、吕頤浩繼相，凡兵政悉隸御營使司，事權既分，又再經大變，文移紛亂。至是，樞密未置長，而同知院事周望在臨安，鼎始檢故事舉行，以正西府之體。

監察御史張延壽守殿中侍御史。

詔户部賜韓世忠白金三萬兩，爲犒軍之用。

言者以朝班多闕，請命臺諫及左右司郎官已上，各薦士二人，仍令執政同擇在外侍從，雖在謫籍，別無大過，而政事才學實可用者，廣行召擢，以備獻納論思之職。從之。於是范宗尹爲政，多引用靖康圍城得罪之人，故言者以爲請。此恐是黎確建言，當考。

13 甲寅，金人陷定遠縣。龍神衛四廂都指揮使、保寧軍承宣使、節制淮南軍馬閭勍爲所執。初，山東盜起，濮州人史康民因迎神會有繖扇儀從之物，藉以爲資，遂擁衆作亂，轉至淮南，往來於淮、泗間。有張文孝者在其軍中，後畔康民，殺康民父母，自爲一軍。勍之節制淮南也，自山陽渡淮至泗州，文孝出城迎拜，勍甚喜，與文孝偕至招信縣，節制軍馬劉位禦之，文孝戰不勝，與勍往濠州，屯於黃連阜。文孝名爲迎勍，實挾勍也。是時，康民屯於韭山，文孝往攻濠州，康民乘虛掩黃連阜，破其寨，邀勍以歸，屯於定遠縣。勍猶以節制之職，傳檄河南諸郡。敵將周企在壽春，僞知濠州孫興以告企，遣其將趙壽統兵自渦口渡淮。是日，入西門，康民出兵迎敵，大敗而歸。壽已自北門入，執勍而去。是役也，康民幾死，使臣趙宏救之得免。宏，湯陰射士也。初爲岳飛部曲，勍從飛假之。勍至南京，金人欲降之，不可，欲以爲京東安撫使，又不可。敵怒，敲殺之。訃聞，贈檢校少保、昭化軍節度使，謚壯節。此據趙甡之遺史增修。遺史但云金人周太師。據日曆，今年十二月癸未壽春府所奏，即漢兒周企也。奏稱四月内，濠州告急。而遺史勍之死在五月十三日甲寅，相去不遠。今從遺史。又云：「執勍者，亳州大太師。」而奏稱北人趙壽到定遠縣見陣。壽即大太師，亦未可知，疑不能明也。

是日，統制官巨師古與戚方戰於宣州城下，方三戰三敗，遂引去。宣州受圍凡二十有九日，方既去，城之東壁摧裂者數十丈。

14 乙卯，參知政事王綯充資政殿大學士、提舉萬壽觀兼侍讀。綯力丐免，上雅重綯，御筆除綯資政殿學士。

范宗尹進呈，上曰：「綯嘗爲朕宮寮，事朕始終如一，不欲令遽去，故有此除。」宗尹曰：「故事，已嘗任資殿而除執政，若不以罪去，則必進職名。」乃以綯爲大學士。

朝奉郎趙霖知和州。始，完顏宗弼既渡江，和人共推兵馬都監、武德大夫宋昌祚權領州事，率軍民固守。逮敵北歸，復圍之。禁軍左指揮使鄭立亦拳勇忠憤，共激士卒，晝夜備禦不少怠。閲數日，宗弼親督衆攻城，軍士胡廣伏城東北角，發强弩射之，中其左臂。宗弼大怒，登時擊破之。此據龔相記歷陽死事修入。昌祚與權通判州事奉議郎唐景、歷陽令謇譽、司户參軍徐⿰牜光、歷陽尉成忠郎邵元通皆死譙樓上，敵裂其尸以狥。時士多不降，潰圍而出，保州之西麻湖水寨，推鄉人一二豪者爲統領。霖時在江東，間關赴難，軍民言於朝，故命爲守。後贈昌祚三官，録其二子。景、⿰牜光、元通，皆推恩有差。霖嘗爲直徽猷閣，坐贓廢。龔相記歷陽死事云：「朝廷即除趙霖滁和州鎮撫使，賈直清知和州。」張孝祥記龔揖死事亦同。按史，趙霖實領和州、無爲軍，而滁州乃劉位所領。又賈直清以紹興二年二月癸酉自起復右宣教郎、新江東安撫大使司準備差遣，用霖奏通判和州。相、孝祥皆士人，所記宜不謬，不知何以與日曆不合。

三省奏：「探報金人渡江盡絶。」詔新知建康府權邦彦疾速入城，撫定軍民。邦彦卒不行。

15 丙辰，尚書吏部侍郎高衛充顯謨閣待制、知虔州。衛從行宮在虔，故就命爲守。

是日，荆南安撫使解潛始至枝江。據潛紹興三年六月乞除代狀云：「建炎四年五月十五日到任。」故繫於此。

16 丁巳，詔劉光世移軍捕戚方。

初，朝廷聞登、萊多積粟，會沿淮水陸捉殺使李彦先自東海縣遣使至行在，彦先入海事見三年正月。范宗尹欲委彦先用海舟轉輸，以助軍食。輔臣進呈，宗尹慮舟爲金人所得，上曰：「此非所慮，但登、萊道梗，今既未能優恤，反責其輸粟，於理未安。」遂止。輔臣退曰：「聖慮高遠，非羣臣所及。」中興聖政：臣留正等曰：「聖人之於民，將有以勞之，必先有以佚之，將有以取之，必先有以予之，則民不怨。澤未浹而賦斂無厭，豈所謂勞來安定之術哉？艱難以來，山東道梗，太上皇帝慨然念德澤之不及，撫恤之未能，其心未嘗不欲固結東民，以圖恢復之效。而大臣慮不及遠，乃欲轉輸登、萊之粟以助軍，宜聖意之所不取也。」

是日，楊勍引兵犯松溪縣界，爲民兵所拒，不得入。還犯婺州，迫處州。守臣右朝請大夫兼管内安撫使梁頤吉募能説賊者，布衣章雲就應命，遇於荆坑。賊許諾，既至城下，官軍掩至，賊以爲賣己，遂殺雲就，入其郛。頤吉遁去。頤吉，燾子。雲就，麗水人也。處州守臣兼管内安撫，諸書不載，今以紹興六年七月九日頤吉乞改正過名狀修入。

17 戊午，殿中侍御史沈與求試侍御史。

詔：「復置權尚書六曹侍郎，如元祐故事，位太中大夫上，請給視中書舍人⑩。告謝日，即賜三品服。滿二年爲真，補外者除待制，未滿除修撰。」時宰相范宗尹建言：「自崇寧罷權侍郎之後，庶官進用，有不可任以給舍者，則正除侍郎，超躐太甚。請復舊制，以待資淺新進之人。」故有是命。

詔：「樞密院以功罪簿授諸將，隨事即書之。師還日繳申本院，不得續添，以革冒濫。」用沈與求奏也。

初，上在明州，諸班直爲亂，既誅爲首者，遂廢其班。事見三年十一月壬午。及還會稽，乃命御前中軍統制辛永宗更選兵三百人直殿巖，然皆烏合之衆。至是，趙鼎因奏事言：「陛下初即位，議復祖宗之政，至今未行一二，而祖宗於兵政最爲留意。熙寧變舊章，獨不敢議。蓋自藝祖踐祚，與趙普講明利害，著爲令典，萬世守之不可失也。昨明州班直緣訴事紛亂，非其本謀，乃盡廢之，是因噎而廢食。今諸將各總重兵，不隸三衙，則兵政已壞，獨衛兵彷彿舊制，亦掃蕩不存。是祖宗之法廢於陛下之手，臣甚惜之。仁宗時，親事官謀不軌，直入禁廷，幾成大禍，既獲而誅，不復窮治，未聞盡棄之也。」上悟，尋復舊制。熊克小曆云：宰執奏事，趙鼎留身云云。按閤門令，執政官不許留身。或是鼎因曲謝而奏此也。今削去二字。

18 庚申，故責授安化軍節度副使趙野追復資政殿學士。右諫議大夫黎確奏野爲杜彥所殺，且言野在宣和間不受贈遺，門無雜賓，乞加褒贈。詔用確言，仍官其二子。確嘗爲野所薦，論者非之。此據紹興二年三月沈與求劾疏增入。

19 辛酉，詔侍從臺諫並赴都堂集議分鎮利害。

20 壬戌，詔行在職事官及釐務官子弟並赴國子監別試。

直龍圖閣、知宣州李光以守禦之勞，陞右文殿修撰。

癸亥，朝奉大夫陳桷提點福建路刑獄公事。桷嘗爲尚書郎，以學行稱。范宗尹奏：「今所除用多儒生，欲兼用才吏，以備緩急使令。」故不留桷行在。上曰：「才吏亦不可無，但勿令太多。前呂頤浩當國，純用掊尅之吏，如變賣度牒，計置錢物，雖有寬恤之名，而實皆掊尅也。」中興聖政：臣留正等曰：「甚哉掊尅之吏之爲斯民害也！蓋其處心積慮，惟在於損下益上，凡可以取於民者，雖剥膚椎髓，無所不爲，而民之咨怨，初不遑恤。之人也，其可加之斯民之上乎？」

右文殿修撰、知常州周杞罷。敵之入寇也，杞棄城走。至是言者論其苛虐，浙西制置使韓世忠亦奏杞殘刻害民，乃罷之，仍奪其職。

詔河南北、陝西、淮南流寓士人，許於所在州附試，每二十人解一人，仍召文臣二員委保結除名罪，所保毋得過二人。用都官員外郎侯延慶請也。

太尉、御營副使劉光世言：「臣獨立寡與，不善奉人。杜充當權，求一節制，即能殺人，遂因申明軍事，頻觸其怒。幸陛下保容，而大臣切齒恨臣，未嘗一日忘。念含沙射影，尚能殺人，況當路大權，生死在手，臣不容無懼。病軀晚景，何以堪任？伏望斷自睿志，令臣守本官致仕。」詔不許。光世此疏，似指吕頤浩言之。然此時頤浩罷相已近一月，未知光世何時所上，當考。

21 甲子，詔曰：「周建侯邦，四國有藩垣之助；唐分藩鎮，北邊無蕃馬之虞。永惟涼眇之資，履此艱難之運。遠巡南國，久隔中原。蓋因豪傑之徒，各奠方隅之守。是用考古之制，權時之宜。斷自荆淮，接於畿甸。豈獨植藩籬於江表？蓋將崇屏翰於京都。欲隆鎮撫之名，爲輟按廉之使。有民有社，得專制於境中；足食足兵，聽專征於閫外。若轉移其財用，與廢置其屬僚，理或應聞，事無待報。惟寵光之所被[11]，既並享於終身；苟功烈之克彰，當永傳於後裔。尚賴連衡之力，共輸夾輔之忠。」詔詞直學士院綦崈禮所草也。先是，范宗尹言：「從官集議分鎮事宜，請以京畿、淮南、湖北、京東西地方並分爲鎮。除茶鹽之利國計所繫，合歸朝廷，置官提舉外，他監司並罷。上供財賦權免三年，餘令帥臣移用。管内州縣官許辟置知、通，令帥臣具名奏差，朝廷審量除授，遇軍興，聽從便宜。其帥臣不因朝廷召擢，更不除代。如能捍禦外寇，顯立大功，當議特許世襲。」始宗尹等議，即令世襲。上曰：「未須爾。」輔臣奏江北殘破，若不許世襲，恐不能死守。上曰：「便令世襲，恐太重。俟其保守無虞，然後許之。」宗尹曰：「當如聖訓，臣等慮所不及。」呂中大事記：「自范宗尹裂諸路爲鎮撫使⑫，而李成敢於犯江、浙，桑仲敢於窺蜀。紹興以來，雖李成摧破，張用招安，李允文革面，而孔彦舟據鄂，馬友據潭，范汝爲據建州，楊么據重湖，曹成、李宏在湖南、江西之間，鄧慶、龔富剽掠南雄、英、韶諸郡，而内郡之民皆盜矣。」

侍御史沈與求等共劾同知樞密院、淮南兩浙宣撫使周望脱身先遁，致失蘇、杭。詔望以本官提舉江州太平觀，其親兵隸御營前軍統制王瓊。先是，上與輔臣言及望，張守曰：「三吳之人，恨不食其肉。」上曰：「此不可全罪望，乃朕不知人之過。」既而言者不已，乃降望爲秘書少監分司，衡州居住。

詔軍民殺耕牛者抵死。

朝散大夫、直秘閣、通判楚州賈敦詩除名，連州編管。坐嘗欲爲書降敵，爲守臣趙立所按也。

22 乙丑，武略大夫、忠州刺史、閤門宣贊舍人、知河南府、充京西北路制置使翟興，爲河南府孟汝唐州鎮撫使，兼知河南府。時河南已爲敵所據，興寓治伊陽山寨。

右武大夫、忠州刺史、知楚州兼管内安撫使趙立爲楚泗州漣水軍鎮撫使，兼知楚州。時完顔宗弼自六合歸，屯於楚州之九里徑，欲斷立糧道，立又大破之。先是，劉豫在東平，遣立故人葛進等賫書誘立，令貢稅賦。立大怒，不撤封斬之。已而又遣沂州舉人劉偲持旗榜招立，具言金人大軍且至，必屠一城生聚。立令將出就戮，偲大呼曰：「公非吾故人乎？」立曰：「吾知忠義爲國，豈問故人耶？」趣令纏以油布，焚死市中，且表其旗榜於朝。由是忠義之聲傾天下，遠邇嚮風下之。

淮南兩浙宣撫使司統制軍馬、權知滁州劉位爲滁濠州鎮撫使，兼知滁州。時滁州爲賊張文孝所據，而敵將孫興在濠州，位猶與其徒居横山寨。已而敵將之在壽春者召興還北，將校朱式率軍民請兵馬都監李玠權知州事。玠用司户參軍江洵武謀，囚投拜官張宗望及僞知州陳浩然於獄，復用建炎年號，以洵武權通判。

朝奉郎、知和州趙霖爲和州無爲軍鎮撫使，兼知和州。

宣教郎、權知光州吴翊爲光黄州鎮撫使，兼知光州，仍賜三品服。

右武大夫、忠州防禦使李成引衆在舒州，即以成爲舒蘄鎮撫使，兼知舒州。成雖受朝命，稱兵如故。

沿淮水陸都捉殺使李彦先在東海縣⑬，即以彦先爲海州淮陽軍鎮撫使，兼知海州。先是，秉義郎馬士宗僑居海州，金人使持檄書招彦先投拜，彦先執士宗以聞。前一日，詔士宗除名，編管韶州，而彦先有此命。

拱衛大夫、福州觀察使、知高郵軍薛慶爲承州天長軍鎮撫使，兼知承州。始議以慶兼領二軍而名不稱，乃陞高郵軍爲承州，以泰州興化縣隷之。慶故爲盜，時嘗掠於通、泰，及作守，則重税往來，民甚怨之。承、楚相距有樊梁等三湖，綿三百里，水賊張榮往來其中。榮，梁山濼取魚人，聚衆梁山濼，有舟數百，嘗劫金人。杜充爲東京留守，假榮官至武功大夫、忠州刺史，軍中號爲張敵萬。金人之陷揚州也，榮乘間以舟師自清河而下，滿舟皆載糧食，駐於鼉潭湖，積茭爲城，以泥傅之，漸有衆萬餘。慶與榮通和，承州賦輸皆得達，而立不與之通，賦入路絶，由是楚州乏食。

朝奉郎盧仲監行在都進奏院。自軍興，此官久廢，至是始除之。日曆紹興二年閏四月十五日，「湖州奏編管人前朝奉郎盧仲該元年九月大禮赦，乞量移」，而不見事目。進奏院題名：「建炎四年，盧仲」。「紹興二年，徐立之。」而亦不載仲除罷日月。按仲，建炎三年隨崔縱北使逃歸，爲兀朮持嫚書至明州行在，後來不知坐何事編置。今併附此，俟考。

是日，楊勍破松溪縣，權南劍州林仲堪聞之，焚其庫藏，棄城而去。

23 丙寅，入內東頭供奉官梁邦彦還所寄資，爲武節大夫、秀州刺史、入內內侍省押班。

24 戊辰，統制官岳飛獻靜安金人之俘。上呼入，譯問得女真八人磔之，餘漢兒分隸諸軍。上因謂大臣曰：「金人頗能言二聖動靜，云今在韓州，及皇后宮人皆無恙。」上感動不懌久之。

三省言：「江道遼遠，緩急恐失機會。欲分江東西爲三帥，鄂州路領岳、筠、袁、虔、吉州、南安軍，江州路領洪、撫、信州、興國、南昌、臨江、建昌軍，池州路領建康府、太平、饒、宣、徽州、廣德軍，並爲安撫使。」從之。先是，浙西帥府移治鎮江，故范宗尹請置安撫使於鄂與江、池，謂建康本帥治，緣近鎮江，而去江州千四百里，獨池在其間，若置帥於此，則沿江道里甚均，三帥相去各七百里。然池陽僻陋，乃置江東大帥，而建康重地，反爲支郡隸之，議者不以爲是。紹興元年正月戊申、八月庚辰又改。

詔諸路帥臣見帶制置使及諸州守臣帶管內安撫使者，並罷。

初，命廣西提舉峒丁李棫即邕州置使買馬。建炎三年。棫募人入大理國，得效用董文等十二人，厚畀之鹽綵，使至其國善闡府求市，大理王許之。至是，棫奏江西道不通，乞自廣西入閩中赴行在。許之。既而大理遣其臣張羅賢以千騎至横山寨。會械罷歸，事遂寢。紹興三年四月戊申復通。

修職郎蔣安義、進武校尉張大任坐受敵命知明州，下吏當死。上特宥之，安義除名，瓊州牢城，大任黥隸嶺外。

25 己巳，詔御前中軍差充禁衛親兵三百四十八人，並改刺皇城親從司五指揮。用趙鼎請也。八月癸酉又刺。

布衣程康國上書，論分鎮十事。其一言四鄰有警，令即應援。上謂大臣曰：「此意雖出於布衣，若朝廷行之，人豈知其爲布衣之言？」張守曰：「使人知其出於布衣之言，乃朝廷美事也。」遂批旨行下。

26 庚午，武功大夫、忠州防禦使、知金州王彦爲右武大夫。初，張浚自房陵西歸，以京西盜賊坌起，而金州爲蜀之後門，乃以彦知金州，兼金均房州安撫使。時永興軍路部將姒逵與其徒四百人謀殺將官張順⑭，不克亡去，引衆犯金州，彦拒之於黄崗嶺，生獲之。浚承旨授彦横行，言於朝，詔補正。

是月，遣朝請郎、權吏部員外郎李元裕往湖南起發上貢錢物。此以紹興三年三月二十二日元裕家乞恩澤狀修入，日曆蓋無有也。

宣撫處置使張浚承制以端明殿學士、知利州、充本路安撫使張深提舉亳州明道宮，中大夫、新知荆南府張上行知興元府，朝散郎、利州路提點刑獄公事韓迪知夔州，仍並兼本路安撫使。夔路置帥，利路帥移治興元，皆自此始。迪，仁壽人也。初，浚之入蜀也，朝議大夫王庶以失守得罪，即前塗迎見之，浚以爲參議官，與偕行。庶俄以母喪去。至是，桑仲頗窺興元，而上行未至。浚度諸將亡可用，乃起庶故官，知興元府兼利路安撫使。庶附傳知興元在紹興元年，而晁公遡作庶傳，載庶兩知興元，一在富平前，一在富平後，皆不得其月日。按利州知州題名，張深罷帥在建炎四年五月，而新守鮮于繪不領帥事，當是以桑仲故，移帥司於興元也。日曆：「九月十一日庚戌，張浚奏移利州路於興元府置司，張上行移知興元府，張深提舉亳州明道宮。有旨並依。」「二十三日壬戌，張上行特授依前官職知秦州。」蓋興元帥臣先除上行，而後除庶。但庶旋以論事不合而去，故不復奏事耳。興元帥守題名記起自紹興元年，蓋無可考。迪除夔帥，未知在何時。然浚以迪與上行同章奏上，則亦必在此月，故牽聯書之。

劉超據荊南府，分衆犯峽州。武經郎、荊南府兵馬鈐轄渠成與戰，爲所殺，後贈武功大夫。紹興元年六月甲戌贈官。先是，張浚往川、陝，留統制官潘某一軍屯鄂州，潘爲部下彭筠所殺，筠乃與超合，遣筠犯復州，所過無不殘滅。於是超欲取鼎、澧以窺湖南、二廣。

張用自蘄陽趨壽春，至舒城縣，遂屯中軍，其餘軍皆分屯四布。時和州以東，金人往來，野無所掠，乃採草木葉及凡動活之物，得即啗之，人皆困乏。

潰將崔增陷譙湖水寨。增，磁州人，初隸永州防禦使閻瑾軍，瑾棄泗州，諸軍皆潰，增走壽春境上聚衆。至是，自濠州轉往巢縣，得數小舟，遂直攻水寨。寨有舟數十，皆淮西富民大賈，不能拒，悉爲增所有。增掠其金銀子女，盡選强壯以充軍。

校勘記

① 且卯翼皆蔡京　此句疑有脱誤。

②豈有易相一切進退　此句後原有四庫館臣按語：「此句上下文疑有脱誤。」今删。

③宗尹時年三十一　「一」，原誤作「三」，逕改。按：據宋史卷三六二本傳，宗尹卒年三十七。而諸書皆載其紹興六年八月卒，故可推知其入相時年僅三十一歲耳。

④比金人入寇　「寇」，原作「犯」，據叢書本改。下同。

⑤令吏部並與何人差遣　「何人」，疑爲「合入」之誤，但無依據，故不改動。

⑥正月丙辰　此下原有四庫館臣按語：「按此詔在正月丙辰，原本作五月，誤，今據前文改正。」

⑦金左副元帥宗維與諸酋分往山後草地避暑　「酋」，原作「將」，據叢書本改。按：叢書本之「酋」，應爲原書本字，四庫館臣以避諱皆改作「將」，叢書本爲改動不盡而遺存者。

⑧掩殺蕃人　「蕃人」，原作「敵衆」，據叢書本改。

⑨今因虜去建康附見　「虜」，原作「敵」，據叢書本改。

⑩請給視中書舍人　「視」，原作「事」，據叢書本改。

⑪惟寵光之所被　「寵」，原作「龍」，據綦崇禮北海集卷九賜門下分鎮詔改。

⑫自范宗尹裂諸路爲鎮撫使　「路」，原作「侯」，據皇朝中興大事記講義改。

⑬沿淮水陸都捉殺使李彦先在東海縣　「先」，原誤作「仙」，據本卷丁巳「會沿淮水陸捉殺使李彦先自東海縣遣使至行在」記事改。下同。

⑭時永興軍路部將姒逵與其徒四百人謀殺將官張順　「姒」，原作「似」，據叢書本改。

建炎以來繫年要録卷三十四

1 建炎四年六月辛未朔，詔侍從臺諫三衙諸軍統制，並赴都堂集議駐蹕事宜。先是，言者論：「今車駕所至，雖未能據形勝，占上游，如古者建國之制，而官吏兵衛頗衆，其積粟聚財之計，必有成謀，然後六飛可以順動。歲且六月矣，似不宜緩，伏望内裁之聖心，外參之衆議，早賜處分，使百司各舉其職，以待巡幸。」故有是命。議者又謂：「比年防秋，未嘗不召羣臣，咨以計畫，迄無定論。況事有幾微，難於偏曉，而積粟聚財，屯兵拒守，事節至繁，非可以立談判，頃刻聚議，未必精詳。望令各以所見，條畫利害，限三日實封投進。」詔令赴都堂集議，有未盡者，許實封以聞。後詔在甲戌。

通直郎万俟詠者，工小詞，嘗爲大晟府製撰得官，至是，因所親携書入禁中，乞進官二等，上覽而擲之。

2 壬申，權通判建康府錢需言：「捕敵兵一名。」執政召問，自言涿州人。上曰：「此吾民也。止令諸軍使令，不可殺也。若女真則不可留。」

3 癸酉，合江南兩路轉運爲一司，以直秘閣李與權爲都轉運使，降授宣教郎朱異、承議郎張滙並爲判官。

責授秘書少監分司、衡州居住周望，再責昭化軍節度副使，連州安置，用侍御史沈與求再疏也。徽猷閣待制胡舜陟坐嘗爲參謀官，與徽猷閣直學士、知平江府湯東野皆奪職。望竟卒於貶所。

時饒、信魔賊未平，與求奏顯謨閣直學士知饒州連南夫、直秘閣知信州陳機殘擾害民，以致生變。機坐免官，而南夫貶秩。機，豫子也。豫已見元年四月戊寅。

徽猷閣待制何志同坐父子誤國，降充集英殿修撰。

朝請大夫、知處州梁頤吉罷，坐寇至棄城也。既而兩浙轉運副使徐康國按頤吉多取帥臣供給，頤吉坐除名。

4 甲戌，以宰相范宗尹兼知樞密院事，罷御營使。議者以爲：「宰相之職，無所不統。本朝沿五代之制，政事分爲兩府，兵權付於樞密。比年又置御營使，是政出於三也。望罷御營司，以兵權歸之密院，而宰相兼知。凡軍額有闕，並申樞密院增補，不得非時招收，仍用符以遣發，庶幾可以收兵柄，一賞罰，節財用。」於是罷御營使及官屬，而以其事歸樞密院，爲機速房焉。自慶曆後，宰相不兼樞密者八十餘年，其復兼，蓋自此始。紹興二十六年五月壬寅罷兼樞密院，二十九年九月甲午又罷機速房。

先是，御營司有激賞庫，專充軍書警奏間探之用，凡銀五百兩，錢千緡爲一料，畫旨取之。暨司廢，庫存隸於三省，出納浸廣矣。

言者論：「江北之民，誓不從敵，自爲寨柵，羣聚以守者甚衆。望訓以恩意，有功者推恩。」從之。

詔初除執政官正謝日，賜衣帶鞍馬，如故事。

中書門下省檢正諸房公事張汝舟直顯謨閣，知明州。汝舟乞奉祠，改主管江州太平觀。日曆止書直顯謨閣張汝舟知明州，不繫前銜。都司題名汝舟奉祠在七月，當考。

直秘閣蘇遲爲中書門下省檢正諸房公事。遲之除，日曆不書。檢正題名在今年八月。按七月十二日汪伯彦等德音，是遲當御，則必非八月始除也。今因張汝舟補郡附見①。

監察御史萬格爲樞密院檢詳諸房文字，始除檢詳官也。格之除，日曆不載。密院官屬題名在此月，而御史臺題名書此月除右司，蓋格除檢詳未久，遂轉都司，故題名略言耳。格遷右司，在此月壬辰，其除檢詳，不見本日，因檢正官除罷附書之，俟考②。

5 乙亥，詔趣武信軍承宣使、提舉亳州明道宫辛興宗統押所募秦鳳諸州良家子赴行在。先是，張浚以興宗爲秦帥，其後見孫渥才優，即以渥代之，故命興宗赴闕。既而浚復以興宗知瀘州。興宗知瀘州，史不見。其贈官制云：「初煩上隴之役，遽爲渡瀘之行。」今併附此。

詔六品以上官及初改京官並給告身，朝官以上給敕，初授官人給綾紙。用吏部侍郎兼權直學士院綦崈禮請也。自渡江，惟侍臣賜告，其後稍及帖職、遥郡，至是漸復之。

6 丁丑，太尉、御營副使劉光世充御前巡衛軍都統制。光世所領部曲既無所隸，因號太尉兵。侍御史沈與求論其非宜，會御營司廢，乃以巡衛名其軍，除光世都統制。

集英殿修撰、宣撫處置使司參議軍事劉子羽充徽猷閣待制，直秘閣、宣撫處置使司參議官王以寧陞直顯謨閣。本司官屬吏士，自建康從張浚入蜀者，並遷一官資，以其遠役故也。

是日，戚方犯湖州安吉縣，統制官巨師古與戰，亡其卒千餘人。詔浙西江東制置使張俊往捕之，仍命統制官岳飛聽俊節制。

7 戊寅，詔御前五軍改爲神武軍，御營五軍改爲神武副軍，其將佐並屬樞密院。徽猷閣待制、知臨安府季陵復爲中書舍人。陵入對，首上奏曰：

臣觀今日國勢，危如綴旒。敵國盛强，盜賊充斥，人所共憂者，姑置未論。事有深可慮者四，尚可恃者一。大駕時巡，未有駐蹕之地；賢人遠遁，皆無經世之心。兵柄分於下，而將不和；政權去於上，而主益弱。所恃以僅存者，人心未厭而已。前年議渡江，人以爲可，朝廷以爲不可，故諱言南渡，而降詔回鑾。去年議幸蜀，人以爲不可，朝廷以爲可，故弛備江淮，而經營關陝。以今觀之，孰得孰失？張浚出爲宣撫處置使，不過欲迎陛下耳。金人長驅，深入吴越，至今尚在淮甸，曾無一騎入援王室。設或當時侵犯屬車之塵，縱能提兵問大臣罪，如苗、劉時事，亦何及？維揚之變，朝廷不及知，而功歸於宦寺；錢塘之變，朝廷不能救，而功歸於將帥。是致陛下信任此曹，有輕朝士之心。黄潛善好自用而不能用人，吕頤浩知使能而不知任賢。自張慤、許景衡飲恨而死③，劉豫、杜充相繼颺去，凡知幾自重者，往往卷懷退縮矣。

今天下不可謂無兵，若劉光世、韓世忠、張俊者，各率諸將，同心而謀，協力而行，何所往而不克？然兵柄既分，其情易暌。各招亡命，以張軍勢；各效小勞，以報主恩。勝不相遜，敗不相救。大敵一至，人自爲謀，其能成功哉？君臣之間，義同一體。廟堂出命，百官承禀。知有陛下，不知有大臣。大臣在外，事涉形迹，其可作威福以自便乎？周望在浙西，人能言之。張浚在陝右，無敢言者。夫區處軍事，恐失機會，便宜可也。乃若自降詔書，得無竊命之嫌耶？官吏責以辦事，便宜可也。若安置從臣，得無忌器之嫌耶？以至賜姓氏，改寺額，事類此者，無與治亂，待報何損？是浚在外傷於太專，雖陛下待之不疑，臣恐自陝以西，不知有陛下矣。

三代之得天下者，得其民也。得其民者，得其心也。民墜塗炭，無甚於今日。發掘丘墓，焚燒屋廬，六親不能相保，而戴宋惟舊，實祖宗德澤在人心者未厭也。所望以中興，惟此一事耳。然人心無常，固亦難保，陛下宜有以結之。今欲薄斂以裕民財，而用度方闕；今欲輕徭以紓民力，而師旅方興。罪己之詔屢降，憂民之言屢聞，丁寧切至，終莫之信。蓋動民以行不以言，臣意陛下舉事當，人心服，自足以結之也。爵當賢，禄當功，刑當罪，施設注措，無不當於理，天下不心悦而誠服者，未之有也。臣願陛下以其所當慮者，使一二大臣謀之，無偏聽，無自賢，無畏强禦，無徇私昵。處之得其當，則人心服。人心服，則盜賊將自息，而外患亦可圖矣。

起復寶文閣直學士、新知建康府權邦彦爲淮南等路制置發運使。

朝奉大夫、提舉江州太平觀胡舜陟知臨安府，直龍圖閣、知越州傅崧卿移知婺州，直秘閣、添差兩浙轉運副使陳師錫知越州。

是日，滁濠鎮撫使劉位爲張文孝所殺。前一日，位引兵入滁州，克之，文孝遁去。詰旦，文孝以其衆復至城下，位即引兵迎敵。位逢兵衆數百，以爲己之兵也，乃指揮殺賊，而所逢者賊兵也。位覺之，欲急戰，爲賊所殺。權知州事苟某與州縣官皆散走。事聞，詔其子武德郎、閤門宣贊舍人、知泗州綱起復滁濠州鎮撫使，贈位武功大夫、忠州防禦使。後爲立祠，名剛烈。位贈官，史不載，此據季陵外制集附入④。

8 己卯，詔南班宗婦爲子孫食禄者，並加賜緦麻親錢八千，米三斛，春冬帛各十有四匹，綿八十兩；祖免親錢米減三之一，綿帛並減半。

詔廣東轉運司募使臣押糧舟，自海道至福州交納。此據紹興元年十月十九日保義郎翁橐等乞轉官狀修入。狀稱「六月初九日已降指揮」，故附於此。但紹興二年四月九日都省劄子稱「建炎四年六月二十四日降指揮，令廣東轉運司糴米十五萬石」，乃在此指揮後半月，不知何故，當求他書詳考。

罷臨安府守臣兼浙西同安撫使，以防秋在近，欲責任之專故也。

9 庚辰，命宰臣范宗尹提舉詳定重修敕令，參知政事張守同提舉。先是，有詔以嘉祐政和敕令格式對修成書，至是，始設官置局，命大理寺及見在敕局官就兼詳定刪定等官，仍召人言編敕利害，踰年乃成。會要置詳定重修敕令所在此月七日，今因命提舉官，併入此。

秘閣修撰、知德安府陳規爲德安府復州漢陽軍鎮撫使，兼知德安府，仍賜三品服。規在郡四年，屢破羣盜，傍郡皆失守，惟德安一城獨存，識者偉其能。然嚴刑重斂，世或以此疵焉。時復州爲盜彭筠所據，規遣兵逐之，以部將祖遹知復州。

武翼大夫、康州團練使解潛爲荆南府歸峽州荆門公安軍鎮撫使，兼知荆南府。潛自謫籍中爲張浚所用，言於朝，遂復官而有是命。時荆南殘破不可居，潛寓治峽之宜都。

直龍圖閣程昌寓爲鼎澧鎮撫使，兼知鼎州，仍賜三品服。鍾相之敗，其黨楊華、楊太等聚衆於龍陽，相雖敗，而華等恃水出没未已也。太年幼，楚人謂幼爲么，故以么目之。先是，昌寓以李允文之命權湖北安撫使，會解潛且至，昌寓引所部之鼎、澧間，撫諭使馮康國以羣盜方盛，奏留昌寓鼎州，故有是命。

京西南路轉運副使陳求道爲襄陽府鄧隋郢州鎮撫使，兼知襄陽府，仍賜三品服。朝廷未知程千秋敗亡，詔千秋以所統兵屬。求道坐不措置鹽事，張浚用便宜責求道單州團練副使，安置忠州，而朝廷未知也。

京西南路轉運副使范之才起復金均房州鎮撫使，兼知均州，仍賜三品服。時王彦已戍金州，而均、房二州爲桑仲所破，守臣李倫清、韋知幾皆遁，之才不能之鎮而卒。日曆：紹興二年九月甲申，倫清以朝散郎奏差知廣安軍。二年八月壬辰，右朝奉大夫前知均州李倫清狀：「建炎三年五月，準敕差知均州。八月五日到任。至紹興元年八月五日滿三考，所有到任任滿各轉一官酬賞，已蒙宣撫司出給轉兩官劄子。有旨，令换給。」據此，則建炎四年倫清尚在任，而王彦行狀乃云：「倫清奔竄。」蓋蜀去朝廷遠，故倫清得以冒賞也。知幾，本王瓔部曲，已見建炎元年十二月癸酉。彦鎮金州，斂民倍常比，屬縣莫敢抗。漢陰令任城晁公休獨不用其令，彦召至州，因欲殺之，公休不爲屈，彦亦弗敢害也。宣撫處置使張浚聞其能，召爲糧料官。晁公休事，據晁公遡所作墓誌云爾，不得其年。因書王彦戍金州，且附見此。

朝請郎、直秘閣、知淮寧府馮長寧長寧初見二年二月丙子。爲淮寧順昌府蔡州鎮撫使，兼知淮寧府，仍賜三品服。長寧自言招集忠義軍十餘萬，大破敵兵，故有是命。

自軍興以來，蜀綱之應輸内藏及内東門司者，皆不至。中書門下省以爲言，詔宣撫司督促赴行在。

是日，和州進士龔楫率民丁襲金人於新塘，爲所殺。時和州無爲軍鎮撫使趙霖雖已受命，然寓治水寨，未入城。水寨之衆，乘間出掠敵營，完顏宗弼乃遣偏師築堡新塘，以遏絶濡須之路。楫率二千人襲之，入其營，獲敵兵數百，所掠男女盡縱之。楫歸，道遇敵救大至，其衆多赴水死，楫爲敵所得，戟手大罵不絶，敵臠割之，時年二十二。霖上其事於朝，有司以楫率衆無所受命而格。楫，原孫也。原，故兵部侍郎。敵之得歷陽也，有士人蔣子春者，平日教授鄉里。敵見其人物秀整，喜，欲命之以官，子春怒罵，爲所殺。

辛巳，用宰相范宗尹請，申命有司，討論崇、觀以來濫賞。凡修書、營繕、應奉、開河、免夫、獄空之類，凡十有八項，皆釐正之。自越州駐蹕以來，已收使人令吏部改正，拘收付身毁抹。三省奏：「今具濫賞名色下項：修蓋神霄宫推恩轉官減年；應緣奉安等轉官減年；除編修敕令格式及修國史推恩外，應緣修書轉官減年；應禮制等局所得轉官減年；西城所措置田土及應緣本所恩例轉官減年；應奉有勞轉官減年；祗應有勞轉官減年；修蓋宣德樓、集英殿及剏造宫院、池苑、艮嶽及内外應干營造轉官減年之類；催促燕山府路免夫錢糧一時推賞轉官減年；進奉御前物色轉官減年；駕幸省宅等處轉官減年；催促五局木植并顔色轉官減年之類；應緣開河部夫及應副錢糧稍草之類轉官減年；應開封府大理寺趁辦獄空推恩轉官減年；應緣修築舊城轉官減年；應上件濫賞名色所得占射差遣之類；應主管臣寮御書閣所得轉官減年；詔上件濫賞名色，今後並更不許收使。」按，此事建炎二年十月丙子已降指揮審量，其後中輟，故云申命，但元旨不如是之詳耳。

詔以度僧牒百賜河南鎮撫使翟興，爲祭告諸陵之用。

右正言吴表臣論：「近世不以縣令爲重，故爲令者政多苟簡，而民受其弊。願擇可用之人，必先使爲縣令。顧其才誠可用，則必有善政以惠斯民。縱或不能，亦必强勉爲善，以期他日之獲用矣。夫天下者積諸縣而爲之者也，縣令皆得其人，天下豈有不治？」輔臣進呈，上曰：「祖宗謹守資格，必兩任縣令以至守倅，然後内爲郎，外爲監司。又擇其賢者，然後爲侍從。」范宗尹曰：「大凡進用，不必甚驟，久於其職，然後究知利病，而奔競之風息。」上因言：「朕進用大臣，固已考覈人才，參稽公論，而亦令術者論其命。如卿等命，朕皆知之。蓋恐蹇薄之人，難與共功名也。」

楚州鎮撫使趙立引兵攻金人孫村浦寨，不克而還。

10 壬午，執政奏，以朝散郎、主管亳州明道宫潘良貴提點荆湖南路刑獄公事。上曰：「良貴頃爲諫官，與袁植皆勸朕誅殺。祖宗以來，未嘗戮近臣，故好生之德，信於天下。若此，必失人心。」趙鼎曰：「諫諍之職，尤不可以此導人主。」熊克小曆：執政擬前淮東提舉官潘良貴爲湖南提刑。按史，良貴宣和七年二月提舉淮東茶鹽，靖康元年召還，九月丁丑送吏部。建炎元年五月除左司諫，六月改工部員外郎，罷去。克所云誤也。蓋日曆載張守對上語，有云：「良貴頃爲淮東提舉常平，頗以風力有聞。」而克遂以爲前銜，不細考其履歷耳。

權知汝州兼京西南路招捉副使王俊爲右武大夫、康州防禦使，充河東路招捉使。俊自言捍寇有勞，不欲受翟興節制，乞兩河差遣以自效故也。

11 癸未，召劉光世赴行在。趙甡之遺史：八月壬申，劉光世來朝。蓋誤。

朝請郎、主管江州太平觀吴説爲福建路轉運判官。説自言：「在明受間嘗上執政書，論主上未正位號，必召天下之變，乞早賜裁決。鄭瑴嘗奬其忠。」故有是命。

12 乙酉，成忠郎趙令庝乞説降戚方⑤，詔赴張俊軍前計議。令庝，燕懿王後榮孝公世程子也⑥。燕王生同安王惟正，惟正生馮翊侯從讜，從讜生世程。

詔皇兄右監門衛大將軍、忠州防禦使安時權主奉益王祭祀。先是，安時請襲封事下，禮官，禮官以安時非嫡，遂不許。自仁宗以來，諸王後各以一人襲封，至渡江始廢。

尚書兵部侍郎兼權直學士院汪藻言：「東南遭戎馬之禍，生靈塗炭，城郭丘墟。而國家迫於養兵，征斂未息，重以羣盜竊發，官軍所至焚殘，無以制之。今欲恤民，莫大於去貪殘之吏。祖宗時，吏犯贓者無大小皆棄市，故人重犯法，官曹爲清。今縱未能舉祖宗之典，姑擇其一二大者，真決黥配，以戒其餘。仍令臺諫官以上歲舉郡守一人，保其終身，如後奸贓，與之同罪，不得以自首原免。而郡守、監司於部内有贓吏不聞朝廷，而爲他人所劾者，罪亦如之。庶幾斯民漸被實惠。」疏奏，詔坐條申明行下。其後卒施行如藻請。八月丙戌指揮蓋爲此也。

詔：「見責降人曾任宰執、侍從官，令檢正都司取索條具。文臣帶職，武臣觀察使、管軍已上，令刑部疾速檢舉，並限一月盡絶，毋令漏落。」以言者有請也。自是宣、靖執政及圍城、明受僞命之人，悉皆收叙矣。

13 丙戌，鎮南軍節度使、開府儀同三司、充醴泉觀使呂頤浩爲建康府路安撫大使兼知池州，太尉、御前巡衛軍都統制劉光世爲兩浙路安撫大使兼知鎮江府，觀文殿學士、新除江西荆湖南北路宣撫使朱勝非爲江州路安撫大使兼知江州。於是三省請自今帥臣官二品以上者即除安撫大使，繫階如鎮撫使例，以示區別。從之。先是，奉化賊蔣璉乘亂爲變，頤浩爲所劫，在其軍中。上以頤浩故，赦而招之。至是，復有此命，且令樞密院遣使臣賚告就賜，所至州守臣敦請上道。

直秘閣、知池州李彥卿移知宣州。

兩浙宣撫司統制官郭仲威爲真揚鎮撫使，兼知揚州。初，仲威在平江，縱所部擾民。朝廷令浙西江東制置使張俊來治其罪，仲威覺之，引兵走興化縣，欲犯鎮江。朝廷聞之，因有是命。仲威至揚州，其參議官林獻可代伶人爲口號，司理參軍楊庶戲之曰：「何不云路不拾遺？」獻可怒，以告仲威，執庶及伶人斬之。士人無不重足而立。

14 丁亥，詔：「分鎮州軍因獲賊及守禦有功人，不以分鎮前後，令鎮撫使一面定賞；內應補轉官資者，申尚書省，給降付身。」此據紹興四年二月十二日程昌寓爲崔嗣義乞轉官狀增入，日曆無之。

15 戊子，詔遣使撫諭邵青、戚方以所部赴行在。時方引兵犯安吉縣之上鄉，浙西江東制置使張俊以兵討之。或言上鄉路狹，不可行兵，俊乃遣其將王再興招之。會統制官岳飛追襲其後，方無路進退，始詣俊乞降。方上兵簿，有馬六百匹，所獻金玉珠珍不可計。至行在日，與中貴人蒱博不勝，取黑漆如馬蹄者，用火燔去，皆黃金也。以償博負，每博不下數枚。詔遷方武翼大夫，以其軍六千人隸王瓔軍。俊因以方爲裨將[7]，時人爲之語曰：「要高官，受招安。」

16 己丑，樞密院進呈劉光世所獲敵人并簽軍狀。參知政事張守曰：「光世謂簽軍不宜留，蓋知吾山川險易，他日叛亡，恐爲敵人鄉道。」上曰：「此皆吾民也，不幸陷於敵，驅質而來，豈其得已？」守曰：「若分置軍伍中，每隊留一二人，豈能遽叛？」上以爲然。

17 庚寅，詔浙西制置使韓世忠以所部赴行在。

18 辛卯，大理寺奏魔賊王宗石等款狀。上曰：「此皆愚民無知，自抵大戮。朕思貴溪兩時間二十萬人無辜就死，不勝痛傷。」乃誅宗石等二十六人於越州市，其餘皆釋之。先是，浙西江東制置使張俊以全軍討饒、信妖盜，太尉劉光世因命統制官王德、靳賽總兵會之，獲王念經。德等凡屠兩縣，所殺不可勝計。王德獲王念經，未見本月日。日曆：紹興三年四月戊戌，胡蒙奏秀州土兵聞富詐冒王承宣本軍，建炎四年三月二十六日饒州殺賊功賞補官。按，王承宣即王瓔，恐與此事相關，當求他書參考。上聞之不樂，故有此諭。王宗石當即念經也。

詔荆南鎮撫使解潛措置計備巡幸一行事務。

19 壬辰，侍御史沈與求言：「今日矯枉太過，盡循資格，賢愚同滯。」輔臣進呈，范宗尹曰：「苟有豪傑之士，自可不次擢用。若未得其人，不得不謹守資格。」上曰：「使有豪傑之士，雖自布衣擢爲輔相可也。前古固多，但本朝未有耳。今士大夫並進，若未能考詳其實，不若姑守資格。」

詔夔路監司帥臣、歸、峽州守臣拘收係官舟船，以備巡幸。

尚書左司郎中韓肖胄權工部侍郎，監察御史林之平爲尚書右司員外郎，樞密院檢詳諸房文字萬格爲右司員外郎。

徽猷閣待制趙嶸知建康府，通直郎鄧根知秀州。周望之爲宣撫使也，以根攝守事，至是用邦人請而命之。

初，山東之陷，其士人多不降。有滄州人李齊聚衆沙門島，密州人徐文聚衆靈山寺，萊州人范温聚衆福島。會河北忠義人護送宗室士幹泛海南歸，文劫之，至是文自稱忠訓郎、權密州都巡檢使，其副宋穩自稱忠翊郎、權兵馬監押，請以所部五千人、海舟百五十泛海來歸。詔各進一官赴行在。士幹，岐獻簡王子也。趙甡之遺史云：「文授武經夫夫、閤門宣贊舍人。」據史，二人七月癸卯各轉一官，甡之蓋誤也。遺史又云：「士幹下大理寺，併刺面配廣南。後不知所終。」此事於史不見，今且附此。元符詔旨：士幹政和八年四月除右千牛衛大將軍。未知此時爲何官。李齊、范温，紹興元年五月丙辰所書可參考。

是日，知六安軍邊某殺金人所屯軍三百，遂棄城而去，其徒因縱焚掠，市井一空。

20 甲午，直秘閣、京西南路提點刑獄公事權沿江措置副使李允文知鄂州，兼主管本路安撫司公事。先是，允文以宣撫處置使司之命，權本司參謀官、湖北察訪使，節制軍馬，招捉賊盜。允文既以所部移屯，而諸盜曹成、馬友之徒頗爲之用，故允文得以自恣。及沿江除三大帥，而鄂帥就用允文，由是允文益横。日曆：紹興六年五月十三日量移人滕膺狀：「準刑部告示，膺未勘停前，係鄂岳辰沅州鎮撫使李允文下參謀官。念膺不曾充李允文下參謀官，乞改正。」按諸書，允文未嘗除鎮撫使，又鄂、岳非分鎮地分，不知刑部何以云然，當考。

中書門下奏：「行在仰食者衆，倉廩不豐，請委諸路漕臣及秋成和糴。」詔：「廣東糴十五萬斛，福建十萬斛，並儲之漳、泉、福州；浙西以銀十萬兩、錢十萬緡糴之，儲於華亭縣；浙東以銀十萬兩糴之，儲於越、溫、台州。應屬郡非茶鹽及朝廷寄樁錢，皆許爲糴本。諸統兵官非有制書而擅取，及所在州擅予之者，皆從軍法。」

置樞密院幹辦官四員，以本院言自罷御營司，別無官屬故也。

初，和安大夫、開州團練使致仕王繼先繼先初見三年閏八月。以覃恩特換武功大夫，落致仕。給事中富直柔奏：「繼先以伎術雜流而易前班，則自此轉行，更無拘礙。深恐將帥解體。」上覽奏，諭輔臣曰：「朕於言無不從，但頃冒海氣，繼先診視，實有奇效。可特令書讀。」直柔再奏：「外議謂醫官用藥有功，自當於本色官遷之。武功大夫，昔之皇城使也，惟有戰功、歷邊任、負材武者乃遷，無是三者，雖入仕日久，不以輕授。伏望陛下思名器不可假人之意，特加愛惜，以塞亂源。」是日進呈，上曰：「繼先初未嘗有請，出自朕意。直柔能抗論不撓，朕當屈意從之。」命遂寢。七月癸卯，繼先除防禦使。中興聖政：史臣曰：「以一人臨天下，其勢常信；不以一己之私，勝天下之公，則其義當屈。聖人不恃其信者，而嘗畏其當屈者，此所以立於無過之地也。」

21 乙未，劉光世言：「今來充浙西安撫大使，是爲控制一路，不獨治鎮江一府而止。若使但守鎮江，則與列郡太守同爲守土之臣，緩急別郡有警，不可離任。望別除鎮江守臣，專主民事。光世專充安撫大使，隨宜從便置司。」時光世慮敵過江，故預擇便地。上覺其意，乃詔光世許增辟通判，餘不行。

正議大夫、提舉臨安府洞霄宮傅墨卿卒。

22丁酉，郭仲威遣兵犯鎮江，詔統制官岳飛以所部擊之。

初，趙令㦾之死事也，或詆其降敵。朝奉郎、宣撫處置使司主管機宜文字孫偉移書張浚，白其忠。偉又言知分寧縣陳敏識拒敵有功，請除知洪州。浚承制贈令㦾中奉大夫、右文殿修撰，建分寧縣爲義寧軍，進敏識二官，使守之。時已贈令㦾次對，而敏識亦遷官，浚蓋未知。是日奏至，詔不許。偉，江陵人也。

23戊戌，宣教郎杜嵩送廣州居住。嵩，充子也。時以御營使司主管機宜文字在衡州，李允文拘之，言於朝，乃有是命。

24己亥，封才人張氏爲婕妤，和義夫人吴氏爲才人。吴氏，開封人，時年十六。自上即位以來，嬪御未備，及是，潘賢妃從隆祐皇太后在虔州，後宮近侍者，惟二人而已，故封之。

朝散郎江躋爲監察御史。躋入見，論天變事甚悉。上以其有史學，他日謂大臣曰：「今士大夫知史學者幾人？此皆王安石以經義設科之弊。」范宗尹曰：「安石學術本不至是，由蔡京兄弟以紹述之説敷衍被蔓，浸失其意。然自非卓然特立之士，鮮不爲誤。」上深以爲然。躋，開化人也。上語在六月癸卯。

尚書祠部員外郎章傑爲福建路轉運判官。

是月，起居郎葉三省以直龍圖閣奉祠。日曆不見，後省題名在紹興元年六月，恐誤。按今年七月，洪擬爲起居郎，今移附此。

資政殿大學士陳過庭薨於燕山，年六十，後謚忠肅。紹興元年四月己巳贈官。

蘄州兵馬鈐轄韓世清乞以所部衛柔福帝姬赴行在，上不許。世清乃屯於徽州之黟縣。

校勘記

①今因張汝舟補郡附見　此後原有四庫館臣按語：「此注原本多脱誤，今以七月十二日甲寅事參考改正。」今删。按：本書卷三五載七月甲寅，汪伯彦等並許任便居住，以檢正都司檢舉。

②俟考　此後原有四庫館臣按語：「此注原本多脱誤，今以此月二十二日壬辰事參考改正。」今删。按：本卷六月壬辰，載樞密院檢詳諸房文字萬格爲右司員外郎。

③自張慤、許景衡飲恨而死　「慤」，原作「確」，據宋史卷三七七季陵傳、歷代名臣奏議卷四六季陵入對言事條所引改。

④此據季陵外制集附入　「集」字據本書卷一八、卷二一至二四等多處注文補。

⑤成忠郎趙令庈乞説降戚方　「庈」，原作「佟」，據宋史卷二一五宗室世系表改。下文同改。

⑥燕懿王後榮孝公世程子也　「子」，原作「孫」，據宋史卷二一五宗室世系表改。

⑦俊因以方爲裨將　「俊」，原作「後」，據宋史全文卷一七下改。

建炎以來繫年要録卷三十五

1 建炎四年秋七月癸卯，按是月辛丑朔。浙西安撫大使劉光世乞依宣撫處置使司例，合隨宜措置事並從便宜。詔除臨陣出奇，或事干機會許施行外，餘並稟朝旨。光世此請，日曆不載。今以紹興元年十月戊寅兵部狀修入。

詔諸州守臣自軍興以來得便宜指揮者並罷。

和安大夫、開州團練使致仕王繼先爲榮州防禦使，落致仕，以覃恩特遷也。先是，有詔雜流遇覃恩勿遷遥郡，至是以命繼先。富直柔奏：靖康、建炎之初，吏部皆嘗申明，武功大夫雜流伎術官遇覃恩許與不許轉行，有旨不許轉行遥郡，止令回授。此事不見於日曆，今併附見。中書舍人季陵草制，略曰：「勉思藝諫，毋忘藥言。戒於驕淫，保此休寵。」

斬神武前軍統領官胡仁參於越州市。宣教郎袁潭除名，韶州編管。坐與李鄴同謀投拜，又擅殺兩浙提點刑獄王翿故也。尋詔以翿死事，贈朝請大夫，官其家三人。既而言者以爲翿嘗降敵，比敵兵之去，遂以印付翿，不當褒贈。范宗尹主之，卒贈翿一官，録其子云。翿初贈官在九月乙卯，改命在明年三月己亥，今併書之。

責授建寧軍節度副使李邦彦卒於桂州。

2 甲辰，執政奏以朝議大夫、提舉江州太平觀劉洪道爲建康府路安撫大使司參謀官，上曰：「不可，是又欲與吕頤浩同官。」趙鼎曰：「頤浩之來尚遲，今先令洪道往池州措置防江。」上曰：「此固無害，但議者謂頤浩多引用山東之人，故不欲遣。且頤浩身爲宰相，當收攬天下人材，盡爲我用，獨私鄉曲，非公道也。」先是，中書舍人季陵入對言：「强敵之患，已無寧歲，焚劫殺戮①，幾徧天下。夏則北去，秋則南牧。往年休士馬於燕山，次年移於河北，次年移於京東。今寓淮甸，無復去意，患在朝夕，可謂急矣。張浚提兵以赴公安，劉光世提兵以赴鎮江，亟召亟遣，事尚可及。若吕頤浩既去，朱勝非未來，使七月受命，八月之鎮，九月弓勁馬肥，敵人向南，兵不素練，糧不素積，又不設險，何以禦之？臣願陛下急與大臣謀，先遣馬軍，先儲運漕，更擇賢副，先爲經畫，以待其來。不然，雖位望崇重，號前宰相，無益也。今日注意將相，非爲安危，實爲存亡。朝謀夕行，當如拯溺，豈可不惜分陰哉？」至是，遂命洪道趣之池州，權管本州及安撫司事，以統制官張俊、李貴、王進、王渙所部合四千人隸本州②，撥四將人兵在此月壬戌。諸軍權聽節制。洪道請用便宜指揮，許之。

3 乙巳，詔婺、衢、信、饒州豫蓄錢糧，以備巡幸。

4 丙午，詔閩、越商賈常載重貨往山東販賣，令沿海諸州禁止。

5 丁未，太尉、奉國軍節度使、浙西安撫大使兼知鎮江府劉光世爲集慶軍節度使，開府儀同三司。光世遷延不之鎮③，右諫議大夫黎確奏：「光世不念兩朝大恩，乃欲豫擇便地，自求暇佚，中外憤之，願趣就塗。」前一日，詔以章示光世，仍加使相以遣之。光世以父名爲嫌，乃換武寧之節，貼麻改命。

6 戊申，詔臣僚至都堂，自正一品外，他並在執政之下，著爲令。爲劉光世也。

武經大夫、榮州團練使、權湖南馬步軍副總管孔彦舟以捕鍾相功，真拜利州觀察使，充辰沅靖州鎮撫使，兼知辰州。王明清揮麈第三録云：「方務德守荆南，有寓客張默者，魏公之族子，出乃翁所記建炎荆州遺事一編：『孔彦舟領衆十餘萬破荆南城，時朝廷方經理敵兵，未暇討捕。張單騎入城，説諭彦舟，使之效順。又令討鍾相，許以成功入川，從宣撫司保奏求賞。彦舟出師，一戰而勝。張遂令彦舟具立功人姓名及歸降文字，與彦舟心腹數人俱入蜀。至夔，又説降劇賊劉超。未及宣撫司數舍，道遇族兄，攫金不得，乃見魏公言：張三受賊賂甚厚，其謀變詐，不可信。魏公然之。張正令彦舟屯荆南，彈壓鍾相餘黨，魏公悉不從。令往黄州屯駐，其徒皆不樂，遂率衆渡淮降金。』」按，彦舟以建炎四年二月受傅雱檄討鍾相，三月獲之，七月拜利州觀察使、知辰州，尋改除鼎澧鎮撫使。彦舟爲馬友所逐，引兵之江西。紹興元年秋，除蘄黄鎮撫使，實代李成。二年夏，權邦彦入樞府，彦舟聞之，乃叛去，降僞齊。以本末考之，彦舟賞功及除命皆出朝廷，與宣司別無干涉。況賞典已不薄，又距其叛去蓋踰二年，俱與張所記不合，此蓋其飾説，今不取。

宣撫處置使張浚獻金一萬兩，以上令浚措置財用赴行在故也。

7 辛亥，詔遣官措置海道。

軍賊楊勍自稱武功大夫、忠州團練使、都統制軍馬，受劉光世招安。光世以聞，詔放罪。時勍已聚衆三千人，復犯永春縣，乃命統制官李捧速往捕之。遣李在七月己未。

承議郎范正輿直秘閣。正輿，純仁子也，在劉光世軍中累年，故有是命。

8 壬子，朝散郎張綱爲尚書司勳員外郎。綱，金壇人也。

9 癸丑，故責授安化軍節度副使王時雍許歸葬。先是，范宗尹用赦量移徐秉哲、吴幵、莫儔、王紹、王及之、胡思等諸人，故其家以爲請。林泉野記：「范宗尹量移王時雍、徐秉哲等，皆不聞奏，議者譏其不公。」按史，不見秉哲等移放月日，而時雍家陳乞狀云：「同時得罪之人，皆已生還鄉里。」則其移放，必在此前，今因書時雍事附見。

崔增既破譙湖水寨，有大小舟數百，遂犯太平州，圍其城。守臣郭偉盡力禦之，荻港巡檢王宗射中增之中軍將劉順，賊少却，偉引兵下城與戰，賊乃解圍，然亦未退。

10 甲寅，詔汪伯彦、張澂、錢伯彦、邵溥並許便居。以檢正都司檢舉也。初，伯彦等三人以散官永、峽州安置，而澂分司居衡州，至是，用德音皆復之。

詔總領四川財賦舉官如陝西轉運使例。用張浚請也。

11 乙卯，劉光世言：「平江去大江不遠，其利害不在鎮江之下。乞移大使司於平江府，遣本軍練歷統制官一員，以重兵屯鎮江，與光世相爲犄角。」詔不許。

宣撫處置使張浚請宗室非嘗犯贓私罪者，許具脚色申本司，赴四路轉運司注擬。從之。自熙寧札制，宗室不許調川、陝官，至是，宗室避難入蜀者多，故浚以爲請。

是日，二帝自韓州移居五國城。五國城者，在金國所都西樓之東北千里。金人將立劉豫，乃請二帝徙居之。臣謹按，北狩行録云：「庚戌中元，遷五國城。」乙卯十五日也，故附於此日。時越王偲、鄆王楷已薨④。靖康皇族數云：「二王薨於韓州。」爲東路都統習古者⑤，以金人之命，減去隨行宗室官吏，上皇力懇之，不從。乃召諭之曰：「卿等相隨而來，憂樂固當同之，但事屬他人，無如之何。」言訖泣下，皆相與號呼而出。於是宗室仲暑等五百餘人皆移居臨潢府，而内侍黎安國等數百人在遼東，從二帝者惟晉康郡王孝騫、和義郡王有奕等六人而已。有奕，吳榮穆王子也。上皇之在五國城也，其孛堇曷八之通事慶哥詐傳曷八之意⑥，求北珠，上皇予之。他日事覺，欲殺慶哥，遣人質其實。上皇曰：「初無此事，恐復誤傳。」北人聞之，皆以手加額。已上並據北狩行録、靖康皇族數參修。

初，敵之挾天屬以往也，右監門衛大將軍、吉州團練使士跋得間遁去，居邢州。至是，結約土豪，將舉事，爲人所告，捕至京師戮之。後贈保寧軍節度使，謚忠果。士跋，濮王曾孫也。此以乾道會要增入。據其子所陳，乃今年事，不得其月日，故附見二帝東徙之後。竢考。

12 丙辰，户部尚書葉份充龍圖閣直學士，知泉州。時侍御史沈與求論份嘗受張邦昌僞命，在圍城中買宗室女爲妾。份不自辯，力求去。上命執政召至都堂諭旨，既而大理劾治，買妾之人乃葉三省也。與求上疏待罪，詔釋之。

浙西江東制置使張俊收本路諸將王民、魯珏、劉琬、戚方之軍合萬有一千人赴行在。詔以方軍隸神武前軍，餘軍分隸統制官李捧、陳思恭、張俊。

13 丁巳，申命元祐黨人子孫，經所在自陳，盡還應得恩數。時言者論：「陛下即位已來，凡三因赦令，欲復元祐臣僚及上書停廢人官職、恩數，日月不爲不久，然其間德望之偉如吕公著、范純仁，皆未盡追復，生存如李積中，尚未改正，況其他乎？蓋朝廷嘗令有司條具而不限以月日，故至於遷延。嘗令州郡照驗文書保明，然其告敕未必皆存，故至於沮格。嘗令子孫詣公車自陳，然其子孫或湮微貧乏，故未能自列。此其所以久而未復也。臣愚以謂元祐之宰執、侍從大率多賢，其德行事業，皆在人耳目，其元任官職，易以追考。又其餘官若程頤、鄭俠、孔平仲、司馬康、江公望、孫諤、張庭堅、龔夬、晁補之、黄庭堅、吕希純、歐陽棐、張耒、商倚、畢仲勝、王鞏、李格非、王回、范正平、李積中，皆其姓名、官職章章可見。臣愚欲乞特降親筆，應元祐宰執、侍從、前項程頤等，並與盡復官職、贈謚，盡還致仕遺表恩例。其間德行之不顯，職業之無聞，如葉祖洽輩，量復官職可也。」自靖康初，稍復元祐諸臣官職，或録用其子孫，然輕重不倫，且未能徧及，故議者數以爲請。時方多故，亦未克舉行焉。

詔浙西制置使韓世忠、浙西江東制置使張俊並罷⑦。以本路安撫大使劉光世言，兵火凋敝之餘，不任三處節制呼索故也。

14 戊午，中書舍人季陵試尚書户部侍郎。

武功大夫、新肇慶府兵馬鈐轄曾訥罷。訥初以貢獻得官，後忤梁師成，爲廣南轉運使鄭良所劾，以多藏寶貨，服用擬乘輿，得旨，令良究實。良即以兵圍其家，其弟誼坐拒捕誅死，訥亦配海島。靖康末，復舊官。及是上憐其無辜，諭輔臣而有此授。訥猶上書乞郡不已，言者謂訥因請託得之，上曰：「朕何嘗有此？」遂罷其命。

詔加封吴將甘寧爲昭毅武寧靈顯王。寧有祠在興國軍之富池，以劉光世有請也。

15 己未，詔明、越州禁山東游手之來販糴者。時海、密諸州米麥貴踴，明州進士林秉德言：「積粟之家，利其高價，皆傾廪以鬻之，正恐因緣爲奸，以泄中國之機，又且耗吾國計，以資寇糧，不可不慮。」乃命禁止焉。

初，宣撫處置使司參議官、京西制置使王以寧爲桑仲所逼，以所部走潭州。以寧以本司便宜之命，節制湖南軍馬，更易全郡守臣，科斂無度，官吏有被誅者，民甚苦之。至是以寧言欲赴朝奏事，而病未能行，請以所部於岳、鄂、潭州聽旨。詔以寧還本司供職。時以寧已提兵在長沙，而朝廷未知也。

16 庚申，武功大夫、昌州團練使岳飛爲通泰鎮撫使，兼知泰州。用張浚薦也。岳侯傳云：「常州太守林茂薦侯於朝，充通泰鎮撫使。」按史，知常州周杞今年五月放罷⑧，已差下人章綜、張鋭改除，令徐天民疾速之任。不知所云林茂爲誰，當考。

17 辛酉，武翼郎、樞密院準備差遣程賓特遷一官。先是，遣賓賫御封香，間道往京西諸陵祭告，踰年乃還，故有是命。

18 壬戌，臺諫有請以所論事行否札下照會者，范宗尹曰：「頃呂頤浩作相，凡言官所論，或朝廷已有措置，或所聞不審，札下某人照會。臣在臺時，每與趙鼎論及此事，以爲朝廷但當容納，可即行之，不可則已，不必相與較是非也。按此時黎確爲諫長，沈與求爲臺端，而確乃宗尹所薦，與求多與宗尹異論，疑是與求建言，當考。大抵言者有建明，若朝廷一一行之，則天下不勝多事。」因舉李沆之説以奏，上以爲然。

19 乙丑，詔：「前宰相責授建寧軍節度副使李邦彦、責授單州團練副使李綱，並復銀青光禄大夫；責授崇信軍節度副使吴敏復通議大夫。前執政光禄大夫知潼川府宇文粹中、通奉大夫提舉西京嵩山崇福宮王孝迪、中大夫提舉亳州明道宮王易簡、顔岐、許翰、朝散大夫提舉江州太平觀路允迪，並復端明殿學士；責授單州別駕耿南仲復宣奉大夫；責授昭化軍節度副使王安中、責授寧遠軍節度副使王襄、責授寧國軍節度副使蔡懋、責授秘書少監分司南京馮澥，並復中大夫。前侍從朝奉大夫提舉杭州洞霄宮陸德先、朝奉郎孫覿，並復徽猷閣待制；通奉大夫提舉江州太平觀葛勝仲復集英殿修撰；責授成州團練副使盧襄復中奉大夫；責授單州團練副使趙子崧復朝請大夫。前管軍責授海州團練副使英州安置王元、責授秀州團練副使賀州安置左言，皆許自便。」易簡，溧陽人，嘗爲淵聖宮寮，恩數視執政。勝仲，江陰人，事上皇爲大司成。自綱、粹中、易簡、岐、翰、覿、子崧外，皆坐專守和議，及朋附京、黼、邦昌、苗、劉次第遠貶。至是，范宗尹爲政，悉用赦而復之。既而言者奏安中、楙開邊，襄不勤王，翰趣戰，子崧棄城，覿草降表，皆不當叙。乃詔更俟一赦取旨。時邦彦、南仲已死，而朝廷未知也。

詔統制官李捧、張宗顔各貶秩二等，仍令捧趣往招捕楊勍。初，朝廷以勍叛，命捧、宗顔、陳思恭三將討之。比勍破松溪，五月乙丑。而捧始至浦城縣，後三日，宗顔亦至，皆不出兵。勍既去松溪，五月戊辰。二將乃離浦城。六月辛未。賊又掠建州，六月丁丑。捧、宗顔乃趨南劍州，與賊遇，遂歸。思恭不至南劍而還。時賊猶未平，三人皆言已行殺散。侍御史沈與求奏：「殺散者，未獲賊之異名。今三將軍並出，不能平數千之潰卒，何以示敵？」故有是命。

20 丙寅，權知三省樞密院事盧益奏：「隆祐皇太后已至信州，乞權於本州歇泊。」始議以巡幸荊南，道由信上，故益請之。三省言：「寧遠軍節度使孟忠厚、内侍李珪於太后處妄有奏陳。」乃詔令分析。

21 丁卯，户部請歲終以諸路上供錢斛比較最多最少去處，申乞賞罰，庶使官吏有勤惰之戒。從之。

武節郎、閤門宣贊舍人、知真州王冠爲建康府路兵馬副鈐轄，本府駐劄。

是日，金主晟遣西京留守特進檢校太保尚書右僕射大同尹兼山西兵馬都部署上柱國高慶裔、金紫崇禄大夫尚書禮部侍郎知制誥護軍韓昉，册命中奉大夫知東平府充京東西淮南安撫使節制河南諸州劉豫爲皇帝，國號大齊，都大名府。其册文略曰：「咨爾劉豫，素懷濟世之才，夙擅直言之譽。百里雖智，亦奚補於虞亡？三仁至高，或願從於周仕。當奸賊擾攘之際，愚氓去就之間，舉郡來王，奮然獨斷。宜即始歸之地，以昭建業之元。是用册爾爲皇帝，國號大齊，都大名府，世修子禮，永貢虔誠。付爾封疆，並同楚舊。」昉有文學，仕遼爲知制誥，金主因而用之。凡大詔令，多昉所草也。熊克小曆云：「張匯言九月九日立豫，而豫傳云五月戊申。豫傳所記差詳，今從之。」按金人册豫文首云：「天會八年七月辛丑朔，二十七日丁卯。」蓋金以七月丁卯遣使，而豫以九月戊申受册。戊申九月九日也。蓋豫傳誤作五月，而克遂因之。僞册文不足辱書，姑摘其一二，以補史闕。張匯節要以慶裔階官爲輔國大將軍，册文乃右揆，今從之。僞齊録册文：「維天會八年，歲次庚戌，七月辛丑朔，二十七日丁卯，皇帝若曰：朕聞公於御物，不以天位己私；職在牧民，乃知王者爲公器。威罰既以殄罪，位號宜乎授能。昔有遼運屬顛危，數窮否塞，獲罪上帝，流毒下民。太祖武元皇帝仗黄鉞而拯黔黎，舉白旗而整師旅。妖氛既掃，區宇式寧。爰有宋人，來從海道，願輸歲幣，祈復漢疆。太祖方務善鄰，即從來請。豈期天方肇亂，自啓釁階。（已下二百一十五字指斥，不録。）建楚新封，守宋舊服，庶能爲國，當期息民。不料豎儒難承重任，妄爲退讓，反陷誅鋤。（已下八十八字指斥，不録。）重念斯民，亂於無主，久罹塗炭，未獲昭蘇。不委仁賢，孰能保庇？咨爾中奉大夫、京東西等路安撫使兼諸路馬步軍都總管、知東平府、節制大名、開德等府、濮、博、濱、棣、德、滄等州劉豫，夙擅直言之譽，素懷濟世之才。居於亂邦，生不遇世。百里雖智，亦奚補於虞亡？三仁至高，或願從於周仕。當奸賊擾攘之際，愚氓去就之間，舉郡來王，奮然獨斷。逮乎歷試，厥勳克成。委之安撫德化行，任之尹牧獄訟理，付之總戎盜賊息，專之節制郡國清。況有定衰救亂之謀，持變扶危之策。使民無事則槖弓力穡，有役則釋耒荷戈。罷無名之征，廢不急之務。徵隱逸，舉孝廉，振紀綱，修制度。省刑罰而去煩酷，發倉廩而息蟲螟。神人以和，上下協應。比下明詔，詢考輿情。列郡同辭，一心仰戴。宜即始歸之地，以昭建業之元。是用遣使留守西京、特進、檢校太尉、尚書右僕射、大同尹兼山西兵馬都部署、上柱國、廣陵郡開國公、食邑二千户、實封二百户高慶裔，副使金紫光禄大夫、尚書禮部侍郎、知制誥、護軍、南陽縣開國侯、食邑一千户，實封二百户韓昉備禮，以璽紱寶册命爾爲皇帝，國號大齊，都於大名府。世修子禮，永貢虔誠。付爾封疆，並從楚舊。更須安集，自定攸居。爾其上體天心，下從人欲，忠藩王室，信以保邦。惟天難諶，惟命靡常。常厥德，保厥位，爾其勉哉，勿忽朕命。」

22 戊辰，宣撫處置使司都統制曲端遣其子之傳、進士田震來奏事。上召對，以震爲將仕郎。震命官在八月庚寅。

23 己巳，詔神武前軍統制王𤫉以所部屯信州。先是，右正言吳表臣言：「饒、信、衢、婺等州，未經殘破，正當敵騎來路，此數州南連福建，東接温、台，緩急不可不慮。」故命𤫉以本軍守之。𤫉請合措置事，許一面便宜施行。詔軍期不可待報，許行訖以聞，不得因而騷擾生事。𤫉便宜之命，在此月壬午。

中大夫、知平江府湯東野爲江南路都轉運使。先是，東野乞閑慢差遣，神武右軍都統制張俊數稱其才，上謂俊曰：「東野若欲來行在，則不可，當令换一外郡。」又謂范宗尹曰：「趙鼎嘗言，東野與李迨、康允之皆有才，但當外任煩劇，不可處獻納之地。」宗尹曰：「議者謂允之優於東野。」張守曰：「二人皆能辦事，但東野刻剥，允之不擾。」上曰：「既能辦事，無不擾之理。」然卒有是命。既而言者奏其在平江刻剥及棄城之罪，乃貶東野二秩。上語在是月乙丑，東野貶秩在十月甲戌。

右文殿修撰胡松年起復知平江府。松年，朐山人也。

朝散大夫吴懋知明州。

禮部尚書謝克家奏：「故翰林學士范祖禹，當元祐中，終始實在經筵，所著唐鑑已進御，又有仁宗訓典及帝學二書，深裨治道。今其子前宗正少卿沖見寓衢州，乞給札，令沖投進。」從之。

崔增圍太平州，不克，庚午引去。

是月，朝請大夫洪擬爲起居郎兼權中書舍人。擬，光祖父也。光祖已見三年三月癸卯。宣和中嘗爲侍御史，爲王黼所逐，至是復用之。熊克小曆今年十一月載擬諫移蹕事，猶以擬爲起居郎，而後省題名以爲此月除中書舍人。日曆擬除舍人在八月甲午。三書皆不同。按，紹興元年三月己酉，給事中陳戩奏狀有云：「建炎四年，起居郎洪擬兼權中書舍人，止立起居郎班。」則是擬以左史兼西掖也，題名脱漏。據葉三省今年六月自起居郎罷去，而劉棐九月除起居郎，當是擬以七月除左史，八月遂遷西掖耳。今且附月末，俟考。

詔迪功郎王銍權樞密院編修官，纂集祖宗兵制。其後書成，上覽之稱善，命銍改京官，賜名樞庭備檢。銍，衣兄子也。此事史不書，以王明清揮麈録修入。樞密院官屬題名銍以今年七月權密編，不見罷時。今且附此月末。

初，程千秋既入蜀，其後軍將王闢復叛去。至是，陷興山縣，遂破歸州。闢不知地利，帥臣直龍圖閣張上行檄本路兵馬鈐轄、中亮大夫、貴州防禦使田祐恭率義兵以木弩射之，闢敗去。祐恭，思州人也。此據趙甡之遺史及今年十月夔路安撫司所奏修入。劉長源奏議云：「富平之役，王闢潰兵直破峽州。」與史不同，恐誤。

張用據漢陽軍。初，用在淮西，其軍乏食，遂至信陽軍，復往德安府。用屯中軍於三龍河，曹成屯於應城縣，諸軍散居連接，至郢州不絶。至是，用所部魚磨山寨軍亂，將佐王林、孟振等殺其統領官馬某。林，相州人，嘗爲敵所擒，盛以布囊，寘船舷上，以刀斫其頸，棄黄河中，復得活，謂之王八刀。用聞之，疑諸軍圖己，遂棄其軍去，願從者一二千人。至漢陽，會沿江措置司右軍統制馬友屯漢陽境上，宣教郎、知軍事范寅亮懼倉庫不能給，乃以印授用，用遂爲知軍。鄂州路安撫、沿江措置副使李允文聞之，遣其將張定國往招用，遂濟其師，允文怒曰：「何不且撫定而遂濟度乎？」定國懼，以其兵叛，自漢陽界掠强壯而去。允文遣水軍將張崇追之不及。允文乃以宣撫處置司便宜之命，徙寅亮爲沿江措置司提領官，而以友知漢陽軍，用爲鄂州路副總管。寅亮，致虚從子也。用往信陽在五月，今從趙甡之遺史聯書之。遺史云：「漢陽知軍范某。」而無其名，又不書馬友知漢陽事，此以今年十二月馮康國奏允文狀增入。

校勘記

① 焚劫殺戮　「戮」，叢書本作「虜」。

② 以統制官張俊李貴王進王涣所部合四千人隸本州　「俊」，原作「浚」，據叢書本改。按，此張俊，當爲小張俊。下同。

③ 光世遷延不之鎮　「光」，原作「安」，據叢書本改。

④ 時越王偲鄆王楷已薨　「偲」，原作「俣」，據宋史卷二四六宗室傳改。

⑤ 烏東路都統習古　「烏東」，原作「烏登」，「習古」，原作「錫庫」，皆據金人地名考證回改。

⑥ 其孛堇曷八之通事慶哥詐傳曷八之意　「曷八」，原作「赫伯」，「慶哥」，原作「慶格」，據金人地名考證改。下同。

⑦ 詔浙西制置使韓世忠浙西江東制置使張俊並罷　「俊」，原作「浚」，據叢書本改。下同。

⑧ 知常州周杞今年五月放罷　「杞」，原作「祀」，據本書卷三三建炎四年五月癸亥周杞罷知常州條改。

建炎以來繫年要録卷三十六

1 建炎四年八月辛未朔，禮部尚書謝克家參知政事。克家首言：「吕頤浩老成練事，去歲勤王有大功，時方艱難，强寇内逼①，望留行在，以備咨訪。」

自渡江以來②，官司圖籍散佚，遂命百司省記，條制行之。凡所予奪，悉出胥吏。至是，始令條具申尚書省。其後復命左右司郎官簽貼，敕令所審覆，申朝廷取旨頒降。然未及行。左右司刊定，日曆不載，今以紹興元年十一月劉一止所奏及四年三月乙亥敕令所狀增入，當求本月日修附。

浙西安撫大使劉光世請直徽猷閣范正己爲本司參謀官。從之。既而尚書省請大使司置參謀、參議官各二員，俸賜視雜監司，自是諸路以爲例。尚書省建請在此月乙酉。光世嘗因公事移牒六曹，言者以爲：「今國勢寖弱，藩方大臣，所宜尊獎王室。若帶儀同三司可牒六曹，則亦可關三省、樞密院矣。光世非敢凌蔑，特不知事體，望損抑之。」詔以章示光世。

户部侍郎季陵轉對，上疏曰：

臣聞宣王承板蕩之後，任賢使能，周室中興焉。夫賢以德稱，能以才稱。賢者必有才，故任之勿疑；能者不必有德，顧所使何如耳。自古以爲才難，使人不當求備，記其功忘其過，取所長棄所短，安得乏才之歎乎？前日士大夫名節不立，有愧於古，論事之人，皆喜攻之。瑕疵既彰，不復可用，縱加拉拭，攻者踵來。雖君相制命，亦不能爲之地矣。

臣試舉其罪大且重者言之。自崇、觀以來，黨助臣奸，交結非類，各由詭道，以饕寵榮，坐此當責者，不知其幾何人也。至靖康末，二聖北狩，邦昌攝朝，不能死節，間或從僞，坐此當責者，不知幾何人也。至明受初，苗、劉專殺，幾危宗社，拱手受制，不能討賊，坐此當責者，又不知幾何人也。以義責之，皆不容誅。以情恕之，亦士大夫不幸耳。蔡京、王黼當國日久，閹宦弄權，豪强販禄，欲仕進者，捨此無階。雖名家文士，甘從污衊。特立獨行，是爲希有。首惡者既已伏辜，其餘勿論可乎？邦昌内奉太母，外迎陛下，一城生靈，忍死須臾。事有權宜，初無異意。首惡者既已伏辜，其餘勿論可乎？太母垂簾，東宫監國，回容以防挾主之變，隱忍以待勤王之師，各不統兵，難備倉卒。首惡既已伏辜，其餘勿論可乎？陛下昭德塞違，以臨照百官，雖皆赦而不誅，然弄筆墨者，至今未容貸，文致其罪，當得惡名。雖知其才，誰敢引薦？當今多難之時，朝廷緩急無可使者。獨不聞舉魏尚於獄中，卒能却匈奴；起張敞於亡命，卒能弭盜賊。責功補過，前古有之。臣願陛下明詔宰執，於罪戾之中，選擇實能，量付以事，勿因一眚，廢其終身。仍詔臺諫爲國愛人，許以自效，非誤國者，勿復再言，使人人皆得自新，誓死圖報，同心協濟，以成中興之業。天下幸甚。

疏奏，後二日，范宗尹進呈，詔榜朝堂。

2 壬申，詔福建、温、台、明、越、通、泰、蘇、秀等州，有海船民户及嘗作水手之人，權行籍定，五家爲保，毋得發船往京東，犯者並行軍法。以山東米麥踴貴故也。

詔自京堂除窠闕内不載去處，並令吏部差注。又詔除知州軍及舊格堂除通判外，一切撥還吏部。此以紹興五年閏二月十三日吏部侍郎鄭滋劄子修入。

3 癸酉，詔神武中軍益選親兵，通舊作六百人，更三番入直禁中，不隸禁衛所，命統制官辛永宗提舉之。

徽猷閣待制李釜卒。釜以去年七月甲申除秘撰，不知何時陞職也。

4 甲戌，詔日輪侍從官一員，具前代、本朝關治體者一兩事進入。用參知政事謝克家請也。既而吏部侍郎兼直學士院綦崈禮言：「祖宗以來，選命儒臣以奉講讀。若令從官一例獻其所聞，既非舊典，且有越職之嫌。望但令講讀官三五日一進。」乃命學士與兩省官如前詔。後詔在此月戊子。

詔朝散大夫致仕錢粄令再仕。以給事中富直柔等言其疏通强敏，可任郡寄也。粄，靖康末嘗除知唐州，掛冠去，至是復起之。

5 乙亥，觀文殿學士朱勝非始被江州路安撫大使之命。時統制官張忠彦將所部在吉州，前一日，執政奏除忠彦江州路兵馬副鈐轄，令受勝非節制。上曰：「勝非當苗、劉之變，不爲無功。」范宗尹曰：「勝非能使二兇不疑，以待勤王之師，議者或稱其有謀。」上曰：「是時惟勝非、鄭瑴敢與之抗。顔岐雖好士人，亦懦怯，不能有爲。」勝非行至桂陽監，始被命。上疏言：「自桂陽至江州四十餘程，措置不及。臣之孤迹，獨被聖知。前後大臣，並無交黨。今赴任則敗事，辭免即有避事之嫌，進退狼狽，皆當誅責。臣謹體此意，抗章請罪，乞就近別差官。」詔不許。勝非此奏，以十月乙亥至行在，今因被命之日遂書之。

6 丁丑，起復檢校少保、武勝定國軍節度使、神武左軍都統制韓世忠遷檢校少師，易鎮武成感德，始録守江之勞也。翌日，上諭大臣曰：「世忠不親文墨，朕方手寫郭子儀傳，欲付卿等，呼諸將讀示之。」

鎮西軍節度使、神武右軍都統制張俊爲檢校少保、寧武昭慶軍節度使，録扈蹕及平盜之勞也。

詔故監察御史常安民、左司諫汪公望加贈諫議大夫，各官其家二人。召安民子奉議郎同赴行在。既至，以同知大宗正丞。同除命，日曆不書。紹興元年七月乙亥，自宗丞除知柳州。

朝請大夫康允之坐棄城停官。

7 戊寅，侍御史沈與求、右諫議大夫黎確、右正言吴表臣論季陵轉對乞收用近年廢黜之人，其言非是，不當榜朝堂。上悟，命撤之。范宗尹請坐三章行出。上曰：「祖宗以來，凡朝廷政事不當，未出則給舍封駁，既行則臺諫論列，一體相成，判而爲二則非矣。」宗尹曰：「臣等惟是之從，何敢固執？」然議者謂陵所言，蓋宗尹風指也。

初，朝散郎、知蘄州甄采以得柔福帝姬聞於朝。事祖見三年十一月戊午。會采爲淮西都巡檢使劉文舜所破，乃脱身從韓世清衛送帝姬赴行在。時上猶在温、台，先遣入内内侍省押班馮益、宗婦吴心兒往越州驗視，乃取入宫，封福國長公主。兵部侍郎兼權直學士院汪藻草制，有曰：「彭城方急，魯元嘗困於南馳；江左復興，益壽宜充於禁臠。」按光堯會要特用刑門載行遣僞公主事，而無始封之年。中興玉堂制草亦無始封之制。汪藻龍溪集有之，在今年八月韓、張二將遷官制之後，當是此月也。藻集又有代公主奉迎隆祐皇太后起居表，則其進封當在太后未還之前。今且附此，竢考。

庚辰，隆祐皇太后至自虔州。資政殿學士權知三省樞密院事盧益、寧遠軍節度使醴泉觀使從衛提舉一行事務孟忠厚、神武副軍都統制辛企宗扈從。上出行宮門外奉迎，因歷問太母所過守臣治狀。后性恭謹，未嘗以毫髮干朝廷，然喜飲酒，上以越酒不可飲，令別醖。后寧持錢往酤，未嘗直取也。吴才人頗爲后所愛，間語及瑶華事。后曰：「我入宮時，十六七女子，安知其他事？悉是劉氏相誣。」二事以上諭大臣語修入。后在禁中，嘗微覺風眩，有宮人自言善用符水，呪疾可瘳者，或以啓后。后曰：「又是此語，吾其敢復聞也？此等人其可留禁中邪？」立命出之。此事王明清聞之王嗣昌。

是日，拱衛大夫、福州觀察使、承州天長軍鎮撫使薛慶及金人戰於揚州城下，死之。完顔宗弼既屯六合縣，欲自運河引舟北歸，而趙立在楚，薛慶在承，扼其衝，不得進。宗弼患之，左監軍昌自孫村來見宗弼計事，欲會兵攻楚州。真揚鎮撫使郭仲威聞之，約慶俱往迎敵。慶以是月戊寅出兵，己卯至揚州，仲威殊無行意，置酒高會。慶怒曰：「此豈縱酒時邪？我爲先鋒，汝當繼後。」上馬疾馳去。平旦，出揚州西門，從騎不滿百。轉戰十餘里，亡騎三人。仲威迄不至。慶與其下走還揚州，仲威閉門拒之。慶倉皇墜馬，爲追騎所擒。馬尋舊路歸承州，軍中見之曰：「馬空還矣，太尉其死乎？」仲威棄揚州，奔興化。敵長驅犯承州。兵馬鈐轄王林出城迎敵，不勝，亦奔興化，承州陷。措置高郵軍事國奉卿走還楚。敵懼慶復脱歸，敲殺之。慶在承久，軍食既足，不復斂取於民。王官自京師至者，館穀甚厚，皆按格賦禄。官兵隸承州者，月糧時帛，舉如令給之。至視其徒，則戰士計日廩食，老弱計日受券而已。金人自浙歸，大寨於天長、六合間，慶親率衆劫之，得牛數百，悉賤其估，分畀民之力田者。民懷其惠，亦賴其捍禦以自固。敵假道於承以攻楚，慶不聽，至是被害。慶起潢池，其衆多驍隽敢鬬。慶臨敵勇，亦能以少擊衆。故慶死，承州遂陷，楚勢孤，卒無以抗敵，人皆惜之。訃聞，贈保寧軍承宣使。

8 辛巳，侍御史沈與求、尚書户部侍郎季陵並罷。先是，與求嘗言宰相范宗尹年少驟進，不更世務，恐誤國事。上意方鄉宗尹，不以爲然。會與求再上疏劾季陵，言其承望宰執風指，有「變朱成黑、指鹿爲馬」之語。宗尹乃求去。上遣中使押入，御批：「陵降三官奉祠，與求與合入差遣。」參知政事張守、謝克家留御批不下。後二日，宗尹入對，極論大臣事君，不當懷禄耽寵，使人主疑之而防其爲奸，事功決不可立。上宣諭再三，宗尹却立不進。守力請宗尹同奏事，宗尹不得已而前，進呈己卯御批，請陵以本官奉祠，而與求除職出守。上許之，乃詔：「陵身爲侍從，貽誤朝廷，欲收奸黨之恩，遂陳迷國之計。可罷户部侍郎，提舉亳州明道宮。與求乞顯黜獻言者，其論爲當，至云『指鹿爲馬』，使大臣不敢安位。可除直龍圖閣、知台州。」宗尹乃復視事。

詔户部續進黄金百兩、白金四千兩、錢萬緡，充長公主下降粧奩使用。

9 壬午，顯謨閣待制、權吏部侍郎孟庾試尚書户部侍郎。

10 癸未，資政殿學士、權知三省樞密院事盧益改提舉醴泉觀兼侍讀。時端明殿學士、權同知三省樞密院事李回扈六宮在道，未至也。既而諫官吴表臣論益所至擾民。上曰：「益起閑廢中，今遠歸遽出，將來何以使人？」范宗尹言：「益方辭新命。」遂以益提舉臨安府洞霄宫，既而卒貶二秩。益改外祠在丙戌，貶秩在乙未，今遂書之。

詔權罷講筵，竢過防秋取旨。

是日，宣撫處置使張浚復取永興軍。初，浚之西行也，上命浚三年而後用師進取。及是，金左監軍昌與完顏宗弼皆在淮東，約秋高入犯。浚聞宗弼躊躇淮上，度必再犯東南，議出師分撓其勢，士大夫多以爲不可。朝散郎、通判叙州眉山王賞獻養威持、重二策，浚弗用，召諸將議出師。都統制、威武大將軍、宣州觀察使曲端曰：「平原廣野，敵便於衝突，而我軍未嘗習戰。且金人新造之勢，難與争鋒。宜訓兵秣馬，保疆而已。俟十年乃可議戰。」秦鳳路馬步軍副總管、右武大夫、忠州刺史吴玠曰：「高山峻谷，我師便於駐隊，敵雖驍果，甲馬厚重，終不能馳突。吾據嵯峨之險，守關輔之地，敵即大至，決不容争此土。」浚皆不聽。參議軍事、徽猷閣待制劉子羽争之曰：「相公不記臨行天語乎？」浚曰：「事有不可拘者。假如萬一有前日海道之行，變生不測，吾儕雖欲復歸陝西，號令諸將，其可得乎？」浚雖重用端，然以人言浸潤，不能無疑，乃遣本司主管機宜文字張彬往渭州，以招填禁軍爲名，實欲伺察端意。彬至渭見端，問曰：「公嘗患諸路兵不得盡合，及財物不足以供軍，今張公之來，兵已合，用已足，婁宿孤軍深入吾境，我合諸路，攻之不難。失今不擊，若黏罕併兵而來，何以待之？」端曰：「不然。兵法先較彼己，必先計吾不可勝與敵之可勝。今敵可勝，只婁宿孤軍一事，然彼兵伎之習，戰士之鋭，分合之熟，無異前日。我不可勝，亦止合五路之兵一事。然將帥移易，士不素練，兵將未嘗相識，所以待敵者，亦未見有大異於前日。萬一輕舉，脱不如意，雖有智者，無以善其後。又自敵入犯，因糧於我，彼去來自如，而我自救不暇，是以我常爲客，彼常爲主。今當反之，精練士卒，按兵據險，使我常有不可勝之勢，然後徐出偏師，俾出必有所獲。彼所謂關中陸海者，春不得耕，秋不得穫，則必取糧於河東。是我爲主，彼爲客，不一二年，必自困斃，因而乘之，可一舉滅矣。」彬以端言復命。

先是，玠以彭原之敗，望端不濟師，而端謂玠前軍已敗，惟長武有險可捍衝突。二人争不已，浚積前疑，卒用彭原事罷端兵柄，與宫觀，再責海州團練副使、萬州安置。統制官張中孚、李彦琪諸州羈管。陝西人倚端爲重，及貶，軍情頗不悦。趙甡之遺史：「金人敗吴玠於彭原店，復歸河東。張浚欲大舉，問曲端有何計策，端謂：『承平之久，人不經戰，金人新造，難與争鋒。宜訓兵秣馬，保疆而已。俟十年方可議戰。』浚不喜，乃曰：『將軍持不戰之説，豈可以當大將？』端曰：『唯。』遂納威武大將軍印，猶用爲參謀。時王庶亦爲參謀，議論不協，固辭，遂以爲都轉運使，隨軍而已。浚發秦亭，見兵馬俱集，大喜，謂當自此便可以徑入幽燕。問端如何，端曰：『必敗。』浚曰：『若不敗如何？』端曰：『若宣撫之兵不敗，端伏劍而死。』浚曰：『可責狀否？』端即索紙筆責軍令狀曰：『如不敗，當伏軍法。』浚曰：『浚若不勝，當復以頭與將軍。』遂大不協。初，王庶以失延安自劾，罷節制也。聞浚入蜀，即前途迎見之。浚以爲參謀官偕行。浚已失全陝，復欲用端，庶固以爲不可，乃送端萬州編管。」熊克小曆曰：「先是，端驟得志而驕，自彭原店之敗少沮。參謀官王庶乘此言於浚曰：『端有反心久矣，盍早圖之？』浚乃罷端兵柄，遷之恭州。」按二書所記端貶責及王庶爲參謀皆誤。端實以四年秋貶萬，紹興元年夏貶恭，而甡之以萬州之貶繫於富平之後，克以恭州之貶書於富平之前，皆參差不合。日曆王庶附傳：「張浚宣撫川陝，庶丁母憂，浚力起之。時富平之師已潰，浚議退保川口，庶力陳撫秦保蜀之策，浚不納。乃版授參議官。」費士戣蜀口用兵録：「張公既敗於富平，思曲端前言，欲復用之。乃召端及王庶於貶所。庶地近先至，以爲參謀官。」據此，則端罷兵柄時，王庶尚未爲參謀，非因庶所譖也。王之望西事記曰：「端屢與金人角，更勝迭負，西人以爲能，然心常少浚。浚乃奪其兵而廢之。」按浚黜端，止謂其沮出師之議，非以其少浚也。今不取。浚遂決策治兵，移檄河東左副元帥宗維問罪。宣撫司幹辦公事萬年郭奕力言其不可，浚不從，乃以玠權永興軍路經略司公事，遂取永興軍。玠以功陞忠州防禦使。

11 甲申，詔沿海諸州置水斥堠。

承議郎黄敦彦追一官勒停，坐前通判袁州日與守臣王仲嶷俱降敵也。時仲嶷已竄謫，於是朝請郎李積中坐投拜除名編管，中奉大夫楊淵、朝議大夫王子獻坐洪、吉州失守，並追二官勒停。日曆並無此，今以紹興二年二月壬午敦彦乞復官狀修入，淵、子獻行遣，亦據檢舉狀書之，不得其年月，且附敦彦追官之後。積中行遣、檢舉並不見，紹興元年三月六日後省繳朱琳叙官狀云：「去歲守臣投拜者，如李積中等，則除名勒停編管。」故因敦彦事遂書之，以詳當時行遣次第。

12 乙酉，皇叔持服前檢校少保、光山軍節度使、知大宗正事士㒟特起復。

宣議郎、御營使司參議官王擇仁爲通直郎、直徽猷閣，權發遣河東路制置使司公事，節制本路應干軍馬。時京西與河東北接境，而忠義之人猶有聚兵保守山寨者。河南鎮撫使翟興遣親信持蠟書，取間道以結約之，如向密、王簡、王英等數十寨皆願聽節制。興言於朝，上大喜，遂命興與擇仁同領其事。先是，擇仁以宣撫處置使張浚之命，節制京西軍馬，在均、襄間，事見今年三月己酉。故就命之。及是，擇仁言：「山寨首領韋忠佺、宋用臣、馮賽皆乞兵渡河③，尅期相應。」賽，遼州人，自軍興即與其徒保聚山谷，數與金人戰。乃以忠佺爲中衛大夫、昭德軍承宣使、制置使司都統制兼知太原府。用臣、賽並拱衛大夫、忠州團練使、制置使司同都統制，用臣知平陽府，賽知隆德府。加興節制應援河東北軍馬使，仍許擇仁帶見兵萬人以行，俟過大河，許以便宜從事。命下，擇仁兵已潰矣。趙甡之遺史載此事於紹興元年八月己卯，今從日曆。

詔兩浙轉運司以米萬斛輸楚州。

13 丙戌，寧遠軍節度使、醴泉觀使孟忠厚乞蠲太母所過秋稅。范宗尹曰：「頃已免夏稅，若復蠲放，慮州郡經費有缺，必致橫斂。」上愀然曰：「常賦外，科斂及贓吏害民最宜留意。祖宗雖崇好生之德，而贓吏死徒未嘗末減。自今官吏犯贓，雖未欲誅戮，若杖脊流配，不可貸也。」中興聖政：臣留正等曰：「設官吏以牧民，志不在民而貪黷，是爲民之賊也。藝祖皇帝懲五季之弊，凡贓吏一切棄市。藝祖豈好刑人者哉？誠以不如是不足以行仁政於天下者也。而況艱難以來，生民之困極矣。撫摩涵養，民猶或病。而貪黷之吏乃敢剥刻以肆其無厭之求，如之何民不窮且盜乎？故太上皇帝惻然念常賦之不可免，而欲不貸贓吏之罪。聖上斷然舉而行之，懲一而百勸，其真得藝祖、太上皇之心歟！」

樞密院言：「往歲金人自蘄、黃渡江，今防秋是時，乞令舒蘄鎮撫使李成、光黃鎮撫使吳翊捍禦上流，毋令敵騎深入。」時光州統制官、武功大夫劉紹先引所部去，翊以光州不可守，率軍民棄其城，東下道梗，無所向，往依成，死於軍中。朝廷遂以成爲舒蘄光黃四州鎮撫使。吳翊棄光州，不知在何月日。成兼四州，不見於史，但紹興元年五月三日有旨，罷成舒蘄光黃四州鎮撫使，故於此併書之。紹先至九江，守臣姚舜明留之，奏以爲本州兵馬副鈐轄，就統其軍。

14 丁亥，右武大夫、忠州刺史、楚泗等州鎮撫使趙立領徐州觀察使。初，有詔閭勍便宜加借官職之人皆罷，而立奏諸軍血戰解圍，至今猶未推賞，若復追奪，何以示信？朝廷以立忠義素著，故申命之。先是，議者以金人尚留淮東，恐其侵軼，欲復爲海道之行。范宗尹獨以爲危事不可再蹈。若頻年海道，則遠近離心，大事去矣。乃詔浙西安撫大使劉光世遣兵防江，仍會合淮南諸鎮，併力邀擊。立私謂寮屬曰：「今敵自山東濟師不已，城中糧且盡，則無以善其後，將先事取京東已陷没諸郡，窒敵路，及求糧旁邑，則吾事濟矣。且京東諸州，本吾民也，聞我之來，必解甲相迎。」是時張榮在鹽城縣，乘亂鴟張，立親擊破之，併足糧食，將經營京東，行次寶應縣，承州報敵復聚兵揚州，立遂歸，而昌已傅城下。立慨然曰：「敵終不去，惟有竭節守死此州而已。」屢出兵破敵，敵圍之。

15 戊子，以魔賊平，德音釋饒、信二州徒以下囚。

河東忠義統制盧師迪、韓進皆渡河，見翟興計事，詔並以爲武翼大夫、閤門宣贊舍人，師迪知澤州，進知懷州。

朝請大夫提舉亳州明道宮滕康、朝散大夫提舉江州太平觀劉珏並責授秘書少監分司，康永州、珏衡州居住，坐失豫章，爲言者所劾也。於是其屬官汪若海、何大圭並除名，嶺南編管。

16 己丑，詔通泰鎮撫使岳飛以所部救楚州。時揚、承二鎮已陷，楚勢亦危，趙立遣人告急。簽書樞密院事趙鼎欲遣神武右軍都統制張俊往救之，俊曰：「敵方濟師，撻懶善兵，其鋒不可當。立孤壘，危在旦夕。若以兵委之，譬徒手搏虎，併亡無益。」鼎曰：「楚當敵衝，所以蔽兩淮。若委而不救，則失諸鎮之心。」俊曰：「救之誠是，但南渡以來，根本未固，而宿衛寡弱，人心易揺。此行失利，何以善後？」鼎見上曰：「江東新造，全藉兩淮。若失楚，則大事去矣。是舉也，不惟救垂亡之城，且使諸將殫力，不爲養寇自豐之計④。若俊憚行，臣願與之偕往。」俊復力辭，乃命飛、立腹背掩擊，仍令劉光世遣兵往援，毋失事機。

17 庚寅，詔景靈宮神御自海道迎至温州奉安。

自分榷貨務場於臨安，而商人不復至行在。是日，詔廢越州場務，量留監官一員，打套出賣乳香而已。

18 辛卯，給事中富直柔爲御史中丞。

廣西轉運司請罷催税户長，而依熙寧法，村疃三十户，每料輪差甲頭一名。從之，仍推行於諸路。日曆無此，今以紹興五年十一月二十八日户部狀修入。熊克小曆載此事於今年四月壬辰，當考。

中大夫馮澥復端明殿學士，提舉成都府玉局觀。以澥自言，邦昌僭僞，已在城外，不與始謀，又不污其僞命也。

帶御器械潘永思罷。永思護六宮東歸，盧益頗與之交結，爲諫官吴表臣所論。上惡之，范宗尹請出永思，上曰：「未可。罷祿以困苦之，庶知悔過。朕於戚里未嘗私以恩澤，如邢后之父不復收召，張婕妤兄弟皆小官，卿等所知。盧益觀望，陰結永思，非端人也。」

19 壬辰，故朝散郎毛注追復左諫議大夫。注，江山人，大觀間爲御史，屢劾蔡京。後以不言張商英廢斥，至是復之。

盜楊隆與其徒百餘人入梅州，焚州治，執守臣通直郎沈同之至城北殺之，掠城中而去。此以紹興三年正月二十三日梅州爲都頭李乙乞酬賞狀增入，他書並無之。

20 癸巳，詔户部計會内東門司日下進絹五千匹。言者論：「仁宗皇帝於太平富盛之時，猶節損冗費，罷去無名，況今日艱危空乏之際乎？願陛下取憲仁祖，用度好賜更加節約，凡不得已而錫予者，但降賜目付之有司，則疑謗自銷，而户部經費亦可少紓矣。」詔候内藏庫有絹日撥還。此恐即胡交修所言，當考。

建州民范汝爲，粗知書，其諸父以盜販爲事，而號黑龍、黑虎者，尤善格鬭，羣不逞附焉。每數百人負鹽，横行州境，官不能捕。有儒林郎江鈿，建陽人，老矣，郡守謂鈿有謀，使攝令甌寧，以圖二范。未幾，果擒之，皆死於獄。其徒無所歸，往依汝爲。一日，汝爲因刃傷人至死，遂作亂。事在七月。建陽令王昌、甌寧令黄邦光不能討。時方艱食，饑民從之者甚衆，守臣朝奉大夫韓瑉遣州兵出戰，爲所敗，賊勢滋盛。言者乞委官節制，乃命本路安撫使程邁會兵討之。熊克小曆稱詔帥臣徽猷閣待制程邁遣兵討之。按邁除待制指揮今年五月壬寅已不施行，克所云恐誤。

21 甲午，中散大夫、提舉亳州明道宫韓濚爲其父故觀文殿大學士忠彦請謚，上曰：「吕頤浩嘗奏，崇寧黨碑視其姓名皆賢士大夫，真可惜也。」上篆其神道曰世濟厚德之碑，謚文定。忠彦，琦長子，建中初左僕射，黨籍執政第十人，濟州安置。定謚在紹興元年四月癸丑，賜碑在建炎四年九月辛未，今併書之。

起居郎洪擬試中書舍人。

詔起復左武大夫、忠州防禦使、神武副軍統制陳思恭將所部屯明州，以防海道。兩浙安撫劉光世畏金人之鋒，不能援揚、楚，但遣統制官王德、酈瓊將輕兵以出。是日渡江⑤，與敵游兵遇，擊之。

22 丙申，以直徽猷閣方孟卿知建州。

23 丁酉，詔起左藏庫紬絹並赴温、明州寄樁，以將避敵也。此以紹興四年十月二日户部劄子修入。

24 戊戌，武義大夫、忠州刺史、閤門宣贊舍人桑仲爲襄陽府鄧隨郢州鎮撫使，兼知襄陽府。初，仲既逐程千秋，事見去年十一月丁未。即據襄、鄧、隨、郢數州，有衆十餘萬。久之，其軍食絶，乃以人爲糧。至是，宰相范宗尹念其鄉國被禍之酷，請赦仲罪，遂命之。時朝廷未知仲階官，乃權給敕，仍令仲自陳所領官職而後賜告焉。熊克小曆載仲除鄧隨郢三州鎮撫使於紹興元年二月末，注云：「朱勝非閒居録云：范宗尹以其兄宗禮在桑仲軍中，故授仲襄陽鄧隨郢均房等郡鎮撫使，地大人衆，稍爲患。又王銖亦言仲授襄陽鎮撫使。今據汪藻外制，乃鄧隨郢三州，而襄陽不在其數。合依汪藻制詞。」按日曆，仲除命在今年八月戊戌，仍云兼知襄陽府。克所云誤也。均、房乃王彦所領，仲不兼此二州，勝非亦誤。其後仲死，朝廷乃以襄、郢、鄧、隨四州分爲三鎮，以授李横、李道。既而本鎮參謀官趙去疾等奏，四郡不可分，乃復合爲一鎮。日曆載其事甚詳，不知克何以鹵莽如此。趙甡之遺史載仲爲鎮撫使在明年二月，蓋記其受命之時。克於此始書之，又誤矣。

初，上召宣教郎致仕周虎臣，道梗不即赴。及是，至行在。會舒蘄鎮撫使李成且叛，大臣議擇可使成者，虎臣請行，上召對，以爲太常博士。是日，遣虎臣持撫諭敕書及戰袍、金束帶往賜，成受之。時寇盗縱横，成欲據一方以觀天下之變，遂徑犯江西。

初，朝奉大夫、提舉廣西左右兩江峒丁公事李棫與帥臣許中不和，因互訟其過。會有旨減罷提舉官，以帥臣屬官一員兼領。是月，棫始受命。既而中論棫不已，詔停棫官，即欽州劾治。提舉司減罷，未見月日。紹興元年六月二十九日，廣西轉運司申經略司幹辦任彥輝兼提舉峒丁，乞支公使錢。亦不云何日降旨。二年閏四月二十四日，貢士李漢狀：「叔棫於建炎四年八月內，已遵依聖旨減罷訖。」則是命受在此月也。棫停官，在今年十一月丁卯，而日曆不書。今以紹興二年閏四月御史臺看詳狀修入。

鼎澧鎮撫使程昌寓既受命，傳檄二州。新除辰沅靖州鎮撫使孔彥舟聞之，自鼎州渡江入益陽縣。守臣向子諲在衡、永間，未至。宣撫處置司參議官王以寧率所部拒之，爲所敗，以寧遁去，彥舟遂入潭州。宣撫處置司主管機宜文字傅雱在其軍中，即以便宜檄彥舟權湖南馬步軍副總管。彥舟之入潭也，潭之官吏移治攸縣，彥舟遂立賞以搜捉郡官。時儒林郎張掞者在潭州，乃以掞權本州通判，兼權州事。昌寓披荆棘，立軍府，屢與賊接戰。其御下甚嚴，有不用命者必誅之，賊不敢犯。孔彥舟去鼎入潭，史無月日。熊克小曆係之四月末。按紹興元年正月韓璜奏狀云：「去年秋冬間，王以寧提兵在州，孔彥舟全軍入境。」則必非四月也。趙甡之遺史載於八月末，庶幾近之。日曆：彥舟十一月己酉除湖南副總管。己酉初十日，去此兩月餘，當是朝廷方聞此事。今從遺史。彥舟之在鼎也，移檄本路提舉官曾幾求鹽以給軍食，本司官屬懼，請予之以紓禍，幾拒之不與。既而昌寓復欲得鹽，幾曰：「使吾畏死，則輸彥舟矣。」亦不與。幾，楙弟也。

金人侵犯陵寢，河南鎮撫使翟興遣其子琮及統領官趙林，率兵自河陽南城至鞏縣、永安軍邀擊之，屢戰皆勝，追奔至澠池而還。

盜張琪聚衆屯舒城縣，李成在頭子山，遣人督其芻粟。琪懼，移屯廬江縣。至是，又移屯襄安鎮。金左監軍昌招撫宿遷水寨趙瓊⑥，降之。

校勘記

① 强寇内逼　「寇」，原作「敵」，據叢書本改。
② 自渡江以來　此句前原有「敵」字，據叢書本删。
③ 山寨首領韋忠佺宋用臣馮賽皆乞兵渡河　「忠」、「宋用臣」，三朝北盟會編卷一四八作「壽」、「李宋臣」，按：宋史卷二六高宗紀三載：「山砦首領韋忠佺爲都統制，宋用臣、馮賽同都統制。」疑「忠」爲壽佺後來所改。而本書卷二四另載李宋臣其人，爲知邠州、權涇原路提刑，非山寨首領。會編恐誤。
④ 不爲養寇自豐之計　「豐」，原作「討」，據中興小紀卷九改（皇朝中興紀事本末卷一四闕頁，趙鼎語恰在闕頁中）。
⑤ 是日渡江　「日」後原有四庫館臣按語：「宋史繫乙未日。」今删。
⑥ 金左監軍昌招撫宿遷水寨趙瓊　「宿」，原闕，叢書本同，據本書卷四三「國奉卿在宿遷趙瓊水寨，未有所向」諸語補。

建炎以來繫年要録卷三十七

1 建炎四年九月庚子朔，滁濠鎮撫使劉綱言：「本軍闕食，事屬危急。」詔建康府賜米二千斛，仍毋得渡江。時綱已率所部自采石濟江，屯於溧陽，其徒乏食，往往抄掠以自給。

2 辛丑，建康府路安撫大使兼知池州呂頤浩請：「兵五萬人分屯建康等處，内建康府萬五千人，太平州萬人，池州二萬人，饒州五千人。除參謀官劉洪道見管崔邦弼及李貴等兵約五千人，韓世清約六七千人外，乞朝廷貼足，付臣使喚。昔王翦伐楚①，謂非六十萬人不可，終如所料。杜充以五萬人祇守建康，猶不免敗事，況本路上下近千里，多是緊要渡口。今臣乞兵五萬，委爲不多。」又言：「劉光世有部曲約二三萬人，其勢稍强，乃可彈壓烏合之衆。今臣素無部曲，非得知兵政統制官及正兵二萬人，難以鎮服衆心。乞以神武前軍統制王𤫊所部前軍及諸將巨師古、顏孝恭自隸。」又請招捕水寇邵青、崔增及賜諸軍衣甲。詔賜樞密院見甲千副，本路上供經制錢四十萬緡，米二十萬斛，餘從之。頤浩將行，見上言：「臣自去國，不知金人之實，聞已渡淮北去。然金人多詐而難測，臣比經四明，見朝廷集海舟於岸下，是必爲避敵之備。夫避敵固當預辦，然禦敵之計，尤不可緩。臣仰料聖駕萬一避敵，不過如永嘉及閩中耳。望鑒去歲敵騎追襲之事，選兵二萬，分爲二項。一項浙西，一項浙東，或據水鄉，或扼山險，邀而擊之，使將士戮力，如四明城下之戰，則無不勝矣。萬一今冬敵不渡江，則願宰執預爲之計，俟來夏則遣兵北向，分二萬由海道趨文、登以摇青、齊，分二萬由淮陽趨彭城以撼鄆、濮。蓋金人用兵，深忌夏月，我必乘其忌而攻之，故大暑用兵，臣前後屢陳此計。然安危治亂之要，尤在人主能察。方去冬金人分三路追襲，廷臣皆以航海爲非，陛下斷而必行，故至今帖然無虞。夫難得易失者天之時，難成易敗者人之功。臣願陛下惜分陰，汲汲圖之。近臣有獻計者，必參以行事而驗其是非，則人不難知矣。此陳蕃所謂成敗之幾在察言也，願留聖意。」

起復左武大夫、忠州防禦使、閤門宣贊舍人、秦鳳路兵馬鈐轄陳思恭知階州，兼沿邊安撫使，充神武後軍統制。

3 壬寅，劉光世奏：「淮南諸鎮，郭仲威潰散，薛慶身亡，趙立不知存亡，岳飛見在江陰軍，不見赴鎮，劉綱以所部渡江赴行在，散在南北岸作過。金人見留承州，臣遣王德渡江，過邵伯埭，擒敵軍四百餘人。」詔光世以所俘赴行在。既而德自天長引兵趨承州，不得入，斬所部左軍統領官劉鎮而還。此據光世奏，云德九月八日申到②，在此後五日，不知以何日斬鎮也。

4 癸卯，通泰鎮撫使岳飛以所部入泰州。

5 甲辰，太上皇后鄭氏崩於五國城，年五十二。

滁濠鎮撫使劉綱在建康，論者喧言綱且反，綱束身赴行在自明，會吕頤浩亦乞綱自隸，范宗尹奏令綱以萬人聽頤浩節制。上曰：「朝廷始行藩鎮，當令遵稟號令。唐室之衰，不以他事，秪是藩鎮跋扈爾。」既而言者請遣綱還鎮，設逗遛不行，則置之典刑。乃詔頤浩候過防秋遣發，自今諸鎮撫使毋得擅離本鎮。綱又言：「世居泗州，所領之衆，類多士人。今泗州隸趙立，而令綱以所部歸濠、滁，則人各思歸，勢必離散。」詔招信縣特割隸濠州。詔頤浩遣發在是月戊申，招信隸濠州在是月丙午。

右文殿修撰李光充徽猷閣待制，知臨安府。

成忠郎、閤門祗候、建昌軍兵馬監押蔡延世爲承務郎、權通判軍事。先是，延世攝軍事，守城有功，江西、福建諸司上其事，從衛三省樞密院爲之易文資，延世審於朝，因有是命。延世守城事，見去年十一月甲戌。趙甡之遺史稱以延世爲通直郎，賜五品服，蓋誤。今從日曆。

6 乙巳，詔劉光世、岳飛、趙立、王林犄角逼逐金兵渡淮。時左監軍完顏昌兵圍楚州已百餘日，鎮撫使趙立一日擁六騎出城，呼曰：「我鎮撫也。首領驍將，其來接戰。」南寨有二騎襲其背，立手奮二槍，俱墜地。奪雙騎將還，俄北寨中遣五十餘騎追立，立瞋目大呼，人馬俱辟易。明日，立三幟邀戰，立以三騎應之，伏發，立中飛矢，奮身突圍以出。敵益攻之。

中奉大夫、守中書舍人致仕李公彦貶秩三等，坐敵至乞致仕，爲殿中侍御史張延壽所劾也。於是，侍從、郎官已下，自洪州遁去者，皆降一官。

7 丙午，嵩嵐軍人王師昊伏闕上書，乞見。上謂輔臣曰：「朕於檢鼓院進狀，日加省閱。是須伏闕，何邪？靖康間士庶伏闕，至於進退大臣，所謂倒持太阿，此風不可長。」遂下越州獄。既而師昊坐怪妄惑衆，送鄰州編管。上謂范宗尹曰：「朕大開言路，言有可採，至命以官。言或不當，雖斥朕躬，亦不加罪。至於狂誕，不免略須禁止。卿等宜以此意諭士民。」師昊行遣在是月戊午。

8 戊申，言者請：「將從衛三省樞密院自離建康以至章貢凡所行事，無問大小，悉詔都司檢正再行看詳，有踰格法，一切改正外，其間有委實立功之人，與從權招安之事，所當激賞而不可已者，令具因依取旨，別行旌寵。」從之。

是日，劉豫僭位於北京。初，軍民聞豫至，殺金人，閉門以拒豫。豫擊而降之，遂即皇帝位，國號大齊。王之道書稱金立劉豫，責歲幣三百六十萬緡。他書皆無，此疑非其實。大赦僞境，赦文略曰：「朕風猷寡陋，家世側微。昔也壯年，久林泉而是樂；今焉晚節，豈軒冕之爲心？雖非虞舜之明揚，幸無成湯之慚德。」僞齊録僭位赦文：「門下，自前朝失御，率土無依。内離民心，致蠭起弄兵之盜；外開邊隙，來膺揚問罪之師。山川靡寧，干戈互動。耕桑廢業，壟畝彌望而荆榛；老幼逃生，廬舍多爲之灰燼。原野厭乎流血，溝壑填於殘骸。兵火連年不休，亂離自古所少。言之流涕，念及痛心。嗟赤子之無辜，冀皇天之悔禍。宣命亟班於上國，節制特設於東州。顧朕何人？誤成此位。自念風猷寡陋，家世側微。昔也壯年，久林泉而是樂；今焉晚節，豈軒冕之爲心？屢乞退閑，竟無成命。提綱五路，空殫夙夜之勞；歷試朞年，蔑著錙銖之效。雖近地稍形於康乂，而遠民未免於饑荒。方圖自效而歸，敢有懷他之望？顯冊之既申命，要在必從；避辭者凡四章，無所不至。使命愈加乎敦迫，軍民不容乎遁逃。至於屬部之州，列奏樂推之牘。此豈人事致爾，實有天數存焉。知便安難遂於己私，則吉兇宜同於民患。當天造之草昧，念王業之艱難。恭授册儀，尚循牆而欲避；勉膺位號，若負刺之不遑。雖非虞舜之明揚，幸無成湯之慚德。已於天會八年九月九日即皇帝位，國號大齊，布告中外。尚念世道交喪，國俗益訛。貪頑未變於餘風，詿誤多罹於憲網。力期化洽，深軫哀矜。宜布湛恩，與之更始。可大赦天下。於戲！臨深履薄，何以當付託之隆？拯溺救焚，何以慰來蘇之望？尚賴公卿宣力，士庶協心，共贊眇沖，以臻康泰③。」

豫既立，復還東平。以宣奉大夫張孝純爲尚書左丞相，朝議大夫李孝揚權尚書左丞，朝散大夫通判濟南府張東權尚書吏部侍郎兼右丞。孝揚已見元年十一月戊子，東初見二年正月庚子。豫子麟爲太中大夫、提領諸路兵馬兼知濟南府。時金以前知越州李鄴、知和州李儔、顯謨閣直學士鄭億年臣豫，豫以儔爲監察御史，億年爲工部侍郎。初，孝純在雲中，金左副元帥宗維將避暑，謂孝純曰：「公於此無治生事，竢秋，當還公鄉里。」又顧留守高慶裔曰：「如有人負張公錢物，當督還之。」蓋宗維與豫密約已定，人莫知也。至是，宗維遣人送孝純歸，祈請使資政殿學士宇文虛中以詩送之。孝純將渡河，欲自濟南歸滕縣，主者曰：「當與公共至東平節制司，某得回檄，公可歸矣。」既行，則孝純兄弟諸侄競遠迓之，至汶上，豫已僭立，遽宣麻，拜僞相。孝純暱於親愛，懼於還金，遂喪晚節。豫降南京爲歸德府，改東京爲汴京，陞東平府爲東京，去淮寧、潁昌、順昌、興仁、壽春府名，復舊州名。以其弟益爲北京留守，豫自以生景州，中興姓氏録：「先是崇寧間望氣者言，景州阜城縣有天子氣甚明，命開河於新邑，斷其王氣。其後張邦昌與劉豫僭位，皆阜城人也。」按邦昌乃永靜軍東光縣人，與此所云不同，當考。守濟南，節制東平，僭位大名，遂起四郡强壯爲雲從子弟，應募者數千人。豫又置三衛官，曰翊衛，曰親衛，曰勳衛，以士大夫之子爲之，二年升一等，滿六歲則試以弓馬，合格人出官。

奉議郎、簽書博州判官廳公事劉長孺獻豫書，備陳祖宗德澤，勸以轉禍爲福。豫怒，追其官，囚之百日，長孺終不屈。豫後復官之，長孺不從而止。初，敵騎之南牧也，士大夫皆避地。朝奉郎趙俊獨不肯避，曰：

「死生命也，避將安之？」豫以俊爲虞部員外郎，辭疾不受，以告畀其家，卒却之。如是再三，豫亦不復强。凡家書文字，不用僭號，但書甲子，後三年卒。是時，本朝宗室南渡不及者，尚散居民間。豫募人索之④，承務郎閻琦匿不以聞，爲人所告，豫杖之死。承直郎姚邦基知尉氏縣，秩滿不復仕，屏居村落間，授徒以自給。長孺，耀州人；俊，宋城人；邦基，蜀人也。

9 庚戌，三省言：「去歲出師，以京西盜賊充斥，及湖南北分治軍器，揀選將士，故許逐路並聽宣撫司節制。今本司於秦州駐劄，道里遥遠，緩急恐失機會，合依分鎮指揮。」從之。初，宣撫處置使張浚之西行也，得旨便宜黜陟。既而浚遣主管機宜文字傅雱使湖南，參議官李允文使湖北，亦以便宜付之。由是二人得以自恣。至是，宰相范宗尹言：「宣撫司所遣官，如有合從權措置事，自合申聽本司。」詔禁止，違者重寘典憲。

詔官秦觀子孫一人。觀官止宣德郎，以元祐黨人，特有是命。

統制官薛成有衆二千，屯婺州，詔以其兵隸神武左軍。

吉州司法參軍林大任請以官易僧，許之。此據會要修入。

10 辛亥，右武大夫、吉州刺史、東京提舉龍德宫王球除名勒停，送大理寺劾治。球初見元年六月丁亥。球既渡江，所盜上皇寶器服玩事露，上見之，感愴流涕，欲遂戮之。大理卿王衣啓於上曰：「球誠可殺，但儻非其隱匿，則諸物悉爲金得，無從復歸天上矣。」上乃宥之。方勺泊宅編云：「王球爲龍德宫提舉官，眷遇特厚。丁未春，淵聖皇帝已幸青城，上皇密遣球裒宫中器用，得萬金，鎔爲二百鋌，藏廢井中，甃之以石。謂球異時國有艱窘，自發之。上狩淮南，球進之。有旨輸行在。方具舟，會宮中舊卒有知其端者，恐球潛載以遁，詣開封府陳告，尹欣然召球，諭以兵須正急，此機不可失。球度力不能奪，因盡輦致，持符歸報。朝廷初不加譴，其後范丞相當國，疑球與尹乾没，下大理鞫治，球竟廢死。」按，上在淮甸，京尹乃宗澤、杜充，球既得符而歸，則後來何以坐罪？王明清録云：「籍球家，得寶玩及古玉印數十，衣嘗摹其文。」據此，則球所坐乃竊寶玉，非盜庫金。兼此獄本衣所鞫，明清，衣從子，宜得其詳。方勺傳聞之詞，未必實也，今不取。

11 癸丑，言者論：「近世銓衡之官，法守不立，自京、黼用事，有詣堂求吏部闕者，判一取字，雖已注人，亦奪予之。甚至部有佳闕，密獻之以自效。爲寒遠患，踰二十年。望明戒吏部長貳，自今堂中或取部闕者，並須執守，毋得供報。」從之。按八月壬申方降旨，非堂闕並還部，今甫踰月，不知何以復有此請也。當考。

12 甲寅，賜御史臺主簿韓璜進士出身。璜，宗武子也。宗武，故相縝子⑤，元符末秘書丞。嘗知上蔡縣，富直柔薦於上，將用爲言官，故策試中書而有是命。

言者論：「近州縣之吏，贓貪頗衆。欲望應官員犯入己贓，許人越訴。其監司、守令不即按治，並行黜責，庶使舉刺之官不敢坐視。贓吏既去，民皆樂生。」從之。以紹興五年四月三日刑部狀修入。

13 乙卯，罷中書門下省檢正官，以范宗尹言兩省所行文字，並是已經看詳勘當成熟事件，其檢正二員，乃成虛設故也。紹興四年三月丙午復置。

中書門下省檢正諸房公事蘇遲直龍圖閣，知泉州。

顯謨閣待制、知洪州高衛爲徽猷閣直學士、知鄂州，兼本路安撫使。令直秘閣、知鄂州李允文依舊還宣撫處置使司供職。時張浚聞朱勝非宣撫湖北，乞罷允文還司，而朝奉郎、知岳州袁植亦疏允文妄作生事，以白御史臺，中丞富直柔等言於朝，故有是命。允文不受。

14 丙辰，復增左右司郎官爲四員。

尚書禮部員外郎劉棐爲起居郎，吏部員外郎趙子畫爲左司員外郎，侯延慶爲右司員外郎，朝請郎趙子恭充樞密院檢詳諸房文字。棐，宋城人。子畫，燕懿王後渤海公世褘孫，與子恭皆士㒟所薦也⑥。燕王生昌州團練使惟固，惟固生宣城公從審，從審生世褘，世褘生令簽，令簽生子畫。

朝散大夫毛隨行尚書司封員外郎。隨，江山人，以薦得召見。隨言：「今冬歲躔於斗牛，吴越之會。漢志：『歲星所在，國不可伐。』金必不南渡。然禦敵上策，莫先自治。願保天險，修戰備，權宜定都，不爲輕重，以繫四方之觀聽，則士氣日壯。」乃有是命。

是日，金左監軍昌犯楚州，守臣右武大夫、徐州觀察使、楚泗州漣水軍鎮撫使趙立死之。前一日，昌大進攻具臨城，翌日，填濠將進，立率士卒禦之。忽報敵近城矣，立笑曰：「將士不用相隨，吾將觀其詭計。且令其匹馬隻輪不返。」上城東門未半，飛砲碎其首。趙甡之遺史云：「砲中立股，骨折而死。」今從王銍所作立傳。左右馳救之，立猶曰：「吾終不能與國破敵矣。」令舁致三聖廟中⑦，聲言疾病祈禱，使賊不悟。言終而絕，年三十七。然人聞其死，知城必陷，失聲巷哭不可止。衆以參議官程括權鎮撫使以守，敵益攻之。

15 戊午，詔：「舒蘄光黄鎮撫使李成具析擅舉兵渡江因依，申尚書省。」成既叛，命遣其副都統武略大夫、閤門宣贊舍人馬進自黄州渡江，由大冶縣犯興國軍。守臣朝請郎李宜不能拒，趙甡之遺史作「李儀」，按日曆，宜以紹興元年五月庚子坐容縱賊兵安泊罷去，蓋此「宜」字。開門納之，進入城不殺掠，如官軍焉。同知三省樞密院事李回聞成叛，乃奏鄂州李允文擅截成綱舟，故有是命。仍令鄂州日下發還。時降授承議郎、新知巴州馮檝在岳陽，守臣袁植令檝草書遺成，説以忠義，成不聽⑧。

賊趙延壽號趙不忙，延壽，紹興元年五月就招，自稱武翼大夫、忠州刺史，不知是正官否。以衆犯德安府，鎮撫使陳規誘之入城，與語，將官辛選欲執之，規不可，曰：「今即失信，後可必其無寇乎？」時撫諭使馮康國在德安，將發，規諭延壽俾就招。延壽詐諾，規識其意，明日餞康國於城南延福寺，會未集，規遽興，僧舍衆莫測，俄報延壽劫延福寺，規即入城守，延壽乃退。

16 己未，上曰：「昨韓世忠進一馬，高五尺一寸，云非人臣所敢乘。朕答以九重之中，未嘗出入，何所用之？卿可自留以爲戰備。」時世忠妻和國夫人梁氏言積俸未支。三省奏，近惟隆祐皇太后殿下所積供奉物，計直供支，潘賢妃勘請已不給。上曰：「將帥，朕所委用，當厚恤其家，可特予之。餘人毋得援例。」熊克小曆：世忠妻和國夫人未支積俸⑨，詔以隆祐太后殿下供物給之，他不得援例。既而賢妃位亦乞勘請，不允。克所書差互，蓋三省所奏，以爲隆祐所積供奉物當支，賢妃既不勘請，則梁氏不應陳乞。克乃誤以爲以隆祐殿物賜世忠妻也。隆祐供奉物，八月戊戌御藥院奏，令供納本色真珠物帛等並定價錢，於左藏庫供支。依奏。此事見日曆，克實差互。

宣撫處置使張浚承制以集英殿修撰王倚知利州，直徽猷閣劉民瞻、朝議大夫井度爲利州路轉運副使，朝議大夫新知夔州蘇覺提點利州路刑獄公事。民瞻，長社人；度，亮采子也。亮采，淮寧人，元祐殿中侍御史。

是日，金均房安撫使王彦及桑仲戰於平麗縣之長沙平，敗之。仲既陷均、房，有窺蜀之志，擁衆犯金州白土關。彦以官軍保長沙平。仲故爲彦部曲，以書請曰：「仲於公無所犯，願假道入蜀，以就食耳。」彦語寮佐曰：「吾知仲之爲人，能馭士卒，輕財善鬬，然勇而無謀，決爲諸公破之。」乃遣統領官門立爲先鋒，立鏖戰不勝，馬陷淖，其子璋馳過，立呼之，璋不應而去，立駡賊不絶口而死，人心震恐。時官軍纔二千，糧且不繼，或請少避賊鋒。彦曰：「今敵在陝西，若賊至安康，則四川腹背受敵矣。敢有言避賊者，斬！」遂率同統制王宗尹相爲犄角，士皆争奮，賊張步騎六道並進，彦執旗大呼麾士，士殊死鬬，自辰及酉，賊大敗，追至竹山縣而還。仲遂據房陵。仲之未敗也，王闢在房州，與仲遥爲聲援。至是，彦遣人招闢，闢遂降。彦欲造其營，衆不可，彦曰：「我以誠待闢，闢雖詐何能爲？」遂肩輿至闢營，闢大驚，與其黨皆聽命。張浚承制以彦爲左武大夫。闢後腰斬於興元府。日曆：九月二十九日，張浚奏王彦破賊桑仲，招撫王闢了當，特轉行左武大夫。詔依已行事理。疑是本司出宣札之日，未必此日降旨也。當考。

17 庚申，詔起居郎劉棐以秘閣修撰出守，以御史中丞富直柔論其宿負也。

18 辛酉，武顯大夫、閤門宣贊舍人、承州天長軍兵馬鈐轄、主管鎮撫司公事王林知承州，代薛慶也。廢天長軍爲縣，隸揚州；盱眙軍爲縣，隸泗州。自是，諸鎮撫使稍因事併廢矣。

御史臺主簿韓璜守監察御史。

迪功郎、新徽州州學教授王居正入對。居正，江都人。季陵爲中書舍人，嘗舉自代。范宗尹又薦之，得召見。居正上仁祖十事，參以今日所宜行，各有論著。上甚喜，以居正爲承奉郎，尋除太常博士。居正除博士，日曆不書。本寺題名在今年十月，今併附此。

是日，神武副軍統制官李捧、統領官王民以所部合三千人與建賊范汝爲戰，爲所敗，官軍皆潰，捧等遁去，與其軍相失。

19 壬戌，御史中丞富直柔請罷新除右司員外郎侯延慶，而用直龍圖閣蘇遲爲都司。范宗尹曰：「都司宰屬，如大藩帥臣，猶得自辟置屬官，蓋資贊畫之益。遲雖名德之後，然不可任都司。」上曰：「臺諫以拾遺補過爲職，不當薦某人爲某官。」趙鼎曰：「惟可論薦臺屬。」張守曰：「亦須得旨乃可薦。」上曰：「然。」

起復直龍圖閣、新知興元府張上行移知秦州。上行未至興元，道病卒。

僞齊劉豫下詔求直言。僞齊録：「九月二十二日，奉聖旨，辭避無術，竟當重任。蒙遠近官吏、士庶、耆老湊集稱慶，顧以無能副衆勤誠，惟極愧惕。念時當草昧，事極艱難，臨政之初，若涉大水，浩無津涯。更冀官吏、軍民、耆老凡有所見，直陳無隱，庶補昧陋，其圖永濟。」

20 癸亥，知樞密院事、宣撫處置使張浚以都統制劉錫及金人戰於富平縣，敗績。初，浚既定議出師，幕客、將士皆心知其非，而口不敢言，唯諾相應和。會上亦以敵聚兵淮上，命浚出兵，分道由同州、鄜、延以擣敵虛。時權永興軍路經略使吴玠已得長安，而環慶經略使趙哲收復鄜、延諸郡，浚乃檄召熙河經略使劉錫、秦鳳經略使孫渥、涇原經略使劉錡，各以兵會合。諸路兵四十萬人，馬七萬，以錫爲統帥。浚又貸民賦五年，金錢糧帛之運，不絶於道，所在山積。浚貸民賦事，據王之望西事記，他書皆無之。之望嘗總蜀賦，所云必有據。浚親往邠州督戰。金左副元帥宗維聞之，急調完顔宗弼自京西入關，與婁宿會。官軍行至耀州之富平，金人已屯下邽縣，相去八十里，而婁宿方在綏德軍。衆請擊之，浚不可，乃約日會戰⑩，金人不報。書凡數往，婁宿乃自綏德軍來，移軍與官軍對壘，親率數十騎登山，以望我軍，曰：「人雖多，壁壘不同，千瘡萬孔，極易破耳。」浚猶遣使約戰，金人許之，至期輒不出兵以爲常。浚以婁宿爲怯，曰：「吾破敵必矣。」幕客有請以巾幗婦人之服遺婁宿者。諸路鄉民運芻粟者絡繹未已，至軍，則每州縣自爲小寨，以車馬爲衛，相連不絶。錫合諸將議戰，玠曰：「兵以利動。今地勢不利，將何以戰？宜徙據高阜，使敵馬衝突，吾足以禦之。」秦鳳路提點刑獄公事郭浩亦曰：「敵未可爭鋒，當分地守之，以待其弊。」諸將皆曰：「我師數倍於敵，又前阻葦澤，敵有騎不得施，何用他徙？」將戰，命立故將曲端旗以懼敵。婁宿曰：「彼給我也。」是日也，婁宿選三千騎蓐食，令折合孛堇率之⑪，囊土踰淖，徑赴鄉民小寨，鄉民奔亂不止，踐寨而入，諸軍驚亂，遂薄我軍。錡身先士卒禦之，自辰至未，勝負未分。敵更薄環慶軍，他路軍無與援者。會哲擅離所部，將士望見塵起，驚遁，軍遂大潰。哲旗牌未及卷，衆呼曰：「環慶趙經略先走。」至邠州乃稍定。金人得勝不追，所獲軍資不可計。張浚行狀云：「金黏罕益兵二萬，聲言取環慶，公遂決策問罪。敵大恐，急調大帥兀朮等由京西路星夜來陜右⑫，以九月二十間與黏罕等會。」按張滙節要諸書，黏罕時在雲中，未嘗親入關，行狀誤以婁宿爲黏罕也。熊克小曆云：「右監軍兀朮與婁宿同行。」亦誤。兀朮紹興二年春末始除右監軍，克不詳考耳。趙甡之遺史敘此事云：「諸軍驚亂，浚乘騎急奔，諸軍皆潰。」是時浚止在邠州，甡之亦誤。今並不取。

自渡江以來，除拜臺省等職事官，率受堂帖即視事。論者以爲如此，則比及給舍封駁，朝廷用人之失已形，而士大夫進退亦且失據。望候其受告，乃許蒞事。甲子，從之。此似劉棐、侯延慶事，紹興元年九月壬寅右諫議大夫曾統建請同此。

21 乙丑，建言者論：「昨劉光世等解到降羌，分隸五軍，出入自如，更無疑阻。竊惟推赤心置其腹中，固陛下盛德事，然非我族類，其心必異。今所降單寡，若不足慮。或來者稍衆，猝有不虞之變，一夫奮臂，可爲寒心。國家前日招納，已蹈郭欽、江統所論之失，今日不可不思魏徵所爭議者，以爲戒也。欲望睿慈更與執政大臣熟議，別有以處之。」詔令諸軍常切覺察。

22 丙寅，賜劉光世銀帛二萬匹兩，爲渡江賞軍之費。先是，光世麾下有言光世將提兵過江，而幕客沮之，其意遂緩。簽書樞密院事趙鼎聞之，以書抵光世曰：「參謀諸公，久在幕府，必能裨贊聰明，共饗富貴。固不可輕舉妄動，重貽朝廷之憂，亦安忍坐視不救，滋長賊勢，留無窮之患？」上聞之曰：「諭諸將當如此。」

是日，趙延壽焚郢州⑬。

23 戊辰，金左監軍昌急攻楚州，破之。初，趙立之入城也，有徐州軍民老弱僅數千，而勝兵居半。又有楚州將兵二千，四縣民兵約五千，共不滿萬人。圍城初有野豆、野麥可以爲糧，後皆無生物，有鳬茨、蘆根，男女無貴賤斸之，後爲水所没，城中絶糧，至食草木，有屑榆皮而食者。徐州將士殘暴，席勢凌楚軍，二州衆不相能，立善彈壓，使各效其所長，無敢校私隙。其後忿鬩日聞，敵諜知之，然猶深忌立，疑其詐死，不敢動。無何，守者稍怠，徐人多潰圍而去。敵用降人衛進言，專攻北壁，凡四十餘日，至是乃陷。始，立走人詣朝廷告急，上命浙西安撫大使劉光世督淮南諸鎮往援之。東海李彦先首以兵至淮河，扼敵不得進。高郵薛慶至揚州，轉戰被執死。光世前軍將王德至承州，其下不用命。維揚郭仲威按兵天長，陰懷顧望。獨海陵岳飛屯三墪，僅能爲援，而亦衆寡不敵。敵知外援絶，攻圍益急。立家屬先死於徐，其赴鎮以單騎入楚，後得女子習書者，使侍左右，讀軍中書記，城陷俱没。立爲人木彊不知書，其忠義蓋出天性；善騎射，容貌甚壯；不喜聲色財貨，月俸給皆取其半，與士卒同甘苦；每戰擐甲胄先登，有退却者，必大呼疾馳至其側，捽而斬之，衆畏服，亦樂爲用；其視金人如仇，每言及必嚙齒而怒，常戒士卒，惟以殺金人爲言。且曰：「若不幸城陷，必當備巷戰。」及城陷，州人扶傷巷戰，惟民兵奪門而出。首領萬五、石琦、蔚亨號千人敵，皆得全。自金犯中國，所過名城，大都多以虚聲脅降，如探囊取之。如冀州堅守踰二年，濮州城破巷戰，殺傷略相當，皆爲敵所憚。而立威名戰多，咸出其上。是役也，敵鋭意深入。會張浚出師關、陝，完顔宗弼往援之，又立以其軍蔽遮江淮，故敵師亦困弊而止。議者謂立之功，雖張巡、許遠不能過云。趙甡之遺史：立以己未之日死，城以甲子之日陷。今從王銍所作立傳及日曆附傳。甡之又云：「立一妻一妹，一女年十餘歲，男子方總角。或遭拘掠，或被殺害，皆盡。」與附傳所云不同。今從附傳。日曆亦有立親妹乞存恤狀，當是已歸人而同入楚州也。

內侍武功大夫蘇淵夜殺一妻二妾，既而自裁。上疑其二子預知，下越州獄窮治。既而憐其家無主，亟諭大臣釋之。

是月，顯謨閣待制、知筠州商守拙卒。

初，海州淮陽軍鎮撫使李彦先在韓世忠軍，有李進彦者，犯罪流嶺南，道爲防送者所釋，亦投世忠軍中。世忠之潰於沭陽也，彦先入海聚衆，後有兵數千，與進彦分統之。至是，進彦累官武節郎、閤門宣贊舍人，爲海州兵馬鈐轄。及楚受圍，彦先以舟師策應，趙立與之刺臂爲義兄弟。城陷之日，彦先舟師猶在北神鎮淮河中，前後扼於金人不得去。金以舟船併力攻彦先，彦先所乘舟下碇石，急收不應，敵擊之，彦先與其家皆死。時進彦在東海縣，招集彦先餘衆，後渡海至秀州之金山，遂受呂頤浩節制。趙甡之遺史云，進彦渡江至平江之許浦，遂受劉光世招安。按日曆，紹興元年三月一日樞密院勘會李進彦人船已到秀州。此云許浦，恐小誤。

蘄黄都巡檢使韓世清既至黟縣，上命以所部屯池州。世清有衆萬餘，江東安撫大使司參謀官劉洪道以軍儲不給，令世清移宣州屯駐。

校勘記

①昔王翦伐楚　「楚」，原作「燕」，據續資治通鑑卷一〇八改。

②云德九月八日申到　「德」，原作「得」，據叢書本改。

③以臻康泰　此下原有四庫館臣按語：「『方圖自效而歸』下，原本脱三句，今據北盟會編補入。」今删。

④豫募人索之　「之」，原作「知」，據叢書本改。

⑤故相縝子　「縝」，原誤作「績」。據宋史卷三一五韓縝傳及所附宗武傳改。

⑥與子恭皆士㒟所薦也　「恭」，原作「泰」，據上文改。

⑦令鞏致三聖廟中　「鞏」，原作「舉」，據叢書本改。

⑧成不聽　此後原有四庫館臣按語：「宋史繫丁巳日。」今删。

⑨世忠妻和國夫人未支積俸　「和國」原闕，據叢書本補。

⑩乃約日會戰　「日」，原作「自」，據宋史全文卷一七下改。

⑪令折合孛堇率之　「折合」，原作「珠赫」，據金人地名考證改。

⑫急調大帥兀朮等由京西路星夜來陝右　「兀朮」，原作「黏罕」，誤。叢書本作「烏珠」，即兀朮也，據改。朱文公文集卷九五上少師保信軍節度使魏國公致仕贈太保張公行狀亦作兀朮。

⑬趙延壽焚郢州　此後原有四庫館臣按語：「宋史繫戊辰日。」今删。

建炎以來繫年要録卷三十八

1 建炎四年冬十月庚午朔，張浚斬同州觀察使、環慶路經略安撫使趙哲於邠州。哲之誅，史及諸書不載。日曆：紹興四年八月二十一日，承節郎趙甡之進狀①：「父哲，建炎三年落階官，除同州觀察使，於當年十月一日，宣撫張浚挾私，輒從軍法身死。」故繫於此日。遂責本司都統制、明州觀察使、熙河路經略安撫使劉錫爲海州團練副使，合州安置。錫之貶，不見本月日。按明年三月五日②，上諭大臣語已云浚重譴錫③，則其得罪必在此時，故并附此，竢考。

初，諸軍既敗還，浚召錫等計事。浚立堂上，諸將帥立堂下，浚問：「誤國大事，誰當任其咎者？」衆言環慶兵先走。浚命擁哲斬之。哲不肯伏，且自言有復辟功。浚親校以撾擊其口，斬於堠下，軍士爲之喪氣。浚遂以黄榜放諸軍罪。哲已死，諸將帥聽令。浚命各歸本路歇泊，令方脱口，諸路之兵已行，俄頃皆盡。浚率帳下退保秦州，於是陝西人情大震。朱勝非秀水閑居録云：「張浚出使陝、蜀，便宜除官至節度使、雜學士，權出人主之右。竭蜀人之膏血，悉陝服之甲兵④，凡三十萬衆，與敵角，一戰盡覆。用其屬劉子羽計，歸罪將帥趙哲、曲端，並誅之。將士由是怨怒俱發。浚僅以身免，奔還閬州。關、陝之陷自此始。至今言敗績之大者，必曰富平之役也。」龜鑑曰：「富平一戰，偶爲趙哲離部以取敗。夫勝負兵家之常，鄧禹有關中之敗，子儀有相州之敗，孔明有街亭之敗。而富平之以速戰敗者，公非不知陝西兵將上下之情未通也，又非不知臨行天語三年而後出師也。痛念向者海道之幸，已出襄、漢，今也敵駐淮甸，有再入吴、越之謀，萬一犯屬車之清塵，縱欲提兵問罪，亦何及矣。此公所以不顧利害，不計勝負而決於一戰也。」

臣僚上言：「建州軍賊作過，將官曹維方到任，繼而趙哲招撫，不以軍賊叛逆在壓，奏劾除名。」有旨體究詣實改正，依無過人例。又言：「范琪爲衢州開化縣令，其邑僻遠，叛賊苗、劉所不到，乃結胡唐老奏守禦有功，改京秩。」有旨體究詣實改正。臣留正等曰：「曹維未嘗有罪而被罪，范琪未嘗有功而奏功。太上皇帝既得其實，亟加改正，曾不旋踵。若使維之罪不雪，而琪終冒其功，在二人固未足道，而於賞罰大柄，無乃終累乎？臣於此二事，有以見太上皇帝之於賞罰，必務覈實以求中也。」

朝請郎王宰、朝奉郎通判邠州孫恂並直秘閣，爲陝府西路轉運判官。張浚先已用二人，至是除職。

尚書兵部員外郎、宣撫處置使司主管機宜文字馮康國貶秩二等。康國之撫諭荆湖也，上方在道塗，不暇降詔，康國既去，自以意爲之，言者劾其擅造制書，故黜。日曆：建炎四年三月辛亥詔曰：「朕以彊敵侵犯，越在海邦。自惟艱虞寡昧，所致禍及黎庶，痛在朕躬。尚賴遠方官吏軍民，共恤國難，勿替忠義，保我家邦，無或乘時，自貽厥罪。賞罰具在，朕不汝忘。今遣兵部員外郎馮康國往敷朕意，咨爾衆庶，宜體至懷。」按此詔書，其詞簡率，不類汪藻文字，疑即康國所作也。

2 辛未，宣撫處置使司參議官王以寧言：「乞下詔幸蜀，俾敵人罔測乘輿所在。」上曰：「詔令所以取信於民，自非必行之事，不可降詔，使民何所適從？」張守曰：「昨已降旨，令沿江儲峙。」趙鼎曰：「有司之事如此無害，亦足以張虚聲矣。」

詔朝請郎、知分寧縣陳敏識與沿江知州差遣。時李成方擾江西諸郡，遂以敏識知南康軍，敏識不赴。

是日，秦檜自楚州孫村歸於漣水軍丁禩水寨。初，金人以檜請存趙氏，執還燕山。既而從二帝之上京，上皇之遺金書請和也，檜與聞之。事見二年六月。逮二帝東徙韓州，金主晟高其節，以賜左監軍昌爲任用。任用者，猶執事也。昌之提兵南犯也，命檜以任用偕行。檜欲因是南歸，而其妻王氏在燕，懼不得去，乃陽與檜爭，昌妻問之，以告，由是得與王氏俱行。昌至淮陰，以檜爲參謀軍事，又以爲隨軍轉運使。及楚城垂破，檜慮爲敵所用，乃薦陳邦光、李儔可以任使。檜嘗以舟人孫靜可任，遂與密謀。城破之三日，以催海州、淮陽軍錢糧爲名，與王氏及臧獲硯童、興兒、御史臺街司翁順及親信高益恭等數人入小舟，令靜掛席而去。至漣水軍界，爲禩邏者所得，將執縛而殺之。檜知水寨尚爲國家守，乃告之曰：「我御史中丞秦檜也。」寨兵皆鄉民，不曉其說，且謂所獲奸細，稍陵辱之。檜曰：「此中有士人否？當知我姓名。」時王安道者爲酒壚，衆呼示之。安道佯爲識檜，長揖之曰：「中丞良苦。」衆信之，乃不殺。翌旦，謁禩於軍中。其下諸將招與飲，有副將劉靖者欲殺檜而取其貲，檜知而責之，靖不得發，檜遂泛海赴行在。此以趙甡之遺史及檜北征紀實參修。甡之遺史云：「秦檜初以不願立張邦昌，遭黏罕拘執北去，并妻王氏同行。隨行者有小奴硯童、小婢興兒、御史臺街司翁順而已。至金國，見金小主文烈帝⑤，高其不附立異姓之節，以賜其弟撻懶爲任用。任用者執事也。撻懶亦高其節，甚相親信。金人許隨南官遷徙之人各逐便，硯童、興兒、翁順皆不欲捨檜去，乃共約同死生，遂不相離。金人欲用撻懶提兵而南也，命檜以任用偕行。檜密與妻王氏爲計，至燕山府，留王氏而己獨行，故爲喧爭曰：『我家翁父使我嫁汝時，有貲財二十萬貫，欲使我與汝同甘苦，盡此平生。今大金國以汝爲任用，而乃棄我於途中耶？』喧爭不息，撻懶之居與檜之居鄰比，聲相聞，撻懶之妻一車婆聞之，詣王氏問其故，王氏具以告。一車婆曰：『不須慮也。大金國法令，許以家屬同行。今皇帝爲監軍，亦帶家屬在軍中。秦任用何故留家屬在此而不同行也？』白之撻懶，撻懶遂令王氏同行。檜爲隨軍轉運，在孫村浦寨中。楚城陷，孫村寨金人爭趨入楚州。檜密約孫靜於淮岸，乘紛紛不定，作催淮陽軍、海州錢糧爲名，同王氏、硯童、興兒、翁順及親信高益恭等數人，令靜掛席而去。」秦檜北征記實云：「寨中日夜經營，無以爲計。欲宿留以俟後便，恐或逼招楚城，又恐城破被用，乃薦陳邦光、李儔、蔡敦禮輩以爲可以任使。又爲言楚州褊小，不足深討之意，皆所以求自免也。城既破，夜欲因衆競利之時，奔馬西還，而金人已先潛伏，以備城中逋人。明日，見諸刻木，以謂旦夕挐入城中，乃定計登舟。遣介再訪操舟輩，兩日不可得。前後見前所共議者，引至幕中，結約相定，遂欲椎牛相勞，而談復再變矣。度非此時，他日未有方便，急約雲中所還往者張炳郎中，其人醫多效，往在軍中相識，遂託以尋覓水手，求取篙檝，爲刺舟之計。適會張亦欲往，遂定計於食頃之間，躬謁舟人，責以負約，仍許重賄，可否決在今夕，以死斷之，議遂堅決無疑矣。是夜登舟，行六十里，來日宿丁家寨南。次日至下寨，具狀謁統制公，彼猶未信。再宿引至中寨，會統制丁禩抱疾，其次諸將見約同飲。有副將劉靖者，宿議相圖，以取囊橐，偶先聞之，乃於席半指劉，斥其陰計，劉自知計已發露，不復有言。曉乃親詣丁禩帳中，乘醉欲卧，以示無疑。而丁不果納，遂還舟中。會天寧節近，乃約諸將至僧舍祝延，示以禮法。」朱勝非秀水閑居録云：「秦檜隨敵北去，爲大帥撻懶任用。至是，與其家俱得歸。檜王氏婿也，王仲山有別業在濟南，金爲取千緡贐其行。然全家來歸，婢僕亦皆故人，知其非逃歸也。」林泉野記云：「檜在大金⑥，爲徽宗作書上黏罕，以結和議。黏罕喜之，賜錢萬貫，絹萬疋。建炎四年，大金攻楚州，乃使乘船艦，全家厚載而還，俾結和議，爲内助。檜至漣水軍賊丁禩寨，諸將多曰：『兩軍相拒，豈全家厚載造朝者？必大金使來，陰壞朝廷，宜速誅之以絶後患。』賊軍参議王安道、機宜馮由義力保護之，曰：『此淵聖朝中丞，萬一事平，朝廷尋之，我軍誅矣，宜送之朝。』禩乃命安道、由義送至鎮江府。檜見劉光世，首言講和爲便。光世送之朝，士民聞檜來，皆驚疑，惟范宗尹、李回薦其忠。」王明清揮麈録餘話云：「檜泛海至楚州，守臣楊揆疑其僞，即欲斬之。其館客管當可者曰：『萬一果然朝廷知之，非便，不若津遣赴行在，則真僞自辨矣。』揆於是遣人陰加防閑，送至行在。檜既貴，揆屏居台州，不敢出者二十年。訪尋當可，官其二子。」洪适撰其父皓行述曰：「金圍楚州不下，時秦留黏罕所，使之草檄諭降，有室撚者在軍知狀⑦。先君與秦語及金事，因曰：『憶室撚否？別時託寄聲。』秦色變而罷。」按秦檜得歸，此事體不小，而諸書所記參差不齊。王明清餘話所云，尤爲謬誤。按史，楊揆以紹興三年二月除知楚州，去此已久。又檜未嘗至山陽，日曆中亦不見管當可事，不知明清何所據也。适以爲檜留黏罕所草檄諭降，時黏罕在雲中，何由使草檄？或即撻懶使之。檜以爲丁禩拒己不見，若爾，檜專國時，禩必廢死矣。而擅朝之初，即薦知漣水軍，後用爲府幹辦，積官遥郡觀察使，權震一時。不知但感其不殺之恩，或又有曲折而收之以滅口也。故此事尤可疑。苟如張邵所奏，謂檜自中京間行南歸，則無是理。檜與何㮚、孫傅、司馬朴同被拘，三人不得歸，而檜獨得歸，此可疑一也。自中京至燕千里，自燕至楚州二千五百里，豈無防禁之人？而踰河越海，並無譏察，此可疑二也。檜自謂隨軍至楚，定計於食頃之間，向使金人初無歸檜之意，第令隨軍，則質其家屬必矣，胡爲使王氏偕行？此可疑三也。張邵所奏，謂檜衣褐憔悴，蓋被執而訓童讀。而檜自叙乃云：「劉靖欲殺己以圖其囊槖。」既有囊槖，豈是奔舟？此可疑四也。夫以檜初歸見上之兩言，始相建明之二策，與得政所爲，前後相符，牢不可破，豈非檜在金庭，嘗倡和議，而撻懶縱之使歸邪？今亦未敢臆決，故悉附見下方。餘見十一月丙午。

3 壬申，降授文州團練使、神武前軍統制王𤫊復温州觀察使。

4 癸酉，命尚書祠部員外郎兼權太常少卿鄭士彦奉太廟神主如温州，月朔五饗，權用酒脯行禮。

執政進呈諫官論疏，上覽之甚悦，謂范宗尹曰：「近來臺諫官無一日無章疏，亦未嘗放過一事。」趙鼎曰：「陛下開廣言路，獎拔言官，是以人人得以盡言無隱，此朝廷美事也。」

責授汝州團練副使鄭大年復武功大夫、永州團練使。大年自言非苗、劉薦引，無辜被罪。詔御史臺鞫實而有是命。

5 丙子，中大夫余深乞以郊恩奏薦，著令，應責降而官品當奏者取裁。范宗尹曰：「深，蔡京死黨，助京爲惡，遂至宰相。中雖責降，因渡江赦宥，復還鄉里，已爲幸免。今乞奏薦，誠爲僥冒。」上曰：「可勿令蔭補。」上因謂宗尹曰：「比閲王球家所收上皇書畫，有御製鶺鴒賦，京、卞皆作賦題其後。卞賦盛言繼述哲宗之志，屏斥元祐之人，而致斯瑞，豈非奸邪？」宗尹曰：「紹聖以來，賊害忠良，皆卞之力也。」

利州觀察使、新除辰沅靖州鎮撫使孔彦舟爲鼎澧辰沅靖州鎮撫使，兼知鼎州。召澧鼎鎮撫使程昌寓赴行在。朝廷聞彦舟引兵至益陽縣，故改命之。時彦舟已據長沙，而行在未知也。十一月己酉改命。

初，命諸路走馬承受使臣入奏，止許以一卒自隨。丁丑，入内東頭供奉官、秦鳳經略司走馬承受公事胡師回奏，道路梗澀，乞增爲六十人，詔許四十人。其後五路陷没，遂不復置。光堯會要云：「諸路走馬承受廢罷年月闕。」按建炎末，五路既陷，遂不復置。若内批，則紹興初猶有之，非專有旨廢罷，史臣未深考也。

6 戊寅，遣監察御史韓璜往湖南劾鍾相。時程昌寓奏相事與傅雱不同，朝廷以真僞未明，故命璜往劾治。會相已爲湖南安撫使向子諲所戮，璜乃還。趙甡之遺史：「孔彦舟得鍾相，乃造法物儀仗，欲張大其功，乃解赴朝廷。至攸縣，遇曾龍圖殺相，所造法物亦散失。」以史考之，此時攸縣無曾龍圖。日曆：「十二月丁酉，都省契勘，湖南安撫司已將鍾相等勘見本情，依法處斷訖，其韓璜不須前去。奉聖旨，令韓璜回行在。」此時向子諲以直龍圖閣帥湖南，寓治攸縣，殺相者即向子諲也。

7 己卯，以久雨，放行在越州公私僦錢十日。自是，雨雪亦如之。

是日，馬進犯江州，守臣直秘閣姚舜明、兵馬鈐轄劉紹先率衆拒之。進初過瑞昌，知縣事張德林、權主簿王隲不能拒，斂民間金帛羊酒，率吏民迎進入縣，且供其錢糧，進乃去，遂圍江州，以其徒吴駢知瑞昌縣。

8 庚辰，使臣王鈐男用其父隨龍恩例乞差遣，上曰：「與一差遣即可，鈐已死，恩例不可得也。崇寧以來，隨龍恩例太厚。朕即位之初，惟潛藩舊人量予推恩，元帥府官吏亦未嘗霑及。黄潛善、耿延禧、高世則輩屢以爲言，朕嘗謂潛善曰：『此例一開，他時人人援引，卿亦不能裁制矣。』」其事遂已。

初，滁濠鎮撫使劉綱屯建康府，而其下張憲等三百人爲變，焚府東門之弔橋。是日，掠句容縣，通直郎、知縣事董苹率射士、民兵擊去之。久之，進苹一官。此以紹興三年十一月甲寅江東提刑司爲苹乞遷官功狀修入。

9 辛巳，金紫光禄大夫、充龍圖閣待制王革以覃恩乞進秩，吏部言，非宰相不除特進，今王革即不曾任宰相。詔令依條回授。

詔楊勍一行令往江州屯駐。勍在汀州乞降，故有是命，仍令所過濟其糧食，其徒皆官之。

徽猷閣直學士、提舉西京嵩山崇福宮郭思致仕。思，河陽人，父熙爲翰林院待詔，以畫山水名。思登進士第，宣和中歷帥三路，至是渡江而卒。王明清揮麈前録云：「思仕至龍圖閣直學士。」蓋誤。

10 壬午，遣内侍李肖往桂陽監⑧，尋訪新除江西安撫大使朱勝非之任，賜本路上供經制等錢三十萬緡，米十五萬斛，銀帛五千匹兩，甲五百副，度牒五百道，爲軍中之費。仍命建武軍節度使楊惟忠以所統軍隸之。然自度牒外，錢米銀帛衣甲之類，皆取於本路諸司諸州，徒得其名而已。

11 癸未，上謂輔臣曰：「聞城中百物貴踴，將士經此，寒苦可念。太母日饋朕盤飧，問内侍云，一兔至直五六千，鵪鶉亦三四百。朕知之，飭尚食勿進鵪、兔久矣。」范宗尹曰：「陛下恭儉如此，天下幸甚。」

建康府路安撫大使兼知池州呂頤浩將之鎮，而爲馬進所壅，未得前。是日，頤浩始領使事於饒州境上。

12 甲申，言者論防海利害，有可慮者三，不足畏者三。大略謂：「海道風帆，瞬息千里，舟師猝至，勢難支梧；又出没示疑，牽制我師；揚旗伐鼓，中夜而至，我若驚潰，彼計得行。此可慮者三也。冒涉洪濤，敵衆萬病，乘其未定，易以進擊；又或爲風阻，咫尺不前；港道回曲，加以泥濘，其隙易乘。此不足畏者三也。由是言之，無備則可慮，有備則弗畏。今莫若委沿海巡尉及民社，分地防扼。大抵海舟不能齊一，及其未集而擊之，必可成功。」從之。

右正言吴表臣乞趣劉光世解圍楚州。表臣言：「楚州實淮南控扼之地，趙立乃陛下封疆之臣，萬一不利，可爲寒心。望詔光世等以山陽不利，則淮、浙之憂未艾，宜速進援。」上覽奏，謂輔臣曰：「立堅守孤城，雖古名將無以過之。可趣光世躬親渡江，庶幾鼓率諸鎮。」時上以金書疾置趣光世會兵者五，而光世不行。於是城陷且再旬，而朝廷猶未知也。

13 乙酉，言者論：「三年天下之通喪，後世有從權奪服之舉者，所以移孝爲忠，徇國家之急也。而比來所起之士，多非金革之故，幾習宣、政之風。如權邦彦爲發運使，姜仲謙爲湖北轉運使，以至幕職之官亦行起復。又有夤緣請託，於權三省樞密院而圖起復者，此何理邪？欲望一切罷去，於以明人倫而厚風俗。」詔邦彦專委催發諸路錢糧，應副行在大軍支遣。其餘皆罷之。

14 丙戌，樞密院言：「探報金人已破楚州，未知所向。又建康府申有人侵犯六合縣界，未知姓名。」詔臨安府、湖州措置隄備，仍遣信實人往廣德軍、建康府體探金人動息并人馬實數以聞。

15 丁亥，尚書吏部侍郎、兼權直學士院綦崈禮充徽猷閣直學士、知漳州。

16 戊子，簽書樞密院事趙鼎奏詰劉光世等違命不救楚州之罪，有云：「逐官但爲身謀，不恤國事。且令追襲金人過淮，以功贖過。」翌日，上批：「語言太峻。」令改定進入，及進呈，上曰：「光世當此一面，委任非輕。

若責之太峻，恐其心不安，難以立事。」鼎曰：「陛下待諸將可謂無負矣，不知何以爲報？」

17 己丑，端明殿學士、權同知三省樞密院事李回改同知樞密院事⑨。回以時方用兵，請所賜衣帶等並減半。許之。時金人留淮上未退，一日，宰執奏邊事，范宗尹曰：「敵未必能再渡。」趙鼎曰：「勿恃其不來，恃吾有以待之也。」乃乞詔州縣，各爲移治自保之計，毋得拘留百姓，及敵至即脱身而遁，使民肝腦塗地。又曰：「三省常爲敵不來，而爲陛下拔人才，修政事，密院常爲敵見侵，而爲陛下申軍律，治兵甲，即兩得之。」上曰：「卿等如此，朕復何憂？」忽有諜報謂敵衆引舟自漕渠而南，行在震擾。鼎謂宗尹曰：「不速動，恐後有維揚之變。」宗尹曰：「今日之事，在維揚則不可，在會稽則可。」鼎曰：「相公之言是。」回曰：「丞相之言，差强人意。」此以趙鼎、范宗尹事實參修。熊克小曆繫之九月乙丑。按此論當在聞山陽既失之後，恐不在九月間。兼李回是時亦未再入密院，無緣與此議論，今移附此，庶不抵牾。

18 庚寅，右正言吴表臣言：「臣向嘗論奏，乞諭張浚，令提關、陝鋭旅，疾速入援。伏計朝廷必屢已督促，然至今寂然，未有來耗。中外人情，不勝顒望。臣伏念朝廷待浚之意亦至矣，浚之奏請，無有不行，浚之官屬，推賞甚厚。蓋望其竭力爲報，緩急有助也。今冬候已深，敵情叵測。在浚臣子之心，亦豈遑居？若恬然不恤君父之急，於義如何？欲望更遣使臣，由間道相繼督促張浚、曲端等，令統帥精騎，星夜前來應援，無使後時。若强敵深入，亦有後顧之虞，此事迫切不宜緩者。」時朝廷猶未知浚敗於富平，乃詔樞密院遣使臣二人趣浚入援。

初，浚既斬趙哲，以陜西轉運判官孫恂權環慶經略使，浚退保秦州。或謂環慶諸將曰：「汝等戰勇，而帥獨被誅，天下寧有是事？」參議軍事劉子羽聞之，令恂陰圖諸將，恂遂以敗軍斬統領官張忠、喬澤。統制官慕容洧與諸將列告於庭，恂叱之曰：「爾等頭亦未牢。」洧，環州熟户⑩，其族甚大，聞此語懼誅，遂首以兵叛，進攻環州。浚命統制官李彦琪以涇原兵救環州，洧附於夏國，浚又遣涇原經略使劉錡追之。錡留統制官張中彦、幹辦公事承務郎趙彬守渭州，二人皆曲端心腹，素輕錡，又知浚已還秦，恐金人至不能守，乃相與謀逐錡而據涇原。錡至環州，與洧相拒。金以輕兵破涇州，次潘原縣。錡留彦琪捍洧，親率精鋭赴渭州。錡至瓦亭，而敵已迫，錡進不敢追洧，退不敢入渭，遂走德順軍。彦琪以孤軍無援，亦懼，遁歸古原州。中彦、彬聞之，遂遣人詣金軍通欵。彬，原州人也。五路之陷，史紀不書，今以諸家雜記參考修入。楊氏聖政編年：「慕容洧以環州叛，張浚遣涇原統制官李彦琪救環州。金自鳳翔犯涇原，劉錡遁去，統制官張中孚、中彦降。李彦琪懼，遁歸古原州，中彦等引金人劫降之。劉錡至花石峽，趙彬劫其軍與金帛，降敵。」熊克小曆：「孫恂斬喬澤、張忠，時慕容洧守慶陽，懼將及己，遂首以城叛，進攻環州。張浚檄劉錡以兵解圍，錡至環州，與洧相拒⑪，金以輕兵破涇州，次潘原縣⑫。錡留統制官張中孚、李彦琪捍洧，親率精鋭還，而渭城已陷。錡退屯瓦亭，中孚與其弟統領官中彦送欵降敵。彦琪以餘兵遁歸古原，中孚等又引金人劫降之。錡至花石峽，統制官趙彬又劫其軍與金帛，降敵。」二書所載略同，然以趙甡之遺史考之，當洧及中彦繼叛時，金人猶未大入也。甡之以爲張中彦、趙彬同謀逐錡，此爲得之。二書所云差略。又按，常同劾劉子羽疏：「孫恂斬二將，洧實告於庭。」而克謂洧守慶陽，當考。趙彬者，本文士，據紹興九年彬待罪狀自云：「富平失律，時係涇原幕官。」克以爲統制，亦誤。

遣朝散郎謝嚮措置福建兵民寨栅。時范汝爲盜熾，官軍多失利，故命嚮持金字牌往招之。

詔故特進李邦彦贈觀文殿大學士，令桂州量給葬事。范宗尹之庭對也，考官陸德先等言其立異，邦彦爲詳定官，取旨寘乙科，故宗尹德之。後謚和文。日曆：勘會李邦彦已復特進。按今年七月乙丑，邦彦復銀青光禄大夫，不知何時再復也。

19 辛卯，故責授單州别駕耿南仲追復宣奉大夫、觀文殿學士，令梧州量給葬事。范宗尹爲南仲所知，因盡復其官職，論者咎之。日曆：今年七月乙丑，有旨，耿南仲復元官。不知此時何以又云追復，或是前此嘗有論列追寢，諸書不見，當考。

虔州進士李敦仁少無賴，其父嘗言：「先世冢地風水殊勝，四十年後當有出侯王者。」敦仁喜，由是遂以襲逐楊勍爲名，欲聚兵數萬人，據江南、福建三路。此據紹興元年九月戊戌大理寺所劾李敦仁款狀。其後就招爲承節郎，隸江西兵馬副都監李山軍中使唤。既而山遣敦仁往虔化捕盗，敦仁因與其弟世雄聚衆於羅源，有兵萬餘。是日，破虔化縣，又入石城縣。詔山與吉州統制官張忠彦會兵討之。事聞在十二月癸未。

20 癸巳，進士高世轟特授右監門衛將軍、駙馬都尉，賜名世榮。時僞福國長公主當下降，選於戚里而得之。世榮，士曈從孫也。父公繪，以敦武郎監湖州都酒務。翌日，上召對而命之，仍賜襲衣、金帶、鞍馬如故事。按公繪，宣仁從侄，不可以與世則之父同名。

故朝請郎黄宰贈直秘閣。宰崇寧末應詔上書，流徙海島，故録之。

21 甲午，檢校少保、建武軍節度使楊惟忠爲江州路副都總管，以所部屯江州。

是日，僞齊劉豫遣尚書右丞相張孝純册其母令人爲皇太后，立其妾錢氏爲皇后。錢氏本宣、政間宫人，出爲民婢，入豫家有寵，託言吴越王後而立之。

22 乙未，朝奉大夫、知潭州向子諲復直龍圖閣⑬，令樞密院遣使臣往湖南、廣西以來尋訪，催促之任。仍令宣撫處置使司參議官王以寧以所部兵付子諲訖，赴行在。時以寧已爲孔彦舟所逐矣。

23 丙申，馬進急攻江州，奪門併入，兵馬副鈐轄劉紹先統兵迎敵雖捷，而攻城愈急。守臣姚舜明乃募迪功郎黄武、免解進士張定之間道賫蠟書赴行在。

浙西安撫大使劉光世言：「臣準御筆，令督諸鎮速解山陽之圍。若使岳飛等即時恭聽朝廷指揮，尅期前來，則承州之賊可破，楚州之圍可解。乘機投隙，間不容髮。飛等遷延五十餘日，遂失機會，臣實不勝憤懣。今臣已將沿江應係來路嚴爲把守，必不使南渡。」詔光世節制諸鎮，戮力保守通、泰，仍伺便襲敵過淮，毋失機會。

是日，范宗尹等進呈江東探報孔彦威、李成人馬。宗尹曰：「臣等商量，將來萬一移蹕，欲令韓世忠屯饒州，張俊留越州，相爲聲援。」上曰：「朕日夕念此，未嘗忘懷。世忠兵少，與李成相拒，萬一決戰，少有敗衄，國威愈挫。朕欲留世忠浙東，此人忠勇，不畏金人，敢與之戰。使張俊以五千精騎策應之，恐能成功。來春事定，朕親督諸軍，巡幸江東。雖過淮南，亦所不憚。平此二寇不難也。」趙鼎曰：「臣恐成輩乘間深入，愈難支梧。」上曰：「卿所慮極當，顧力未能及耳。然朕之所説，未必皆是，卿等之言，亦未必皆非，更呼諸將議之。」

24 丁酉，詔爲趙立輟二日朝。贈立奉國軍節度使、開府儀同三司，謚忠烈，官子孫十人。且令訪其遺骸，官給葬事。後爲立祠名顯忠。

知承州王林自興化率餘兵奔通州。

25 戊戌，太常少卿解習爲起居郎，新除直龍圖閣、知泉州蘇遲爲太常少卿，尚書吏部員外郎王俣爲左司員外郎，新除右司員外郎侯延慶爲禮部員外郎。俣，華陽人也。先是，御史中丞富直柔論延慶而援遲，故二人卒改命。禮部題名延慶自直秘閣除，當考。

26 己亥，詔連州編管人林杞許自便。初，杞以擅殺張政故坐貶，至是，言者論其功，乞酌情減免，故有是命。紹興二年七月甲申復官。

直秘閣、淮寧順昌府蔡州鎮撫使馮長寧以王命阻絶，棄城去。是月，以淮寧附於劉豫。此據趙甡之遺史附見。僞豫傳亦云，建炎四年十一月，馮長寧自陳州歸附。與遺史蓋同。日曆：紹興元年二月癸未，蔡州狀：「契勘馮長寧於去年四月中，驅擁老少，擅棄府城，逃遁南來，所經過蔡州民户盡劫奪。」與此不同。蔡州所申當不誤，或者長寧以今夏逃去，至冬復北奔，亦未可知。若長寧四月已降，則朝廷無緣明年二月尚令赴行在。今且從遺史附此，更俟詳考。

通泰鎮撫使岳飛在泰州，持法嚴，衆不敢犯。前軍統制官傅慶，衛州窑户也，有勇力，善戰，飛愛之。慶恃其才，視飛爲平交，飛亦無忤色。及飛爲鎮撫使，待之頗異，慶覺之不悦。會劉光世遣王德來承州，飛命慶以兵會。慶與德交馬而語云：「願事劉公。」德許之。統領官張憲聞其語以告⑭，飛憾之，戒憲勿泄。至是，飛令諸將射遠，慶獨至百七十步。既而飛取上所賜戰袍、金帶遺統制官王貴，慶醉，謂飛曰：「當賞有功者。」飛問有功者誰，慶曰：「慶在清水亭有功。」飛大怒，焚袍毀帶曰：「不斬傅慶，何以示衆？」遂斬之。

河南鎮撫司兵馬鈐轄翟琮率裨將李興渡河，敗金人於陽城縣，遂進至絳州之垣曲⑮。横山義士史準等以其衆來附，興歸，以所部屯商州。

初，王善既降於金人，餘黨皆散。金人屯於六合縣，其餘黨稍集，至是推祝友爲首，寨於滁州之龔家城，專殺人以爲糧食。日曆：紹興元年二月丙辰，廬壽鎮撫司統制高彦狀：「彦等元是鎮撫李仲下人馬⑯，先蒙差在六合縣，後有先鋒將官祝友恃兇聽讒，上下怨怒。彦等遂分軍來廣德軍界下寨。」不知仲即是王善餘黨否，且附此，當考。

盜劉忠據岳州平江縣之白面山，山在平江、分寧、瀏陽三縣之間，趙雄撰韓世忠墓碑云⑰：「劉忠據祁陽白綿山。」據日曆紹興二年二月己丑黄叔敖所奏，乃此「面」字，又不在祁陽，碑恐誤也。

僞齊劉豫令民間房緡以十分爲率，五釐入官。

杜充自南京至雲中，金左副元帥宗維薄其節，不之禮，久而命知相州。

校勘記

① 承節郎趙甡之進狀　「之」，原闕，據叢書本補。

② 按明年三月五日　「三」，原作「二」。據本書卷四三紹興元年三月壬寅記事改。

③ 上諭大臣語已云浚重譴錫　「語」，原作「諳」，逕改。按：據本書卷四三記事，高宗所云非諳也。

④ 悉陜服之甲兵　「甲」，原作「用」，據宋史全文卷一七下引朱勝非閒居録改。

⑤ 見金小主文烈帝　「小」，原本闕，據叢書本補。此蓋爲四庫館臣所删者。

⑥檜在大金　「大」，原本闕，據叢書本補。下同。

⑦有室撚者在軍知狀　「室撚」，原作「錫納」，據金人地名考證改。

⑧遣内侍李肖往桂陽監　「肖」，叢書本作「省」。按：本書卷四四亦作「肖」。

⑨端明殿學士權同知三省樞密院事李回改同知樞密院事　此後有四庫館臣按語：「宋史繫丁亥日。」今删。

⑩環州熟户　「熟」，原作「屬」，據皇朝中興紀事本末卷一五改。

⑪與淯相拒　「淯」，原作「金」，據四庫本中興小記卷九改

⑫次潘原縣　「原」，原作「陽」，據四庫本中興小記卷九改

⑬朝奉大夫知潭州向子諲復直龍圖閣　「潭」，原作「漳」，叢書本同，均誤，據宋史卷三七七向子諲傳、本書卷三二夏四月甲申日記事改。

⑭統領官張憲聞其語以告　「張」，原作「王」，據三朝北盟會編卷一四三改。

⑮遂進至絳州之垣曲　「垣曲」，原作「曲垣」，據三朝北盟會編卷一四三乙正。

⑯彦等元是鎮撫李仲下人馬　「馬」，原作「馮」，據叢書本改。

⑰趙雄撰韓世忠墓碑云　「撰」，原作「揆」，據叢書本改。

建炎以來繫年要録卷三十九

1 建炎四年十有一月庚子朔，徽猷閣待制、宣撫處置使司參贊軍事劉子羽爲尚書禮部侍郎，以張浚言收復鄜延一路，乞除子羽列曹侍郎故也。既而臺諫皆言：「春官高選，子羽以幕府軍功得之，於事不類。」乃命進子羽三官。子羽改命在是月丁未。

2 壬寅，輔臣奏事。先是，王以寧以私書遺張浚，桑仲得而上之。上因言：「以寧黨其所知。」范宗尹曰：「以寧本李綱所薦。」上曰：「二聖朝，黨與之大者，惟蔡京，次即綱也。如張浚，一心爲國，極不可得，但所用一二狂生爲累。若責去之，乃所以保全浚也。」

宗室秉義郎叔[illegible]巡轄廬州馬遞，爲羣盜所逼，自稱興德軍承宣使、知南外宗正事、都大制置使，擅補將士官。廬州以聞，下大理。至是獄成，詔除名，送廣州大宗正司拘管。此據刑寺狀修入。狀又云「爲受臧文宣牒，逼令稱呼」云云。不知臧文宣何人也。

初，宣撫處置使張浚遣使臣楊安間行往雲中，訪資政殿大學士宇文虛中所在，且以其家人書遺之。是日，安見虛中於南驛，翌日，虛中以礬書授安使歸報，其書曰：「緩頰不效，被囚累年。歸望永絶，待死而已。家有艱勤，但告君父。勉思忠孝，勿負吾心。繼此勿用嗣音，有損無益。江左人錢釗、傅昇勿令近行在，此乃勾引者。」安還至汾州，爲邏者所獲，因之。紹興四年七月所書可參考。

3 癸卯，詔曰：「呂公著、呂大防、范純仁皆盛德元老，同居廟堂，國勢尊安，四裔順服，而遭罹貶斥，久歷歲時，尚拘微文，未獲昭雪。朕經此時巡之久，益知致治之難。念兹老臣，是宜褒稱。三省可檢舉，速行褒贈，并其餘黨籍臣僚，下有司責以近限，具名取旨施行。」初，上既數下詔褒録元祐忠賢，而朝廷多故，有司未暇檢舉。及是，上諭大臣曰：「此事議論已久，終是行遺未盡。内中收得元祐黨碑，即降出令録，所司一一契勘褒贈。」遂追封公著魯國公，大防宣國公，諡正愍，純仁許國公，皆贈太師。公著，元祐司空、平章軍國事，諡正獻，黨籍執政第二人，追貶昌化軍司户參軍。大防，元祐左僕射，黨籍執政第五人，循州安置。純仁，元祐右僕射，黨籍執政第九人，永州安置，後諡忠宣。中興聖政臣留正等曰：「三人之忠，載之信史，實冠臣鄰。旌三臣之忠，則凡一時名列黨籍者咸有光焉。雖褒贈之恩未及，猶及也。況太上皇帝成命亦既有在乎？其有未及者，舉行於今日，亦太上皇帝之志也。」

顯謨閣待制蔡莊落職。莊奉祠滿歲，請於朝，詔以莊提舉江州太平觀。言者論莊乃蔡絛友婿，法當論討，遂有是命。莊先已嘗降旨落職。

是日，建康府路安撫大使呂頤浩復南康軍。頤浩既駐軍鄱陽，會建武軍節度使楊惟忠有兵七千屯州境，頤浩請與俱。是月朔，官軍至都昌縣，後三日，遂渡江，入居南康軍。熊克小曆：「庚子朔，遂復南康軍。」誤也。據頤浩所奏，復南康軍在十一月初四日。分守要害，遣統制官巨師古以所部三千七百人救江州。是夜，賊衆三萬人至南康，與官軍鏖戰。頤浩及楊惟忠皆失利，引兵渡江避之，陣於北溪州。翌日，師古引兵，未至江州五十里而營，詰朝出戰，遇伏爲所敗，其衆潰去。師古奔洪州。頤浩乃傳檄王瓔、韓世清會兵，未敢進。按頤浩遣師古以此月丙午，其屯五十里以丁未，潰去以戊申，今牽聯書之。

4 甲辰，端明殿學士、簽書樞密院事趙鼎罷。初，上欲除神武副軍都統制辛企宗爲節度使，鼎以企宗非有軍功，持不下。上不樂，詔鼎累乞宮祠，可本職提舉臨安府洞霄宮，免謝辭。鼎既免，上欲申前命，參知政事謝克家曰：「企宗非有大功，今驟命之，是使鼎得名，企宗得利，而陛下獨負謗於天下後世也。」上乃止。

中書舍人李正民試尚書吏部侍郎，徽猷閣待制兼侍講陳戩試給事中。

5 乙巳，權尚書工部侍郎韓肖胄請復天地日月星辰社稷之祀，事下太常，其後禮寺言：「自車駕巡幸已來，宗廟之祭，文雖省而義存，則歲所常行者，亦當姑存其意，而天地社稷之祀不可輟。今裁定每歲孟春上辛祈穀，孟夏雩祀，季秋及冬日至四祀天，夏日至一祀地，孟冬上辛祀感生帝，立冬後祭神州地祇，春、秋二社及臘前一日祭太社、太稷，並於越州天慶觀設位，免玉與牲，權用酒脯，仍依方色奠幣。以輔臣爲初獻，禮官亞、終獻，宗室奏告，並常服行事。」從之。

是日，僞福國長公主適右監門衛將軍、駙馬都尉高世榮，以世榮爲貴州刺史，賜公主銀帛各三千疋兩，錢五千緡。時調度日繁，户部不能辦，乃命諸費視故事皆損五之四云。

6 丙午，秦檜入見。初，檜發漣水軍寨，權軍事丁禩令參議王安道、馮由義轉行。前二日至行在，檜自言殺監己者奔舟來歸，朝士多疑之者，而宰相范宗尹、同知樞密院李回與檜善，力薦其忠。乃命先見宰執於政事堂，翊日引對。檜言：「如欲天下無事，須是南自南，北自北。」遂建議講和，且乞上致書左監軍昌求好①。

是日，通泰鎮撫使岳飛自柴墟鎮渡江。金左監軍昌既得楚州，有經營南渡之意，乃攻張榮鼉潭湖水寨。榮初見五月乙丑。金人屢攻榮，阻湖淖不得進。及是，天寒水深，遂併力攻其茭城，榮不能當，焚其積聚而去。金人進犯泰州，飛以泰州不可守，棄城去，率衆渡江屯江陰軍沙上。飛棄泰州，據趙甡之遺史在此月癸卯。日曆：飛奏十一月七日自柴墟鎮渡江。七日丙午也，故繫於此。

7 丁未，奉議郎、試御史中丞富直柔守本官，充端明殿學士，簽書樞密院事。故事，簽樞有以員外郎爲之，而無三丞爲之者。中書言非舊典，乃特遷朝奉郎，自是以爲例。直柔遷官，在是月丙寅。

朝請郎、試御史中丞致仕秦檜試禮部尚書，賜銀帛二百疋兩。范宗尹等進呈檜所草國書，上曰：「檜朴忠過人，朕得之，喜而不寐。蓋聞二帝母后消息，而又得一佳士也。古者兵交，使在其中，第難作國書，姑令劉光世作私書與之。」宗尹言：「檜初歸用乏，欲賜銀帛。」又言檜舊除資政殿學士，欲以經筵留之。上曰：「未須如此，且與一事簡尚書。」檜請以本身合得恩澤授王安道、馮由義官，尋並改京秩，而舟人孫靜亦補承信郎。始朝廷雖數遣使，然但且守且和，而專與金人解仇議和，蓋自檜始。檜初歸見上之語，史册不載，今以檜紹興十八年八月癸丑、二十三年七月戊戌奏疏中自叙語修入。熊克小曆檜除在戊申，與日曆異。

殿中侍御史張延壽試侍御史。

直秘閣、宣撫處置司參議官李允文殺朝奉郎、知岳州袁植於鄂州。初，允文以宣撫使張浚之命守鄂州，朝廷因以爲安撫使。允文先得旨，許截留上江綱運招軍，軍浸盛。范宗尹聞其專恣，奏遣高衛代之。事見九月乙卯。允文不悦，乃集諸兵官，望闕拜表，乞留允文。允文遂拒衛不納。植聞之，邀綱舟不下。允文怒，直檄植取之。植批報曰：「李節制已承朝命遣官爲代，其公牒不可施行。」允文怒，未有以發。會劉忠犯岳州，忠以本年十月據白面山②。植出城避之，允文即遣統制官吴錫、段貴等率兵至岳州，數其棄城之罪，執植以歸，送蒲圻獄。是日，沉於江而殺之，以舟覆告。遂命錫知岳州。朝廷始聞允文擅以馬友守漢陽，戊申，詔落允文職，令還川陝本司供職。

8 己酉，新除鼎澧辰沅靖州鎮撫使孔彦舟爲湖南路兵馬副總管，以所部屯潭州。上始聞彦舟據長沙，故有是命。

9 庚戌，詔常程事並權住。自金人破楚州，游騎至江上，朝廷震恐，乃議放散百司，仍結絶三省樞密院文字，士民多奔竄者。

試御史中丞致仕秦檜奏：「臣昨者迂避江路，不歸本鄉，徑泛海洋來赴行在，止爲兩宮安好，欲得及時奏禀。今來已蒙賜對，志願已畢，而臣新自敵中脱身來歸，理宜投閑，長遠事任。伏望聖慈，許臣依舊守本官致仕。」詔不允。

命神武副軍都統制辛企宗以所部討建賊范汝爲。時汝爲已破建陽，官軍多失利，朝廷以從義郎招之不至，乃遣大將焉。

10 辛亥，兩浙轉運副使曾紆請權增諸路賣酒錢，上等每斛增二千八百，下等增千八百。從之。

保義郎劉焕僞刻尚書省印，以造告身、差札等，事覺當死，除名配雷州。

11 壬子，日南至，上率百官遥拜二帝。自渡江至是，始有此禮。

詔：「放散行在百司，除侍從、臺諫官外，吏、户、祠部、大理寺、量審、官告、御馬院、禁衛所、閤門、駞坊、御厨、皇城通進司、左内藏庫、省倉、榷貨務並量留官吏，餘令從便寄居。候春暖赴行在。」

從政郎、權知湖口縣孫咸坐贓抵死，三省擬刺面配連州。上謂大臣曰：「祖宗時，贓吏有杖朝堂者，黥而特配，尚爲寬典。」

12 甲寅，端明殿學士、提舉臨安府洞霄宫黄裳卒。裳，劍浦人，事上皇爲禮部尚書。

13 乙卯，改樞密院幹辦官爲計議官，序位在太常博士之下。

直徽猷閣方孟卿添差兩浙轉運副使，專一應副行在大軍錢糧，用户部侍郎孟庾請也。

右正言吴表臣言：「饒、信州南連福建，東接温、台，當敵馬之衝，尤宜嚴備。自杭至嚴，自嚴至婺，皆有水陸兩路，最係緊切去處，乞速行措置。」時已命神武前軍統制王𤫉以本軍屯信上，詔以表臣章示之。

泰寧縣主簿吴明卓特降一資。時邵武軍百姓多遷徙出城以避寇者，軍吏丁宗亦以其孥出，明卓斬其首，下吏當死，上薄其罪，乃有是命。

14 丙辰，金左監軍昌陷泰州。時昌有渡江之意，欲耕地而守，遂親率萬人，下蔡州而屯之。

15 丁巳，知通州、朝散大夫吕申棄城走。

桑仲既還房陵，金均房安撫使王彦從間道出兵，斷其糧運，且求援於張浚。浚遣將楊惟直以兵來援。是日，彦濟師攻自黄水，仲奔潰，追至白磧，斬獲甚衆，招降者皆隸麾下。仲退屯襄陽府。房州平，浚承制以彦爲金均房州鎮撫使。

16 戊午，右正言吴表臣直秘閣、知信州。表臣以趙鼎去位，乞補外。上曰：「表臣殊不知朕意。羣臣之進，雖多因大臣薦引，至於臺諫，朕豈不能辨其賢否？而表臣用意黨私，朕何賴焉！」范宗尹曰：「昨吕頤浩罷相，所薦人多被彈擊，臣力懇陛下保全之，正欲革此也。」

朝散大夫路允迪復龍圖閣學士。允迪七月乙丑已復端明，不知何時又奪之，當考。

成忠郎、權知漣水軍丁禩爲閤門祇候、知楚州，保義郎劉靖爲楚州淮陽軍都巡檢使，迪功郎王安道、馮由義並爲承務郎，安道簽書楚州，由義簽書漣水軍判官廳公事。禩等當是秦檜所薦。趙甡之遺史云：「檜請以本身合得恩澤授安道、由義官，由是皆補迪功郎。」與日曆不同。或者二人初以禩借文階，至是先補正，而又改京秩也。當求他書參考之。

武義大夫、兼閤門宣贊舍人劉彦知廬州。初，巨寇李伸在廬，朝廷因以爲廬壽鎮撫使。伸所爲兇恣，和州無爲軍兵馬鈐轄、武翼郎王亨以所部討擒之，故命彦代領州事。龔相記歷陽死事云：「水寨得間，即出掠敵營，執巨寇李伸，獻之闕下，伏刑焉。」他書不見李伸事，以史考之，建炎四年十一月三日壬寅，秉義郎趙叔藢斷案内一項，叔藢在廬州，因李伸保明與蕃人接戰有功人③，自已用特字、可字。紹興元年正月十七日乙卯，武德大夫、權淮西總管、知廬州張琦奏，朝奉郎牛際可通判本州。二月九日丙子，廬壽鎮撫使司統制官高彥狀：「本軍元係廬壽鎮撫使李伸下人馬，先蒙差在六合縣，後來不知本官下落。」三月十四日辛亥，和州鎮撫使趙霖奏壽春府僞皇侄事。稱自去年十一月擒獲羣寇李伸之後，道路通行。五月十一日趙霖奏：「新知廬州王亨先統兵在本鎮管下駐劄。備見李伸不遵分守，恣爲兇惡，靡所不至，奮發忠義，生擒賊首李伸，肅清淮甸。」今以前後行遣參考之，初見本末。霖以王亨獲李伸在十一月，故因附此。然趙叔甗與伸事相連，而廬州奏叔甗以去年九月五日甲辰至行在，不知所奏即伸，或是權州也。此事本不必書，以伸嘗爲鎮撫使，欲詳分鎮本末，故具著之。明年三月甲辰④，以王亨知廬州，當是劉彥辭行，史蓋未見，當考。亨，東都衛士，嘗爲張所部曲，所奏官之。至是以獲伸功，稍得進用。

17 己未，詔崔增人船就聽江州路副都總管楊惟忠節制。增既犯太平州，不克，浙西安撫大使劉光世遣人招之，增不從，乃泝流而上，至魯家口，遇邵青舟師出江，不及備，爲所敗。增沿道以擄掠爲資，所至無遺。建康府路安撫大使呂頤浩在饒州，以書招之，增遂納欵。至是，至彭澤縣，知縣事、通直郎楊士明言於朝，乃有是命。時頤浩參謀官、降授朝議大夫劉洪道亦奏，遣統領官李貴引所部擊增逐之，乃復洪道右文殿修撰。洪道復修撰，在是月辛酉。

是日，金人陷通州。

18 庚申，詔學士、兩省講讀官依舊輪日進故事。先是，量留百司，而講筵所不與，上特命留之。

通泰鎮撫使岳飛以失守待罪，詔飛赴江陰就糧，極力捍禦金人，毋得透漏。

19 辛酉，詔福國長公主每月料錢增爲七百千⑤。

是日，僞齊劉豫改元阜昌。豫初僭立，止用天會之號，至是，奉金命而改之。僞齊錄：「十一月二十二日，奉聖旨，王者受命，必建元以正始。近古以來，仍紀嘉號，以與天下更新。乃者即位之初，有司請遵舊制，朕以大國之好，遜避未遑，而使命逼臨，促立別號，以昭受命之元，用新我齊民之耳目。嘉與諸夏，共受天休。其以十一月二十三日建元爲阜昌元年，布告天下，咸使聞知。」僞尚書工部侍郎鄭億年移吏部，前知越州李鄴知東平府，僞監察御史李儔知單州。淮寧鎮撫使馮長寧至僞庭，請行什一稅法，除尚書户部郎中，兼權侍郎。紹興三年五月稅成法。豫又建歸受館於宿州，招延南方士大夫軍民，置榷場，通南北之貨。此非一日事，今併書之。

20 癸亥，禮部尚書秦檜言：「臣伏聞敵騎宿留江北，或傳迤邐渡淮，欲往海州。度其所長，恐未必有肯捨輕騎，拏舟南渡。然在國家萬全之計，每事不得不備。竊見海州入海，當由東海縣及淮口丁禩、馬臯地分；通州入海，當由料角及東沙、汲域陸戡地分。乞下逐處取軍令狀，須管專一探報，不得怠慢透漏。候得將來平安，却與優加褒賞。其東沙以西，金山、錢塘江及秀州、平江府、江陰軍、鎮江、建康府對岸去處，臣不能盡知，乞逐一依東海縣、淮口等處施行，免致萬一誤事。」從之。日曆今年十一月戊午，馬臯差充漣水軍海場。今東海巡檢陸戡，未知此時爲何官，當考。

初，議者以爲越州三江口係通接海道之所，遂命神武右軍遣卒三千戍之。至是，守臣直秘閣陳汝錫言：「三江口乃平敞河地，中有民居，恐戍兵無以存泊，兼去城止十八里，請俟有警，然後遣兵。」從之。尋命以小海舟十艘付軍中爲斥堠。

21 甲子，建康府路安撫大使呂頤浩乞益兵討李成。上曰：「頤浩奮不顧身，爲國討賊，羣臣所不能及。但與賊相拒，不度彼己，容易輕進，此其失也。今兵既少衄，須令且持重。急遣王瓔引兵助之。」范宗尹曰：「頤浩意欲更得韓世忠兵爲助。」上曰：「若遣世忠提全軍往，破賊有餘力，但敵騎尚在江北，未可遽行。」李回曰：「成敢擁衆跨江跳梁，正倚金人南犯，朝廷不能遣發大兵。若陛下親御六師，移蹕饒、信間，則成破膽矣。」上曰：「朕日夜念此不少置，決意須親往，俟敵騎稍北，遣世忠先行，朕繼總兵臨之。先以賞招携其衆，許歸自新，則成必易擒，亦不欲多殺士衆也。」富直柔曰：「聖斷如此，此天下大幸。」

詔諸路守臣並許節制管内軍馬。以中書言艱難之際，事權太輕，緩急無以彈壓故也。時所在既募鄉兵，往往迫縣道以取錢糧，擾平民以要犒設。朝廷知之，乙丑，詔鄉兵並聽守令節制。

22 丙寅，詔神武前軍統制王瓔以本部萬人速往吕頤浩軍前策應。

初，祝友既至龔家城，而滁河舟船已盡爲官司所斂。友遣其徒求得餘舟三桅，以數千人護送出瓜步口，泝流至馬家渡，計置渡江。時滁濠鎮撫使劉綱在溧陽，友之舟爲綱所扼，及岸不得登。是日，友以其舟星散於岸之上下，沿流十餘里。綱之兵不及分，而友之徒已有得濟者，遂畢登，屯於薛店，縱兵擄掠焉。

是月，宣撫處置使張浚自秦州退軍興州⑥。初，我兵既潰於富平，金人以所得陝西金幣悉歸河東帥府。會張中孚、趙彬送欵於金，又知慕容洧叛，乃遂引兵而西走。秦鳳路馬步軍副總管吴玠自鳳翔走保大散關之東和尚原，權環慶經略使孫恂由隴關入秦，與浚會。金人至渭州，得我情實，乃入德順軍。浚聞敵入德順，遂移司興州，簿書輜重，悉皆焚棄。浚之出師也，幹辦公事、朝請郎楊晟惇力言其不可，浚不從，晟惇乃求行邊，不隨幕下。及是來見浚，浚稍以諸事委之。晟惇言，金人必欲擧川秦，然後歸國。不若引兵金、洋一帶，俟敵騎既去，然後收復川、陝，事乃永定。浚雖不用其說，然已置陝西於度外矣。起復朝議大夫、知興元府王庶亦來見浚計事，力陳保秦之策。衆議不同，庶請歸持餘服。浚之自邠南歸也，將士皆散，惟親兵千餘人自隨。其屬官皆懼，有建議當保夔州者，參議官劉子羽曰：「議者可斬也。宣撫司豈可過興州一步？繫關、陝之望，安全蜀之心。」幹辦公事謝昇亦言：「不當遠去，請築青陽潭左右四關六屯。」浚以爲然，乃劾異議者，遣子羽單騎至秦州，訪諸將所在。時敵騎四出，道阻不通，將士無所歸，忽聞子羽在近，宣撫司留蜀口，乃各引所部來會，凡十數萬人，軍勢復振。浚哀死問傷，録善咎己，人心粗安。或謂吴玠宜移屯漢中以保巴蜀，玠曰：「敵不破我，詎敢輕進？吾堅壁重兵，下瞰雍甸，敵懼吾乘虚襲其後，此保蜀良策也。」諸將乃服。時玠在原，軍食不繼。鳳翔之民感其遺惠，相與夜負芻粟輸之。玠亦憐其遠意，厚償以銀帛，民又益喜。敵怒，遣兵伏渭南，邀而殺之，又令保伍相坐，犯者皆死，而民益冒禁輸之，數年然後止。

中大夫致仕吴點卒。點，邵武人，與蔡京有舊。崇寧初，京拜右僕射，點時爲太僕寺丞，首求去。京不樂，終身以郡倅處之。淵聖受禪，擢知漳州，遂再掛冠而卒。

水賊楊華等乘船至鼎州城下，聲言乞招安。鎮撫使程昌寓遣孔目官劉醇持檄以往，醇登舟，而賊斷其首，鼓棹而去。

羣賊賀潮等數千人自郴州、永興進掠衡、吉諸縣，至茶陵，爲京西制置司統制官韓京、元用所敗，遂就招。

此以紹興元年十月丁卯湖東安撫司所申增入。

盜王少八掠韶、惠州諸縣，奉議郎、知惠州范漴捕其黨七十餘人誅之。後進漴一官。此以紹興二年二月甲戌廣東提刑司所奏增入。

校勘記

① 且乞上致書左監軍昌求好　此後有四庫館臣按語：「宋史繫乙巳日。」今刪。

② 忠以本年十月據白面山　「月」，原作「日」，據叢書本改。

③ 因李仲保明與蕃人接戰有功人　「伸」，原作「仲」，據前後文意改。

④ 明年三月甲辰　「三」，原作「正」，王亨以紹興元年三月甲辰知廬州，見本書卷四三，因據改。

⑤ 詔福國長公主每月料錢增爲七百千　「料」，原作「科」，據文意改。

⑥ 宣撫處置使張浚自秦州退軍興州　「秦」，原作「泰」，據叢書本改。

建炎以來繫年要録卷四十

1 建炎四年十有二月己巳朔，輔臣進呈張浚與呂頤浩書，報將自蒲解進兵曲折。初，頤浩在相府，遺浚書言：「近日臺諫尚循舊態，論事不切時務。」浚報之曰：「臺諫箴規人主闕失，糾彈朝廷官邪，當優容之。但使主上曉其意足矣。」范宗尹言浚此論甚善，上稱美久之。

2 庚午，拱衛大夫、相州防禦使張用等言：「所部四十萬人，乞不分擘他處，願聽李允文節制。」詔高衛率用等解圍江州，如能解圍，其張用當除正任觀察使。時衛已爲允文所却，而朝廷未知也。

朝奉郎、添差通判福州宇文師瑗提舉福建路市舶。師瑗，虛中子，特録之。

詔自今立春日賜百官春幡勝權免，俟邊事寧息如舊。

交趾郡王李乾德請入貢，詔却之。

3 辛未，尚書屯田員外郎黄龜年行監察御史。龜年，永福人也。臺部題名並在紹興元年正月，恐誤。

詔：「度支員外郎韓球速往饒州，所過州縣錢糧盡數刻刷，別項樁管。應沿江綱船，不以空重，並令赴饒州岸下擺泊。」先是，李回、富直柔共議移蹕饒、信間以討李成，乃遣球往饒、信州樁積錢糧，凡江湖川廣所輸上供，悉儲二郡。中書舍人胡交修曰：「郡盜猖獗，天子自將，勝之不武，不勝貽天下笑。此將帥之責，何足以辱王師？」中書舍人洪擬亦言：「捨四通五達之郡，而趨偏方下邑，道里僻遠，非所以示恢復，形勢卑陋，不足以堅守禦，水道壅隔，非漕輓之便，輕棄二浙，失煮海之利。」力上疏争之。球，璜弟也。時上自海道還，内批取金以百計，絹以千計，銀錢以萬計，人言籍籍，以爲費。交修曰：「予以馭其富，人主之柄也。即有賜，第詔有司奉行，毋示人以私。」上欣納。熊克小曆以擬爲起居郎。按日曆，擬今年八月除中書舍人，克誤也。

直秘閣、知江州姚舜明陞直龍圖閣，武功大夫、江州兵馬鈐轄劉紹先領忠州刺史，録守城之勞也。時舜明所募迪功郎黄武、免解進士張定之持蠟書至行在，詔武改初等京秩，而定之爲迪功郎。

是日，金左副元帥宗維命諸路州縣，同以是日大索南人及拘之於路，至癸酉罷。籍客户拘之入官①，至次年春，盡以鐵索鎖之雲中，於耳上刺「官」字以志之，散養民間，既而立價賣之，餘者驅之韃靼、夏國以易馬②，亦有賣於蒙國、室韋、高麗之域者③。時金既立劉豫，復以舊河爲界。宗維恐兩河陷没士庶非本土之人，逃歸豫地，故有是舉。小民出不意，父子夫婦盡城星散，哀號滿道，井、縊者甚衆。壽州初得客户六十八，而誤報六百八人，宗維不容訴，於是州官驅窮民孤旅四百五十人以充數，至則一例賣之，莫能辨也。先是，中原士大夫爲宗維所掠，聚之雲中，至者無以自活，往往乞食於路。宗維見之，畏其衆也，驅三千餘人坑之城外。熊克小曆云：「樂壽縣初得客户六十八人。」蓋據張滙節要所書。按去年秋，金已陞樂壽縣爲壽州，今改定修入。

4 壬申，大理少卿張誼行殿中侍御史。

御筆：「令孔彦舟移兵援江州，賜彦舟戰袍、金束帶、銀槍、細甲。」時起復尚書考功員外郎、宣撫處置使司主管機宜文字傅雱在彥舟軍中，因爲之用，乃亦進雱二官，爲朝散大夫。

5 癸酉，浙西安撫大使劉光世乞暫赴行在奏事。詔：「鎮江係控扼要害之地，方敵人對境，所賴措置防守，所乞難議施行。」

6 丙子，以越州爲趙立醮祭作佛事，特輟視朝一日。

閤門宣贊舍人、建康府路安撫大使司統制軍馬韓世清爲池州兵馬鈐轄。

7 戊寅，宣撫處置使司參議官王以寧自長沙遣人獻馬四匹，又以一馬遺内侍馮益，益并其書上之。上諭輔臣曰：「此豈士大夫所宜爲？」范宗尹請以所進還之。李回曰：「以寧以此窺朝廷，亦甚淺矣④。」張守曰：「以寧以此圖官職爾。」上曰：「朕即位以來，未嘗以貢獻進人官職，俟其來，當還之。」

8 己卯，詔户部進錢萬緡，奉隆祐皇太后生辰。時上以太后誕日，置酒宮中，從容語及前朝事。后曰：「吾老矣，幸相聚於此。他時身後，吾復何患？然有一事，當爲官家言之。吾逮事宣仁聖烈皇后，求之古今，母后之賢，未見其比。因奸臣快其私憤，肆加誣謗，有玷盛德。建炎初，雖嘗下詔辨明，而史録所載，未經删定，豈足傳信後世？吾意在天之靈，不無望於官家也。」上聞之惕然，其後更修神宗、哲宗兩朝實録，蓋張本於此。此以哲宗實録篇末朱勝非所記上語修入，但不知在何年。謹按，昭慈聖獻皇后以建炎元年至南京，二年在維揚，三年在虔，四年在越，而后以紹興元年四月升遐。史臣所記言語有云「建炎初雖嘗下詔辨明」，則必非元年二年事，故知爲此年不疑。今因進奉，遂書之，當求他書附生辰本日。

9 辛巳，尚書兵部侍郎兼權直學士院汪藻爲翰林學士，徽猷閣待制林遹復爲中書舍人。熊克小曆汪藻除學士在明年五月，蓋因本院題名誤也。今從日曆。

朝奉郎朱宗守大理少卿。宗始以僞黨斥，至是范宗尹薦用之。

承奉郎、新知常州劉寧止改知衢州。

詔崔增聽呂頤浩節制。頤浩請之也。

三省言：「訪聞江西州縣往往迫於軍衆，應副馬進錢糧。」詔禁止。違者當職官重行竄責。

10 癸未，朝散郎、通判壽春府王攄知壽春府，從政郎、淮南西路安撫司主管機宜文字王大節爲宣議郎、通判府事。初，金將周企既去，攄執守臣閤門宣贊舍人馬識遠械繫之，且上閭勍死事於朝，故有是命。攄因爲惡言動衆，亡賴少年相與取識遠殺之。日曆「壽春府奏見禁叛逆守臣馬識遠」，而無行遣指揮，此以洪邁夷堅志所書修入。

詔監司守倅並以三年爲任。

11 甲申，翊衛大夫、福州觀察使辛道宗爲樞密副都承旨。先是，承旨司闕官，范宗尹擬用保静軍承宣使提舉江州太平觀邢焕、起復右武大夫榮州防禦使同管客省四方館閤門公事藍公佐與道宗，凡三人，除目上，上曰：「朕不欲以戚里任朝廷官。道宗亦可，但不甚知兵。」乃用道宗，而罷焕。命下，給事中陳戩不書録黄，道宗聞之，使所親語戩曰：「富季申以阿附，故有今日，公第行之，必有以報。」此據沈與求劾富直柔狀修入。戩即上奏言：「右府主兵之地，所以號令諸將。今道宗之兄企宗總禁旅之屯，以事征討於外，其弟永宗總神武之衆，以制中軍於内，而使道宗出入機庭，親承密旨，豈無妨嫌？」上不從，遂命尚書右司員外郎趙子畫兼權給事中，書讀行下。命子畫在是月壬辰，今併書之。熊克小曆云，道宗時爲後軍都統制。按此時神武後軍統制乃陳思恭爲之，而辛永宗爲神武中軍統制，克恐誤。

直秘閣、知越州陳汝錫以職事修舉，陞直顯謨閣。汝錫此除，季陵白雲集有制詞。按此時後省乃席益、胡交修、洪擬三人，陵方罷版曹，奉祠家居，不知何以當此制也。

12 乙酉，詔臨江軍津遣宣教郎范燾赴行在。燾已見去年九月。燾嘗權寧遠軍節度使孟忠厚從衛提舉事務所屬官，以事擾州縣，爲忠厚所斥。及還，忠厚言燾攝任日淺，乞不推賞。燾憾之，乃上疏訟忠厚與太母共養淵聖皇帝之子，藏之別室。上諭輔臣曰：「朕事隆祐皇太后，子母之間，更無疑間。燾誣謗太后，安得有此？可送御史臺治其罪。」范宗尹曰：「陛下若坦然不疑，不若便行遣。」上曰：「所以送獄者，欲天下知其誣謗太后得罪，非以言罪人也。既恐追逮煩擾，可送一州編管。」上又曰：「英宗、慈聖及哲廟、宣仁，皆以人離間，故使疑謗上累兩朝。朕不得不懲。」乃有是命。明年三月丁酉行遣。

13 丙戌，同知樞密院事李回進呈諸路盜賊數。上謂回：「卿意如何？」回曰：「臣意欲治數渠魁，當少戢。」上曰：「卿意甚善，皆吾赤子，豈可一一殺之？第治李成輩三兩人可矣。」范宗尹曰：「俟更數日江北探報稍定，便降車駕幸饒、信指揮，先遣韓世忠往，盜賊自須聽命。」李回曰：「臣所以屢告陛下移蹕者，蓋天威所臨，羣寇自然銷服。」富直柔曰：「兵家貴先聲，亦須早降指揮。」回曰：「周虎臣乞降黃榜招撫。臣謂呂頤浩方失利，今若便降招撫榜去，政恐賊笑爾。」上曰：「招撫須以大兵臨之。」守曰：「誠如聖諭，所以就招撫者，以我能制其死命故也。」時遣太常博士周虎臣往頤浩軍前計事，而虎臣乞招撫，故執政及之。

14 庚寅，上與輔臣議改元。范宗尹曰：「將來郊禮，又須降赦。今德音乞用第二等。」上曰：「將來郊禮，除諸軍賞給及官員奏薦不可不與，其餘當一切從權減省。」參知政事張守曰：「仁宗時袷享禮，恐將來可遵用。」

降徽猷閣待制、知婺州沈晦爲集英殿修撰，提舉臨安府洞霄宮。以言者論晦妄用便宜指揮行事也。

15 辛卯，劉光世奏，諜報敵不渡江。上謂大臣曰：「朕當修人事以答天意。」范宗尹曰：「聖訓及此，天下幸甚。」

16 乙未，神武右軍都統制張俊爲江南路招討使，進解江州之圍，且平羣盜。事急速者，許便宜。時李成乘金人殘亂之餘，據江、淮六七州，連兵數萬，有席卷東南之意，使其徒多爲文書符讖，幻惑中外，朝廷患之。至是，聞金不渡江，上乃止饒、信之行，范宗尹因請遣大將討成，故有是命。仍令前軍統制王𤫉、後軍統制陳思恭、通泰鎮撫使岳飛皆屬俊。詔招討使位宣撫使下，制置使之上，著爲令。

17 丁酉，朝散郎、措置福建兵民寨柵謝嚮言：「范汝爲已就招。」先是，神武副軍都統制辛企宗駐邵武軍，距賊洞二百餘里。時遣兵攻賊，爲所敗。有從事郎施逵者，邵武人，上舍高第，自潁昌府府學教授代還，以策干企宗，反爲賊游説。而本路監司亦以招安爲便，乃募國學内舍生葉昭積往招之。至是，授汝爲武翼郎、閤門祗候，充民兵都統領。其徒葉鐵最驍健，亦以爲忠翊郎，更名徹。昭積補下州文學，而逵還承直郎。時汝爲慕得官，且懼大軍繼至，故聽命，然未肯散其徒。企宗駐軍邵武軍，不能制。熊克小曆於此書就命謝嚮爲民兵寨柵官。按嚮措置福建兵民寨柵，日曆已於十月二十一日書之，克蓋誤也。克又稱辛企宗爲福建制置使，亦誤。企宗除制置在明年二月己卯。

是月，夏人攻西安州平羌寨，拔之。

翰林學士汪藻言：「古者兩敵相持，所貴者機會，此勝負存亡之分也。金師既退，國家非暫都金陵不可，而都金陵非盡得淮南不可。淮南之地，金人決不能守，若爲劉豫經營，不過留簽軍數萬人而已，蓋可驅而去也。淮南洊經兵禍，民去本業，十室而九，其不耕之田，千里相望，流移之人，非朝夕可還。國家欲保淮南，勢須屯田，則此田皆可耕墾。臣愚以爲，正二月間，可便遣劉光世或呂頤浩率所招安人馬過江，營建寨栅，使之分地而耕。既固行在藩籬，且清東西羣盜，此萬世一時也。」疏奏，未克行。中興後言屯田者，蓋自此始。藻疏不得其時，今參酌附此月末。

是歲，行在大軍月費見錢五十餘萬緡，銀帛芻粟在外，而諸路養兵之費不與焉。此以紹興元年正月德音修入。

宗室不縱等賜名者八人。

宣撫處置使張浚命四川民户歲輸激賞絹三十三萬匹有奇，俟邊事寧息即罷。四川田税，大約凡三百錢，令民輸一匹絹，而成都、彭、漢、邛、蜀、永康六郡，自天聖間，官以三百錢市民間布一匹，民甚便之。其後不復予錢，而但取其布，民始以爲病。至是，宣撫司歲截陝西、河東北三路絹綱三十萬匹，令民輸其直以贍軍，西川匹爲十一千，東川匹爲十千，歲凡三百萬緡有奇，謂之絹估；又截布綱七十餘萬匹，匹取其直三千，歲凡二百萬緡有奇，謂之布估云。按絹估錢，自慶元初累減至二百餘萬，布估錢減至一百二十七萬緡。激賞事，紹興十六年十二月戊戌，絹估事，紹興二十五年七月丙辰可參考。

自淩入蜀，盡起諸路常平坊場錢以贍軍，次科激賞絹布，次則盡起常平司積年本息和糴等米，次則對糴税户米。對糴者，謂如甲家歲輸米百斛，則又對糴百斛以備軍儲，蜀民始困矣。此以劉長源奏議附見，當求總領所案牘，各繫本月日。

紅巾賊屢犯均州，知武當縣、奉議郎王喚率邑人保山寨⑤，賊軍大至，或勸之使遁。喚曰：「使吾有此心，則不能與邑人爲此來矣。」遂與一家俱死，後録其家一人。此據張鈞續忠義録。鈞以爲建炎末事，故附於此，但又以爲金人大軍搜山，則非也。此時均州諸盜乃李忠之徒，金人未嘗至。今删改，令不牴牾。

僞齊劉豫立陳東、歐陽澈廟於歸德府，封東爲安義侯，澈爲全節侯，取張巡許遠廟制，立爲雙廟以祠之。此以方疇封事及遺史參修。疇以紹興元年五月上書，豫以今年僭立，故參酌附此末。時國信副使宋汝爲自京師至東平見豫，持頤浩書與之，勉以忠義，開陳禍福，使歸朝廷。豫悚而立，曰：「使人使豫自新南歸，人誰直我？獨不見張邦昌之事乎？業已至此，夫復何言！」即拘汝爲不遣。既而以汝爲本儒士，乃授通直郎，同知曹州。時豫又依金國法，鄉各爲寨，擇土豪爲寨將，兩丁籍一，爲出戰軍，料糧器甲自備⑥。民有醉酒駡豫云：「汝何人，敢爲天子？」豫斬之。滄州進士邢希載上言有大利害，乞見。豫召入，希載請遣使密通江南，豫榜於市云：「上國聞知，與生靈爲害非細。」斬其首以令。

初，徽猷閣待制洪皓與右武大夫龔璹持命至太原，金令其陽曲縣主簿張維館伴，留幾歲，金遇使人禮益削。是歲，始遣皓、璹至雲中。時通問使朝奉郎王倫、閤門宣贊舍人朱弁已被拘，倫、皓因以金遺商人陳忠，令密告兩宫，以本朝遺倫等來通問。於是，二帝始知建炎中興之實。已而左副元帥宗維召皓等，遣官僞齊，皓力辭不可。宗維怒，命壯士擁以下，執劍夾承之，皓不爲動。傍貴人唶曰：「此忠臣也。」止劍士以目，爲跽請。宗維怒少霽，遂流遞於冷山，與假吏沈珍、隸卒丘德、党超、張福、柯辛俱。流遞，猶中國編竄也。雲中至冷山，行兩月程，距金國二百餘里。地苦寒，四月草始生，八月而雪。士廬不滿百，皆右監軍希尹聚落，希尹使誨其八子。或二年不給衣食，盛夏至衣褐布。番課四隸採薪他山，嘗久雪薪盡，至乞馬矢煨麪而食。熊克小曆附此事於三年末，恐誤。今從皓行述。

瀘州騎射卒張仙謀殺安撫使蘇覺以叛，舉火焚倉庫，不克，伏誅。先是，戍卒王全等十數人糾合爲亂，乘郡官端午泛江，乃舉兵。前一夕，夜漏四鼓，大雨，及明，罷出郊，奸謀沮喪，遂就擒。騎射蓋元祐末所置，其額才四百人，全蓋宣和末京師所遣禁兵，號東土軍者是也。此據江陽志修入。志稱不利於帥臣蘇覺，而以爲建炎四年事。按覺今年十二月到官，故附此年末。

校勘記

① 籍客户拘之入官　「官」，原作「宫」，據續資治通鑑卷一〇八改。

② 餘者驅之韃靼夏國以易馬　「韃靼」，原作「達靼」，據金人地名考證改。

③ 亦有賣於蒙國室韋高麗之域者　「蒙國」，叢書本作「蒙古」。本書卷九六所附金人地名考證載：「蒙古原書作蒙國，卷一

百三十三又作蒙兀。」此作蒙國，或爲原文。

④ 亦甚淺矣　「甚」，原闕，據叢書本補。

⑤ 知武當縣奉議郎王�率邑人保山寨　「晚」，叢書本作「焕」，未知孰是。本書卷四六有「中大夫直秘閣新知饒州王晚提舉臨安府洞霄宫」之記事，此王晚乃秦檜養子熺之生父，同名而非一人。

⑥ 料糧器甲自備　「料」，原作「以」，據叢書本改。

建炎以來繫年要録卷四十一

1 紹興元年歲次辛亥。金太宗晟天會九年，僞齊劉豫阜昌二年。春正月己亥朔，上在越州。平旦，率百官遥拜二帝於行宫北門外。退御常朝殿，朝參官起居。自是朔望皆如之。

是日，改元紹興。德音：「降諸路雜犯死罪以下囚，釋流以下；羣盜限一月出首自新，仍官其首領；令州縣存恤陣亡、戰傷將士，及奉使金國與取過軍前未還之家；民户今日已前倚閣税租，一切除放；復賢良方正、直言極諫科；令有司條具元祐黨籍臣僚未經褒贈人，吏、刑部限一月檢舉。」自紹聖廢制科，至是始因德音，下禮官講求故事，然未有應者。

金人掠天水縣。時縣徙治榆林，承奉郎、知縣事趙璧方受賀，忽敵騎三百突入，坐上縛璧及統領官雷震、主簿張昔以去。璧等不屈，皆殺之。璧，京兆人也。

2 辛丑，徽猷閣待制、知臨安府李光移知洪州。光以事與浙西安撫大使劉光世有違言，光世請避光。上曰：「朝廷方賴光世爲上流屏翰，然光區區數論事，意亦可佳。」乃徙光江西。范宗尹因薦朝奉郎、提舉江州太平觀孫覿有才，乃復覿龍圖閣待制，知臨安府。季陵白雲集，光、覿二制皆陵所草，恐誤。

承事郎、新知衢州劉寧止爲浙西安撫大使司參議官，劉光世請之也。

3 癸卯，上謂輔臣曰：「張浚短於知人，所用多浮薄妄作。」同知樞密院李回曰：「浚之行出於倉猝，以故不暇詳擇。」上曰：「用人豈可不審？」

尚書禮部員外郎侯延慶爲起居舍人。延慶爲范宗尹所喜，故卒用之。

起復朝散大夫樞密院計議官王佾、起復右武大夫榮州防禦使同管閤門公事藍公佐並罷。佾，復子也，朝廷以其父死事，故録之。而佾交結權貴，數與公佐謳歌燕飲，公佐與内侍康諝善，每至其直舍，縱飲大醉，薄暮還家，頗漏泄禁中語。侍御史張延壽劾之，上令付出議罪。范宗尹請除佾大宗正丞，延壽言其不可，乃盡罷之。仍鐫公佐五官，黜監諸州市征。沈與求論宗尹交結公佐事，當考。

中侍大夫、奉國軍承宣使、帶御器械、權同主管殿前司公事李質卒。故事，横行不贈官，以質當苗、劉之亂，與在外將帥協謀保護兩宫，特贈鎮東軍節度使，賜其家帛三百匹，錢五百千。贈官在此月辛酉。凡臣僚薨卒，有本月日者，各繫其月日，未見本日者，因遺表書，無遺表者，因致仕書之。

是日，始下詔罪狀舒蘄鎮撫司副都統馬進，以其違主帥之令，抗拒官軍也。仍立賞格，許其徒自新。

4 甲辰，閤門宣贊舍人潘永思復爲帶御器械，以神武副軍都統制辛企宗言永思嘗捕魔賊有功故也。

朝奉郎、和州無爲軍鎮撫使趙霖復故官，爲朝請大夫。霖先以贓廢，至是特復之。

5 乙巳，權鄂州路副總管張用所部統領官孟振、王林以其軍奔咸寧縣。先是，安撫使李允文傳令點軍，或告以允文將殺用，用懼，命諸軍擐甲而入。允文大驚，遽罷。於是其徒俱散，用獨與親軍二千居城中。

6 丙午，太常博士王居正試尚書禮部員外郎，宣教郎秦梓守屯田員外郎。

尚書刑部員外郎錢棯兼權江南路招討司隨軍轉運使。

中奉大夫李芘知建州。

7 丁未，言者論：「大臣用人之際，當推其賢，不必以嘗經堂除爲限。」先是，吕頤浩當國，患請謁者衆，乃揭榜省户曰：「未經堂除者，不得投牒求官。」言者以爲：「如此則宣、政之間倚權貴之門，超取顯美者，皆在所收。豈無韜晦自重，不願爲人所知者？至今守其説而不變，其何以來天下之士，而濟艱難之業？」疏奏，詔三省遵守。

8 戊申，神武右軍都統制、江南路招討使張俊改江淮招討使。後數日，俊入辭，頗言李成兵衆。上曰：「汝將全軍，設爲朕攻一郡若何？」俊曰：「臣朝至而夕入可也。」上曰：「成竭力攻九江，兩月不能下，則雖衆何能爲？」俊大以爲然。上因謂俊：「今日諸將，獨汝未嘗立功。」俊曰：「臣何爲無功？」上曰：「如韓世忠擒苗傅、劉正彦，則功績顯著，卿殆不如。」俊恐悚承命。俊將行，越州下屬邑根刷民舟二千，載其軍家屬。言者以爲擾，乞罷之，不從。事見此月乙酉。

尚書省言：「岳、鄂道遠，請還隸湖北，復江池路爲江東西路，置帥司於江、池。又分荆湖諸州之在江南者，爲荆湖東西路，置帥司於鄂、鼎。」八月庚辰又改。

是日，馬進陷江州。守臣直龍圖閣、沿江安撫使姚舜明棄城遁。時江州被圍僅百日，糧食皆盡，人相食。

賊兵晝夜不息，兵馬副鈐轄劉紹先竭力捍禦。至是，人皆饑困無鬭志。呂頤浩、楊惟忠、巨師古率衆來救，爲進所敗，不得近城。城中亦不知官軍來援。舜明與紹先議，棄城出奔。紹先乃縱火城中，乘喧鬨，奪西門走瑞昌，舜明奪南門走南康。進引兵入城，大肆殺掠。日晚有米綱到城下，泊於酒坊門下，始知賊已據城，急解維放船，下湖口。進遣賊黨追至湖口，遇頤浩之兵而還。李成聞江州已陷，乃渡江入城，坐於州治，括寓客及郡縣官僅二百員，悉殺於庭下。端明殿學士王易簡與其子責授單州團練副使寓皆死於亂兵。有沿江安撫司統領官呂鄂者，能射一石三斗弓，發無不中。城初陷，詣馬進降。進喜，成見之曰：「圍城久，士卒多中箭死，非爾邪？」遂殺之。成揭榜，許人識認擄獲生口，人漸有生意，皆作庵寮以居。寓，靖康中嘗除尚書右丞。

9 己酉，岳飛自江陰軍引兵之洪州。飛行至徽州，有訴其舅姚某騷擾者，飛責之。他日舅因馳馬射飛，不中，飛擒而殺之。

金人犯揚州。

10 辛亥，參知政事謝克家充資政殿學士，提舉臨安府洞霄宮。克家引疾乞祠，故有是命。

11 壬子，詔：「京官、知縣並堂除。内外侍從官限三日，各舉可任縣令者二人，犯贓連坐。」又詔：「不歷縣令人，勿除監司、郎官。不歷外任人，勿爲侍從。著爲永法。」於是從官有互舉其子爲縣令者，而子又皆貪贓，論者惜之。何俌龜鑑：「不歷縣令不除監司、郎官，不經外任不除侍從，嚴失舉之罰，須考課之條。定内外更迭之法，而命官之道得矣。」

詔明州作鬧班直，令殿前、皇城司依舊於禁軍内安排。

直龍圖閣、知潭州向子諲移知鄂州，主管荆湖東路安撫司公事。後二日，以湖南馬步軍副總管孔彦舟爲湖東副總管①，屯鄂州。彦舟在潭州未去也。

是日，江西安撫大使朱勝非始領使事於新喻縣。此據勝非八月四日所奏。

12 癸丑，曹成入漢陽軍。成久屯三龍河，時出兵攻德安府。而李宏在郢州，軍皆乏食，成率衆趨漢陽，宏亦繼至。權鄂州路副總管張用聞之，率其親信二千餘人往咸寧，與孟振、王林復合。安撫使李允文遣使招成，成曰：「若許人入城，則秋毫不犯。不爾，當縱諸軍一蹂踐之。」允文許諾，遂自平湖門入城，出屯於東門之外，漫岡被野，連接不斷。既而鄂州無糧食，允文謂成曰：「可向南自求之。」於是成復有反意，遂率衆如江西。

是日，李敦仁圍建昌軍，後半月乃解去。

13 甲寅，中書門下省言：「祖宗舊法，在京官吏添給，各有定限次數，若不別行措置，無以革冗濫之弊。」詔：「行在供職官吏，除本身請受外，添給等不得過三色，有兼職人不得過四色，如違，計贓斷罪。批勘官司不覺察者準此。」此以紹興五年閏二月二十七日户部申明狀修入。

承務郎謝伋、修職郎程克俊並充詳定一司敕令所删定官。伋，克家子；克俊，鄱陽人也。

14 乙卯，直龍圖閣、鼎澧鎮撫使兼知鼎州程昌寓依前知鼎州、主管湖西安撫司公事。時鼎之諸縣，大半爲寇所據，賦入絶少，米貴，斗直二千，而養蔡兵頗衆。昌寓既輟兵北援澧州，又於辰陽新縣邊地要城列置諸寨，調屬郡峒丁、刀弩手以助蔡兵守禦，軍糧屢竭，或五日纔給糯米一斗，軍人鬻妻子以自活。昌寓聞於朝，不俟報即取辰、沅、邵、全、四州諸司錢以贍軍，又賦鼎民和預買折帛錢六萬緡，自是以爲例。昌寓科鼎州民户和預買紬絹錢五萬九千九百緡，以贍蔡兵，他書皆不見，今以紹興二十九年十二月壬申凌景夏所奏修入。

朝奉大夫江端本主管臨安府洞霄宫。初，命端本知光州，端本不赴，既而言者劾其避事，端本坐停官。

15 丙辰，初許百司每旬休沐。辛執因奏事，上曰：「一日休務，不至廢事，使一月間措置得十事，雖二十日休務何害？若無所施設，雖窮朝夕何補也？」

16 丁巳，責授茂州別駕李彝復爲朝奉郎，以赦叙也。

是日，江東安撫大使呂頤浩、江西副總管楊惟忠引兵趨江州。先是，神武前軍統制王𤫊軍至饒州，頤浩乃復進軍左蠡。會頤浩又得閤門宣贊舍人崔增之衆萬餘，軍勢稍振，乃命𤫊與增擊賊於湖口之南，增大捷，乘勢至江州城下，而姚舜明已去矣。於是李成遣其將邵友自奉新縣徑趨筠州。

17 戊午，户部侍郎孟庾言：「兩浙路夏税及和買紬絹一百六十萬餘匹，半令輸價錢，每匹兩千。」從之。

18 己未，中大夫、知樞密院事、宣撫處置使張浚特遷通奉大夫。以出使日久，禦捍大敵，備著忠勞也。

浙西安撫大使劉光世言：「自去臘至今，招到女真及簽軍共六百六十餘人，乞補官。」詔：「補忠訓郎已下至效用甲頭。內無姓人賜姓趙。」先是，左監軍昌屯海陵，光世知其衆久戍念歸，乃鑄金銀銅三色爲錢，文曰「招納信寶」，皆有使押字，以爲信號。獲敵人之解事者②，貸而不殺，俾密示儕輩，有欲歸附者，抵江執錢爲信而納之，自是歸者不絶，遂創立奇兵、赤心兩軍。

19 庚申，朝奉郎、直顯謨閣、宣撫處置使司參議官王以寧落職，降三官，責監台州酒務。以寧既爲孔彦舟所逐，會監察御史韓璜使湖南還，劾其擅命，故黜之。

銀青光禄大夫李綱提舉臨安府洞霄宫，以綱有請也。

詔：「趙普佐命元勳，視漢蕭何。宜訪其子孫，量才録用。」

20 辛酉，手詔曰：「朕念太祖皇帝創業垂統，德被萬世。神祖詔封子孫一人爲安定郡王，世世勿絶。乃至宣和之末，以太常、禮部各有所主，依違不決，使安定之封至今不舉，朕甚憫之。有司其上合襲封人名，遵依故事施行。」是日，輔臣進呈次，上因論此事曰：「太祖功德如此，世襲王爵，宜不爲過。」范宗尹曰：「太祖嘗云：『天下初定，朕思得長君以撫之。』而授位太宗，則其意專爲天下。」上曰：「朕頃在藩邸，入見淵聖皇帝，率用家人禮。一日，論及金人事，嘗奏曰：『京師甲士雖不少，然皆游惰羸弱，未嘗簡練。敵人若來，不敗即潰耳。陛下宜少避其鋒，以保萬全。』淵聖皇帝曰：『朕爲祖宗守宗廟社稷，勢不可動。』其後敵復犯京師，朕在相州，得淵聖親筆，謂悔不用卿言。是時近習小人争言用兵，熒惑聖聽，殊不量力，遂至今日之禍。」

奉迎神主提點所言：「今太廟寓温州，逐月薦新，有非地産者，請得以他物代充。」從之。

21 癸亥，樞密院奏，福建民兵都統領范汝爲欲令聽辛企宗節制。上曰：「事有本末，卿等今日所措置者，末也，而未原其本。福建僻陋，盜賊蠭起，得非守領不知省其疾苦乎？其令監司、帥臣各條上弭盜及便民利物之事，朕當施行之。」

監察御史韓璜言：「臣誤蒙使令，將命湖外，民間疾苦，法當奏聞。自江西至湖南，無問郡縣與村落，極目灰燼，所至破殘，十室九空。詢其所以，皆緣金人未到，而潰散之兵先之。金人既去，而襲逐之師繼至。官兵、盜賊，劫掠一同。城市、鄉村，搜索殆遍。盜賊既退，瘡痍未蘇，官吏不務安集，而更加刻剥。兵將所過縱暴，而唯事誅求。嗷嗷之聲，比比皆是，民心散畔，不絶如絲。此臣所欲告於陛下者。然道中伏讀改元德音，不覺感泣。州縣情僞，陛下既已盡知，蠲煩去苛，恩意亦已備矣。臣惓惓餘忠，欲陛下謹信詔令，務在必行。」詔比降德音，寬恤事件，州縣自宜悉意奉行，違者監察按劾，御史臺察之。

左武大夫、京畿路提點刑獄公事、權京城副留守趙倫既出奔，與權知唐州胡安中數奏金人動息。安中先以留守司之命，假授武德大夫、京西南路提點刑獄公事，在唐州，至是，遣人來奏事。上嘉之，詔並進三官，仍賜敕書獎諭。

初，杜充之敗也，其中軍統制、武義大夫耿進以所部去，朝廷聞進在通州，詔進以舟師赴行在。進，堅子也。見三年六月。

22 甲子，通議大夫吴敏復觀文殿學士、知潭州③，充荆湖東路兵馬鈐轄。初，向子諲既移鄂，遂以降授中散大夫、新江南路都轉運使湯東野知潭州，與子諲並命。會監察御史韓璜言湖南困弊，宜遣重臣鎮守。敏時在廣西，范宗尹因薦用之。

直秘閣王浚明知建州，浚明初以軍變罷，至是復用之。

23 乙丑，荆南鎮撫使解潛言：「臣所領鎮，最爲要害，而所部正兵不滿二千。本鎮東鄰鄂渚，而安撫李允文生事召亂，致李成寇犯未已。南接潭、鼎，而節制王以寧輕易無知，爲孔彦舟所敗，湖外騷然。又鼎、澧程昌寓狂率自恣，近爲湖寇敗於辰陽，僅以身免。此事未見。潛所奏云湖寇楊髯子，恐是楊華也。北連襄、漢，而未有帥臣。千里之間，人跡斷絶。乞遣精兵一軍前來保護蜀口。」時允文軍將武功大夫、康州團練使、江南東路兵馬都監張崇叛去，以所部屯岳州，潛以崇知公安軍，言於朝。詔已命崇赴鼎州，不許。潛又言：「峽州宜都縣在大江之南，背山面水，險阻可恃，乞移治宜都。」從之。

24 丙寅，浙西安撫大使劉光世言：「諜報金人自泰州來横塘。」詔光世極力措置。

是月，金人以萬騎攻河南寄治所西碧潭④，時鎮撫使翟興以乏糧，方散遣所部就食於諸邑，所存惟親兵數千。報至，人情危懼。興安坐自若，徐遣驍將彭玘往，授以方略，設伏於井谷，遇敵至，陽爲奔北，金人果以精騎追之，遇伏，爲所擒，餘衆潰去。

初，順昌盜余勝等既作亂，官吏皆散。土軍陳望素喜禍，與射士張衮謀欲舉寨應之，軍校范旺叱之曰：「吾等父母妻子，皆取活於國。今力不能討賊，更助爲虐，是無天地也！」兇黨忿，剔其目而殺之，暴屍於市。旺妻馬氏聞之，行且哭，賊脅汙之，不從，又殺之。賊既平，屍迹在地，隱隱不没。邑人驚異，爲設香火。事聞，詔贈承信郎，更爲立祠號忠節。旺贈官在六年十月乙卯，賜廟額在三十一年，今併書之。

校勘記

①以湖南馬步軍副總管孔彦舟爲湖東副總管　「湖東」，底本與叢書本俱作「東湖」。上文既言向子諲移知鄂州，主管荆湖東路安撫司公事，則此作「東湖」必誤，故逕改。

②獲敵人之解事者　「敵」，原作「戍」，據叢書本改。然「戍」或爲「戎」之誤書，則原文當作「戎」。

④通議大夫吴敏復觀文殿學士知潭州　「議」，原作「義」，據叢書本改。

④金人以萬騎攻河南寄治所西碧潭　「河南」，原作「南河」，據叢書本改。據趙鼎忠正德文集卷八丙辰筆録，西碧潭在欒川縣，正在河南。

建炎以來繫年要録卷四十二

1 紹興元年二月戊辰朔，廣東經略司言：「賊李冬至二犯英、連、韶、郴等州。」冬至二者，宜章人，以軍興賦重，不能保，遂與其徒作亂，自號平天大王。詔湖、廣憲臣招捕。

是日，祝友以其軍降於劉光世。初，友在新店，欲侵宣州，阻水不克渡。會光世遣人招之，友留其使彌旬，然後受招。時江東路兵馬副鈐轄王冠在溧水駐軍，友移書假道，以趨鎮江，冠不從，友引兵擊之，冠軍大敗，友遂自句容之鎮江。光世分其軍，以友知楚州。先是，史康民在淮南，與友合軍，康民之軍極富，以金寳賂光世，光世喜，康民遂得進用。

2 己巳，監察御史江躋爲尚書吏部員外郎，禮部尚書秦檜兼侍讀，翰林學士汪藻、中書舍人胡交修並兼侍講。

朝請大夫、和州無爲軍鎮撫使趙霖復直秘閣。

3 庚午，執政言：「劉光世軍中乏糧。」遣考功員外郎仇悆往究其實。上曰：「光世一軍，月廩萬數，如此宜速爲屯田之計。」富直柔曰：「近辛道宗具陝西弓箭手法，頗類屯田之制。」范宗尹曰：「容臣等細議之。」悆，益都人也。

尚書省乞檢舉行遣常程文字。從之。

改行宫禁衛所爲行在皇城司。

詔朝奉郎、知益陽縣魏舜臣俟任滿陞擢差遣。以御史韓璜論其嘗拒鍾相也。時知漢陽軍馬友以糧乏，遣其將王成率衆渡江，犯鄂州。副總管張用率精兵登城詰問，以神臂弓射之，成乃退。翊日，李允文即以友權荆湖南路招捉公事，友盡取漢陽財物往湖南，道過岳州，守將吴錫棄城去，率精兵數千，自益陽入邵州。舜臣時權州事，爲所逐。馬友、吴錫、魏舜臣事，皆據甡之遺史參修，但未得本月日。按日曆友自叙狀云：「今春乞糧於鄂，而李直閣差友殺劉忠，招捉湖南盜賊。行次岳州，知郡吴錫先已去，友遂權駐其地。」狀以五月十六日至行在，不知何時所遣。然孔彦舟三月九日已焚潭州，則友離漢陽，必在二月也。故因舜臣事附見。遺史言允文以友爲湖南副總管，而狀中乃云招捉公事，今從之。熊克小曆：紹興元年春，益陽有吴錫者，提兵七千屯本縣，告邵州守臣魏舜臣乞糧不得，錫以兵趨郡，舜臣懼而走。以胡安國與宰相書考之，錫破邵州在今年七月四日，蓋是時舜臣權守倅也。今併附此。

江州兵馬副鈐轄劉紹先以殘兵七百人赴朱勝非。

是日，邵友以數千人犯筠州，守臣朝請郎王庭秀與鄂州統制官、修武郎傅樞方共飯，聞寇至，即與官吏棄城走豐城縣。

4 辛未，同知樞密院事李回言：「士大夫自衢、信來者，皆稱張俊軍行極整肅。」上曰：「朕亦聞之，犯軍律者已誅六七人矣。」范宗尹曰：「臣已以書奬其美。」上曰：「待亦作詔勉之立功①。俊心忠謹，惟好官職，正當以此使之。」張守曰：「陛下深得御將之術。」

朝請大夫葉宗諤復直龍圖閣，知洪州。

是日，邵友犯臨江軍，守臣朝奉大夫康倬遁去。江西安撫大使司統制官吴全以其軍夜奔新喻縣。倬，識子也。識，河南人，元祐間引進使。於是朱勝非以兵少，自新喻南去，取兵於吉州。

5 壬申，初定每歲祭天地社稷，如奏告之禮。用權工部侍郎韓肖冑奏也。詳見去年十一月甲辰。

6 癸酉，詔張浚措置津發四川上供金帛赴行在。自置宣撫司，而上供悉爲截留，以備軍食。至是，户部以將行大禮及行在急闕爲言，故有是命。然川、陝用度繁，截留如故。日曆不載此，今以紹興二年四月二十二日户部申明狀修入②。

詔江、湖、福建路憲臣遍詣所部，剗刷應干合起金銀錢帛赴行在。亦以將行大禮也。

故朝奉大夫吕希純追復寶文閣待制。希純，公著第三子，元祐中書舍人，黨籍待制以上第二十四人，道州安置。

新除襄鄧隨郢鎮撫使桑仲始受命，是日，以其都統制霍明知郢州。霍明申省狀云：「紹興元年二月六日，準桑仲差知郢州。」

初，仲在京西，連跨數州，無糧食，人相啗，又數爲金州人所敗，欲引衆北去。至是次棗陽縣，始被鎮撫使之命，遂還襄陽駐軍。文林郎、金房安撫司幹辦公事晉城續觱獻書於宣撫處置使張浚曰：「譚兖守鄧州，披荆榛，保孤壘，屢戡大盜，奉朝廷法令，隱然若一長城，曾不得鎮撫使，而仲乃得之，是奬亂也。朝廷在遠，未詳仲兇逆之狀，不然，豈有舉四郡數千里之百姓委之餓虎之喙乎？今仲連敗，衂於安康，此正天亡之時。若使兖併力剿除，稍申國威，而以鎮撫使命兖，則忠義知勸，盜賊少戢矣。襄陽爲朝廷基本，利害甚大，相公豈可不從權易置？」浚深嘉觱言，而不能用。

郢州新遭曹成之後，百室無一二存者。仲俾霍明領兵二千守之。明，邯鄲人，爲遞鋪曹司，有膂力，善戰而敢殺。郢與德安接壤，鎮撫使陳規藉其通船運，每以恩信結之。明自是與規通好不絕。曹筠撰陳規行狀：「桑仲爲鎮撫使，其副霍明別以精兵數萬屯郢州。郢鄰德安，公欲以恩信結之，因奏明知郢州，仍請加美名，朝廷從之。自是郢與德安通好不絕，蓋結之以恩者，實所以間明之附仲也。」按日曆紹興二年五月五日，霍明申：「紹興元年二月六日，蒙鎮撫使桑仲差知郢州。」不云嘗受朝命③，行狀誤也。趙甡之遺史云：「明在郢，與德安通書，陳規亦藉其通船路。」此言有理，今從之。

7 甲戌，詔江淮招討使張俊速往措置。以降授中散大夫、提舉臨安府洞霄宮湯東野爲本司參謀官，朝廷始聞江州失守，故有是命。

8 丙子，臨安府觀察推官沈長卿、監都税院沈震、陳祖安、司理參軍葉義問並勒停。時長卿等上書，論范宗尹過失。詔責以「中傷大臣，力肆詆毀，露章臺省，摇動衆情。此而不懲，爲患滋大」。宗尹抗疏爲請，後四日，乃寢其命。長卿，烏程人；祖安，閩縣人；義問，壽昌人也。

盧壽鎮撫使李伸之被執也，其統制軍馬、武顯郎、閤門宣贊舍人高彦以所部走廣德軍，至是，就招赴行在，詔以其衆隸神武左軍。隸左軍在此月癸巳。

9 戊寅，詔禮部、御史臺、太常寺條具明堂合行事件，申尚書省。時上以當行大禮，命近臣議之。參知政事張守欲行祫饗禮，禮部尚書秦檜建言：「頃歲渡江，冬祀儀物散失殆盡。宗廟行事，登樓肆赦，不可悉行。至於祫饗，又不及天地。惟宗廟明堂，似乎簡易。苟採先儒之説而略其嚴父之文，志在饗帝而不拘於制度之末，尚或可舉。」議遂定。

詔自今盜賊令州縣極力措置，毋得申奏陳乞，及擅便招安。用知鄂州高衛奏也。

10 己卯，日中有黑子。

淮康軍承宣使、神武副軍都統制辛企宗爲福建路制置使。時南劍賊余汝霖、余勝等作亂，輔臣欲假企宗事權，故有是命。

11 辛巳，禮部尚書兼侍讀秦檜參知政事。龍圖閣待制孫覿時知臨安府，以啓賀檜，有曰：「盡室航海，復還中州。四方傳聞，感涕交下。漢蘇武節旄盡落，止得屬國；唐杜甫麻鞋入見，乃拜拾遺。未有如公，獨參大政。」檜以爲譏己，始大怒之。

徽猷閣待制、知建康府趙嵲乞免，詔嵲提舉臨安府洞霄宫。直寶文閣張縝知建康府。

12 壬午，延福宫使、奉國軍承宣使、入内内侍省都知、提舉禁衛董嶅提舉臨安府洞霄宫，從所請也。

初，張榮率舟船至通州，過捍海堰，欲出海復歸山東。水阻，不得去。榮遂入通州，糧日盡，取人爲羓以食，民之得脱者無幾。

是日，日中黑子消伏。翌日，范宗尹進呈，因言：「故事當避殿減膳，今人情危懼之際，恐不可以虚文摇動羣聽，望陛下修德以消弭之。臣等輔政無狀，義當罷免。」上曰：「日爲太陽，人主之象，豈關卿等？惟在君臣同心，行安民利物實事，庶幾天變不至爲災也。」

詔度支員外郎韓球所刷饒、信州錢糧，除應副張俊軍須外，並發赴行在。時已罷移蹕之議，故有是旨。

13 癸未，詔以季秋大饗明堂。江淮招討司隨軍轉運使詹至言：「大敵在前，國勢不立，請停大饗，以其費佐軍。仍督諸將，分道攻守，以慰在天之靈。繼志述事，莫大於此。」至，桐廬人也。

刑部尚書胡直孺兼侍讀。

右諫議大夫黎確言：「福建盜起，本於科斂誅剥，民不堪命。今自范汝爲以下，官者二三百人，而聚萬衆於建安，辛企宗坐視而不能制，謝嚮順從而不敢違。建、邵之間，雞犬一空，横尸滿道，遠近謂之謝、范而不敢名，其無生理，殆亦可見。願稍分汝爲之衆，以弱其勢；擇官吏信厚練達、閩人素所畏愛如梁澤民、張穆、李芘輩，委以一路之寄；汰牧守之無狀者；權免二年科配。使前日脅從之輩，得齒於民，非小補也。」詔企宗、嚮放散汝爲下見團結人兵，又詔民兵願歸農者許自便。汝爲不聽命。又詔在此月丙戌。

14 甲申，詔神武前軍統制王𤫉依舊聽江東安撫大使吕頤浩使喚，與江淮招討使張俊大軍掎角討捕馬進等賊。用頤浩請也。頤浩又乞：「俟俊至江東，令與臣約日於饒州，或本路其他州縣會合計議。」從之。

朝奉大夫鄭望之復集英殿修撰。

詔自今郡守在任改移，並俟新官合符，方得離任。二年十月衝改。

乙酉，江西安撫大使朱勝非言：「方今兵患有三，曰金人，曰土賊，曰游寇。金人自冬涉春，不聞南渡。所謂游寇者，皆江北劇賊，自去秋以來，聚於東南。所謂土賊者，二年以來爲害日大，原其實情，似有可矜。南人資産素薄，比年科率煩重，願特降寬詔，稍蠲苛擾，按贓吏之尤重者，舉行祖宗顯戮之典，以慰疲民。」疏奏，詔諸路憲臣詰諸州之科率者，餘依已降德音施行。時勝非又論：「東南盜賊則欲招撫，西北劇寇則命之以官，使流離北人，各得其所。汰被虜老弱與不從軍者④，留其精鋭，使散處諸軍。如此，當不復爲患。至於江西土寇，皆因朝廷號令無定，横斂不一，名色既多，貧民不能生，以至爲寇。臣自桂嶺而來，入衡州界，有屋無人；入潭州界，有屋無壁；入袁州界，則人屋俱無。良民無辜，情實可憫。陛下時降寬詔，擇其首領與補官，收隸軍籍，而散遣其徒，使民還業，則江西之亂，可指日平也。不然，則爲盜者日衆，勢必南軼，湖南、二廣，皆不得安矣。」先是，勝非被命宣撫江、湖三路，首訪民瘼，皆云正税之外，斜科繁重⑤，乃令民間陳其色目。税米一斛有輸及五六斛，税錢一千有輸及七八千者。如所謂和糴米，與所輸正税等，而未嘗支錢，他皆類此。勝非因極論其事，疏累萬餘言。范宗尹當國，既未嘗歷州縣，不知民間疾苦，又惡聞弊事，摘勝非所奏，十去七八，畫旨依已降赦令而已。按勝非此疏，今見於日曆者，凡一百五十字，其節略多矣。時勝非在吉州，有兵纔數千，亦非精鋭，故未能之鎮。

15 丙戌，復秘書省。仍詔監、少不並置，置丞、郎、著佐各一員，校書郎、正字各二員。范宗尹嘗因奏事，言無史官，誠朝廷闕典。繇是復置。

有崔紹祖者，爲金人所掠，自南京遁歸，詐稱越王次子保信軍承宣使，受上皇蠟詔，爲天下兵馬大元帥，興師取陷没州郡。是日，至壽春府。和州鎮撫使趙霖以聞，詔文字不得奉行，召皇侄赴行在。霖是月辛卯奏，三月辛亥得旨，召赴行在。今併書之。十月戊子行遣。龔相記歷陽死事及王亨乞奏薦狀皆稱爲元帥趙不壞，蓋紹祖七月丙午初赴獄，時自稱趙不壞故也。紹祖九月乙卯因御史臺檢法官晏敦復審問，稱所招不實，移御史獄方招。當考。

16 戊子，執政奏事，范宗尹問隆祐皇太后聖體。上曰：「昨有少虛風證，朕旦暮未嘗敢離側，已三夕不解衣宿。頓減矣！」

17 己丑，詔湖南馬步軍副總管孔彥舟與吕頤浩、張俊會兵討李成。頤浩聞彥舟欲自袁州引兵之江西，故有是請。先是，上親筆命彥舟解圍江州，彥舟不奉詔，而上疏論：「成分鎮之初，不能安分，越境侵漁，以希孟嘗、春申之事。以臣料之，其敗有三，然圖之急則禍結，而民不安；圖之緩則怨集，而衆必離。蓋湖南見有劉忠、張用之徒，環列境上，若舍近而圖遠，恐九江之圍未解，而先失湖南。湖南既失，二廣必危，非計之得者也。」遂以所遺成書進呈。然彥舟實不欲擊成，故爲之游説。詔彥舟分兵聽向子諲節制，親領大兵赴江西，毋失機會。

18 庚寅，張浚奏：「本司都統制曲端，自聞吴玠兵馬到郡，坐擁重兵，更不遣兵策應，已責海州團練副使，萬州安置。」詔依已行事理。初，浚自富平敗歸，始思端及王庶之言可用。庶時以朝議大夫持母喪居蜀，乃併召之。庶地近先至，力陳撫秦保蜀之策，勸浚收熙河、秦鳳兵，扼關隴，以爲後圖。浚不納，求終制，不許，乃特授參議官。浚徐念端與庶必不相容，暨端至半道，但復其官，移恭州。宣撫處置使司主管機宜文字楊斌素與庶厚，知庶怨端深，乃盛言端反，以求合。又慮端復用，謂端反有實跡者十，又言端客趙彬揭榜鳳州，欲以兵迎之。秦鳳副總管吴玠亦懼端嚴明，譖端不已。庶因言於浚曰：「端有反心久矣，盍蚤圖之？」會蜀人多上書爲端訟冤，浚亦畏其得衆心，始有殺端意矣。此以王之望西事記、趙甡之遺史、費士戣蜀口用兵録參修。

19 辛卯，尚書右司員外郎王俁知邛州。俁初除閬州，未行，復改命。都司題名俁以二月出知邛州，而日曆不見除閬之日，但於此日書改除，故繫於此。

左武大夫、秀州防禦使陳剛中同主管閤門公事。剛中，浙人，父彦本日者，以權倖薦至大官，言者以爲法當討論，遂寢其命。

20 壬辰，朝散郎、新除尚書工部員外郎廖剛爲福建路提點刑獄公事。先是，順昌盜余汝霖作亂，剛遣使招降之。會本路提點刑獄公事陳桷請奉祠，詔桷主管江州太平觀，而剛有是命。剛，延平人也。桷得祠在庚寅，今聯書之。

宣義郎、新知大宗正丞吕抗提舉荆湖東路茶鹽公事。抗，頤浩子，初見建炎三年三月。

是日，雨雹。

21 癸巳，詔侍從、臺諫條具保民弭盜、遏敵患、生國財之策。翰林學士汪藻熊克小曆作兵部侍郎兼權直學士院，蓋誤。藻去年十二月已除學士。上馭將三説。一曰示之以法，二曰運之以權，三曰別之以分。大略謂：

諸將過失，不可不治。今陛下對大臣不過數刻，而諸將皆得出入禁中，是大臣見陛下有時，而諸將無時也。道路流傳，遂謂陛下進退人材，諸將與焉。又廟堂者，具瞻之地，大臣爲天子立政事以令四方者也。今諸將率驟謁徑至，便衣密坐，視大臣如僚友，百端營求，期於必得，朝廷豈不自卑哉？祖宗時，三衙見大臣，必執梃趨庭，肅揖而退，蓋等威之嚴，乃足相制。又遣將出師，詔侍從集議者，所以博衆人之見，今則諸將在焉。且諸將聽命者也，乃使之預謀。彼既各售其説，則利於公不利於私者，必不以爲可行，便於己不便於國者，必不以爲可罷，欲其冒鋒鏑趨死地難矣。自今諸將當律以朝儀，毋數燕見，其至政事堂，亦有祖宗故事，且無使參議論之餘，則分既正，而可責其功。是三説果行，則足以馭諸將矣，何難乎弭盜？何憂乎遏敵哉？

若夫理財，則民窮至骨，臣願陛下毋以生財爲言也。今國家所有，不過數十州。所謂生者，必生於此。數十州之民，何以堪之？惟痛加裁損，庶乎其可耳。外之可損者，軍中之冒請；内之可損者，禁中之泛取。今軍中非戰士者，率三分之一。有詭名而請者，則挾數人之名。有使臣而請者，則一使臣之俸，兼十戰士之費。有借補而請者，則便支廪禄，與命官一同。聞岳飛軍中如此者數百人，州縣懼於憑陵，莫敢呵詰。其盜支之物，可勝計哉？臣竊觀禁中有時須索，而户部銀絹以萬計，禮部度牒以百計者，月有進焉。人主用財，須要有名，而使有司與聞。至於度牒，則以虚名而權實利，以濟軍興之用，誠非小補。幸無以方寸之紙，捐以與人而不知惜也。然臣復有私憂過計者，自古以兵權屬人，久未有不爲患者。蓋與之至易，收之至難。不早圖之，後悔無及。國家以三衙管軍，而出一兵必待密院之符，祖宗於茲，蓋有深意。今諸將之驕，樞密院已不能制。臣恐賊平之後，方勞聖慮。自古偏霸之國，提兵者未嘗乏人，豈以四海之大，而寥寥如此？意偏裨之中，必有英雄，特爲二三大將抑之而不得伸爾。謂宜精擇偏裨十餘人，各授以兵數千，直屬御前而不隸諸將，合爲數萬，以漸消諸將之權，此萬世計也。

給事中陳戬言：「今日之計，當省徭薄賦，敦本厚生，先以保民，然後聽諸盜自相糾擿。占上流，據形勢，恭儉節用，量入爲出，斥内庫之藏以歸太府。此弭盜、遏敵、生財之策也。」

中書舍人胡交修言：「盜賊之起，惟其饑凍無聊，日與死迫，然後棄而爲之。陛下哀憫無辜，詔許自新，官無急征暴斂，而俾安其故，高下種植，而無廢壤，男女耕織，而無懈人，穀帛不可勝用，則弭盜而財裕矣。日者翟興在西洛，什伍其民，爲農爲兵，不數年雄視一方。彼起於卒徒，猶能屹然自立於敵巢之中，而不可犯。矧吾以東南二百郡，欲强兵禦敵，而不能爲興所爲乎？」

中書舍人洪擬言：「兵興累年，饋餉悉出於民。無屋而責屋税，無丁而責丁税，不時之須，無名之斂，殆無虚日，所以去而爲盜。今閩中之盜不可急，宜求所以消之。江西之盜不可緩，宜求所以滅之。夫豐財者，政事之本，而節用又豐財之本。」

是時諸將中劉光世尤横，故汪藻有是言。藻書既傳，諸將皆忿，有令門下作論以詆文臣者。其略曰：「今日誤國者，皆文臣。自蔡京壞亂紀綱，王黼收復燕雲之後，執政、侍從以下，持節則喪節，守城則棄城，建議者執講和之論，奉使者持割地之説，提兵勤王則潰散，防河拒險則逃遁。自金人深入中原，蹂踐京東西、淮南之地，爲王臣而棄地棄民，誤國敗事者，皆文臣也。間有竭節死難，當横潰之衝者，皆武臣也。又其甚者，張邦昌爲僞楚，劉豫爲僞齊，非文臣誰敢當之？」自此文武二途，若冰炭之不合矣。

詔中大夫直龍圖閣姚舜明、武功大夫忠州刺史劉紹先並勒停⑥，令呂頤浩軍前使唤，以責後效。

侍御史張延壽以内艱去位。

初，馮長寧既以淮寧降劉豫，京西轉運使檄武功大夫范福權知蔡州。福率軍民固守，執僞命知陳州楊勛，斬其使。蔡人以聞，詔加福右武大夫、果州團練使。朝廷猶未知長寧在僞庭，乃召長寧赴行在。

金人以舟載江、浙所掠輜重，自洪澤入淮。至清河口，假宣教郎國奉卿在趙瓊水寨，與瓊夜劫其舟，得李棁所携户部尚書印上之。日曆五月四日，真揚鎮撫使郭仲威奏：「分遣寇宏統制軍馬，邀擊金人至宿遷縣，收到户部銅印。」蓋申奏之詞云耳。今從遺史。

是日，雪。

22 乙未，直秘閣、新江西轉運判官張穎移廣西路，以其母吉氏有請，特優之也。穎，孝純子，已見。

朝奉大夫趙士諒知岳州。朝廷聞吳錫已去，故遣士諒爲守。

言者請郡國經兵火處，更置丁産財穀簿書，期以半歲。從之。

23 丙申，復詔諸路提刑司類省試。於是川陜宣撫處置使張浚始以便宜合川、陜舉人，即置司類省試。自是行之至今。二年六月癸卯，始降旨就宣司類省試。熊克小曆自此始，蓋誤。楊希仲榜在此年方試時，未嘗降旨也。

24 丁酉，宣教郎范燾除名，潮州編管。坐誣訟孟忠厚且及太母也。事祖見去年十二月乙酉。

是月，降授朝請大夫、守中書舍人致仕李公彦卒，年五十三。

初，金人至德順軍，經略使劉錫遁去。金人以兵少，不敢由秦亭，聲言分三道，而獨出沿邊以掠。熙素多馬，金人駐兵，搜取無遺。馬步軍副總管、中亮大夫、同州觀察使劉惟輔將遁去，顧熙州尚有積粟，恐敵因之以守，急出悉焚之。敵追及，所部皆走，惟輔與親信數百匿山寺中，遣人詣夏國求附屬，夏國不受。其親信趙某詣金軍降，金執惟輔，誘之百方，終不言，怒捽以出。惟輔奮首顧坐上客曰：「國家不負汝，一旦遂附賊耶？」即閉口死，不復言。第六將韓青者，間行從惟輔，爲敵所擒，駡敵不降而死。統制官等遂以熙河降。知蘭州龕谷寨高子儒聞惟輔尚存，固守以待。及城陷，先刃其家而後死。子儒，狄道人也。

金人既略熙河地，遂引歸。李彦琪在古原州⑦，張中孚及其弟中彦導金人劫降之。趙彬引敵圍慶陽，守將楊可昇堅守不降。五路陷，秦鳳經略使孫渥收本路兵保鳳州，統領官關師古收熙河兵保鞏州。左副元帥宗維既得關中地，遂悉割以予僞齊。陝西全陷，不見本月日。熊克小曆於建炎四年十一月末書之，趙甡之遺史分見四年十一月、紹興元年三月末。費士戣蜀口用兵録所書尤略。按張鈞續忠義録，紹興元年三月九日，金人大軍回自熙河，至弓門寨。鈞所書蓋據宣撫司案牘，則盡失六路在二月間無疑，今併附此月末。

關陝之陷也，士大夫守節死義者甚衆。隴州既失守，朝請郎、知州事劉化源不肯降，敵使人守之，不得死。遂驅入河北，販買蔬果，隱民間者十年，終不屈辱。奉議郎、通判原州米璞亦杜門謝病，卒不受污。化源、璞，世家耀州，西人皆敬之。敵入鳳翔，秉義郎、權知扶風縣康傑與敵將馮宣戰，宣愛而欲招之，傑奮曰：「吾今也當死於陣，不能死於敵。」宣殺之。忠翊郎、知天興縣李伸爲敵所圍，堅守不下。城既陷，伸曰：「吾豈使敵殺我？」遂自殺。時慶陽圍急，成忠郎盧大受欲會合軍民收復邠、寧二州，解慶陽之圍，爲人所告，送寧州獄，論死。敦武郎、秦州定西寨都監兼知寨鄭涓，爲敵所攻，袒臂而戰。及城破，自刺不死。金人高其節，亦弗害也。是時，守令以城下者，敵僞皆因而命之。文林郎、知彭陽縣李喆獨不降，與其民移治境上，僞令執之以獻，欲官之，凡三辭，其後金人以爲歸附，命爲儒林郎。喆言於所司曰：「元係捕獲，不敢受歸附之賞。」以其牒還之。有武功大夫、知環州安塞寨田敢者，嘗得太祖御容，欲間行南歸以獻，事泄杖之死。其後武功大夫、秦鳳路兵馬都監劉宣以蠟書密遣人與吴玠相結，且率僞將任拱等以所部歸朝。約日已定，有告之者，取宣絲擘之，其家屬配曹州。豫又升渭州爲平涼府，去慶陽、延安府名，復舊州名。即以叛將張中孚守平涼府，中彦守秦州，趙彬守慶州，慕容洧守環州。後中孚累遷陝西節制使兼兵馬都統，中孚及李彦琪自羈管中，劉錡以爲將而叛。

校勘記

① 待亦作詔勉之立功　「待亦」，叢書本作「朕亦」。宋名臣言行録別集卷七下張俊傳、宋史全文卷一八上同底本。

② 今以紹興二年四月二十二日户部申明狀修入　此句前原有「按」字，據叢書本删。

③ 不云嘗受朝命　「云」，原作「去」，據叢書本改。

④ 汰被虜老弱與不從軍者　「虜」，原作「敵」，據文意改。

⑤ 斜科繁重　「斜科」，叢書本作「科條」。按：陳傅良止齋集卷二〇湖南提舉薦士狀有「蠲除宿負，罷弛斜科」語。

⑥ 武功大夫忠州刺史劉紹先並勒停　「忠」，原作「中」。本書卷四〇已載劉紹先領忠州刺史，故據改。

⑦ 李彥琪在古原州　「琪」，原作「祺」，據叢書本改。

建炎以來繫年要録卷四十三

1 紹興元年三月戊戌朔，詔海州淮陽軍兵馬鈐轄李進彦、武義大夫耿進，各以所部舟師聽吕頤浩節制。尋並以爲江東安撫大使司統制官。進以此月丙午除，進彦以乙卯除。自駐蹕南京以來，軍士日給食錢，比數十日一犒設。前是，水軍統制官崔增以其衆萬有千二百人降於吕頤浩，頤浩始用舊法，按月支糧及料錢，於是增一軍月費錢四萬四百緡，米七千五百斛，視五軍所給月省萬五千餘緡。據史，頤浩以是日奏到。

2 庚子，殿中侍御史章誼權侍御史。

右文殿修撰、知平江府胡松年以嘗爲潛邸學官，復徽猷閣待制。

宣撫處置使張浚以富平失律，上疏待罪。壬寅，上謂輔臣曰：「浚放罪詔宜早降。」因言：「浚用曲端、趙哲、劉錫，後見其過即重譴之。浚未有失，安可罷也？」同知樞密院事李回曰：「須得勝浚者乃可易。」上曰：「有才而能辦事者固不少，若孜孜爲國，無如浚。亦有人言其過，朕皆不聽。」浚乃得安。

中散大夫魏滂貶秩一等，以言者論其聚斂害民也。滂守饒州，無善狀，范宗尹用爲江南東路轉運判官。未上，諫官劾其盜用修城錢十餘萬，乃罷之，令提刑司覈實。後本司言：「滂以修城之故，令民户有税一錢者輸四錢，凡得十七萬緡。其出納之籍，或不可考。」乃命轉運司治其罪，後亦寢。此爲沈與求劾范宗尹第十五事。滂除監司及罷黜，日曆全不載，但於此日書降官，亦無首尾。今以諫疏及提刑司根究狀修入。滂得旨治罪，在今年五月戊午，今牽連書之。

3 癸卯，承事郎、浙西安撫大使司參議官劉寧止爲兩浙轉運副使①。時劉光世遣直秘閣、本司主管機宜文字范正輿來奏事，即以正輿代爲參議官。翌日，御筆進正輿直徽猷閣，賜三品服，遣還鎮。

責受秘書少監滕康、劉珏皆許自便。

4 甲辰，直秘閣、福建轉運判官魯詹條具止盜利害，請擇令、尉，罷免行錢，糴米賑濟，減殘破縣分上供銀。上諭輔臣曰：「詹所奏，切中時病，皆可施行。」上因言：「朕每日五更初，盡覽諸處奏報，比明，所覽略盡，乃出視朝。」蓋上勤政如此。詹，海鹽人也。

直秘閣程俱試秘書少監。

直秘閣、知信州吴表臣爲尚書司勳員外郎。

降授右武大夫、和州防禦使、永州居住馬擴許自便。

武功郎、和州無爲軍兵馬鈐轄王亨知廬州，限一月之任。既而鎮撫使趙霖論其執李伸之功②，乃以亨爲閤門宣贊舍人。亨除閤職在五月乙巳，今併書之。

5 乙巳，武德大夫、光州刺史曹成爲武功大夫、榮州團練使、知郢州，武德大夫、吉州刺史、閤門宣贊舍人李宏爲武功大夫、貴州團練使、知復州。先是，有詔罷李允文，而允文奏以張用、曹成、李宏、馬友人馬未能交割爲詞，留鄂州不去。朝廷聞成、宏在郢、復間，因就命之，且令勿受允文節制。於是成已引兵之湖南，而行在未知也。

承奉郎張汝舟特遷一官，往池州措置軍期事務。

承節郎王悦道爲閤門祗候，以其父繼先診視太母有勞也。

詔孟忠厚母福國太夫人李氏特贈兩國太夫人。

福建制置使辛企宗言：「李敦仁引兵犯汀州寧化、清流二縣。」

6 丙午，責授定國軍節度副使王宗湜復忠州團練使，以赦叙也。輔臣進呈，上曰：「宗湜自可用。但當時用非所宜，兼戚里不當管軍。然此淵聖皇帝外家，宜與叙復。」張守曰：「祖宗時亦有戚里管軍者。」上曰：「要是擇材，只今諸戚里豈能管軍？」范宗尹曰：「誠如聖訓。」日曆宗湜叙官於二月九日丙子、三月九日丙午兩書之。而此日又書上語甚詳，今附丙午。

詔以京畿第二將兵千人隸神武中軍。用統制官辛永宗請也。於是中軍凡六千人。

直秘閣、提舉淮東茶鹽公事曹伯達知郴州。時李冬至二叛於宜章，守臣直秘閣衍聖公孔端友不能制，故更遣伯達，而命端友奉祠。端友初見建炎二年十二月。日曆既於今年三月戊戌書勘會李冬至二等作過，知州孔端友全無措置，已降指揮與宫祠。而六月戊寅、戊子又兩書端友乞宫祠，奉旨主管洪州玉隆觀。蓋端友未被授而自請，但日曆不應重疊書之耳。

朝奉郎蘇簡監都進奏院。簡，轍孫也。

金師還自熙河，至弓門寨，巡檢王琦禦之。金立招降旗榜，改阜昌年號，衆皆拜，琦獨不屈，僞知平涼府張中彦執而殺之。

是日，孔彦舟焚潭州。初，彦舟既據長沙，而湖東安撫使向子諲在衡州之安仁③，不能進，會馬友自江北趨潭，子諲欲得人以利害説友，令受招。時户部員外郎致仕上蔡賀允中適寓郡境，乃爲子諲見友，説之曰：「宋祚更興，足下正宜自立功名，何自棄於此？自古有盜賊而壽終者乎？」友心動，改容謝允中。至是，彦舟爲友所逼，遂焚潭州④，大掠公私之財而去，引其兵趨衡州。彦舟焚潭州，他書不著月日，趙甡之遺史在今年二月。今以紹興元年四月十三日樞密院奏到探報狀參修。

7 戊申，以西京統制官韓京、元用並權樞密院準備將領，聽張浚節制。京、用本王以寧部曲，京有兵二千，馬數百，皆精鋭。以寧既遁，京、用駐衡之茶陵，故有是命。

起復江淮發運使權邦彦自饒州護六宮至行在。

8 己酉，責授昭化軍節度副使王安中復中大夫。安中以開邊故，自靖康初遠謫，至是復之。

閤門奏：「職事官被旨兼權職任者，其朝參立班，並乞權依正官儀，罷日依舊。侍從官權職高者，止立舊班。」從之。給事中陳戬援舊例駁之，乃止。

9 庚戌，江淮招討使張俊復筠州。初，俊引兵至豫章，而李成在江州，其將馬進在筠州，皆不進。俊喜曰：「我已得洪州，破賊必矣。」乃復斂兵若無人者，金鼓不動，令將士登城者斬。居月餘，進以大書文牒使來索戰，俊復細書答狀以驕之，又命神武前軍統制王瓊閲水軍於江中。賊勢方强，謂俊爲怯戰。俊諜知賊稍怠，乃議行。諸將請分道擊賊，中部統制官楊沂中曰：「兵分則力弱。」通泰鎮撫使岳飛請自爲先鋒。沂中由上流徑絶生米渡，出賊不意，遇其先鋒，擊破之，乘勝追奔。前一日，至筠州，進出軍背筠河，先守要地。沂中語俊曰：「彼衆我寡，當以奇勝，願以騎見屬。公率步兵當其前，沂中乃將騎數千，與神武後軍統制陳思恭分爲兩道，同出山後。」俊嚴陣以出，鏖擊至午，精騎自山馳下，賊駭亂退走，大敗之，俘獲八千。明日又戰，俊疑其復叛，令思恭夜殪之。熊克小曆云：「俘獲數萬。俊以其太衆，且疑復叛，是夕，令思恭殺之。」此蓋因林泉野記所書也。按日曆載上語云：「殺降卒八千。」趙甡之遺史亦云：「賊退走，死者數萬人，俘八千人。」野記恐誤，今不取。進力不支，乃遁。俊遂復筠州、臨江軍。馬進至南康，遇統制官巨師古⑤，失利。進復還江州，與成會。俊整兵追之。熊克小曆書此事皆無本日，但於三月己未捷奏至日并書之。按趙甡之遺史及俊所申，俊實以三月七日甲辰自洪州渡江，十二日己酉與進戰，二十八日乙丑乃復江州。日曆二十二日己未進呈張俊捷報，不言其詳，當是復筠州捷報，而克於此遂書復江州，乃追李成於蘄州，皆誤也。今各附見本日。

10 辛亥，武寧軍節度使、開府儀同三司、浙西安撫大使兼知鎮江府劉光世兼淮南京東路宣撫使，揚州置司。尚書省言：「金已渡淮，而真、揚等州未盡有人鎮守，舒、蘄盜賊盤踞，又春耕是時，百姓未能復業，田畝荒閑。宜措置屯田，以足兵食，全藉威望大臣措置。」故有是命。光世迄不行。

朝請郎、提舉杭州洞霄宮季陵復右文殿修撰，承事郎陳正由主管官告院。正由，瓘子也。

詔婺源縣進士胡學海免文解一次。學海上書論事，上令赴都堂審察，而有是命。

11 壬子，朝奉郎、通判泰州馬尚就差知泰州，招諭軍民歸業，并興鹽場等事。先是，張榮在通州，以地勢不利，乃引舟入縮頭湖，作水寨以守。金左監軍昌在泰州⑥，謀久駐之計，至是，以舟師犯榮水寨，榮亦出數十舟，載兵迎敵。望金人戰艦在前，榮皇遽，欲退不可，徐謂其衆曰：「無慮也，金人止有數艦在前，餘皆小舟。方水退，隔淖不能岸。我捨舟而陸，殺棺材中人耳。」遂棄舟登岸，大呼而殺之。金人不能騁，舟中自亂，溺水陷淖者不可勝計。昌收餘衆二千奔楚州。榮獲昌子婿盆輦⑦，俘馘甚衆。榮自京東來，未嘗承王命，遂無路告捷。聞光世在鎮江，乃遣人願聽節制，且上其功。光世大喜，以榮知泰州。張榮敗撻懶，以張匯節要及趙甡之遺史考之，當在此月，但未見本日，今因除泰州守臣附見⑧。

詔樞密院準備將領徐文以所部屯臨安，聽守臣孫覿節制。文初見建炎四年六月壬辰。

是日，初榷南恩州陽江縣田鹽。縣有潮水所浸田一頃二十四畝，提舉鹽茶司募民墾之，置竈六十有七，歲產鹽七十萬八千四百斤，收浄息錢萬九千餘緡，遂命官領其事。後二年，又增萬二千緡。

12 甲寅，詔：「罷免行錢。州縣官市買方物，如民間之直，違者以自盜論。俟邊事寧息日，取旨依舊法。」始用魯詹之言也。先是，改元德音已減閩中上供銀三分之一，是日，又減建、劍州銀半分，令福建轉運司兑糴米二萬斛充賑濟，且易置令、尉之老疾不任事者。皆用詹請也。

初，河間府免解進士李季集天文諸書，號乾象通鑑。季寓居婺州，貧不能達，乃命本州給札上之。既而天文官吴師彦等頗摘其訛謬，詔與舊書參用，遂以季爲將仕郎。以去年六月癸酉得旨給札，今併書之。

自渡江，國史散佚。至是衢州布衣何克忠獻太祖實録、國朝寶訓，詔授下州文學。後八九年，而國書始備。

13 丙辰，詔禁衛、神武諸軍、三衙、宰執親兵并犒設一次。先是，月一犒設，至是，上以户部所入不廣，故五旬而後有此命。

14 己未，張俊捷奏至。上諭輔臣，欲赦李成軍中脅從者。范宗尹因言：「今日之事，不可削弱。」上曰：「祖宗基業宏固，偶值戎寇，故劉豫、李成等輩跋扈猖獗，或謂止於淮上作籬落，朕甚不取。要當以次收復，須一統乃已耳。」始朝廷未得捷報，命劉光世分兵往舒、蘄，乘賊不備，擣其巢穴。光世言：「江北盜賊，雖名受招，其實窺伺官軍虛實，復出爲患。郭仲威、張敵萬、王林、祝友、史康民之徒火[9]，目不勝算。若臣郡摘軍馬前去，數少則必無成功，數多則羣賊必乘虛作亂，浙西一路，頃刻被患。雖陛下行朝，亦未敢決保無虞。韓世清、劉綱、邵清、張琪四處人馬，見在建康府，無慮十數萬，可使目下並進，最爲良策。」詔以「綱已遣還鎮，清、琪作亂未已」報之，而俊已捷矣。光世奏至在乙卯。

湖南馬步軍副總管孔彥舟言：「於潭州池中得美玉，可爲御寶，乞遣人宣取。」詔御寶已足備，兼自艱難以來，華靡之物，一無所用，其毋進。

15 庚申，中大夫致仕施大倫令再仕。大倫，晉陵人，以給舍陳戩等薦其學行有聞，居官詳謹也。

16 辛酉，朝請郎陳堯臣特勒停。堯臣，金華人，宣和末爲侍御史，坐王黼黨斥去。至是，以其與秦檜有舊，自列於朝，乞爲郡守。乃以堯臣主管臨安府洞霄宮。中書舍人胡交修論堯臣首議開燕，爲國召亂，望賜貶竄。輔臣進呈，上曰：「本乞宫觀，却被削奪，似爲過當。不若止行宫觀文字。」檜曰：「只宜如此。」堯臣猶怒，上疏訟交修。上以堯臣輕侮朝廷，乃有是命。堯臣與秦檜有舊，王明清揮麈後録云爾。以日曆所載檜答上語參之，當不妄。堯臣以二月丁酉得祠，三月辛酉寢命，今併附見。

17 癸亥，御筆：「近詔臣僚條具當今切務，其應詔者多言將帥侵預朝權，而指辛道宗爲怙寵賣恩。朕於任人，一繇公論，當令抑損，以全辛氏。道宗可罷樞密院都承旨，與外任。」初，道宗既承密旨，論者數指其招權。上未深信。會其兄福建制置使企宗請避新除福建提點刑獄公事廖剛，詔剛易江東路。及召入，而以朝請大夫柳瑊代之。瑊當辭前一日，道宗言先與往還，乞賜三品服。上不悦，即以手札出道宗。翌日，謂大臣曰：「朕鑒往者羣小侵紊朝政，求章服雖小事，漸不可長。」於是瑊亦罷。瑊，合肥人，宣和間爲部使者，以忤童貫意，掛冠去，至是復用之。廖剛易江東憲在是月戊申，召剛除瑊在甲寅，瑊罷憲在二月丁卯，今牽聯書之。

責授寧遠軍節度副使王襄復正議大夫⑩，責授單州團練副使蔡懋復中大夫，皆以赦敘也。

故延康殿學士陸佃追復資政殿學士。佃，越州人，崇寧尚書左丞，黨籍執政第二十四人。

故資政殿學士聶昌以死事贈觀文殿大學士，官子孫十人，後謚榮愍。

18 甲子，始下詔罪狀李成，募有能斬首及獲成者，除節度使，賜銀萬兩、錢萬緡，且赦成軍中脅從者。初，馬進既敗，江淮招討使張俊追之至奉新樓子莊，賊將商元據草山設伏，俊熟視，見山險路狹，乃遣步兵從間道直趨山頂，殺伏奪險，遂至江州。進拒戰不勝，絶江而遁。乙丑，俊復江州。統制官楊沂中、趙密引兵追擊，又大敗之。成復還蘄州，自是俊軍有「鐵山」之號。

19 丙寅，右武大夫、達州團練使胡安中知唐州⑪。安中初以土豪假守，至是就命。

詔以淮東賊馬寧息，命朝散郎郭揖提舉淮東茶鹽，專一措置復興鹽事。揖自算學得官，時論鄙之。

是月，宣撫處置使張浚承制以本司參謀官、起復朝議大夫王庶爲中大夫，充龍圖閣待制、知興元府，兼利夔兩路制置使，節制陝西諸路。此據庶附傳修入。附傳無月日，興元帥守到罷在此月，而利州知州題名孫渥今年五月自利帥移秦帥，還利帥於興元。又與興元帥守到罷不同，當考。留統制官王宗尹、柴斌兵二千，馬不滿百，使庶守。時敵騎已破福津，蹂同谷，迫武興。浚遂退保閬州，而以端明殿學士張深爲四川制置使，與參議軍事劉子羽趨益昌。此亦據庶附傳。附傳不云深爲何官，而日曆今年十月庚午，「訪聞四川制置使張深并利夔兩路制置使王庶，各移文所部州軍監司帥臣⑫，並令聽節制」。故權附此，俟考。

金人自階州引兵犯文州，而江漲不得渡，遂還，因棄成州去。武德大夫、知岷州李惟德亦率官吏以城來歸。惟德先守廓州，城既陷，敵就用之。浚録其功，遷右武大夫、榮州刺史。惟德來歸，不見本月日，宣撫使以明年四月八日奏到，奏稱金人侵犯熙河退回，尋差官措置，招撫陷没州縣，故且附金人去熙河之月，當求他書參考。於是盡失陝西地，但餘階、成、岷、鳳、洮五郡及鳳翔府之和尚原、隴州之方山原而已。時興元帥事草創，倉廩乏絶，帥旅寡弱。庶募民教之，河東、陝西潰師多舊部曲，往往來歸，不數月，有衆二萬。

襄陽鎮撫使桑仲以其將李道知隨州。道，相州人，與兄旺聚衆，其後東京留守宗澤因事斬旺，以道掌其軍。道之南也，以一軍孤立，遂依桑仲，軍中號爲「寄軍」。時隨州闕守，通判州事王彥威與州縣官寓洪山僧寺，主僧慶預給其資糧，守洪山以拒賊。道至隨，逆彥威以歸，遂掌州事。慶預，金山人也。汪藻外制有大洪山守守珍補承信郎制云：「汝營壁塢，輯鄉閭。」恐與慶預事相關。

是春，金左副元帥宗維使右都監耶律餘覩將燕、雲女真二萬騎攻故遼林牙大石於曷董城[13]，調山西、河北夫餽餫，自雲中至曷董城，經沙漠三千餘里，無得還者。始，金人犯中原，有擄掠無戰鬭，計其從軍之費，及回日所獲數倍。自立劉豫之後，南犯淮西，犯蜀，生還者少，而得不償費，人始患之。故漠北之行，人不勝其苦。餘覩之軍曷董也，失其金牌。宗維疑餘覩與大石暗合，遷其妻子於女真，餘覩始貳。此據兩國編年、松漠記聞。

1 夏四月丁卯朔，興國軍巡檢陳彥復入興國軍。軍爲李成賊黨所據僅半年。彥始以班直受官，至是遂權軍事。

宣撫處置使張浚承制以保康軍承宣使、知秦州孫渥爲利州路經略安撫使兼知利州。此據利州知州題名修入，以興元帥守到罷考之，王庶今年三月已到興元，不知利州何以尚帶本路經略，當考。

2 己巳，參知政事秦檜言：「臣昨與何㮚、陳過庭、孫傅、張叔夜同扈二聖出疆。今臣偶獲生還，驟蒙聖獎，擢居政府，而㮚、過庭、叔夜皆死於異域，體骸不全，遊魂無歸，可爲傷惻。欲望睿慈，特依近者聶昌體例，追贈㮚等官職，仍給其家恩澤，以爲死事之勸。」詔贈㮚、過庭、傅、叔夜並開府儀同三司，官子孫各十人。

太學上舍生高閌、元盥並賜進士出身。閌，鄞縣人；盥，潁昌人也。二人以免省該德音，故有是命。盥父當可，仕至鴻臚少卿。

3 庚午，責授汝州團練副使邵溥復爲朝請郎。

尚書户部侍郎孟庾請諸路無額錢附經制起發。從之。於是通鈔旁定帖及賣糟等錢凡七色。五色見建炎三年十月戊戌。

金左監軍昌既爲張榮所敗，自楚州渡淮而北。是日，休兵於宿遷縣之馬樂湖。

4 癸酉，右武大夫、康州防禦使、知汝州兼河東招捉使王俊爲淮康軍承宣使。俊遣閤門祗侯高彦忠以收復潁昌府告於朝，故有是命。

朝散郎路時中幹辦諸司審計司。時中，開封人，常以符録爲人治病，世號路真官。

故承議郎刁璺贈直龍圖閣。先是，璺通判登州，會金人入犯，璺率兵迎敵，至黄山館，與敵遇，軍敗力戰，身被七矢而死。至是言者論其忠，特録之。

5 甲戌，詔修日曆。用秘書少監程俱請也。自軍興，史官久廢，至是乃復。然朝廷多事，未克行。

復政州爲龍州，劍川、嘉祥、雷鄉、建城、辰陽、羅川、盈川、泉江、枳縣並復舊縣名，通會鎮復舊鎮名。以朝奉郎、新通判建昌軍莊綽言自大觀以後，避龍、天、萬、載等字，更易州縣名不當也。

6 乙亥，詔：「國史日曆，事干機密，輒入本所者，流三千里。凡所見聞，因而漏泄，並行軍令。」日曆無此，今以紹興十年三月二十六日尚書省勘會劄子修入。

監察御史韓璜守右司諫。

武功大夫、忠州刺史、忠勇軍統制張榮爲右武大夫、忠州防禦使、知泰州⑭，浙西安撫大使司統制官祝友知楚州，皆用劉光世請也。趙甡之遺史云，榮得遥郡觀察使，蓋誤。

保義郎、楚州淮陽軍巡檢使劉靖改漣水軍兵馬監押，承務郎王安道改漣水軍主管機宜文字，仍以楚州鹽城縣隸漣水軍。尋詔閤門祗候、知漣水軍丁禩兼都統制軍馬，而靖兼副統制。二人兼統制在六月庚辰。

朝請大夫王愈知無爲軍。愈，德興人，嘗爲秘閣修撰，以贓敗。至是月，用趙霖請而命之。時愈未復官，尋以爲承務郎。

是日，權湖南招捉公事馬友引兵入潭州。此據今年六月四日樞密院所奏修入。

7 丁丑，刑部尚書、權禮部尚書胡直孺等言：「參酌皇祐詔書，將來請合祭昊天上帝、皇地祇於明堂，奉太祖、太宗以配天，庶幾禮專事簡。」從之。時上將行明堂禮，命有司議。初議三聖並侑，如皇祐詔書。禮部員外郎王居正以爲：「皇祐明堂，本非爲萬世不易之理也。蓋古之帝王，自非建邦啓土，肇造區夏者，皆無配天之祭。故雖周之成、康，漢之文、景、明、章，其德業非不美，然而子孫不敢推以配天，避祖宗也。聖宋崛起，非有始封之祖，則創業之祖太祖是矣，有德之宗太宗是矣。太祖則周之后稷，配祭於郊者也。太宗則周之文王，配祭於明堂者也。此二者不遷之法。皇祐宗祀，合祭天地，固宜以太祖、太宗配，當時蓋拘於嚴父，故配帝並及於真宗。主上紹膺大統，自真至神，均爲祖廟，獨躋則患在於無名，並配則幾同於祫享。望以太祖、太宗並配明堂，於禮爲合。」宰相范宗尹是之，議遂定。天地復合祭，自此始。

詔館職選人供職及一年，通理四考，並自陳改京官。隆興元年八月乙丑所書可參考。

宣教郎呂祉提點荆湖東路刑獄公事。

朝請郎、知明州吳懋直秘閣。自陳思恭、張公裕並戍明州，軍費日廣，懋以第賦民錢，又得榷酤之餘，軍用毋乏，故擢之。

8 戊寅，張俊捷奏至。此當是江州捷奏，但不知何以十四日方到行在。上謂輔臣曰：「兵既精，又治器甲，所以成功。以此知軍器當留意。朕計五軍見甲已四萬。」范宗尹曰：「得十萬初足。」上曰：「可足成之。財固當惜，然於此不宜吝也。」

9 己卯，責授汝州團練副使郭仲荀復登州防禦使。

浙西安撫大使劉光世以泗州土豪徐宗誠爲保義郎、知泗州。先是，沿淮水陸巡檢寇宏以其衆附於真揚鎮撫使郭仲威⑮，仲威假宏敦武郎、閤門祗候，充鎮撫司統制。宏，壽春人，素以操舟爲業，兇狡無行，良民苦之。建炎末，與其徒張先聚衆掠舟，沿淮而下。趙立以先知泗州，宏爲水陸巡檢。先尋爲土豪所殺，宏以衆數百泊龜山下，願受仲威節制。於是國奉卿在宿遷趙瓊水寨，未有所向，乃説瓊父革率衆與宏合軍，衆議以宗誠守泗，臧翌守盱眙，宏遂復上鳳凰州，刈民麥以食。光世即以宗誠知泗州，翌爲承信郎，通判州事⑯。時泗州無復居民，滿地荆棘而已。宏既無所向，乃以舟師犯濠州，權知州事李玠禦之。此並據趙甡之遺史附入。日曆紹興元年十一月庚寅，劉光世奏知泗州徐宗誠，今年四月已後到任。而甡之繫於郭仲威被執之後，則五月也。甡之又云：「衆議以臧珪守盱眙。」

而光世奏中有通判臧罡，疑甡之所聞稍誤。宗誠紹興四年四月己酉有陳乞點檢泗州官錢狀云：「紹興元年四月十三日到任。」己卯十三日也，故附於此，未知光世復以何日出檄耳。

10 庚辰，隆祐皇太后崩於行宮之西殿，年五十九。上自后不豫，衣不解帶者連夕。至是，范宗尹等見上於殿之後閣，上哀慟甚久，諭宗尹等喪禮當從厚。

朝議大夫、添差通判衢州史愿直秘閣。愿，燕山人，有學問，上召見而命之。愿嘗著金人亡遼録，行於世。

11 辛巳，詔：「隆祐皇太后應干典禮，並比擬欽聖憲肅皇后故事，討論以聞。朕以繼體之重，當從重服。」命入內內侍省副都知良邦彦都大監領隆祐皇太后喪事。

直秘閣張自牧主管江州太平觀，從所請也。中興聖政：「辛巳，進呈程俱劄子：『名臣列傳止是節本，合與不合録呈。』上曰：『初止令進累朝實録，蓋欲盡見祖宗規矩模範，此是朕家法，要得遵守。』既退，范宗尹以下歎仰者久之⑰。」臣留正等曰：「帝王之道雖同，其法則不必同。忠質文異制，同歸於治，蓋因時制宜，各自爲一代之法。夏、商、周之子孫，得以憲於先王，傳世數十而長久者也。太上皇帝欲盡見祖宗規模，且曰：『此是朕家法，要得遵守。』則自中興以來，致治之效，皆由於此，今日尤當率循而不忘也。」

12 壬午，持服孟忠厚言：「見丁母憂，即皇太后成服，難以捨重從輕。乞用衰服行事。」太常奏用欽聖憲肅皇后故事，令忠厚爲太后服衰三年。從之。

詔江、浙諸路上供紬絹半折見緡三千，仍易輕齎赴行在。此以今年八月二十九日宣州乞減折帛錢狀修入，他書並無之。

13 癸未，襄陽鎮撫使桑仲陷鄧州，殺右武大夫、淮康軍承宣使、河東招捉使、知汝州王俊。初，仲圍鄧州急，守臣武功郎譚兗遣人詣俊求援。俊自繖蓋山引衆赴之，兗與飲燕，俊醉，兗率衆突圍出奔，遂入蜀。仲攻城陷，執俊歸襄陽，磔之。既遂，以其副都統制李橫知鄧州。橫，高密人，嘗爲黄河掃兵，以勇自負。仲雖嗜殺，然性頗孝，或盛怒欲殺人，其母戒之即止。每自稱桑仲本王官，終當以死報國，故能服其下焉。

14 甲申，同知樞密院事李回爲攢宫總護使，刑部尚書胡直孺爲橋道頓遞使，神武右軍都統制韓世忠爲總管，内侍楊公弼爲都監，調三衙神武輜重、越州卒千二百人穿復土。故事，園陵當置五使，議者以遺誥云「權宜擇地攢殯」，故第命大臣一員總護。汪藻撰曾紆墓誌云：「李回辟紆修奉，議者欲稱園陵，紆曰：『上不日恢復中原，當奉隆祐歸。祔此但攢宫耳。當先正其名。』朝廷用其言。」王明清揮麈前録云⑱：「昭慈升遐，外祖曾公紆以江東漕兼攝二浙應辦。朝論欲建山陵，外祖謂帝后陵寢今存伊洛，不日復中原，即歸祔矣。宜以攢宫爲名。僉以爲當，遂用之。」謹按皇太后遺誥已云：「權宜擇地攢殯。」又云：「所製梓宫，取周吾身。以爲他日遷葬之便。」不知草遺誥時，紆已與議否也。浙漕題名紆以四月十六日解，知此時蓋未赴江東，第恐非紆始議，更須求他書詳考之。

15 乙酉，輔臣拜表，請上爲隆祐服期。從之。

16 丙戌，以皇太后崩，下詔恤刑，遣官告天地社稷宗室，望告諸陵。

17 丁亥，詔榷貨務遵守茶鹽見行成法，不得毫髮更改，務令上下孚信，入納增廣。

武節郎、閤門祗候、浙西安撫大使司統制軍馬康淵知通州。金之犯淮東也，朝散大夫、知通州吕伸遁去，踰月乃還，上奏言，敵營驚傳有戴紅笠人劫寨，是爲火德勝捷之象。上惡其佞，詔貶秩三等罷去。更命劉光世選將守之。

是日，宣撫處置使張浚殺責授海州團練副使曲端於恭州。端既爲利夔制置使王庶所譖，忠州防禦使、知渭州吳玠亦憾之，乃書「曲端謀反」四字於手心，因侍浚立，舉以示浚。浚素知端、庶不可並立，且方倚玠爲用，恐玠不自安。庶等知之，即言端嘗作詩題柱，有指斥乘輿之意，曰：「不向關中興事業，却來江上泛漁舟。」此其罪也。浚乃送端恭州獄。有武臣康隨者，在鳳翔常以事忤端，鞭其背百，隨切骨恨。浚以隨提點夔州路刑獄，端聞之，曰：「吾其死矣！」呼天者數聲。端有馬名鐵象，日馳四百里。至是連呼「鐵象可惜」者又數聲，乃赴逮。既至，隨命獄吏縶之維之，糊其口，爇之以火，端乾渴而死。士大夫莫不惜之，軍民亦皆悵恨，西人以是亦非浚。然議者謂使端不死，一日得志，逞其廢辱之憾，端一摇足，秦、蜀非朝廷所有，雖殺之可也。康隨，紹興五年七月六日以武功大夫、秀州防禦使爲江東副總管。不知此時爲何官職，當考。龜鑑曰：「趙哲之誅，孔明之誅馬謖也。曲端之不用，亦孔明之不用魏延也。至於殺之，太過矣。況曲端威望，敵人素懾。富平之戰，詐立端旗，猶足以懼敵，則端之死爲可惜也。然殺曲端而失關陝⑲，浚之過也；用吳玠而保全蜀，浚之功也。」

18 己丑，范宗尹等表請聽政，詔不允。表三上，乃許之。

19 辛卯，詔百官開啓天申節道場，以太母初崩，勿用樂。

直寶文閣、新知建康府張縝言：「本府倉庫皆竭，欲借錢五萬緡，限一年内作三次納還。如違，甘伏上書詐不實之罪。」詔以宣州常平錢二萬緡貸之。

20 壬辰，故朝請大夫陳師錫贈直龍圖閣。師錫，建陽人，元符殿中侍御史，黨籍餘官第一百十六人，郴州安置。

徽猷閣直學士陳邦光卒於僞齊。建康知府題名邦光以顯直知建康。此從日曆。日曆加「前」字，按邦光降敵後，未常削職也。

21 癸巳，詔自今諸軍補轉官資，非奉宣帖者，毋得增給請受，違者令吏部及監司劾之。

22 乙未，詔臨安府、秀州亭户合給二税，依皇祐專法，計實直價錢，折納鹽貨。先是，兩浙轉運司以罷給蠶鹽，令輸本色。提舉茶鹽公事梁汝嘉奏，亭户以煎鹽爲生，未嘗墾田。於是申明行下。汝嘉，麗水人也。

是月，統制河東忠義軍馬馮賽自垣曲渡河⑳，歸邵興於盧氏縣。

鄧州人楊某有衆千餘人，在河北僞稱信王。河南鎮撫使翟興命沿河守禦官王興延致之，厚其供饋。楊自稱淵聖皇帝，興覺之，楊一夕遁去。興遣都統制董先追獲於商州，殺之。

校勘記

① 承事郎浙西安撫大使司參議官劉寧止爲兩浙轉運副使　下「使」字，原作「司」，據叢書本改。

② 既而鎮撫使趙霖論其執李伸之功　「伸」，原作「申」，據叢書本改。

③ 而湖東安撫使向子諲在衡州之安仁　「湖東」，原作「東湖」，叢書本同，據本書卷四五紹興元年六月己巳、卷四九紹興元年十一月壬戌記事改。

④ 遂焚潭州　「遂」，原作「逐」，據叢書本改。

⑤ 遇統制官巨師古　「巨」，原作「臣」，據本書卷三九建炎四年十一月癸卯事改。

⑥ 金左監軍昌在泰州　「左」，原作「右」，叢書本同，據宋史全文卷一八上改。

⑦榮獲昌子婿盆輂　「盆輂」，原作「佛寧」，據金人地名考證改。
⑧今因除泰州守臣附見　「泰」，原作「奉」，據叢書本改。
⑨郭仲威張敵萬王林祝友史康民之徒火　「火」，叢書本作「夥」。
⑩責授寧遠軍節度副使王襄復正議大夫　「議」，原作「義」，據宋史卷一六九職官志九紹興以後階官改。
⑪右武大夫達州團練使胡安中知唐州　「唐」，原作「廣」，據本書卷四二「權知唐州胡安中」記事改。
⑫各移文所部州軍監司帥臣　「部」，原作「步」，據叢書本改。「監」原作「兼」，據文意改。
⑬金左副元帥宗維使右都監耶律餘覩將燕雲女真二萬騎攻故遼林牙大石於曷董城　「曷董」，原作「和勒端」，據金人地名考證改。下同。
⑭武功大夫忠州刺史忠勇軍統制張榮爲右武大夫忠州防禦使知泰州　「泰」，原作「秦」，據本卷壬子「光世大喜，以榮知泰州」記事改。
⑮沿淮水陸巡檢寇宏以其衆附於真揚鎮撫使郭仲威　「撫」，原作「副」，叢書本同。逕改。郭仲威爲真揚鎮撫使見本書卷三四。
⑯翌爲承信郎通判州事　「判」字原脱，據後注文「而光世奏中有通判臧翌」補。
⑰自「辛巳進呈程俱劄子」至「范宗尹以下歎仰者久之」共六十三字，宋史全文卷一八上爲大字正文。
⑱王明清揮麈前録云　「前」，原作「後」，按此事載於揮麈前録卷一，故據改。
⑲然殺曲端而失關陜　「陜」，原作「隘」，據叢書本改。
⑳統制河東忠義軍馬馮賽自垣曲渡河　「垣曲」，原作「曲垣」，逕行改正。

建炎以來繫年要録卷四十四

1 紹興元年五月丙申朔，宰相范宗尹率百官拜表，請御正殿。不允，表三上，乃許之。

通直郎王鈇爲樞密院編修官。鈇，南昌人，父本，仕至顯謨閣待制，秦檜舅也。鈇通判邵州，爲帥臣程昌寓所劾，檜遂薦用之。王明清揮麈後録：「建炎末，先人爲樞密院編修官，被旨集祖宗兵制。書成，高宗諭范覺民云：『王某所進兵制甚佳，朕連夕觀之，至於目痛。可改官與陞擢差遣。』時秦會之參知政事①，素與先人議論不同，雖更秩，然自此去國矣。王鈇，檜之舅子。會之心欲用之，薦於上，謂有史才。名適與先人偏旁相似。上忽問云：『豈非修兵制者乎？』會之即應云：『是也。』詔再除樞屬。」按明清父即王銍也，此所云秦檜對上語，疑未必然。時范宗尹爲相，檜方進用，恐未敢面謾如此。今不取。

2 丁酉，詔：「以淮南民未復業，全藉威望大臣措置。令江東安撫大使呂頤浩、江西安撫大使朱勝非、浙西安撫大使劉光世並兼宣撫淮南。頤浩領壽春府、滁、廬、和州、無爲軍，勝非領德安府、舒、蘄、光州、漢陽軍，光世領真、揚、通、泰、承、楚州、漣水軍。」時李成既敗，勝非乞置司洪州，而江州依沿邊舊制，以副帥總兵戍守。上不許。勝非奏下在己亥。

朝奉大夫知臨江軍康倬、朝奉郎通判臨江軍丘鄄並貶秩一等，倬衝替，鄄放罷。坐寇至棄城也。王明清揮麈録餘話：「秦會之、范覺民同在廟堂，二公不相咸。敵騎初退，欲定江西二守臣之罪，臨江康倬棄城走，撫州王仲山以城降。仲山，會之婦翁也。覺民欲寬之，會之云：『不可。既已投拜，委質於賊，什麽話不曾説，豈可貸耶？』蓋詆覺民嘗仕僞楚耳。」按敵入江西，乃建炎三年事，而王子獻、吴將之、王仲山、仲嶷之徒皆以次年三月間行遣，此時檜在敵寨未歸也。今年春，檜始參知政事，而康倬以五月衝替，蓋坐李成入寇事，與仲山實不同時。又李成所陷，乃江、筠、臨江、興國四州軍，撫州亦不在其數。明清蓋甚誤。

詔李成罷舒蘄光黄四州鎮撫使，削奪在身官職，俟獲日依法施行。

3 戊戌，翊衛大夫、福州觀察使辛道宗爲福建路馬步軍副總管，拱衛大夫、相州防禦使張用爲舒蘄鎮撫使兼知蘄州。時用在鄂州駐軍，朝議欲討李允文，故有是命。

浙西安撫大使司統制官史康民知真州，用劉光世奏也。

4 己亥，手詔禮部太常寺討論隆祐皇太后合行册禮，及奏告天地、宗廟等事，取旨。初，進士黄縱上書，論：「隆祐皇太后頃年以誣謗廢斥，未嘗昭雪。雖復位號，然未正典禮及册告宗廟。」朝議欲因陞祔廟庭，特行册禮。上諭大臣：「太母失位於紹聖之末，其後欽聖復之，再廢於崇寧之初，雖事出大臣，然天下不能户曉，或得以竊議兩朝。」范宗尹曰：「太母聖德，人心所歸。自陛下推崇位號，海内莫不以爲當然。前後廢斥，實出章惇、蔡京，人皆知非二聖之過。」上曰：「然。昔高宗欲立武氏，長孫無忌、褚遂良皆以爲不可，而李勣獨曰：『此陛下家事，何須問外人？』帝意遂決。則隆祐之廢，出於惇、京明矣。」富直柔曰：「陛下推崇隆祐，天下以爲當。人亦不以尤哲廟與上皇，願陛下勿復致疑。」上然之。乃命禮官討論典禮，既而禮部員外郎王居正以謂，國朝追册母后，皆由前日未極尊稱之故。隆祐皇太后蚤儷宸極，雖蒙垢紹聖，退處道宫，而按元符三年五月詔書，則上皇受命，欽聖憲肅皇后以復冢婦之意，亦已明甚。崇寧初，權臣擅政，悖違典禮，以卑廢尊，是太后之隆名定位，已正於元符，而不在靖康變故之日也。謂宜專用欽聖詔書及崇寧奸臣沮格之意，奏告天地宗廟。其册禮不須討論。刑部尚書兼權禮部尚書胡直孺等以聞，其議遂定。禮官議上在庚戌，今聯書之。紹興四年五月庚申，臣僚上言：「哲宗朝事跡載在時政記、日曆者，皆爲蔡京取旨焚毀滅跡。紹興元年[2]，有進士黄縱者，嘗繳進其父籍没京家所藏之餘，又皆殘缺不全。」按縱所上書，未得其本，此所云蔡京殘書，未知與黄策所進蔡京親書復后所得聖語劄子相關否，當考。

直徽猷閣、主管江州太平觀李弼孺勒停。初，范宗尹薦弼孺使領營田，遂召赴行在。而右諫議大夫黎確奏弼孺淫污狡妄，媚事朱勔。宗尹曰：「固知弼孺小人，然但欲委之勸耕，故有此命。」上曰：「君子易疏，小人易親。不知者無如之何，既知弼孺小人，安可不疏？今日知田事者應别有之，可勿召也。」弼孺怒，上疏訟確所言誣誕，故有是命。弼孺以今年三月召，上語在其月己酉。臣留正等曰：「治道要務，在知下之邪正。邪正一辨，賢人君子常聚於本朝，而憸佞小人不容倖進以害治道。一或涇渭不分，牛驥同牢，則邪正雜揉，往往生事以産亂，天下可得而治乎？太上皇帝宣諭輔臣，深戒小人之勿用，蓋邪正辨則朝廷治，天下不足以理矣。治道要務，孰有先此者？豈特垂訓輔臣而已哉！真足以昭大訓於無窮也。」

中奉大夫盧襄再叙中大夫。

5 庚子，右金吾衛上將軍、提舉臨安府洞霄宫張楙卒，蜀國長公主子也[3]。主英宗女，適張敦禮。嘗爲嚮德軍節度使，靖康初换授。

初，馬進既敗，乃執朝請郎、知興國軍李宜之淮南。宜遁得免，至江州北岸，夜宿僧舍，宜納衣中有黄金數十兩，爲主僧所覺，遂縊殺之，棄其印於江中。賊在興國軍幾半年，宜能調護之，無秋毫擾，民感宜之惠，爲立生祠。至是，中書始奏宜容留馬進之罪，詔罷之，而宜已死矣。

6 辛丑，御筆：「犒賞諸軍一次。」范宗尹奏：「自昨犒後已近五旬。」上曰：「朕不欲數犒，凡三月可省一次。今財用止出東南數十州，不免痛加節省。若更廣用，竭民膏血，何以繼之？」宗尹等曰：「陛下之言及此，天下幸甚。」熊克小曆：上自南渡頗優假衛士，每兩月輒一賞賚云云。按今年三月一日，吕頤浩奏：「自來養兵之法，止是逐月支月糧料錢，即無每日支食錢一百文，并犒設一次體例。昨因自南京扈從南來，有司失於謀始，遂開此例，幾殫國力。」據此，則非自南渡後始有犒設。克所云誤也。日曆二月十九日丙辰：「詔行在禁衛諸班直、親從、親事、輦官、宿衛、親兵、神武諸軍、三衙軍兵、宰執下親兵，並令户部依例犒設一次。」據此，則韓世忠等大軍並在其中，非止衛士也。時政記：「後殿進呈犒設軍兵御札，先是，月一犒設，自正月至今五十日矣，上猶難之。」據此，則克所云每兩月輒一賞賚，亦非也。自正月至今凡一百一十餘日，上三次賞賚，故云每三月可省一次。若本自兩月一賚④，而今五旬即給之，則半年反增一次矣。未知克書鹵莽，或傳本差誤也。

7 壬寅，左武大夫、棣州刺史馬欽等並特補舊官，聽劉光世使喚。欽，故遼彰國軍節度使堯俊子也。宣和末爲常勝軍統領，燕山破，爲金所得，用爲千户。金師既去，欽與其徒數十人渡江歸劉光世軍中，光世因留以爲將。

8 癸卯，侍從、臺諫集議隆祐皇太后謚曰昭慈獻烈，後三日，詔恭依。

9 甲辰，上始御正殿，用百官三請也。

江西安撫大使朱勝非奏，内侍李肖隨劉紹先出戰，功係第二等。上曰：「恐無此理，肖安得有戰功？毋庸行出，懼貽笑四方。」張守曰：「不若但以傳宣之勞賞之。」上曰：「然。」

10 癸卯⑤，上出「大宋中興之寶」及上皇所獲元圭以示輔臣。寶，上新刻者，其玉明潤，視「定命寶」猶大半分。

中書舍人洪擬轉對，論帝王之學，中叙董仲舒、王吉之言，末以章句、書藝爲非帝王之事。上曰：「人欲明道見禮，非學問不可。惟能務學，則知古今治亂成敗與夫君子小人善惡之迹。善所當爲，惡所當戒，正心誠意，率由於此。」范宗尹曰：「人主尤以此爲先務。」因奏仇士良告其徒之言，上然之。

是日，忠州防禦使、秦鳳經略使吳玠及金人烏魯、折合戰於和尚原之北⑥，敗之。時金主晟之從侄没立與烏魯、折合以數萬騎分兩道入犯⑦，没立自鳳翔，二將由階、成，約日會和尚原。熊克小曆云：「烏魯、折合自階、成、鳳出散關。」蓋據王綸、王曮撰玠、璘碑所云也。然階、成在散關後，不應云出散關。當云自階、成還趨散關，會於和尚原乃可。綸、曮皆江東人，不知蜀口地理，克又因之耳。 玠與其弟統領官、武翼郎、閤門宣贊舍人璘，以散卒數千人駐原上，朝問隔絶，軍儲匱乏，將士家屬往往陷敵，人無固志。有謀劫玠兄弟北去者，幕客陳遠猷夜入告，玠遽召諸將，勵以忠義，歃血而誓，諸將感泣，爲備益力。是日，二將以勁騎先期而至，陣於原北。玠擊之，四戰皆捷。山谷中路狹而多石，馬不能行，敵棄馬，遂敗去。後三日，没立自犯箭筈關，玠遣別將擊之，二軍卒不得合。又五日，敵移寨黃牛嶺，會大風雨雹，翼日引去。張浚録其功，承制以玠爲明州觀察使，璘爲武德大夫、康州團練使，賜金帶，擢秦鳳路兵馬都鈐轄，統制和尚原軍馬。趙甡之遺史附此事於五月十四日戊申。按今年十月甲申，吳玠乞三聖神廟額狀云：「五月八日，金人與官軍拒戰。」八日癸卯也，故係此日。

11 丙午，故正議大夫何㮚贈觀文殿大學士，官子孫七人。初，殿中侍御史章誼論：「㮚折衝無謀，守禦無策，堅請淵聖再幸敵營，此陛下父兄之仇，而中國招禍之首。雖死異域，當行追貶，望寢贈典，以允公議。」事既行，是日甲辰。參知政事秦檜力明其死節，深爲金人所重。上曰：「㮚能如此，不可不示激勸。但比張叔夜等三人，稍損可也。」故有是命。然㮚建炎初已遥除是職，今又以爲贈官，蓋中書失之。

江東安撫大使司奏：「捕虔賊李敦仁獲捷。」時吕頤浩猶在告，參議官李承造以聞。上曰：「頤浩大臣，義當體國。江西盜賊，非張俊未易辦，頤浩須少推之，如廉藺相濟乃可。可趣令視事。」李回請上親札，富直柔又乞遣中使撫問，上從之。

詔承議郎范同、宣教郎敕令所删定官劉一止、修職郎王洋並召試館職。初復故事也。既而同以内艱不果試，二人皆入等。一止所對策極言當世之務，且曰：「天下事不克濟者，患在不爲，不患其難。聖人不畏多難，以因難而圖事爾。如其不爲，而俟天命自回，人事自正，敵國自屈，盜賊自平，豈有此理哉？」上覽之稱善。乃以一止爲秘書省校書郎，洋爲正字。同，江寧人；一止，歸安人；洋，資深子也。二人除命在六月庚寅，今併書之。

是日，真揚鎮撫使郭仲威爲劉光世所執。初，仲威聞敵退，乃以其將李懷忠知揚州，而自往真州屯駐。仲威與李成有舊，聞其在九江，欲往從之。時滁濠鎮撫使劉綱以所部屯建康之雨花臺，仲威爲所扼，不得進，復還揚州，謀據淮南以通劉豫。光世知其反，復遣前軍統制王德往捕之，宣言游徼淮上，至維揚，仲威迎謁於摘星臺，德手擒之，遂并其衆。德以功進秩一等。此以趙甡之遺史及光世奏狀參修。但遺史載此事於此月，又云：「仲威引兵至建康，爲劉綱所招，劉光世生致之。」皆誤也。按日曆，光世奏仲威反狀，以五月十六日到，得旨令密切措置，而後兩日，已奏生擒仲威。蓋光世先遣王德行而後奏上也。奏中第云，謀與劉豫連和。若仲威已渡江，光世無緣却不言及。今略删定，令不牴牾。

12 丁未，徽猷閣直學士高衛復爲尚書户部侍郎。衛始除鄂州，爲李允文所拒，不得進，至是遂召用之。

13 戊申，臨安府節度推官史祺孫言：「兩浙撲買坊場一千三百三十四處，爲浄利錢約八十四萬緡。今未賣者五百有奇，乞募進納補官之家投買。」從之。

14 己酉，朝奉大夫胡舜陟起復徽猷閣待制，充京畿京西淮南湖北路宣諭使。朝奉大夫、直秘閣魏志崇陞直徽猷閣副之。范宗尹素善舜陟，以其方持喪，故建議遣使諭指京畿，而有是命。

詔以米價貴，諭積粟之家，出糶三千斛以上，補官有差。

15 庚戌，朝請大夫、主管亳州明道宫程瑀直秘閣、江南東路提點刑獄公事。

16 辛亥，詔以道路未通，諸路死罪囚應奏讞者，權令降等斷遣。五年正月壬子復奏案。

登州防禦使郭仲荀權主管殿前司公事。自巡幸以來，三衙實無兵，名存而已。

朝散郎、知夔州韓迪直徽猷閣。先是，桑仲犯歸州，迪能禦之。張浚承旨除職一等，言於朝，乃有是命。

是日，邵青以舟師犯太平州。初，青以樞密院水軍統制屯蕪湖，及張俊討李成，上令青受俊節制。青至池州不得進，復還蕪湖就糧。守臣郭偉聞之，曰：「邵統制已受命討李成，安得還此？」青怒，率衆欲入城，城門皆閉。青遂擁衆攻城，偉竭力拒之。

17 壬子，湖東安撫向子諲奏孔彥舟犯衡、永州，詔張俊密行措置。

18 癸丑，詔斬郭仲威於平江市，梟其首。先是，仲威焚掠平江，邦人怨之最甚，故就誅之。

責授秘書少監、道州居住黃潛厚許自便。

19 甲寅，樞密院言：「劉超賊馬侵犯澧州，及鼎、澧界有戴進、楊靖大段猖獗。訪聞鄰境施、黔等州，自來各有團結義軍，輕捷可用，及夔路兵馬鈐轄田祐恭見統家丁於夔州把隘。欲令湖西帥臣程昌寓、夔路帥臣韓迪密切相度，可否起發，令前來湖西，共殺賊馬，并所用錢糧實封條畫以聞。」從之。

秘閣修撰、提舉臨安府洞霄宮趙令廌爲集英殿修撰、知南外宗正事。上命令廌往泉南，選宗室子育之宮中，故有是命。

詔忠勇統制、知泰州張榮已下吏士四千二十九人皆進官。用劉光世奏也。

初，吕頤浩之在相位也，聞滄州人李齊在海中聚衆，乃白上，遣使臣董德乘海舟賫詔，授齊武翼郎、閤門宣贊舍人，使收復山東陷没州郡。丙辰，船乘風誤泊福島，爲范温所得。温以禮待二人，且詢問朝廷消息，始知上駐蹕會稽，士皆感泣。温遂遣參軍事李植等三十二人泛舟赴行在，且告李齊已順僞齊矣。温，農家子，初聚衆牢山，後守福島。其爲人無他長，惟待人以誠，故能得衆焉。此據趙甡之遺史及温申狀參修。齊初見建炎四年六月壬申。遺史董某無名，其至福島亦無月日，此據狀修入。狀云：「五月二十一日，忽有海舟南來。」丙辰二十一日也，故附此。植等八月丁卯至行在，吕頤浩遺德亦遺史所云。按頤浩以建炎四年四月罷相去，此已踰年，恐非頤浩在相位所遣，今且云爾，當考。

20 丁巳，詔江、淮州軍，自今有金國南歸之人，賫到二聖密詔、文檄、蠟彈之類，未得奉行，具奏聽旨，違者重寘典憲。先是僞造者衆，故條約之。

參知政事秦檜乞以昨任御史中丞致仕日，本家奏補兄彬、男熺恩澤文字毁抹，更用建炎二年大禮恩例補兄彬文資。從之。熺，王晚孽子也。檜娶晚女弟，無子，晚妻鄭居中女，怙貴而妬，檜在北方，出熺以爲檜後，奏官之。至是，其家以熺見檜，檜甚喜。趙甡之遺史云，檜陷敵，王晚取王氏子冒姓秦以爲檜嗣，立名曰熺。不云誰之子。而王明清揮麈録所載頗詳，今從之。

21 戊午，權工部侍郎兼詳定重修敕令韓肖胄言，對修政和嘉祐敕成。

復置太府寺丞，以承奉郎章億爲之，措置印給茶鹽鈔引。億，惇孫也。復長貳在四年五月。

沅州言：「本州自熙寧末爲郡，始創營田，招置弓弩手四千人。靖康調發，往往不歸。今軍食窘急，乞以閑田募民承佃。招補弓弩手二千人，餘助歲計。」從之。先是，鼎、澧、辰、沅、靖諸州以地接蠻猺溪峒，故熙、豐間排置刀弩手，五郡合萬三千人，散居邊境，教以武藝，無事則耕作自贍，有警則集而用之，最爲利便。後全軍調發，應援河東，或死或亡，其法浸廢矣。紹興六年十二月己未所書可參考。

朝散郎吕安中言：「舊官給錢募户長催税，近已差甲頭，宜樁其僱錢，用助經費，諸路提刑司拘收赴行在。」既而言者以差甲頭不便者五：一則小户丁少，科差不辦；二舊每都保正長少四家，今甲頭凡三十家，破産者必衆；三夏耕秋收，一都之内，廢農業者凡六十人，則通一路有數十萬人不容力穡；四甲頭皆耕夫，既不熟官府，且不能與形勢豪户争；五所差既多，争訴必倍。於是甲頭不復差，而其户長役錢不復給。不差甲頭在今年九月乙巳。其户長役錢，五年正月壬戌詔分季起赴行在。今並聯書之。

22 己未，手詔：「降榜式於諸路，應州縣因軍期不得已而貸於民者，並計所用之多寡，度物力之輕重，依式開具，務令民間通知，毋得過數催理。違者竄嶺表。」

故朝散大夫畢仲游贈直徽猷閣，以黨籍故也。

秘書少監程俱言：「見修日曆，乞下諸州搜訪建炎元年以後邸報，及所被受朝旨文字，仍於中外臣僚，先且取會二年事實。應曾任宰執至行在職事官，有日曆合載事件，如政事弛張、臣僚黜陟、刑賞征戰，凡所見聞，或私自記録，或親承聖語及所上章疏，并被受詔敕，與公案官文書之類，並令諳實抄録回報，以憑修纂。」從之。

23 庚申，翰林學士汪藻上隆祐皇太后謚議。

福建制置使辛企宗奏：「順昌盜余勝就招，若不補授名目稍高，慮致滋蔓。已補勝修武郎。」從之。

是日，孔彦舟自衡山引舟而下，過潭州，權湖南招捉公事馬友以舟師迎擊之，彦舟大敗，遂趨岳州。州官吏遁去，一城皆空。彦舟無所掠，進犯鄂州。時鄂方大饑，米斗三千五百，民多餓死。彦舟括軍中米糶於市，斗直二千，鄂人皆稱揚彦舟之惠。安撫使李允文遣人招彦舟，彦舟聽命，遂以湖東副總管屯漢陽。趙甡之遺史繫此事於四月末。按日曆七月一日，潭州申彦舟五月二十五日敗於潭州。庚申二十五日也，故係於此日。朝廷聞彦舟尚在衡、永間，詔張俊就便措置。始俊欲乘勝渡江，而軍中糧乏，遂屯軍九江四十餘日，然後北行。詔江東西及隨軍三漕臣協力應副。

24 辛酉，給事中陳戩充寶文閣待制，知處州。戩嘗上疏論五失：一謂宰執尚寬厚、示大體，而務姑息；二謂寵任將臣，輕授之柄，遂便邀賞示恩，至謂本兵大臣出其門下；三謂臺諫觀望朝廷，交結權倖，毛舉細務以塞責；四謂監司、郡守身自犯法，豈能律奸；五謂內侍之權漸盛，交結將帥，恐臨安之變生於不測。上奬其言。至是，又論諸將造政事堂，與大臣狎，紊亂朝綱，恐緩急不可用。於是樞臣上章待罪，諸將亦不自安。戩因力求去，乃有是命。戩所言，蓋指辛企宗、富直柔、黎確、馮益等也。

翰林學士汪藻言：「本院出入，經由隆祐殿攢宮門，工役不便，乞權就本家供職。」從之。

荊南鎮撫使解潛言：「所管五州，絕户及官田荒廢者甚多，已便宜辟直秘閣宗綱權屯田使，中奉大夫樊賓權副使，募人使耕，分收子利。」詔以綱爲鎮撫司措置營田官，賓爲同措置官。渡江後，營田自此始。其後荊州軍食多仰給於營田，省縣官之半焉。綱嘗爲湖北轉運判官，官省而罷，遂爲潛所辟。賓，河中人也。

25 壬戌，范宗尹等以國用不足，奏鬻通直、修武郎已下官。上曰：「不至人議論否？」張守曰：「祖宗時嘗亦有此，第止是齋郎。」李回曰：「此猶愈於科斂百姓。」上曰：「然。大凡施設，須可行於今，可傳於後，即善耳。」宗尹乃退。其後遂止鬻承直郎已下官。餘見六月己巳。

是日，邵青受劉光世招安，太平州圍解。初，青既薄城下，與其徒單德忠、閻在等分寨四郊，開畎河水，盡滰圩岸，以斷援兵來路。調民伐木爲慢道，怠緩者殺而并築之，一日之間，與城相平。賊攻具畢施，遂縱火焚樓櫓，刳孕婦，取胎以卜吉兇。敵樓爲砲所壞，守臣郭偉運土實之，賊不能近。偉方食於城上，青以砲擊其案，又以矢斃其侍吏，偉亦不顧。相持凡九日，偉募死士乘夜下城，因風焚其慢道。又二日，決姑溪水以灌其營。青窮蹙，會光世遣使來招安，翼日，青遂去。初，青之參議官魏曦多智，偉憚之，乃爲書，以響箭射於城外，已而曦力勸青就招，青怒殺曦，人皆謂偉用間言，青信之也。此據趙甡之遺史參修。曦勸青就招，據劉光世所奏云爾。然光世所奏，乃以爲青解圍後至建康道中殺曦，今且附此，俟考。

26 癸亥，詔滁濠鎮撫使劉綱所部中軍牙兵等六千餘人，並令神武中軍統制辛永宗遣將官統押赴行在。用綱請也。綱受命踰年，卒不之鎮。於是左軍統制王惟忠等以所部土人數千，渡江北去。綱所將者，獨淮北數千人而已。始，綱既不能渡江，盜王才因據濠之横澗山爲寨，縱兵剽掠，殺權知滁州梅迪俊。綱即以權清流縣丞張格非代知滁州。格非，濮州人也。時羣盜縱横，格非以數十舟依山險避之，往來城中而已。才以王命阻隔，乃以其衆附僞齊，用阜昌年號，而亦受招安爲閤門宣贊舍人，然出没如故。

武翼大夫、忠州刺史、閤門宣贊舍人趙延壽特遷武經大夫、營州團練使，充江南東路兵馬都監。延壽自湖北渡江，遂據分寧縣。江東安撫大使吕頤浩遣鄉貢進士李丕等諭降之。頤浩選其軍，得精鋭五千餘人，分隸統制官巨師古、閻皐、姚瑞、王進、傅選等九軍，言於朝，故有是命。延壽之赴鄱陽也，頤浩令朝請郎、分寧縣丞逢汝霖隨軍濟其芻粟。至是，授丕忠州文學，而汝霖遷一官。汝霖，掖縣人也⑧。

朝議大夫俞賙卒。賙，錢塘人，宣政間以應奉故，屢爲部使者，靖康初乃廢。

是月，婺源尉方疇上疏，極論宰相范宗尹過失。不報。疇，弋陽人也。

僞齊知同州李成寇昇平寨，保義郎、統領蒲城縣忠義軍馬井全與戰，爲所殺。

初，馬進既爲江淮招討使張俊所敗，而李成猶在蘄州。至是，俊引兵渡江，至黄梅縣，親與成戰。成據石幢坡，憑山以木石投人。俊乃先遣游卒進退，若争險狀以誤之。俊率衆攻險，賊徒奔潰⑨，進爲追兵所殺。林泉野記張俊傳云：「俊追成至蘄州羅田山，成遂殺馬進，降於劉豫。」與此不同。當考。成遁去，以餘衆降僞齊。俊敗李成於蘄州，未見本日。按俊所奏云：「自三月二十八日收復江州，爲糧食匱乏，坐食四十餘日，旦夕渡江北去。」則其行必在五月半間也。俊又奏，六月十八日已至丁家店，則其敗李成當在五六月之間。今參酌附此月末。

校勘記

① 時秦會之參知政事　「知政」，原作「政知」，據叢書本乙正。

② 紹興元年　「元」，原作「九」，據叢書本改。縱進書，已見此前。

③ 蜀國長公主子也　據文意，本句前似脱一「楙」字。

④ 若本自兩月一賚　「一」，原作「二」，據前後文意改。

⑤ 癸卯　此與前文「癸卯」重出，而其記事宋史全文卷一八上、玉海卷八四亦作「癸卯」。疑爲錯簡。

⑥ 忠州防禦使秦鳳經略使吴玠及金人烏魯折合戰於和尚原之北　「烏魯」，原作「烏嚕」，「折合」，原作「珠赫」，俱從金人地名

考證改。下同。

⑦時金主晟之從侄没立與烏魯折合以數萬騎分兩道入犯　「没立」，原作「摩哩」，據金人地名考證改。下同。

⑧汝霖掖縣人也　以下有四庫館臣按語：「宋史繫壬戌日。」今删。

⑨賊徒奔潰　「徒」，原作「徙」，據宋史全文卷一八上改。

建炎以來繫年要録卷四十五

1 紹興元年六月丙寅朔，詔自今朔望遥拜二聖於殿上，百官於殿下行禮。先是，上與百官並拜於庭，而中書舍人林遹以爲非宜，請用家人禮。故有是旨。

敦武郎房湜爲武翼大夫、榮州刺史，知房州，用知唐州胡安中奏也。時道路猶梗，乃令安中權給差帖授之。

詔河朔進士汪巨源令赴都堂審察。後未見。

初，上以大理卿王衣與僞齊相張孝純有舊，欲令衣貽書孝純，使緩兵。秦檜奏：「衣所與孝純書，當諭以意否？」上曰：「以孝純守太原，固忠義可信，然今既與豫合，則其心亦未可知，若便以緩兵之意諭之，則彼知吾怯，恐遂南渡，是呼之來也。不若且令衣告無疑間之意，徐觀其事爲善。」

2 丁卯，夜，寢殿後屋壞，宫人被壓者數人，吴才人驚悸得疾。翌日，上以諭輔臣，始令略葺州治。

3 戊辰，迪功郎諸葛行言獻國朝訓典，乞爲其兄國學免解進士行仁推恩。詔補行仁將仕郎，其後復獻書萬卷，官一子。獻書在九月甲戌。

初，張琪自襄安鎮引兵渡江，遂犯建康府、太平、池州諸縣，建炎四年。江東安撫大使司參謀官劉洪道招降之，復叛去。既而統制官韓世清、張俊會兵討之，追至溧水縣，其勢窮蹙，遂受浙西安撫大使劉光世招安。詔光世揀其軍，毋令遁逸。然琪實無降意，已進兵掠安吉縣，而樞密院復下敕榜招收之，蓋信光世所云，誤以爲餘黨也。降黄榜下湖州招收，在此月辛未。

4 己巳，初鬻承直、修武郎已下官，用宰相范宗尹請也。承直郎直二萬五千緡，修武郎直四萬五千緡，其餘以是爲差，參注恩例並依奏補出身人。其告身内更不聲説事因，第云「某人奉公體國，宜加獎録」而已。

和州防禦使、知邵州兼樞密院提領海船張公裕帶御器械，兼職如故。

詔鄂州安撫司軍馬令直秘閣滕膺權行主管，召李允文赴行在。初，朝廷聞允文執知岳州袁植，詔：以植棄城，令湖東提刑司鞫治。今年正月癸亥。植弟國子監丞正功乞歸其喪，乃令新湖東安撫使向子諲體究。三月辛亥。既而江東安撫大使呂頤浩奏植已爲允文所殺，植愛將袁衮亦詣行在擊登聞鼓訟冤，其從者强勝又訴於御史臺，殿中侍御史章誼奏其事。參知政事張守與植素厚，乃啓上，密諭江東招討使張俊令收允文。膺始以分鎮罷京西漕，遂在允文軍中，故有是命。

罷京畿等路宣諭使、副，令淮南三宣撫司遣人賫撫諭詔書付諸路。

5 壬申，宰相范宗尹等率百官奉上昭慈獻烈皇后謚册於太廟，寶用銀塗金，册以象簡，其文，參知政事秦檜所撰也。時太廟神主寓温州，乃即大善寺大殿上，設祖宗寓室行禮。

6 癸酉，詔選人仕閩、廣者，往還所給驛券並罷。

7 甲戌，言者論：「諸路轉運司類省試，舉人多訟其不公。若止仍令憲臣差官，慮有私請，欲於帥臣、部使者中，擇文學之臣領其事。」詔江東西、福建、廣東委帥臣呂頤浩、朱勝非、程邁、趙存誠，兩浙委憲臣施坰，荆湖、廣西委漕臣孫綬、王次翁①，其川陝路令張浚於帥臣、監司内選差有出身人，分鎮路分令茶鹽司選官如前詔。存誠，挺之子。坰，晉陵人，明受中嘗除右正言。綬，須城人。次翁，歷城人也。

詔盡鬻諸路官田，每路以憲臣總領措置，朝廷爲擇幹辦官一員佐之。時范宗尹以軍興，用度不足，故有此議。令下，民大以爲擾。後迄不行。此爲沈與求奏宗尹第三罪張本。

大理少卿朱宗直秘閣，爲福建路轉運副使。於是范汝爲未平，而辛企宗握兵玩寇，一路騷然。宗入辭言：「民困無聊，弄兵以延一旦之命。陛下第追還制置使，以此事付臣，可無戰而平也。」時富直柔與企宗厚，幸其成功，而企宗不能制賊，反屯其衆於建之城外。

8 乙亥，詔朝奉郎以上陳乞致仕，未受敕而身亡者，許任子。以中書有請也。

朝奉大夫呂景山主管台州崇道觀。景山，大防子，建炎初提舉潼川府路常平，官省而罷，寓家於蜀。至是，因其請而命之。

是日，張琪犯宣州。琪自安吉引兵至臨安境上，前一日，報至，命神武左軍都統制韓世忠分兵三千往捕之，而琪已去矣。

9 丁丑，詔越州申嚴門禁。時有潰兵數百，直入行在越州，泊於禹跡寺，闔城震駭。論者以爲言，乃命諸門增甲士守視，命官親書職位出入，軍馬自外至者，悉屯於城外。

尚書左司員外郎林之平直龍圖閣、知温州。

樞密院編修官林待聘召試館職，遂以爲秘書省校書郎。待聘，平陽人，秦檜所薦也。

承奉郎楊愿充樞密院編修官，愿自越州觀察推官用薦對改秩，而有是命。

武翼大夫、閤門宣贊舍人、池州兵馬鈐轄、江東安撫大使司統制軍馬韓世清爲武德大夫、忠州刺史，録掩殺張琪之功也。世清故爲盜，有衆五千。及屯宣州，而世清復招納亡命至萬五千人，月費錢十萬緡，米五千石，頗凌州縣。論者疑其復反。上以諭輔臣，會呂頤浩奏世清可疑，李回曰：「世清近討張琪有功，未見其可疑處。」上曰：「頤浩之言亦不爲無理，方其未可疑，自當賞其功。如郭偉奏邵青解圍，而劉光世謂因其招安。青之去，恐或因光世。然偉之守城，亦自當賞，功過不相掩，則賞罰信矣。」上語在是月庚午，熊克小曆注：「世清在江東，彈壓有勞。時頤浩方招安張琪，而世清襲擊琪破之，頤浩以世清壞其事，故不樂。」日曆：紹興三年三月呂頤浩奏王瓔擒世清事，上曰：「去歲累諭范宗尹，此乃心腹之疾，而宗尹遲疑未決。」不知即因頤浩所言否，當考。

録故太學博士何涣子榠爲將仕郎。涣，青城人，舉進士廷試第一，其弟宣義郎、通判利州、洙援楊寘等例，乞推恩。張浚爲之請，乃有是命。

詔和州威顯妃，增封昭順二字。妃歷陽侯范增女，有祠在麻湖之水寨。用鎮撫使趙霖請而命之。

10 戊寅，言者論：「朝廷暫駐江左，蓋非得已，當爲攘却恢復之圖。頃歲駐蹕揚州，有兵數十萬，可以一戰，而斥堠不明，金人奄至，卒以奔走，踰江而東，此宰相黄潛善、汪伯彦之過也。前年移蹕建康，是時兵練將勇，食足財豐，據江上不測之險，當敵人疑懼之秋，可以守矣，而舟師不設，一相異意，金人未至，先已奔走，遵海而南，此呂頤浩之過也。往者不可諫，來者猶可追。陛下今歲戰守之策安所從出？萬一事起倉猝，大臣復欲棄土地、遺人民、委府庫，脱身奔走，此豈安國家定社稷之謀乎？臣愚以謂有江海則必資舟楫戰守之具，有險阻則必資郡縣防守之力，有兵將則必駕馭馴擾，不可爲將帥自衛之資，有財賦則必轉運灌輸，不可爲盜賊侵據之用。伏望委任大臣，早賜指畫。」詔三省樞密院措置。

持服前寧遠軍節度使孟忠厚起復鎮潼軍節度使、開府儀同三司，充醴泉觀使。上推恩隆祐外家，異姓無服以上親，皆進秩一等，本宗白丁予初品官，諸婦及諸女並進封號，受恩者凡五十人。是月己巳降旨。

時朝臣有建議以后專配哲宗室，而去昭懷者，上乃爲挽詩曰：「有美三宫德，無嫌並后心。」前一日，出以示從臣。

11 己卯，昭慈獻烈皇后靈駕發引，上遣奠於行宫門外，參知政事張守撰哀册文。禮畢，易吉服還内。百僚服初喪之服，詣五雲門外奉辭。退，易常服詣常朝殿門外立班，進名奉慰。故事，園陵用吉凶儀仗五千三十一人[2]，至是，太常請權用五百四十四人。初，總護使李回既受命，以直顯謨閣、江東轉運副使曾紆權兩浙轉運副使[3]，充修奉官，江東轉運判官郭康伯提點一行事務。紆兼攝浙漕，不見月日。史臣於紹興元年十月己丑書之，實甚誤矣。而康伯爲提點，據今年六月四日申明諸色人衣號狀修入，史並不載。按此時浙漕乃徐康國、方孟卿、劉寧止三人，不知何以專用江東漕臣也。

有司猶援園陵之制，辟官分局，費用頗廣。寶文閣待制陳戩時爲給事中，上疏論列，以爲：「異日歸祔泰陵，復用何禮？至謂會稽之山無可採，而欲取他山之石，廂禁之卒不足用，而欲調諸郡之夫。並緣爲奸，誇侈如此，豈不違太后慈儉之遺訓？」於是一切鐫省。

12 辛巳，詔文林郎、越州上虞縣丞婁寅亮赴行在。以其言宗社大計也。寅亮之書曰：「先正有言，太祖捨其子而立弟，此天下之大公也。周王薨，章聖取宗室子育之宮中，此天下之大慮也。仁宗皇帝感悟其説，詔英祖入繼大統。文子文孫，宜君宜王，遭罹變故，不斷如帶。今有天下者，獨陛下一人而已。恭惟陛下克己憂勤，備嘗艱難，春秋鼎盛，自當則百斯男。屬者椒寢未繁，前星不耀，孤立無助，有識寒心。天其或者深惟陛下，追念祖宗公心長慮之所及乎④？崇寧以來，諛臣進説，推濮王子孫以爲近屬，餘皆謂之同姓，致使昌陵以後，寂寥無聞，奔迸藍縷，僅同民庶。恐祀豐於昵，仰違天監，藝祖在上，莫肯顧歆。此二聖所以未有回鑾之期，强敵所以未有悔禍之意，中原所以未有息肩之時也。欲望陛下於伯字行下，遴選太祖諸孫有賢德者，視秩親王，使牧九州，以待皇嗣之生，退處藩服。更加廣選宣祖、太宗之裔，材武可稱之人，陞爲南班，以備環列。庶幾上慰在天之靈，下係人心之望。臣本書生，白首選調垂二十年，今將告歸，不敢緘默。位卑言高，罪當萬死，惟陛下幸赦。」疏入，上讀之，大爲歎寤。簽書樞密院事富直柔從而薦之，遂有是命。寅亮，永嘉人也。寅亮十一月己亥除察官。

13 壬午，權攢昭慈獻烈皇后於會稽縣之上皇村，神園方百步，下宮深一丈五寸，明器止用鉛錫，置都監、巡檢各一員，衛卒百人。生日、忌辰、旦望節序，排辦如天章閣之儀。改寶山證慈禪院爲泰寧寺，專奉香火，賜田十頃。上事昭慈皇后備極孝愛，故園陵儀範，率用母后臨朝之比焉。

是日，張琪自宣州引兵犯徽州。通泰鎮撫司統領官張憲以所部在城中，聞之亟遁。直秘閣、提點江東刑獄公事王圭見守臣郭東曰：「爲之奈何？」圭奔休寧縣，東亦繼去，民間驚潰，琪遂據其城。事聞，圭、東並追一官，東勒停，圭衝替。圭、東追停在十月甲申。初，張琪之叛，劉光世遣統制官、右武大夫、康州防禦使潘逵以所部三千人戍饒州，已而赴行在。至是，行次信州之玉山，其後軍胡江等千餘人作亂，掠玉山、永豐二縣，進犯衢州之江山。詔樞密院準備將領徐文自臨安往討之。時江之黨又犯弋陽，迪功郎、監寶豐鎮熊彥深爲所殺。後官其家一人。彥深，紹興二年十一月己未贈承事郎，與恩澤一子。會呂頤浩已遣統制官閻皐追擊叛黨，至宜黃，文乃止。逵戍饒州，據日曆，光世以四月庚午奏至。江掠玉山，在此日。詔遣徐文在壬辰，江犯弋陽在七月，今聯書之。

14 癸未，江淮招討使張俊以大軍至瑞昌縣之丁家洲。日曆十一月六日，張俊奏：「臣於六月十八日已到丁家洲下寨，候分遣張用人馬軍往洪州。」癸未十八日也，故係於此日。初，俊被密旨，并收李允文，恐其拒命，乃與神武後軍統制陳思恭謀之，思恭言：「允文兵尚衆，須以計取。」會英州編管人汪若海自江東赴貶，若海被譴事，見建炎四年八月戊子。行至撫州，允文以書招之。招討司參議官湯東野因引若海謁俊，俊曰：「君與李節制善，盍往說之？與俱來，免盛夏提師至鄂。」若海曰：「與來，而少保誅之，則若海爲賣友。」俊曰：「以百口保之。」若海先以書與允文曰：「張少保既破李成，欲移兵指武昌。若海言君無反狀，其屬曰：『節制非朝命，且殺袁植⑤，與留四川綱運，非反而何？』惟少保言以百口相保。今有三説：劉豫新立，君能引張用之衆，擒豫以取重賞，一也；或引衆西投宣撫司張樞密，既相辟，必爲君白於朝，二也；信少保百口相保之言，三也。君勿恃張用之徒爲强，彼見李成既破，皆已喪魄。若知朝廷怒君，必回戈相逐矣。」允文感悟，乃舉其軍東下。俊因檄若海，併招新除舒蘄鎮撫使張用。時用自咸寧縣引兵趨分寧，爲通泰鎮撫使岳飛所逼，遂會俊於丁家洲。俊并將二軍，遣統制王偉護允文及參謀官滕膺赴行在。趙甡之遺史：「張俊移文允文曰：『恭奉聖旨⑥，率大兵前來掩殺賊徒李成，請照會。』時鄂州糧且盡，而孔彦舟在漢陽，允文得牒，遂將其軍往江州丁家洲見俊。俊分其軍，留三百人與允文回鄂州。允文怒俊奪其軍，有言侵俊。俊怒，具允文在鄂州事，差人押赴行在所。」日曆七月十六日，張俊奏：「鄂州李允文人馬作過，臣數十次差人前去，追呼到臣軍前收管訖。」據此，則似俊初未嘗被旨也。今且從熊克小曆書之，更當詳考。

責受雷州别駕趙霆復朝散大夫。霆，抃孫也。宣和中以徽猷閣待制守杭，方臘之亂，棄城去。詔貸死，長流昌化軍。至是，始叙。

15 甲申，昭慈獻烈皇后神主還越州，百官常服出城奉迎，上迎於殿門外，焚香退。百官進名奉慰。

降充集英殿修撰、提舉臨安府洞霄宫何志同復徽猷閣待制，尋不行。

邵青自太平州以舟師泊鎮江⑦，留三日，是日復叛去，引兵趨江陰。此據十一月一日知湖州葛勝仲所奏。按七月十六日，劉光世分析狀稱：「青至真州鵝翎灣駐泊，復移揚州，一夕遁去。」未嘗於鎮江岸下駐泊，然光世六月十八日先奏：「邵青招安，赴鎮江府攏泊人船，乞降旗榜。」則後報非實也。青以十九日下江，亦光世六月二十四日所奏，故附於此。

16 丙戌，中奉大夫李芘知建州。時建安民張毅等爲盜，犯福州之古田，知縣事、承議郎江滋遁去，芘諭降之。安撫使程邁以聞，前一日，詔以金字牌招收，毋失機會。遂以茈守其州。茈已病，不克赴。朝請郎謝嚮特遷朝散大夫，録招降范汝爲之勞也。於是同措置官修職郎陸棠亦授承直郎⑧，並令赴行在。棠，建安人也。

是日，朝散郎、知江津縣穆延年渡江禱旱，夜漏未盡，水暴至，延年溺死。詔官其子二人。延年，壽春人，嘗知鄢陵縣，縣牧國馬，中人預其事，羣類豪横相勝，雖開封尹亦避之，獨數爲延年屈。其死年四十六。

崇安民廖公昭聚衆爲盜，范汝爲所部提轄官、保義郎熊志寧召募槍仗手，聲言往捕之，其意實欲爲變。會神武中軍統制官朱師閔以所部適至，志寧懼，遂散其衆。丁亥，福建制置使辛企宗以聞。未幾，建陽民丁朝佐作亂，志寧率射士以往，道與朝佐合，執武尉解渥而拘之，遂入建陽、崇安二縣，官司不能制。

17 戊子，上諭大臣曰：「昨令廣選藝祖之後宗子二三歲者⑨，得四五人，資相皆非岐嶷，且令歸家，俟其至泉南選之。」先是，尚書右僕射范宗尹有造膝之請，故上有此諭。宗尹曰：「此陛下萬世之慮。」上曰：「藝祖以聖武定天下，而子孫不得享之，遭時多艱，零落可閔。朕若不取法仁宗，爲天下計，何以慰在天之靈？」同知樞密院事李回曰：「自昔人君，惟堯、舜能以天下與賢，其次惟藝祖，不以大位私其子，聖明獨斷，發於至誠。陛下爲天下遠慮，上合藝祖，實可昭格天命。」參知政事張守曰：「堯、舜授受，皆以其子不肖，藝祖諸子，不聞失德，而以傳序太宗，此過堯、舜遠甚。」上曰：「此事亦不難行，秖是道理所在。朕止令於伯字行中選擇，庶昭穆順序。」簽書樞密院事富直柔曰：「陛下聖斷，度越千古。第恐令廣不足以奉承。」上曰：「且令廣求。須自選擇。」參知政事秦檜曰：「須擇宗室閨門有禮法者。」上曰：「當如此。」直柔曰：「宮中有可付託否？」上曰：「朕已得之矣，若不先擇宮嬪，則可慮之事更多。」宗尹曰：「陛下睿明，審慮如此，宗廟無疆之福。」上所指宮嬪，蓋張婕妤、吴才人也。二年五月乙亥可參考。王明清揮麈録餘話云：「紹興壬子，詔知大宗正事、安定郡王令時訪求宗子伯字號七歲已下者十人，入宮備選。十人中又選二人，得阜陵及伯浩。」按，令時以二年閏月乙未除知宗，而阜陵五月乙亥育於禁中，相去才四十日，恐選擇未必如此之速。又令時以舊事譚稹，爲上所薄，恐未必以此委之。明清誤記也。

停官人姚舜明叙朝奉大夫，以呂頤浩有請也。

詔隆祐殿諸色祗應人各進一官。

18 己丑，修職郎曹浸爲閤門宣贊舍人。浸，曚子也。曚，開封人，靖康中爲應道軍承宣使。以其父徧歷三衙管軍，未有褒録，用遺表恩二人，而有是命。

19 庚寅，命權工部侍郎韓肖胄主管昭慈獻烈皇后陞祔一行事務及題神主。初，命左司員外郎趙子晝，子晝言：「昭慈典禮，率用母后臨朝稱制之儀。按元德陞祔，宰臣王旦題寫徽名，今以庶官爲之，不稱。」繇是改命肖胄。

直秘閣、主管江州太平觀裴廩爲荆湖西路提點刑獄公事。時湖西未置使者，而廩寓居廣西，乃就用之。言者奏：「廩貪財敗事，近者輒差除廣東西帥臣，其狂妄可知。」遂寢其命。廩所除廣東西帥臣，不知爲誰，當求他書參考。按此時趙存誠、許中並爲廣帥，廩除人，或又在其先，今未見。

初，南安賊吴忠與其徒宋破壇、劉洞天作亂⑩，聚衆數千人，焚上猶、南康等三縣，殺巡尉，進犯軍城。統制官張中彦、李山屢舉兵討之，不克。是日，江西提點刑獄公事蘇恪以從事郎田如鼇權南康縣丞，令與朝奉大夫、權通判魏彦杞往招捕。未幾，破壇爲彦杞所殺，如鼇尋遣兵焚賊寨，殺洞天。如鼇，大庾人也。破壇以八月壬申被殺，洞天以九月癸卯被殺，今併書之。吴忠事，紹興二年八月辛亥所書可參考。

20 辛卯，輔臣進呈言者論劉光世軍中冗費。上曰：「光世一軍，蒐汰冗雜，約留兵幾何，可以贍足？」范宗尹曰：「今月給錢十六萬緡，米三萬斛。若留精兵三萬人，且汰其使臣之罷軟者，可以足用。」上曰：「俟作手書與之，如家人禮，直示朕意。庶幾光世不疑，委曲聽命。」翌日，遣睿思殿祗候羅亶賜光世手書諭旨，仍以玉帶賜之。

尚書吏部侍郎李正民移禮部侍郎，右諫議大夫黎確試吏部侍郎。

吏部員外郎江躋守左司員外郎。

詔局所官吏請御厨折倉錢，自八十千至二十千，凡十一等，並減半。

21 癸巳，詔秘書丞李元瀹學無根源，妄議典禮，可與外任。乃以元瀹通判湖州。元瀹嘗上殿，恐是議昭慈升祔事，當考。

中大夫王安中提舉臨安府洞霄宫。既而言者論其罪，命遂寢。

中大夫張澂提舉西京嵩山崇福宫。澂新落分司，故有是命。

22甲午，直秘閣魏志崇知筠州。志崇既罷京畿之行，乃命出守。

是日，賊鄧慶、龔富圍南雄州，守臣鄭成之率軍民拒之。

知虢州邵興以餘兵屯盧氏縣，爲河南鎮撫司統制官董先所敗。興不勝，率衆走興元，投制置使王庶。張浚以其姓名與年號偶同，乃易其名爲隆。先遂取商、虢二郡。先，河南人也。先取商州在七月，取虢州在八月，今併書。

是夏，金左副元帥宗維、右監軍希尹自雲中之白水泊，右副元帥宗輔自燕山之望國崖避暑。山西漢民賂宗維執蓋者毒之，宗維幾死。

校勘記

①荆湖廣西委漕臣孫綬王次翁　「西」，原作「東」，此不應與前廣東相重，故逕改。皇朝中興紀事本末卷一七作「廣西差漕臣王次翁」。

②園陵用吉凶儀仗五千三十一人　「仗」，原作「伏」；「千」，原作「十」，據叢書本改。

③以直顯謨閣江東轉運副使曾紆權兩浙轉運副使　兩處「轉運」原皆脱，據本條下注文補。

④追念祖宗公心長慮之所及乎　「及」，原作「及及」，據叢書本及宋史卷三九九婁寅亮傳、歷代名臣奏議卷七三所引删一「及」字。

⑤且殺袁植　「殺」，原作「救」，據叢書本改。

⑥恭奉聖旨　「奉」，原作「奏」，據叢書本改。

⑦邵青自太平州以舟師泊鎮江　此前原有「叛」字，據叢書本删。

⑧於是同措置官修職郎陸棠亦授承直郎　「陸」，原作「葉」，據叢書本改。宋史卷二六高宗紀三即作陸棠。

⑨昨令麃選藝祖之後宗子二三歲者　「麃」，原作「廣」，據本書卷四四甲寅日記事改。

⑩南安賊吴忠與其徒宋破壇劉洞天作亂　「南安」，原作「安南」，據宋史卷二六高宗紀三乙正。

建炎以來繫年要録卷四十六

1 紹興元年秋七月乙未朔，劉光世以枯秸生穗爲瑞奏之。上曰：「歲豐人不乏食，朝得賢輔佐，軍中有十萬鐵騎，乃可爲瑞，此外不足信。朕在潛邸時，梁間有芝草，府官皆欲上聞。朕手自碎之，不欲主此奇怪事。」輔臣歎服。臣留正等曰：「天人之際，相與至密。國家將有失道之敗，則有災異以爲之譴告。然則政教之修明，中和之浹洽，亦豈無符瑞以示其嘉祥乎？然而古人於災異則深警懼之，符瑞則重黜絶之，何哉？知其有災異則戒，信其爲符瑞則怠，人之常情也。去其怠而謹其戒，則所益不知其幾何。不然，則徒以自慢而已，奚益哉？此春秋所以記異不記瑞，而柳宗元貞符所以謂不於其天於其人也①。太上皇帝屢闢祥瑞之説，至此乃以朝廷有賢輔、鐵騎爲言，豈非所以示其重黜絶之意與？」龜鑑曰：「其於奉天也，深思政事，以盡畏天之誠；靜坐内省，以求答天之意。彗出井度，則深以天下爲憂。癸未風雷，則深以敵人爲慮。久雨則詔求言，大雪則詔決獄，枯秸之生可稱也，吾瑞鐵騎而不瑞枯秸；麟鳳之獻可喜也，吾寶賢能而不寶麟鳳。獻芝草則斥，獻甘露則貶，於是而無喜祥瑞、惡變異之失。」

詔權湖南招捉公事馬友補正拱衛大夫、成州團練使，權荆湖東路副總管。時潭未有守，而奉議郎奏辟通判張掞權州事②，奏友討逐孔彦舟之勞，遂有是命，乃以掞通判潭州。先是，湖西安撫使程昌寓與友交通，亦以便宜檄友爲湖東副總管，言於朝，昌寓坐貶二秩。友在潭州，措置酒法，官不造酒，但收税酒錢，城外聽造而不得賣，城中聽賣而不得造，若酒入城，則計斗升取税，公私利之。掞，昭慈親姑之子，今年六月四日以昭慈遺恩，自儒林郎得旨轉一官，比類施行。今未踰月，不知何以却是奉議郎，當考③。昌寓降官在八月己卯，今併書之。

新除太府寺丞章億、監都進奏院章傚、監登聞鼓院章倧並與外任，以言者論奸臣子孫不宜在朝故也。上因言：「小人但不當在朝廷，至於閑慢差遣，亦當與之，豈可絶其生路？」秦檜曰：「舉皋陶不仁者遠，正謂不可令近君耳。」上首肯。

2 丁酉，徽猷閣直學士、銀青光禄大夫王序落職，降二官，提舉西京嵩山崇福宫。序以奉祠滿歲，請於朝，詔許再任。而給事中李擢、中書舍人洪擬言其諂事梁師成，法當討論。乃有是命。

詔自今堂除及舉辟差遣之人，如礙本貫，並不得放上。用三省請也。

資政殿學士、提舉臨安府洞霄宫吕好問薨於桂州。訃聞，例外賜帛五百，録其弟朝散郎言問通判桂州，官給葬事。言者論靖康之變，好問身爲執政，不能死節，先拜僞楚於庭，褒恤過厚，尤爲不可。上不聽，第損賜帛之數而已。減賻贈在十月辛卯。

3 己亥，奉議郎、知大宗正丞常同知柳州。

4 庚子，朝議大夫、新知澧州吴革爲潼川府路轉運副使。自置宣撫司後，四川監司以敕除者始此。

詔通泰鎮撫使岳飛一軍權留洪州，彈壓盜賊。以江淮招討使張俊將班師也。遂以飛爲神武右副軍統制。

宣撫處置使張浚以便宜印造綾紙度牒，鬻之川、陝、京西，以助軍用。至是以聞，詔日下住罷。

5 辛丑，皇伯右武衛大將軍、信州防禦使令話爲寧州觀察使，封安定郡王。先是，燕、秦二王後争襲封，久不決。禮部員外郎王居正言，燕王太祖長子，其後當襲封，議遂定。令話，德昭元孫也。熙寧初首封秦王孫從式，已而更封燕王曾孫世清，至世福無人。宣和中又封秦王元孫令盪。及是，秦王後令庇年長當封，而禮官以爲小宗，乃封令話。

6 壬寅，申命有司討論濫賞。時范宗尹以上將行明堂故事，文武官當遷秩，且任子者衆，故舉行之。上覽條目曰：「議得當否？朕不欲人以事每議及上皇聖德。」翰林學士汪藻嘗言：「陛下詔有司立討論之目，凡不以道而補官遷秩者，皆論如律，天下孰不以爲宜？然此法尚行於吏部，而堂除之人則一切置而不問，是使孤寒椎鈍者，獨廢其終身，凡稍黠而有援者，巧騰捷出於法度之外，而僥冒自如也。此豈聖朝行於天下畫一之公法乎？臣愚欲乞應今後堂除人，並先取會吏部，無有干礙討論事件，如涉討論，即依條改正。」會宗尹乞去位，事遂不行。

復置翰林天文局、太史局學生。太史局五十人④，天文局十人。

權湖東副總管馬友在漢陽嘗獻賀天申節銀，及是至行在，詔奬之。

7 癸卯，奉直大夫景興宗直秘閣、知興元府。時張浚已用王庶⑤，興宗迄改命。

虔州賊陳顒聚鄉丁數千，焚掠雩都、信豐諸縣，詔趣捕之。

8 甲辰，秘書少監程俱言：「本省見獨員，今著作官闕，請用元豐故事，牒校書郎或正字暫權。」詔今後特令秘書省長貳通修日曆。

9 乙巳，朝散郎劉大中爲秘書丞。大中，揚子人也。

10 丙午，金左監軍昌自宿遷北歸，昌過東平，僞齊劉豫不出迎，使人言於昌曰：「豫今爲帝矣，若相見，無拜之禮。」昌怒責之，却其獻。豫遣僞相張孝純隨而和之，昌卒不解。

11 丁未，太尉、兩浙西路安撫大使、淮南揚楚等州宣撫使劉光世兼海泗州宣撫使。時淮北之人歸附者甚衆，故命光世安輯之。

殿中侍御史章誼言：「聞邵青自太平州乘船，經由鎮江府、江陰軍，遂入平江之常熟縣，所至劫掠。劉光世以梟將鋭兵而不能應時擒制者，邵青所乘皆舟檝，而光世皆平陸之兵故也。國家既憑大江以爲險阻，而於舟師略不經意。今邵青小醜，光世大帥，乃敢越境深寇，使賊有大於此者，將何以禦之？臣聞古兵法，舟師有三等。其舟之大者爲陣脚船，其次爲戰船，其小者爲傳令船。蓋置陣尚持重，故用大舟；出戰尚輕捷，故用其次。至於江海波濤之間，旗幟金鼓難以麾召進退，故用小舟。由此觀之，凡舟之大小，皆可以爲守戰之備，不必皆用大舟，然後濟也。望於駐蹕之地置一水軍，帥以名將，計亦易辦。」詔淮南三宣撫措置。時青已移舟通州海門鎮，而行在未知也。

12 戊申，詔諸路出賣官田指揮勿行，以久佃之民失業故也。

13 己酉，昭慈獻烈皇后虞主往温州太廟，上奉辭於行宮門外，宰相率百官城外奉辭，退，進名奉慰。所至郡縣，長吏已下迎送於城外。

朝奉郎符確權知昭州，書填僞度牒千二百餘道，爲轉運司所劾，遂遁去。詔籍其貲。確，瓊州人也。

14 庚戌，迪功郎、新江西提刑司幹辦公事謝祖信爲從事郎。祖信，邵武人，獻屯田利害於朝，乃有是命。

15 壬子，武功大夫、明州觀察使、知真州史康民移知揚州。

宣撫處置使張浚承制，以直秘閣胡考寧知資州，朝奉郎喻汝礪知果州，閤門祗候种湘知文州。湘，師道弟子也。考寧初在京西，爲劇盜薛廣所執，用爲郢州通判，又入王仔軍中，黄潛善喜之，擢通判襄陽府。張浚入蜀，考寧從辟以行，積官朝奉大夫、直秘閣。既而御史奏其狀，遂罷之。仍詔宣撫司，自今毋得與守倅差遣。據狀，考寧以去年十月四日到州，其罷郡在今年八月己卯。

16 癸丑，直顯謨閣、知台州晁公爲罷，直龍圖閣、新知台州沈與求令疾速之任。先是，天台人求珍以殺人繫獄，珍以金賂公爲之妻，遂得不死。降授承事郎、知天台縣劉默言之都省及御史臺，范宗尹與公爲厚，庇之，乃移默他官，命憲臣施坰究實。五月辛酉。坰依違以聞。七月戊申。上覺其意，內批公爲先次放罷，宗尹始黜。

17 乙卯，朝散郎廖剛爲尚書吏部員外郎。時辛企宗奏剛招安余汝霖不當，剛上疏自辨。上曰：「近數訪問臺諫及上殿士人，皆言剛有守，必不與賊交通。」富直柔、范宗尹又稱其賢，乃有是命。上諭在是月庚戌。

中書舍人林遹轉對論：「金雖北去，安知不示弱以怠我師？候秋高馬肥，遣李成招集瀕淮饑民，呼吸羣盜，侵軼江南，徐遺勁騎，由真、揚、福山擣虚浙右。願乘此時，聚衆積粟，蒐將閱士，以備防秋之計。今日之弊，在於兵不習戰，將不肅命，財用殫匱，民食艱鮮，州縣以軍興爲名，而掊取無度，此乃腹心之深病，政事所當先。而盜賊縱横，尚爲病在四肢，可以漸去也。惟陛下與大臣汲汲講圖之。」

初，五湖捕魚人夏寧聚其徒爲盜，後有衆千餘，專掠人以爲食。郭仲威嘗招之，不應命。至是，受劉光世招安。又有仲威餘黨，出没於淮南，亦受光世招安，皆令來長蘆，竢舟以濟。寧等無食，半月之間，復陷萬餘人。是日，始具舟迎之。由是江北鄉村愈覺凋殘矣。

18 丁巳，降授武功大夫、康州刺史、韶州居住張思正許自便。

通議大夫、試刑部尚書胡直孺以攢宫頓遞之勞，進二官，直孺不受。

19 己未，昭慈獻烈皇后卒哭，命左監門衛大將軍士㒟即内中天章閣几筵前行卒哭之祭。上不視事，百官進名奉慰。

20 辛酉，故追復觀文殿學士劉摯贈少師，後謚忠肅。以其孫知開州長歷有請也⑥。摯，渤海人，元祐尚書右僕射，黨籍執政第六人，新州安置。六年五月丙子再贈。

召江東安撫大使兼知池州吕頤浩赴行在，欲代范宗尹也。是日，頤浩督諸將與張琪戰於饒州城外，大敗之。琪自徽州引兵犯饒州，衆號五萬。時頤浩自左蠡班師，帳下兵不滿萬，郡人大恐。頤浩遣統制官巨師古招降之，琪詐受招，誘師古入其營，遂薄城下。統制官、右武大夫、宣州觀察使閻皐，頤浩愛將也，方捕盜於宜黄，走檄呼之。會皐平盜而歸，星馳以赴。頤浩召諸統兵官姚端、崔邦弼、顔孝恭、郝晸等駐軍城外，皆令聽皐節制。端軍爲左，邦弼軍爲右，皐將中軍，頤浩自畫陣圖授之。琪兵至近郊，前軍將張俊失利。琪恃其衆，直犯中軍。皐力戰，而端、邦弼兩軍夾擊，遂大破之，追奔三十里，殺賊甚衆。賊又別遣水軍分道自景德鎮來犯，頤浩遣統領官張慶，以崔增餘衆禦之。琪遁去，夜，其愛將姚興以所部詣巨師古降。琪遂走浮梁縣，復還徽州。此以吕頤浩所奏及熊克小曆參修。克繫之今年五月末。按日曆，江東安撫司以八月九日奏到，以爲二十七日事，蓋七月二十七日辛酉也。故移附此。但克以爲臯等纔出城五里，而賊先鋒已至。頤浩所奏，乃云：「令臯等披城下寨，二十七日巳時，賊兵到十五里外。」則克所云誤也。克又云：「賊別遣精鋭爲水軍，分道而進。頤浩自將水軍禦之。」而所奏乃云：「本司前期於都昌縣勾集崔增看寨老小將兵千人，令統領官劉慶部領⑦，横截賊兵，奪船四十餘隻。」則非頤浩自將也。巨師古被執，姚興來降，克並不書。今以頤浩所奏增入。

21 壬戌，宣教郎、新通判嚴州黄策直秘閣。策，吴縣人，元符末以上書入籍，坐廢久之。上方録用黨人，策因上疏言，昭慈獻烈皇后既過瑶華，泰陵嘗有悔意。以蔡京所録上皇聖語親札上之，故有是命。日曆無此，今以紹興三年孟忠厚奏札修入。

22 癸亥，尚書右僕射、同中書門下平章事兼知樞密院事范宗尹充觀文殿學士，提舉臨安府洞霄宫。初，宗尹既建討論濫賞之議，士大夫僥倖者争排之。諸大將楊惟忠、劉光世、辛企宗兄弟皆嘗從童貫行軍，論者疑其亦當貶削。此據朱勝非秀水録。然朝廷元旨，止謂虚作從軍之人。勝非所云，蓋當時沮議者之説云耳。今略修潤增入。吏部侍郎高衛初以圍田改官，此據紹興二年二月章疏。及是，主右選，力持此以爲不便，上疏詆之。同知樞密院事李回亦言：「宣和間任中書舍人，以校正御前文籍遷官，乞削職罷政。」上曰：「宣和政事，恐不必一一皆非。人主留意文籍，自是美事，豈可與其他濫賞同科？」參知政事秦檜曰：「此法一行，濁流者稍加削奪，便比無過之人誠爲僥倖。清流者少挂吏議，即爲辱甚大，不敢立朝，恐君子受弊。」上顧諭宗尹，宗尹曰：「此事如回者無幾，其他亦不足惜。」遂降旨，侍從及館職兼領者罷。又詔武臣濫賞，並免討論。令尚書省榜諭，其日壬子也。日曆：

六月十八日有旨，應武臣濫賞，並免討論追奪。按此時尚未進呈討論文字，日曆誤也。熊克小曆亦云「高衛先上疏詆之，乃罷武臣討論。既而李回乞罷政」云云。據克所書，亦承日曆之誤。蓋罷武臣討論，乃七月十八日，而日曆所供檢人，誤在六月耳。日曆中如此者甚衆。命既下，上終以爲難。後二日，上批：「朕不欲歸過君父，斂怨士夫，可日下寢罷。」七月甲寅。宗尹堅以爲可行，即日求去。翌日，遂召直龍圖閣、新知台州沈與求赴行在。按是日乙卯。又一日，輔臣進呈，上曰：「天下事不必堅執，至如人主有過，尚許言者極論。若遽沮遏，祇須人不進言。如此則於誰有損？」七月丙辰。始，宗尹之建議也，檜力贊之。至是，見上意堅，反以此擠宗尹。又五日，詔驛召呂頤浩。次日，遂召翰林學士汪藻草宗尹免制，曰：「日者輕用人言，妄裁官簿。以廟堂之尊而負天下之謗，以人主之孝而暴君親之非。朕方丁寧德意，而申命於朝。汝乃廢格詔書，而持必於下。」宗尹入相踰一年。始宗尹與辛道宗兄弟往來甚密，上不樂之。及是遽罷，於是崇、觀以來濫賞，悉免討論，但命吏部審量而已。討論濫賞，初見建炎二年十月丙子、四年六月辛巳，今年七月壬寅再舉行。熊克小曆云：「侍御史沈與求條宗尹大罪二十，宗尹力請罷政。」蓋誤。此時與求未還朝，今年九月，乃用與求言，奪宗尹職名。克不詳考耳。

詔曰：「朝請大夫知邛州王俁、尚書右司員外郎萬格，以刻薄之資，成傅會之惡，首建討論之議，盡失士夫之心。姑示輕刑，用懲私意，可並送吏部。」熊克小曆云：「俁、格時並爲都司。」按俁今年二月已出守，克誤也。上因諭輔臣曰：「俁、格既罷，自此恐紛紛不已。日後當盡置勿論，恐分明植黨，非國家福。」張守曰：「此陛下盛德，臣欲建議未敢。」富直柔曰：「前日呂頤浩、趙鼎之去，陛下與之終始到今。今於宗尹復如此，聖性忠厚，天下之幸也。」

23 甲子，命同知樞密院事李回朝拜昭慈獻烈皇后攢宫。先是，禮官以明德權攢故事，請上行朝拜之禮。既而以道遠，不可親詣，乃命回代行。

是月，川陝宣撫使張浚以直龍圖閣、利州路提點刑獄公事楊斌爲永興軍路經略安撫使，朝散郎、知巴州馮檝爲利州路提點刑獄公事。利路提刑題名斌以此月二十九日被受宣札，檝以九月六日到，故並附此月末，但不知是時永興帥寓治何地，當考。

武翼大夫、知濠州李玠棄城去，以巡防官張德權知州事。玠在濠州，當羣盜縱横之時，以嚴酷殺伐爲政，縱所部擾民，故能得軍士之情，久處危城中，金珠寶貨不可勝計。玠欲順流東下，爲鳳凰州寇宏所扼。至是，玠貽書與宏通好，宏許之，玠遂挈其孥泛淮而去。

僞齊劉豫以其子太中大夫、知濟南府麟爲諸路兵馬大總管、尚書左丞相，封梁國公。户部尚書張昂兼權左丞，兼門下侍郎。僞豫傳載此事於阜昌二年，而無月。按日曆，今年八月十九日癸未，劉光世繳豫僞詔，已用麟爲左相銜，故參酌且附七月末。

1 八月乙丑朔，詔奉安天章閣祖宗神御於法濟院。以乘輿播越，神御猶在舟中故也。

宣撫處置使張浚娶直秘閣、成都府路轉運判官宇文時中女。時已詔時中奉祠，而浚稱其有勞，承制陞時中副使再任。時中，虚中弟也。成都記：時中以八月一日陞副使。日曆：時中十二月四日除副使再任，今附初除之日。

2丙寅，利州觀察使、湖東馬步軍副總管孔彦舟爲蘄黄鎮撫使，兼知黄州。用張俊奏也。時彦舟在鄂州，舟多糧富，俊恐其盤據要地，故奏用之。拱衛大夫、相州防禦使、新除舒蘄鎮撫使張用有衆五萬，在瑞昌，後數日，俊親揀其軍，精鋭者留之，老弱者許自便。有投曹成者，有投岳飛者，有投韓世忠者，有自去而爲民者。俊既并其兵，遂以用爲本軍統制。趙甡之遺史云：「俊以八月壬申親揀用軍。」今併書之⑧。

武顯郎、南雄州兵馬都監郭康僞造制書，自稱奉使廉察廣東兵官已下。轉運判官章傑覺其詐，捕送廣州誅之，至是以聞。

武功大夫、康州防禦使、入内内侍省副都知梁邦彦特遷昭宣使，録攢宫之勞也。

3丁卯，觀文殿學士、新知潭州吴敏爲荆湖東西廣南路宣撫使，兼知潭州。時江湖餘寇未平，而敏留居嶺右，故就用之。熊克小暦今年六月末書：「初，舊相吴敏方責居涪州，范宗尹薦敏復觀文殿學士、知潭州，敏以祖母年高力辭，遂改資政殿學士、提舉洞霄宫。至是，又復敏觀文之職，充廣西湖南宣撫使。」按敏以靖康元年九月責涪州，建炎元年五月移柳州，已而自便。四年七月復官，今年七月甲子除知潭州，八月丁卯除荆湖東西廣南宣撫，其年十二月乙丑改資政奉祠。克所云官職及先後皆差誤，不知何以如此。

山東統制忠義軍馬范温所遣參議軍事李植至行在。温遣植事，見今年五月丙寅。上嘉之，以温爲武翼郎、閤門宣贊舍人，統制山東忠義軍馬，仍鑄印以賜，而植亦補承事郎。

4戊辰，參知政事張守等上對修嘉祐政和敕令格式一百二十二卷，看詳六百四卷。詔以紹興重修敕令格式爲名，自來年頒行。

中大夫、直秘閣、新知饒州王㬇提舉臨安府洞霄宮。㬇以鄭居中故，積遷至大官。時方討論，故有是請。㬇，仲山子，鄭居中女婿，已見建炎元年四月。

右司諫韓璜論堂吏滑浩等與討論濫賞文字。秦檜曰：「吏行文書耳，恐不必罪。」李回曰：「如罪兩都司，彼自無詞。」上曰：「兩都司殊刻薄，爲朝廷建議，須有忠厚之風。」乃以浩送吏部。

江西安撫大使朱勝非言：「自正月領事至今，所降軍儲，漕司未嘗發到斗升顆粒。又六月中給降監鈔七萬緡，其資次乃在同時降下一百萬緡之後，未知算請當在何時。」詔委漕臣張滙濟其軍食。滙，河南人也。勝非又別疏論：「安撫大使名甚重，而無錢糧及兵，實不及一小邑。」然勝非受命踰年，遷延不進，逮張俊班師，始入城視事，論者咎之。

5 己巳，責授寧遠軍節度副使汪伯彦復正議大夫，提舉臨安府洞霄宮。以參知政事張守言其才可用也。後四日，遂以伯彦爲觀文殿學士、江東安撫大使兼知池州。

權尚書工部侍郎韓肖胄以修敕成，落權字。

大理卿王衣權尚書刑部侍郎。

尚書右司員外郎趙子晝等各遷一官，以榷貨務歲中收茶鹽香錢六百九萬餘緡故也。

6 庚午，直龍圖閣沈與求試侍御史。上嘗從容言王安石之罪在行新法，與求對曰：「誠如聖訓。然人臣立朝，未論行事之是非，先觀心術之邪正。揚雄名世大儒，乃爲劇秦美新之文；馮道左右賣國，得罪萬世。而安石於漢則取雄，於五代則取道，是其心術已不正矣。施之學術，悉爲曲說以惑亂天下，士俗委靡，節義凋喪，馴致靖康之禍，皆由此也。」

徽猷閣待制、提舉臨安府洞霄宮李光知饒州。時饒、信寇盜甫平，光方里居，而停官人康允之未叙，乃復允之朝請大夫，與光分守二郡。允之行至長溪而卒。

7 辛未，刑部尚書兼侍讀胡直孺守兵部尚書。

8 壬申，吏部員外郎胡世將奏，其兄唐老靖康中嘗建議除上爲大元帥，且爲之請謚。上曰：「當時之事，亦偶然耳，何功之云？」張守等退而歎曰：「大哉王言。」

尚書兵部員外郎陳與義試起居郎。

故追復奉議郎張庭堅贈直龍圖閣。庭堅，廣安人，元符末右正言，黨籍餘官第二十九人，象州編管。

洺州防禦使、知西外宗正事士從自衡州移司温州，所過騷擾，詔罷之。

9 癸酉，初命大禮後引試刑法官，自渡江久廢，至是舉行之。此以二年二月六日刑部申明狀增入。

10 乙亥，上諭輔臣曰：「黨籍至今追贈未畢，卿等宜爲朕留意。程頤、任伯雨、龔夬、張舜民此四人名德尤著，宜即褒贈。」乃贈夬直龍圖閣。夬，河間人，元符末殿中侍御史，黨籍餘官第三十五人，化州編管。時工部侍郎韓肖胄嘗密啓上，乞追褒元祐諸臣，故有是諭。

11 丁丑，命右監門衛大將軍士芑衬昭慈獻烈皇后神主於温州太廟哲宗室，用太常少卿蘇遲議，位在昭懷皇后之上。是日，韓肖胄題神主罷，藏虞主於西夾室。上不視事，百官進名奉慰。故事，虞主瘞於殿後，議者以上方巡幸，當俟還闕，依故事施行，後遂爲例。士芑，濮王曾孫也，陷金得歸，及是甫至行在。

12 戊寅，參知政事張守充資政殿學士、提舉臨安府洞霄宫。侍御史沈與求言，守舉汪伯彦不當，守引疾乞祠，而有是命。

同知樞密院事李回參知政事，端明殿學士、簽書樞密院事富直柔同知樞密院事。

武德郎、閤門宣贊舍人、滁濠鎮撫使劉綱爲兩浙東路兵馬副鈐轄。詔綱不即還鎮，罪當誅責，以其父忠勞，特與原貸。其羣從六人，皆授官有差。

武信軍承宣使辛興宗卒。特贈檢校少保、安化軍節度使。

初，宣撫處置使張浚以書抵范宗尹，報關陝曲折及以去秋出師失律，上章待罪。會宗尹已去位，輔臣以其書進呈。上曰：「比屢有人言，便欲行遣。朕以人君用人，當以大度，聽其所爲，但責成功，俟無成功，責之未晚。」浚又奏本司主管機宜文字傅雱擅用便宜，未嘗赴司供職，乞罷之。雱時已在張俊軍中，詔可其請。浚念上繼嗣未立，是日密奏，乞講明故事，擇宗室之賢，優禮厚養，以爲藩屏。於是上已命選二人，而浚蓋未知也。

13 庚辰，故追復端明殿學士、降授奉議郎蘇軾，特贈資政殿學士、朝奉大夫。以其孫宣教郎、知蜀州符言復官未盡也。

14辛巳，詔尚書省復置催驅三省房及催驅六曹房。范宗尹之相也，事多留滯，比其罷相制下，省吏抱成案就宗尹書押者，不可勝計。言者請命大臣相度，委本省官各一員，監督點檢諸房文字，置籍結絶，故復舊制。

詔福建制置使辛企宗自建州移屯福州。時帥臣程邁言：「下四州已爲盜所殘，今熊志寧等作亂，事見六月丁亥。恐侵軼餘郡，乞遣一軍，自温、台直出以備之。」朝廷亦以企宗玩寇，故命企宗移屯。會江東統制官閻皐招降潘逵所部叛兵，事見六月壬午。企宗請其兵自隸，遂詔皐以全軍往福州，受企宗節制。遣閻皐在此月癸未。

15壬午，成忠郎、虔化縣巡檢、權縣事劉僅爲秉義郎、閤門祗候。李敦仁破虔化縣，僅擊去之，郡守上其功，故有是命。

徽州言：「張琪復入祁門縣。」詔張俊遣兵捕之。

詔浙西安撫大使司統制官、拱衛大夫、忠州刺史王德領同州觀察使，餘將士萬一千五百七十五人皆進官有差，録防江之勞也。

16癸未，進呈劉光世所繳劉豫僞詔。詔尾乃其子爲左相銜也。上曰：「可見豫褊陋。」

朝請大夫致仕周諤遷中大夫致仕。諤，范純仁甥，王覿子婿，陳瓘婦兄也。元豐中嘗上疏請修京城，神宗命籍其名，欲加推用。元符末上疏言章惇罪，且論元符后不可配先帝寢廟，遂坐廢錮。至是，其子從事郎淵以爲請，故録之。諤黨籍餘官第一百六十八人。

詔宣撫司類省試五路舉人，許依舊制，別項考校。以陝西陷没，故優之也。

17 乙酉，詔樞密院選使臣賚蠟書賜陳、蔡二郡，令掩殺李成。成既敗，其餘黨趙端等皆來降。朝廷聞成在順昌，詔知淮寧府李竇、知蔡州范福合兵掩捕。先是，福以蔡州危，棄城遁去，土豪李祐、馮直率軍民以守，言於朝，乃以祐爲淮寧順昌府蔡州鎮撫使。日曆：八月辛卯，權蔡州馮直乞除李祐鎮撫使，降旨未聞。九月甲寅，詔淮寧等州鎮撫使李祐與翟興、桑仲、王彦互相救應。不知以何日除，今併附此⑨。

18 丙戌，中奉大夫、提舉臨安府洞霄宫翁彦深復集英殿修撰。

19 丁亥，參知政事秦檜守尚書右僕射，同中書門下平章事兼知樞密院事。范宗尹既免相，位久虚。檜昌言曰：「我有二策，可以聳動天下。」或問：「何以不言？」檜曰：「今無相，不可行也。」語聞，遂有是命。林泉野記云：「檜還朝，爲禮部尚書。紹興初，除參知政事。檜曰：『陛下用臣，臣必能聳動天下之士。』後宰相范宗尹罷，上欲用吕頤浩，已詔之。富直柔、韓璜、辛道宗、永宗皆懼其來，密薦檜爲相，俾塞其進。乃拜尚書右僕射。」按，諸書皆言檜與直柔争進，故以道宗兄弟爲直柔之黨，深疾之。其後得政，竄斥無餘。今乃云道宗薦檜，恐誤。餘見今年九月癸丑吕頤浩拜相注。

詔：「諸路折帛錢，昨每疋三千，慮高下不等，若一概立定，有虧公私。自來年令諸路漕司，各估實直申省，聽候指揮約折。」時諸路絹直纔二千，所折高，民多倍費，故言者以爲請云。此見四月壬午，熊克小曆既不載元旨，又云「自今各估以實直」，而節去來年自各申省聽候指揮之文，遂失其實。今依日曆書之。

20 戊子，贈張舜民寶文閣直學士，程頤、任伯雨並直龍圖閣。制曰：「朕惟周衰，聖人之道不得其傳。世之學者，違道以趨利，捨己以爲人。其欲聞仁義道德之説者，孰從而聽之？間有老師大儒，不事章句，不習訓傳，自得於正心誠意之妙，則曲學阿世者，又從而排陷之，卒使流離顛仆，其禍賊於斯文甚矣。爾頤，潛心大業，無待而興者也。方退居洛陽，子弟從之，孝弟忠信。及進侍帷幄，拂心逆旨，務引君以當道。由其内以察其外，以所已爲而逆所未爲，則高明自得之學，可信不疑。而浮僞之徒，自知其學問文采，不足表見於世，乃竊其名以自售。外示恬默，中實奔競；外示朴魯，中實奸猾；外示嚴正，中實回僻。遂使天下聞其風而疾之，是不幸焉爾。朕錫以贊書，寵以延閣，所以振耀褒顯之者，以明上所與，在此不在彼也。尚其明靈，知享此哉！」先是，頤子端中知六安軍，爲盜所殺；其孫將仕郎晟在韓世清軍中。伯雨子承務郎先由，建炎初嘗除御營使司主管機宜文字，不赴。至是，詔並赴行在。舜民，邠州人，建中吏部侍郎，黨籍待制以上第三十一人，商州安置。頤，河南人，元祐崇政殿説書，黨籍餘官第三十三人，涪州編管。伯雨，眉山人，建中右正言，餘官第二十八人，昌化軍編管。

神武左軍都統制韓世忠請以明堂恩澤，爲子忠翊郎、閤門祇候亮易文資，許之。諸將以文資禄子孫，蓋自此始。於是浙西安撫大使劉光世已任孫正平爲班行，既而亦請換授，遂以爲例。光世陳乞在十一月己亥。

21 己丑，直秘閣、浙西提舉茶鹽公事梁汝嘉言：「本路歲收鈔錢一百十九萬緡。」詔汝嘉及幹辦公事迪功郎方滋、主管文字修職郎蘇師德各進秩一等。明年又增五十一萬。滋，蒙孫。蒙，桐廬人⑩，元祐中爲御史。師德，頌孫也。頌，丹陽人，元祐間右僕射。

大理寺丞梁藻奏：「諸鎮帥臣援授文資者，並令赴行在量試程文，以觀素所藴習，然後等第推恩。」從之。

22 庚寅，銀青光禄大夫、提舉臨安府洞霄宮李綱復資政殿大學士，通議大夫提舉臨安府洞霄宮許翰、中大夫提舉臨安府洞霄宮李邴並復端明殿學士。初，綱既奉祠，久之未敘。右文殿修撰胡安國嘗獻覈實論，言如綱才氣，亦不易得，特以疎直，幾至殺身。望行辨雪，稍復故官，庶使後來宰相赤心爲國者不懼。不報。至是，以改元德音，而有此命。

勒停人王庭秀叙承議郎。

詔：「募人往河南，伺金齊事宜，且持蠟書慰撫忠義人之保聚者。至汴京，人給錢七十千，還日有驗，授保義郎，餘州等第賞給。」

23 辛卯，尚書右僕射秦檜爲明堂大禮使，參知政事李回爲禮儀使兼禮衛使，同知樞密院事富直柔爲禮器使兼禮頓使。五使不置局，令三省禮房專行，自是遂爲故事。

右司諫韓璜論新除觀文殿學士、江東安撫大使汪伯彦爲相誤國，不當用。不報。疏再上，上曰：「治天下蔽以一言，曰公而已，朕亦安得而私？」乃詔伯彦提舉臨安府洞霄宮，職如舊。秦檜之少也，嘗從伯彦游學，至是，伯彦雖罷帥，而因得職名，蓋檜力也。林泉野記云：檜拜右僕射，若誤國之相汪伯彦首復其官，與之宮祠，以報舊恩。

故中大夫、直龍圖閣張上行贈集英殿修撰。上行自夔州移興元，未至，道病卒。張浚言其在夔州捍禦有勞，故有是命。上行之死，當在建炎四年秋，或可移附其年七月末。

詔停官人降授右武大夫、和州防禦使、漢州居住辛彦宗許自便。彦宗提舉永興秦鳳路保甲兼提刑⑪，張浚按其罪，貶秩五等，至是用赦而復之。

24 壬辰，直秘閣、知太平州郭偉令再任，以士人武節郎致仕儲宏等舉留也。時新守通直郎方承已視事，偉行至鎮江而返。承閉子城拒之，偉乃借用兵馬都監印莅事於班春堂。事聞，詔停承官，而偉以守城功陞直徽猷閣。既而言者論偉貪殘，亦罷去。踰年獄具，承坐貪禄罰金云。日曆今年九月丙辰，偉陞職名。十月丁卯，偉申承不令還任，承申偉有贓。詔提刑司體究。十一月乙未，尚書省勘會，方承違拒敕命而閉城門，不令郭偉入城交割。又直申臺諫，有劫持朝廷之意。詔方承先次勒停，令建康府取勘。庚子，臣僚上言，郭偉有入己贓八千，實行刳剔之也，乞放罷取勘。詔偉先次放罷之。四月丙戌，刑部大理寺狀：「建康府勘到方承慮失禄養，要占戀差遣，按發郭偉奸贓等事。法寺稱準條私罪，杖，罰銅七斤。有旨，依斷。」洪邁夷堅己志：「當塗圭田最厚，民事清簡，居官者樂之。紹興初，遇守郭偉滿秩，不遣吏卒迎新。新守方承，不能俟迓人，挈舟徑至，郭閉子城拒之，云已申朝廷，乞補謁告月日。方君乃借用兵馬司印，莅事於班春堂。監司具奏其狀，兩人皆罷去。」按邁所記，本末差誤，今不取。

詔夏國曆日自今更不頒賜，爲係敵國故也。

25 癸巳，朝請郎、守大理少卿王綱進秩一等。綱爲郎刑部，歲中駁正死罪囚五人、徒流已下甚衆，故有是命。

停官人鄧雍復爲朝請郎。

是月，吏部員外郎廖剛言：「古者天子必有親兵，實自將之，所以備不虞而强主威，使無太阿倒持之悔。漢北軍、唐神策之類是也。祖宗軍制尤嚴，如三衙四廂所統之兵，關防周盡。今此軍稍廢，所恃以備非常者，諸將外衛之兵而已。臣願稽舊制，選精鋭十數萬人，以爲親兵，直自將之。居則以爲衛，動則爲中軍，此强幹弱枝之道，最今日急務。昔段秀實嘗爲唐德宗言，譬猶猛虎，所以百獸畏者爪牙也。爪牙廢，則孤豚特犬皆能爲敵。正謂是也。願陛下留神毋忽。」

初，武功大夫、榮州團練使、知郢州曹成雖受官爵，稱兵如故，自鄂、岳引兵數萬掠湖西。先是，比部員外郎万俟卨避亂，乞主管亳州明道宮，居沅、湘間，安撫使程昌寓用便宜檄卨權沅州事。成掩至城下，沅城小而惡，卨晝夜廬城上，召土豪、集丁壯以守。成食盡引去，與知復州李宏合軍，屯瀏陽縣。既而二人有不相下之心，成引衆攻宏，宏遂奔潭州。湖東副總管馬友令宏屯於湘陰，而成亦移屯攸縣。曹成圍沅州，據万俟卨墓誌，不得年月。按明年正月癸丑，郴州奏成以八月間至攸縣，故併附此。卨初見建炎二年五月，其除郎及奉祠月日，史皆失之。修職郎、知攸縣范寅遜聞成掩至，走連州避之。寅遜，建陽人也。

蘄黃鎮撫使孔彥舟在鄂州受命，遂以所部知黃州。

校勘記

① 而柳宗元貞符所以謂不於其天於其人也　「貞」，原作「正」，當是避宋仁宗趙禎嫌名所改，今據柳河東集卷一回改。

② 而奉議郎奏辟通判張掞權州事　此謂張掞爲奉議郎，或誤。李綱梁谿集卷七四按發張掞等在任取受不法奏狀載：「據右承務郎、權通判潭州軍州事張掞申，……張掞元係修職郎，權知湘潭縣，因孔彥舟占據潭州，與掞鄉里，令傅雱差掞權通判。」則奉議郎下或闕傅雱二字。李綱於紹興二年知潭州，其言可參。而本書卷一〇載建炎元年傅雱爲金國通問使時已官宣教郎，則此處奉議郎必傅雱奏辟張掞時之階官。

③ 掞昭慈親姑之子至當考　據前條校記李綱所奏，張掞爲承務郎，未至奉議郎，而李心傳所據原文當有脫誤，而其不察，以

爲張掞之官耳。

④太史局五十人　「太史局」，原闕，據叢書本補。

⑤時張浚已用王庶　「浚」，原作「俊」，據叢書本改。

⑥以其孫知開州長歷有請也　「孫」，原作「子」，據劉摯忠肅集卷二〇次長守長歷兩孫自汶寄讀詩韻改。

⑦令統領官劉慶部領　「劉慶」，前正文作「張慶」，未知孰是。

⑧今併書之　此後有四庫館臣按語：「宋史繫丁卯日。」今删。

⑨今併附此　此後有四庫館臣按語：「宋史繫庚寅日。」今删。

⑩蒙桐廬人　「桐」原闕，「廬」原作「盧」。南澗甲乙稿卷二一方公墓誌銘謂方滋嚴州桐廬縣人，其祖即方蒙。雍正浙江通志卷一二三亦載治平四年丁未許安世榜方蒙，桐廬人，侍御史。據改。

⑪彥宗提舉永興秦鳳路保甲兼提刑　「永」，原誤作「承」，逕改。

建炎以來繫年要録卷四十七

1 紹興元年九月甲午朔，宣撫處置使張浚奏邊事。上謂輔臣曰：「金人既去，陝西必可經理，荆楚以南亦須措畫，庶幾形勢相應，有收復之漸。」秦檜唯唯奉訓。

中書舍人席益兼權直學士院。熊克小曆在八月，蓋因學士院題名也。今從日曆。

給事中李擢罷爲顯謨閣待制、知嚴州。先是，侍御史沈與求奏擢嘗事僞庭，不當用。不報。擢求去，乃有是命。

中書言：「池、江二州地勢僻隘，失祖宗分道置帥之意。」詔江東西路帥臣復還建康府、洪州舊治。熊克小曆在八月庚辰，今從日曆。

女真人鴝鵒特補修武郎、閤門祗候①，賜姓趙。鴝鵒自楚州歸劉光世軍中，故録之。

2 乙未，親衛大夫、寧州觀察使韋淵求差遣。上曰：「淵以宣和皇后季弟，義當敦睦，然其人素不循理，難以出入禁闥，故斥遠之。朕不敢以公爵示私恩，密院可與一遠闕，恐居官有過，難以行法。」已而以淵爲福建路副總管。淵除總管，日曆不書。今以紹興三年三月二十三日淵乞宮祠狀增入。

殿中侍御史章誼守大理卿。

劉豫之從弟與爲疆吏所獲，詔送處州羈管。

3 丙申，直寶文閣、知建康府張縝移饒州，徽猷閣待制、新知饒州李光移婺州，右文殿修撰、江東安撫大使司參謀官、權知池州劉洪道移宣州。時復以建康爲帥府，而江、池皆命武臣，故三人改命。温州觀察使、神武前軍統制王瓔知池州，檢校少保、建武軍節度使、江西馬步軍副都總管楊惟忠知江州，並兼沿江安撫使，各將本部軍馬之任。其錢糧令尚書省應副②。

湖東安撫司言：「曹成、李宏犯潭州之瀏陽。」詔趣吴敏摘那廣西軍馬前來潭州之任，屏捍二廣。

斬進義校尉李世臣於越州市。世臣，敦仁弟也。世臣既爲官軍所獲，而敦仁據虔化縣仙山，叛服未定。江西安撫大使朱勝非自爲文檄，募太學生彭世範往招之。不數日，敦仁與其徒二十餘人請降，然尚未解甲。後録其功，以世範爲右迪功郎。熊克小曆載此事於今年五月，仍云：「世範誘敦仁出降，然後諸郡解嚴。」蓋因勝非行述所書也。其實敦仁雖受招，仍犯虔化縣。十月丙寅，勝非罷帥。十二月甲戌，詔顔孝恭等討之。或者因勝非罷而再叛，亦未可知。今參酌附此。世範明年十月丙寅補官。

迪功郎、宣撫處置使司書寫機密文字張滉特改承務郎，以其弟浚請以扈駕所遷一官回授也。

朝散郎吴必明知邵武軍。時盜賊蜂起，守臣朝奉大夫張公庠不能制，言者請擇能吏，遂命必明代之。必明，崇安人也。

4 戊戌，刑部奏：「軍士黄德等劫殺案目，其從二人，俟於岸次。」刑寺欲原死，上曰：「强盜不分首從，此何用貸？朕居常不敢食生物，懼多殺也。盜於此時，須當殺以止殺。」富直柔曰：「物不當死，雖蚤虱可矜。其當死，雖人不可恕。」上甚以爲然。

詔統制官李復興所部軍將四百五十人隸神武中軍，其民兵九百餘人皆縱之。復興未見。

浙西安撫大使劉光世奏：「邵青窮蹙，恐其絶洋犯明州。」詔樞密院準備將領徐文以舟師屯定海縣。

召朝奉大夫陸欽彦赴行在，令成都府津遣。欽彦，建炎初提舉陝西茶馬，因事罷去，至是復官。欽彦，紹興五年以左中奉大夫爲宣謀。

5 己亥，詔文臣寄禄官依元祐法分左右字，贓罪人更不帶，以示區別。用樞密院編修官楊愿請也。其後選人亦如之③。選人分左右，在明年二月丁卯。

資政殿學士、提舉西京嵩山崇福宮葉夢得爲江東安撫大使兼知建康府，兼壽春等六州宣撫使。

宣撫處置使張浚承制，以中大夫劉鎡爲夔州路轉運副使，右文殿修撰提舉亳州明道宮劉觀知遂寧府。

浚又言：「朝請郎楊晟惇挾持詭計，躐求高官，包藏禍心，常幸時變，公肆狂悖，鼓惑衆聽，望賜竄黜羈管。」詔浚一面施行。先是，浚以便宜授晟惇官至中大夫、直徽猷閣，及是盡奪之。觀辭不赴。晟惇所遷官職，不得其年月。按日曆，紹興七年十一月乙巳，晟惇以左朝請郎陳乞換給左中大夫、直徽猷閣告命，得旨依。故附於此。浚所謂躐求高官，蓋指此也。

是夜，雷。

6 庚子，以張琪賊馬壞宣州、太平州圩田，命守自葺治。宣州化城、惠民二圩相連，長八十里。太平州蕪湖縣方春、陶新、和政三官圩，共長一百四十五里；當塗縣廣濟圩長九十三里，於時長五十里。

是日，張琪犯宣州。琪在宣城、南陵之間，駐於孔村。其下李捧、華旺謀殺琪以降。辛丑，琪遁去。捧聞劉洪道在池州，欲受其節制，洪道遣統制官李貴招之。朝廷聞琪等犯宣州，乃詔神武前軍統制王瓔以其軍討琪，然後之鎮。日曆：宣州申張琪九月七日侵犯本州城下。七日庚子也。十月辛未，江東安撫大使司申李捧狀：「自九月八日，不曾再犯宣州。」初九，此壬寅也，今附此。

7 壬寅，江西安撫大使兼知江州朱勝非言：「本州殘破之後，闕官甚多，無人願就。欲乞州縣文武官到任一年，及任滿，各轉一官；選人任滿，通理四考，改合入官。後不爲例。」從之。此以今年十月十五日吏部供到狀修入④。

河南鎮撫使翟興遣幹辦公事、文林郎任直清部契丹降人赴行在。至，召對，直清具奏西洛艱危之狀，及陵寢事。上欷歔久之，以直清爲宣教郎、直秘閣，賜五品服。進興三官，爲武功大夫，加忠州團練使。

敕令所小吏成忠郎楊球，蔡京家吏楊哲之子也。范宗尹薦於上，令後省策試，授以文資。七月丁巳日降旨。侍御史沈與求以爲不可，乃罷之。

8 甲辰，中書舍人胡交修、洪擬並試給事中，中書舍人林遹充寶文閣待制、知廣州，秘書少監程俱爲中書舍人。尋詔俱免召試。

直徽猷閣、添差兩浙轉運副使方孟卿爲尚書右司郎中。右文殿修撰、知温州盧知原添差兩浙轉運使。

初，朝廷以張琪、邵青反覆爲盜，命諸將毋得招安。而徽猷閣待制、知平江府胡松年言：「大軍四合，連旬不能破賊。今青據通州崇明鎮沙上，寨柵之外，水淺舟不可行，泥深人不可涉。本府錢糧已費十三萬貫石，公私騷然，而賊未可睥睨。況劉光世兵將類多西北人，一旦從事江海間，有掉眩不能飲食者，況能與賊較勝負於矢石間哉？」先是，光世奏已遣統制官王德討青，又奏青窮蹙。朝廷以爲然。及松年有是言，乃令光世措置。後二日，右司諫韓璜亦奏謂：「青擁舟數千艘，而朝廷未有舟師制禦，恐轉入海道，驚動浙東。且浙西正當收成之時，青若倏來，必誤國計。又師老費財，或僞齊寇江，藉青爲用。」凡可慮者五事。疏奏，遂趣光世招降之。

禮部言：「自今應賢良方正科，乞並用從官三人薦舉。不如所舉者，坐之。」故事，閣試六題，以五通爲合格。及是，侍郎李正民、員外郎王居正言：「今復科之初，使士大夫徒能記誦義疏，亦無補於用。欲權罷義疏出題外，餘如舊制。」詔兼於義疏出題，仍以四通爲合格。

9 乙巳，進士呂元亮補迪功郎。元亮，平江人，以薦對而有是命。

詔百司稽違，許御史臺六察官彈奏。以侍御史沈與求援元豐舊制有請也。

是日，呂頤浩自饒州至行在。

10 丙午，左奉直大夫王實爲淮南東路營田副使。上召對，使往鎮江，與劉光世同集其事。實，韶子也。韶，江州人，元豐樞密使。

翊衛大夫、成州防禦使楊忠憫提點製造御前軍器所。

11 丁未，詔樞密院每半年遣使臣二員，往河南省視諸陵，因撫問所屯將士。用起居郎陳與義請也。

命湖東馬步軍副總管馬友移屯鄂州。

尚書省請：「下江、浙、福建諸州，造甲五千副。兩浙之婺、衢、明、湖州、平江府，江西之虔、吉、洪、撫州，各共千五百，福建千二百，饒、信州八百。逐州令通判一員董其事，所費以上供折帛錢支。」從之。

12 己酉，上齋於內殿。

13 庚戌，命右監門衛大將軍士岜朝饗太廟神主於温州。此據會要。

14 辛亥，合祭天地於明堂，太祖、太宗並配。赦天下。諸州守臣更不帶節制管內軍馬，免殘破州縣耕牛稅一年。越州曾得解舉人，並免將來文解一次。諸路大辟可免奏案，緣道路未通，並聽減等決遣。二年正月乙未申明改正。唐李氏、後唐李氏、後漢劉氏、周郭氏、柴氏子孫，並各與一班行名目。録用元符末上書人子孫。應遇兵道棄小兒十五歲以下者，聽諸色人收養，即從其姓。諸盜許一月出首自新，前罪一切勿問。

是日，以常御殿增築地步爲明堂，止設天地祖宗四位。其位版朱漆青字，長二尺有五寸，博尺有一寸，厚亦如之。用丑時一刻行事。上親書明堂及飛白門榜。時未有蒼璧黄琮，禮官引故事，請以木爲璧，繪天地之色。上以祀天不當計費，厚價市玉以製之。既而尺寸不及禮經，乃命有司隨宜製造。禮畢，就常御殿外宣赦書，以行宫門前地峻狹故也。

是歲，內外諸軍犒賜凡一百六十萬緡，而户部椿辦金銀錢帛三百五萬四千七百餘貫匹兩，皆委官根括於諸路。此據三月甲寅户部侍郎孟庾所奏。川陝諸軍，則宣撫處置司就以川路助賞物帛給之。此據紹興四年二月二十日本司所申。自諸軍外，宰執及百官並權行住支，以貢賦未集故也。八月壬午降旨。未知建炎二年如何，當考。時中書舍人兼直學士院席益草赦文，有曰：「上蒼懷悔禍之心，羣策竭定傾之力。六師奏凱，九扈成功。爰舉宗祈，聿修大報。」上以其夸大，不悦。

15 壬子，嗣濮王仲湜請合西南外宗正爲一司，以省官吏。事下給舍，中書舍人胡交修等言泉州乏財，不許。是時，兩外宗子女婦合五百餘人，歲費錢九萬緡。南外三百四十九人，歲費錢六萬緡；西外一百七十六人，歲費約三萬緡。

16 癸丑，鎮南軍節度使、開府儀同三司吕頤浩拜少保、尚書左僕射、同中書門下平章事兼知樞密院事。頤浩引故事辭所遷官，乃以特進就職。頤浩改特進，在十月乙丑，今併書之。趙甡之遺史：「范宗尹罷相，乃召吕頤浩，而先相秦檜。又富直柔、韓璜、辛道宗、永宗，皆譖頤浩，故到闕多日而未有除拜，人皆疑之。俄拜少保、左僕射。」按史，頤浩以七月二十日降召命，九月十二日到行在。適值明堂齋禁，十六日得旨陪祠，十八日明堂，十九日鎖院，二十日拜相。此云到闕多日者，誤也。道宗時已除福建副總管，甡之亦誤。今略删潤，於辛永宗罷去時修入。

17 甲寅，尚書户部侍郎孟庾試户部尚書。

詔官兩浙錢氏子孫嫡長者一人，以赦書所未及故也。

初，上以中書舍人兼直學士院席益草赦文夸大，惡之，會益草吕頤浩復相制，有曰：「朕中興聖緒，兼創業守文之難。」上尤不喜，乃出益爲顯謨閣待制、知温州。中興聖政：臣留正等曰：「詞翰之職，所以代王言。詞翰雖成於人臣之手，而其所以爲言者，若出於人君之口，則爲得體。若其夸大而稱美，則是人君自大而自美也，豈禮也哉？然而人之常情，莫不好大而悦美，故人臣之爲是言者，亦或不以爲非。今太上皇帝以赦文夸大，爲悖咈朕心，而以麻制兼創業守文之言皆以爲太過，黜當時詞翰之臣，以見其心之所不然者，其爲謙抑也至矣，豈常情之所可度哉？」

起居舍人侯延慶以母老求去，除右文殿修撰、知潮州。

直顯謨閣、江東轉運副使曾紆爲直寶文閣，以紆自陳係元符黨，特遷之也。紆係黨籍餘官第九十八人，建中太僕寺主簿，袁州編管。初見建炎三年三月癸巳。既而右司諫韓璜言：「今日禍首，實自王安石變新法始。方安石秉政，布以親戚，最先引用，聚斂刻剥之事，布皆與謀。逮建中靖國初，故相韓忠彦守正持重，布爲右相，每留身以破壞忠彦所爲，卒逐忠彦而成京賊之勢者，布也。至紹聖間，與章惇爭權，乍合乍離，皆出爲身，本非國計。紆在宣和間，奔走閹寺門下，蓋以交結而取官爵矣。近乃撰造正論，以欺廟堂，望賜追奪。」紆遂罷去。紆罷在此月庚午。

詔進士何溥特補上州文學。以江淮招討使張俊言其招降李成餘黨趙端有勞也。

18 乙卯，贈故朝奉郎、知岳州袁植直龍圖閣，官其家二人。於是編管人汪若海亦復承務郎，以誘説李允文之功也。張俊因奏若海爲招討司幹辦公事。上問輔臣，始知若海得罪之因。乃曰：「若容在軍中，恐爲俊累，後有罪者，亦必援例，第勿許之，朕自諭俊也。」

19 丙辰，吕頤浩言：「先平内寇，然後可以禦外侮。今李成摧破，李允文革面，張用招安，李敦仁已敗，江、淮惟張琪、邵青兩寇，非久必可蕩平。惟閩中之寇不一，又孔彦舟據鄂，馬友據潭，曹成、李宏在湖南、江西之間，而鄧慶、龔富剽掠南雄、英、韶諸郡。賊兵多寡不等，然閩中之寇最急，廣東之寇次之。蓋閩中去行在不遠，二廣未經殘破，若非疾速剿除，爲患不細。」詔樞密院措置。

朝請大夫傅亮勒停，雲安軍羈管。亮既從張浚西行，以夏國道梗，不果使。浚俾知秦州，又移遂寧府，亮縱其從卒擾民，浚罷之。亮頗觖望。浚言於朝，故有是命。

宣義郎、兩浙轉運副使劉寧止直龍圖閣，以寧止自言建炎勤王，嘗典餉事，而賞典未及故也。

翊衛大夫、泉州觀察使、神武後軍統制陳思恭卒於江西。江淮招討使張俊訟其勞，特贈遥郡一官，賜其家帛三百。

20 丁巳，集英殿修撰、提舉臨安府洞霄宫沈晦復徽猷閣待制，中奉大夫王義叔復直徽猷閣。義叔嘗爲户部侍郎，今復職已卑，非舊典也。

是日，金房鎮撫使王彦敗李忠於秦郊店，忠走降劉豫。初，曹端既爲程千秋所殺，事見建炎三年十一月丁未。張浚以忠自稱京西南路副總管，爲端報仇，擾於京西，漸犯金州，謀入蜀，遂申宣撫司，乞下洋州關隘照會。張浚以爲憂，乃遣提舉一行事務閤門宣贊舍人顔孝隆、稟議官宣義郎蓋諒馳詣金州，以慰撫爲名，探賾其意，且以黄敕除忠知商州兼永興軍路副總管。孝隆至軍中，爲所劫，以狀白浚，言忠實有兵二十餘萬。諒覘知，白浚，乞爲備。浚恐孝隆爲忠所殺，委利夔路制置使王庶收接忠入關，仍散處其衆於梁、洋境内。庶檄忠，令解甲結隊而入。忠去關二十里，駐兵回翔，月餘無解甲意，一夕殺孝隆遁去，遂攻金州。彦率兵禦之，忠沉鷙善戰，其下多河北驍果，官軍與戰輒不利。一日，彦遣兵與忠戰於豐里，令提舉官趙横率統領官門璋駐於山上，爲之策應。彦乘高視之，官軍少却，彦麾横救之，不應，官軍遂敗。彦退舍秦郊，忠遂陷諸關。彦令將士盡伏山谷間，偃旗幟，焚積聚，若將遁者。募死士得千餘人，設伏以俟其至。戰之前一日，彦度忠長驅且入郡城，夜半，分官軍爲三，以遏其衝。淩晨，賊果大至，官軍逆戰，聲震山谷，勝負未分。俄伏騎張兩翼繞出，忠大敗，追襲至永興軍之秦嶺。會王庶遣偏將鹿晟、馮賽來援，賽由間道乘之，斬其將曹威等三人。浚録其功，以彦爲拱衛大夫、温州觀察使。賽初除隆德府路經略使，自盧氏從邵隆至興元府，故庶用之。孝隆，博州人，後贈果州團練使。賽初見建炎三年八月乙酉。晁公遡作王庶傳，稱李孝忠爲盜久，求入關。而日曆及王彦行狀、張鈞續忠義録皆作李忠，無「孝」字，蓋李孝忠又自是一人，建炎初犯襄陽，爲王師所殺，去此已久。公遡實甚誤也。

21 戊午，觀文殿學士、提舉臨安府洞霄宫范宗尹落職，用侍御史沈與求奏也。與求言：「宗尹罷相制麻，止言沮格詔令，恐後有議論者，不知其端，妄謂宰相與天子争可否，未爲失職。去年敵騎將欲北歸，韓世忠於大江中流以舟師邀擊，臣僚數請號召上流舟師，相爲應援。宗尹坐視不恤，敵人果自上流乘風縱燎，而世忠孤軍挫衄。及敵騎留屯天長、六合之間，趙立等嘗請乘暑合共擊之，宗尹以謂無事生事，沮止其謀，卒致立等相繼屠滅。罪一也。宗尹充位一年，略無措置，但將江東西、湖南北祖宗所定路分，朝改暮易，有同兒戲。罪二也。出帳盡賣係官田宅，使二百年安業之民，怨怒紛起。罪三也。鬻爵之令，一切增價，且如修武告鬻四萬五千緡，朝廷以此抛降糴本，例須抑配，設法罔民。罪四也。討論之事，陛下累諭不從，卒致騰洶。罪五也。

宗尹每事判呈實稟，堂吏至有印押空名敕札，付之胥吏，隨事書填，賄賂公行。罪六也。剏議討論之初，本欲假借此名，拔援非類。搢紳介胄之士，皆謂宗尹背國從僞，罪在十惡，此宜大討論者。罪七也。士大夫守節不回者，未嘗肯薦一人，至欲雪吴幵、莫儔、徐秉哲等罪名，引用顏博文輩。罪八也。曾慥指斥國家，語言不順。宗尹以慥係吴幵之婿，面欺陛下，除慥江西轉運判官。罪九也。宗尹與范瓊厚善，寄居洪州，受其黄金百兩。聞瓊之死，居常恨之。罪十也。宗尹自知不協人望，乃陰結閤門藍公佐、内侍康謂，刺探宫禁，傳漏語言，欲因希旨之言，專爲固寵之計。罪十有一也。宗尹涖事一年，身任宰相，乃建議不歷知縣不除郎官、監司，蓋縁宗尹以迪功郎王居正改京秩，除省郎，恐後人援例，遂塞其路。既降指揮之後，所除監司，多非曾歷知縣之人，舞文便事。罪十有二也。策試中書，本求人望。宗尹乃以吏職楊球者，亦預召試。罪十有三也。京畿宣諭，雖三尺童子知其未可，宗尹徒欲起復胡舜陟，召寘從班，故設此使命。罪十有四也。宗尹妻孥寄居洪州，公受賄賂，家問一至，輒有差除。如贓吏魏滂，縁其門僧請託，遂除監司。又令使臣筆貼定價，出賣差遣。罪十有五也。結卜相之士，倡言於衆，以謂朝廷若相宗尹，四方盜賊自然衰息。既而不驗，復使王居正之徒爲之説曰：『張邦昌奉迎太母，宗尹有力。』陛下以此用之。惑衆自媒。罪十有六也。晁公爲妻取受求珍金銀，使公爲改换殺人公事案節，減落刑名。宗尹挾情庇之，不肯根究，至煩中批放罷。罪十有七也。宗尹拜相之初，即與何之辰改正舊名，繼得差遣。罪十有八也。顯黜言事之臣，至謂投鼠忌器。罪十有九也⑤。望特下臣章，明正其罪，庶爲萬世之戒。」故有是命。與求所謂何之辰，蓋何昌言也，時以奉議郎調監全州酒税，於是與曾慥皆罷。二人罷命在十月乙丑。

顯謨閣待制新知嚴州李擢、徽猷閣待制新知温州席益並降充集英殿修撰，以沈與求論擢有罪而益任職日淺，不當除待制故也。

詔福建轉運司毋得齎牒所部州縣，抑勒士民出助軍錢物，令提刑察之。先是，漕司以軍食費廣，乃諭福州士居陳義夫等，願以一錢之産，均出十錢。因遣官徧諭下四郡。徽猷閣直學士、知潭州綦崈禮言：「本州新經楊勍侵擾之後，已嘗均敷民間錢八萬緡，不可再有科歛。」事聞，故有是命。

承事郎蔡延世特進二官，建昌軍進士蔡孟容補下州文學。李敦仁之犯建昌也，延世率民兵捍賊，敦仁敗去，城以故得全。

22 己未，詔以江湖寇盜多，貢賦不繼，命户部尚書孟庾領江東西湖東等路宣諭制置使，使理財治盜。尚書省言：「近給賣新告，價直高大，變轉不行。乞減敦武郎爲三萬緡，承直郎爲萬五千緡，其餘以是爲差，仍不作進納，理爲官户，免試注官。」從之。

23 庚申，初措置河南諸鎮屯田，侍御史沈與求亦言：「今欲因沿江荒閑之田，募人屯耕，用爲籬落，兼資儲餉，此誠計之得者。」乃陳屯田利害，爲古今集議上下二卷。上詔付户部，後亦未克行。附傳載此事於明年春，恐誤。今從日曆繫此⑥。

勒停人張灝復朝散郎，充徽猷閣待制、提舉臨安府洞霄宫。灝，孝純子，靖康末爲河東都轉運使，坐失汾州，送雲安軍羈管，至是悉復之。

24 辛酉，詔應四方有爲謀策能還兩宮者，實封以聞，可行有效，當以王爵賞之。

翰林學士汪藻充龍圖閣直學士，知湖州。孫覿撰藻墓誌，載藻知湖州，仍領日曆事，其實謬誤。熊克小曆不深考，又因而書之，已辨正修入，詳見二年十月庚辰並注。

顯謨閣直學士致仕翟汝文復爲翰林學士。學士院題名在今年三月，熊克小曆因之。今從日曆。

給事中胡交修兼權直學士院。學士院題名在十月，而日曆與藻、汝文除目同下，蓋藻已罷，而汝文未來，自當有權官，係之十月者誤也。

尚書吏部侍郎黎確、高衛並罷爲徽猷閣待制，確知漳州，衛知撫州。徽猷閣直學士提舉江州太平觀李彌大、徽猷閣待制新知婺州李光並試吏部侍郎。吏部員外郎胡世將、秘書省校書郎劉一止並爲監察御史。一止首上疏，論君子小人用否之辨，以謂天下之治，衆君子成之不足，一小人敗之有餘。君子雖衆道則孤，小人雖寡勢易蔓。且是時朝廷將遣世將出使，故擢用之。

右文殿修撰、新知宣州劉洪道復徽猷閣待制，呂頤浩薦之也。

名河南鎮撫使翟興所部軍曰忠護。時興屯伊陽山寨，餉道既絶，上自武功大夫，下至義兵，日給糧二升而已。至春艱食，又或無支，然其下無叛去者。言者論其忠勤，故錫佳名焉。

25 壬戌，遣監察御史胡世將督捕福建諸盜。吏部員外郎廖剛言：「比江南探報事宜，頗致懷慮。臣謂周防津岸，申嚴斥堠，在今日最爲機要，而鑾輿或當順動，預宜經理。自得報以來，未聞朝廷措畫，建康、鄱陽，勢未暇議。自會稽以南，惟永嘉與福唐所當留意。永嘉之險可恃與否，臣所不知。如閩之四境，南控大海，三面皆崇山峻嶺，稍加人力，不復可犯。不得已至於幸閩，則凡供億之事，必責他路致於海上，而兵環駐於四境，閩人無所困苦，斯可安矣。願速令本路增修寨栅，以備不時之巡。盜雖未息，願賜曲赦，因遣重臣往宣德音，使潢池赤子，得以自新，悉爲我用。剛所云江南探報未見，當考。然臣料今歲敵騎勢分，必無南渡之事。望姑寬聖念，以幸天下。」

26 癸亥，以明堂禮畢，命同知樞密院事富直柔恭謝越州天慶觀，温州守臣恭謝景靈宮。

是秋，金左副元帥宗維盡遷祁州居民，以其城爲元帥府。凡民之當遷者，止許携籠篋，其錢穀器用皆留之。右都監耶律餘覩至曷董城，大石林牙率餘衆北遁，餘覩以食盡，不克窮追而還。時盜賊愈多，宗維用大同尹高慶裔計，令竊盜贓一錢以上皆死。雲中有一人拾遺錢於市，慶裔立斬之。蕭慶知平陽府，有行人拔葱於蔬圃，亦斬之。民知均死，由是竊盜少衰，而劫盜日盛。慶裔又請諸路州郡置地牢，深三丈，分三隔，死囚居其下，徒流居其中，笞杖居其上，外起夾城，圜以重塹。宗維從而行之。宗維患百姓南歸，及四方奸細入境，慶裔請禁諸路百姓不得擅離本貫，欲出行則具人數行李，以告五保鄰人，次百人長、巷長，次所司保明以申州府，方給番漢公據以行。市肆驗之，以鬻飲食。客舍驗之，以安止。至則繳之於官，回則易之以還。在路日限一舍，違限若不告而出者，決沙袋二百。仍不許全家出，及告出而轉之他處。於是人行不以緩急，動彌旬日，始得就道，且又甚有所費。小商細民，坐困閭里，莫能出入，道路寂然，幾無人跡矣。河東南路兵馬都總管蕭慶招降太行紅巾首領齊實、武淵、賈敢等，送於宗維，盡殺之於獄。

校勘記

① 女真人鶻鵠特補修武郎閤門祇候　「鶻鵠」，原作「古裕」，據金人地名考證改。下同。

② 其錢糧令尚書省應副　此後有四庫館臣按語：「宋史繫甲午日。」今删。

③ 其後選人亦如之　「後」，原本、叢書本皆作「后」，逕改。

④ 此以今年十月十五日吏部供到狀修入　「吏」，原作「使」，據叢書本改。

⑤ 罪十有九也　此下原有四庫館臣按語：「七月癸亥，宗尹罷相，注：沈與求條具大罪二十。此尚缺一條，俟考。」今删。

⑥ 今從日曆繫此　此後有四庫館臣按語：「宋史繫己未日。」今删。